中央大学政策文化総合研究所研究叢書　16

日本外交のアーカイブズ学的研究

佐藤元英
武山眞行　編著
服部龍二

中央大学出版部

まえがき

本書は、中央大学政策文化総合研究所の研究班「日本外交と条約締結のアーカイブズ学的研究」による共同研究の成果である。主査を佐藤元英として、学内から三名の研究員と学外から四名の客員研究員を加えた研究組織を母体としている。二〇〇九年四月より二〇一二年三月までの三年間にわたり、毎年数名のゲスト・スピーカーを招きながらの公開研究会、シンポジュームなどを開催、また、国の内外の資料調査なども行ないながら研究活動を進めてきた。

本研究プロジェクトの目的は、一八五四年以来の各国と結んだ日本の全条約（treaty, convention, pact, agreement, covenant, accord, protocol, declaration, act）の調印書・付属文書・批准書など、原文書をアーカイブズ学的に検証し、日本外交の軌跡を通して未来志向の提言を試みようとするものである。すでに一八七四（明治七）年以来、日本外務省では「条約集」を公刊してきたが、その初刊である外務省編『締盟各国条約類纂』（一八七四年刊行）の「緒言」に、次のように記されている。

緒言

締盟各国条約書及訳書等嘗テ梓行ヲ経ル者アリト雖縦文ノミニシテ横文ナク横文備ツテ縦文ヲ缺キ未タ完全ナルニ至ラス故ニ事務調理ノ際或ハ隔鞋ノ恨ナキコト能ハス因テ今両文ヲ輯出シ以テ経査ノ便ニ供フ

書中間々縦横両文ノ意義適切ナラサル者ナキニシモ非ス然リト雖両国君主ノ批准或ハ委員ノ鈐印ヲ経タル者ナレ

ハ敢テ之ヲ増損スル事ナシ

明治七年甲戌九月　皇紀二千五百三十四年　外務省

日本文と外国語文の「両文ノ意義」が適切でない事態は、当時の条約締結交渉の際の通訳・翻訳能力の未熟さの問題以外に、日本側の国際法に不慣れな知識不足、軍事力的圧力に屈した背景など、また、条約締結相手国の圧力をかわしながら、受け入れ条件を少しでも自国に有利な言葉で表現させようとしたこと、などが影響していると考えられる。このことは、幕末・明治初期の条約書に限られたものではない。しかも、そうした条約原本の解釈をめぐって、後に条約締結国間に履行問題が発生したりしたこともあり、あるいは第三国にも大きな影響を及ぼした例もある。本書は、そうした条約締結交渉に纏わる日本外交史の研究成果であり、各論文の概要は、次のとおりである。

第一章　沓澤宣賢「ハインリッヒ・フォン・シーボルトに関する一考察―日本に残された外交関係史料を中心に―」は、ハインリッヒの来日の経緯を述べた後、兄のアレクサンダーに先立ってウイーン万国博覧会の日本政府委員として、兄と共にウイーンで活動したこと、大蔵省の御雇外国人として欧州各国の憲法調査や役所の機構調査を行ったこと、一八八二年の条約改正予議会の際にオーストリア側の通訳として参加し会議の運営に協力したことなど、彼の外交活動について検証する。また、シーボルトの子孫が所蔵する古写真についてもふれ、その一部を紹介する。

第二章　友田昌宏「宮島誠一郎の東アジア外交構想―冊封・朝貢体制と条約体制のはざまで―」は、米沢藩出身の政治家・宮島誠一郎（一八三八～一九一一）が、明治初年から日清戦争にいたるまでの時期に、いかなる外交構想のもと、いかなる外交活動を展開したのかを考察する。朝鮮問題・琉球問題をめぐって日本と清国が激しく対立するなか、明治政府要人と清国公使とのあいだにあって両者の調停をはかりつつも、翻弄され自らの構想の修正を余儀なくされる彼の姿は、冊封・朝貢体制と条約体制のはざまで揺れ動く当該期の東アジア情勢の一面を映し出す。

第三章　服部龍二「日ソ不可侵条約問題―外務省座談会の記録から―」は、一九四七年に外務省で行われた座談会の記録を用いながら、不成立に終わった昭和戦前期の日ソ不可侵条約問題を論じる。章末では、外務省記録「日ソ不可侵条約問題一件」から日ソ不可侵条約問題に関する外務省座談会を翻刻して掲載する。元外相の芳澤謙吉や有田八郎らによる座談会であり、公的記録の不足を補うものといえよう。「日ソ不可侵條約に関する両國会談抄」、「ソ連と歐洲諸國との條約」、「ソ連の不侵略條約提議に対する我方態度決定に至る経緯資料」も収録されている。

第四章　佐藤元英「日独伊三国同盟と日ソ中立条約の過誤―記録された条約締結過程と効力の実態―」は、一九三八年以降の日独伊防共協定強化問題から三九年の独ソ不可侵条約締結の衝撃、そして、四〇年の三国同盟条約と付属議定書、交換公文の締結過程を検証する。それに連動する日独伊ソ四国連合構想を論じ、その後の独ソ戦争がもたらした日ソ中立条約への影響、大東亜戦争中の日独ソ関係を分析する。

付録　武山眞行・佐藤元英校訂「条約書目録（日本外務省）―アメリカ国務省・議会図書館作成マイクロフィルム―」は、一九四五年八月の終戦時に、日本外務省が所蔵していた条約書・批准書等の原本の目録である。終戦直後に、アメリカ議会図書館と国務省によって作成された日本外務省文書のマイクロフィルム（全二一一六リール Compiled by CECIL H. UYEHARA *"Checklist of Archives in the Japanese Ministry of Foreign Affairs Tokyo, Japan, 1868-1945"*）中に含まれていた「条約書目録」（外務省所蔵台帳としての目録）を校訂したものである。条約名称の表記は必ずしも条約書原本と一致していないが、「台帳」という性格から原文のままとした。

佐藤元英

目次

第三章　日ソ不可侵条約問題
——外務省座談会の記録から——

第四章　日独伊三国同盟と日ソ中立条約の過誤
――記録された条約締結過程と効力の実態――

第一章　ハインリッヒ・フォン・シーボルトに関する一考察
——日本に残された外交関係史料を中心に——

沓澤宣賢

はじめに

日本研究者として有名なフィリップ・フランツ・フォン・シーボルト（Siebold,Philipp Franz von）の次男ハインリッヒ・フォン・シーボルト（Siebold, Heinrich Freiher von）に関しては、父や兄のアレクサンダー（Siebold, Alexander Georg von）に比べ研究は比較的少ないように思われる。(1) しかし、モースに先駆けて大森貝塚の発掘に関わったことや、アイヌ研究のため北海道に渡って調査を行うなど、考古学・民族学の分野での研究活動については古くから知られている。こうした分野の研究が父フィリップの影響によるということで、フィリップを大シーボルトというのに対し、ハインリッヒは通称小シーボルトと呼ばれることが多い。二〇〇八年（平成二〇年）は、このハインリッヒがイタリア南チロル州のボーツエン市郊外のエッパン村フロインデンシュタイン城で亡くなってから（一九〇八年（明治四一年）八月一一日）一〇〇周年にあたることから、これを記念して国際シンポジウムが開かれた。名称は「ハインリッヒ・フォン・

シーボルト没後一〇〇年国際シンポジウム　小シーボルトの業績　日本の民族学的研究と日本研究におけるコレクションの役割」（法政大学国際シンポジウムセンター・国際日本学研究所主催　法政大学市ヶ谷キャンパス　ボアソナード・タワー二六階　スカイホール）というもので、二〇〇八年三月一日・二日の両日行われた。ハインリッヒは、一八五二年七月二一日ドイツライン河畔のボッパルト市に生まれ、ボンやヴュルツブルグで育ち、一八六九年（明治二年）に来日し、その後三〇年間にわたり主に東京でオーストリア・ハンガリー帝国の駐日公使館に通訳官・外交官として勤務しながら、父の影響を受けた考古学・民族学の研究を行った。このシンポジウムは、ハインリッヒの業績をヨーロッパの考古学や民族学と比較しながら分析し、その今日的な意義を明らかにするため国内外の研究者を集め開かれたものである。

第一部では、「小シーボルトの生涯と業績」（ヨーゼフ・クライナー　法政大学特任教授）、「ブランデンシュタイン家文書にみられるハインリッヒ・フォン・シーボルトの日本における活動について」（宮坂正英　長崎純心大学教授）、「ハインリッヒ・フォン・シーボルトと日本考古学の黎明期」（小倉淳一　法政大学講師）等の発表がされた。第二部では、「小シーボルト以後の日本民族学・文化人類学の展開」（ヨーゼフ・クライナー）、「ウィーンにおける日本の民族学的研究―岡正雄とA・スラヴィクー」等、小シーボルト以後の日本民族学研究の動向についての発表がされた。三月二日には、「小シーボルトの工芸美術コレクションのヨーロッパの美術史におよぼした影響」（ヨハネス・ヴィーニンガー　オーストリア工芸美術館東洋部長）、「米国ピーボデイ・エセックス博物館所蔵のモースコレクションから見るペリー以前以後の日米異文化交流」（小林淳一　東京都美術館副館長　現江戸東京博物館副館長）、「ヨーロッパにおけるアイヌ関係コレクション：その民族学的意義と西洋のアイヌ観への影響」（ハンス・デイター・オイルシュレガー　ボン大学准教授）等、日本研究と日本コレクションに関する研究発表が行われた[2]。このシンポジウムの内容は、後にクライナー氏によって二〇一一年に『小シーボルトと日本の考古・民族学の黎明』（東京：同成社）としてまとめられた。

このシンポジウムの後、ハインリッヒの子孫にあたる関口忠志氏等が中心となって、父のフィリップを始め長男のアレクサンダーと次男のハインリッヒを含め、シーボルト父子と日本との関係や彼らの行った異文化交流について研究するため「日本シーボルト協会設立準備委員会」（代表幹事　沓澤宣賢）が組織された。準備委員会の活動として、ハインリッヒ・シーボルト没後一〇〇周年記念事業「WHO IS HEINRICH SIEBOLD展」が開催され、併せて記念講演等が開かれたのである。第一回の展示会は、二〇〇八年八月一一日（文京区シビックセンター二六階スカイホール）に開かれ、沓澤が記念講演「シーボルト父子と日本」を行った。その後座談会が、石山禎一（元東海大学講師）、関　俊彦（武蔵野美術大学講師）、宮坂正英、関口忠志、沓澤等日本シーボルト協会設立準備委員会幹事達により行われた。第二回の展示会は、同年一〇月一三日（北区中央工学校ＳＴＥＰ）に開かれ、ヨーゼフ・クライナー氏による講演「ハインリッヒ・シーボルトと日本」が行われた。第三回の展示会は一二月二一日（大田区区民ホールアプリコＢ１）に開かれ、小倉淳一氏による講演「Ｅ・Ｓ　モースとハインリッヒ・フォン・シーボルト」が行われた[3]。この展示会や講演会の内容についても、関口忠志氏が自費出版という形で二〇一二年に『子孫が語るシーボルト父子伝〜ハインリッヒを中心に〜資料編』（東京：有限会社　目白相互企画）としてまとめておられる。

このように二〇〇八年は、ハインリッヒ関係の国際シンポジウムが開かれたり、ハインリッヒを含むシーボルト父子に関する研究を行うための会が組織された記念すべき年であった。筆者はこれまで、主に父のフィリップに関する研究を行ってきたが、記念講演の準備の為に史料を見直した結果新たに発見したことがあるので、ここでそうした史料を紹介しながら、ハインリッヒの来日事情や彼の外交活動の一端について見ていきたい。

一　外務省外交史料館所蔵「故シーボルト男一族略伝」にみえるハインリッヒ

ハインリッヒに関する記述のある史料は、外務省外交史料館が所蔵する「故シーボルト男一族略伝」（「各国祝祭典紀念会関係雑件　独逸人蘭医「フィリップ・フランツ・フォン・シーボルド」渡来百年記念祭ヲ長崎ニ於テ開催ノ件」所収（六門四類六項四―四））で、次のように記されている。ここではその全文を示すこととする。

ハインリッヒ、フキリップ、フライヘル、フォン、ジーボルト（一八五二年七月二十一日生 一九〇八年八月一十一日没）ノ死亡録抜粋

(HEINRICH PHILIPP FREIHERR VON SIEBOLD)

ハインリッヒ、フォン、ジーボルトハ一八五二年七月二十一日ライン沿岸ノボッパアルド近郊セント、マルチンヌノ地ニ生レ一九〇八年八月十一日チロールノ居城フロインデン、スタインニ於テ死没セリ。彼ハ有名ナル日本研究者タルフキリップ、フランツ、フォン、ジーボルトノ第二子ナリ。幼年ヲボンニ過シ、後和蘭ナル父ノ所領タルライデンドルフ在ノ「ニッポン」館ニ遊ヒ最後ニウルツブルグニ落付キタリ。彼ハ実兄アレキサンダーノ秘書ニシテ後維納ニ於テ日本ノ外交代表者トナリタル本間氏ノ下ニ日本語ノ研究ヲ始メタリ

父フィリップ、フランツ、フォン、ジーボルトガ第一、第二次ノ日本旅行ヨリ持帰リタル貴重ナル蒐集品ハ夙ニハインリッヒノ東洋文化ニ対スル興味ト理解トヲ喚起シタルガ一八六六年父ノ没後ハインリッヒハ当時東京ニ在リテ英国公使館ニ日本語ノ通訳トシテ雇ハレ居リシ其実兄ト同様ニ日本ニ職ヲ求メント決心シ兄ノ勧誘ニ従ヒ一八六九年本間氏ト共ニ日本ニ赴キシガ一八七〇年ヨリ墺国外交委員ノ下ニ名誉職ノ通訳ニ、一八七二年ニハ臨時通訳生ニ、一八七四年ニハ名誉通訳官補トナレリ

ハインリッヒハ日本中ヲ旅行シテ深ク風土民俗ヲ研究シ、特ニ日本最古ノ文化ニハ深甚ナル興味ヲ有シ蝦夷最古ノ種族アイヌニ関シ詳細ナル研究ニ耽リ又古墳ノ発掘ヲ為シ日本文化ノ古キ発展ニ付貴重ナル発見ト興味深キ例證トヲ得テ之ニ基キ絵入説明附ノ著書ニ（NOTES IN JAPANESE ARCHAELOGY）（日本古物学書）ヲ日本ニ於テ英文ニテ発表シ其他日本語ニテモ（HANDBUCH UEBER GRUNDZUEGE DER ANTHROPHOLOGIE BESONDERS MIT HINWEIS AUF PRAEHISTORISCHE FUNDE（人類学概説、有史前ノ発見物解説添附）ヲ著シタリ。又一方在東京独逸人東洋自然民族学会並ニ日本人ノ古物学研究ノ会員トシテ活動セシガ殊ニ前者即チ民族学会員トシテ UEBER TUCHI NINGIO ヲ著シテ古墳ヨリ発掘サレシ陶土製ノ人形ニ関シテ記述シ又 HARAKIRI（腹切リ）ニ付キ記スル所アリタリ

一八八〇年ニ公使館名誉書記官トナリシガ極東ノ地ニ在リテハ有名ナルフヰリップ、フランツ、ジーボルトノ息トシテ高貴ノ日本人ヨリ非常ニ優遇セラレ殊ニ日本皇帝ヨリ賜ハリタル立派ナル贈物ハ其ノ宮廷ニ於テモ亦気受好カリシコトヲ證スルモノト云フヘシ。ハインリッヒ、フォン、ジーボルトハ日本人ノ性質ヲ理解セルタメ到ル処ニ於テ歓迎セラレ又目黒在ノ粗末ナル田舎家ニ住ヒ一般日本人ト絶エス接触セルタメ貴重ナル宗教上ノ資料、美術品、武器、絵画ヲ蒐集スルコトヲ得タリ。是等ノ第一回ノ蒐集品ハ一八八九年墺国ニ寄贈セラレタリ

一八八九年ニハ墺国フランツ、フェルヂナンド大公ノ希望ニ従ヒ共ニ日本内地ヲ旅行セリ

一八九三年ハインリッヒ、フォン、ジーボルトハ横浜墺国領事ニ任セラレ、日本、墺国間ノ商業関係ヲ良好ナラシメンガタメ非常ニ尽力セシカ間モナク上海総領事代理ニ任命セラレタリ。上海ニテハ従来日本人ヲ研究シタルト同様支那人ノ性質ヲ探究スルノ機会ヲ得且ツ支那ノビスマークタル李 鴻章ト親交スルヲ得タリ。重患ノタメハインリッヒ、フォン、ジーボルトハ領事就任中勧誘セラレタル種々ノ提議ヲ退ケ一八九九年職ヲ辞シテ「チロール」ノ「フロインデンシュタイン」城ニ引揚ゲワーレンス、カーペンター嬢ト結婚セリ。

同城ニ於テハインリッヒハ自己ガ東洋ニ於テ得タル観察又ハ経験ヲ纏メ第二回ノ饒多ナル人類学的蒐集品（一八九七年一回既ニウルツブルグニ於テ展覧シタルコトアリ）ヲ美シキ城ノ中ニ整頓配置シ古物学ノ完成ニ勉メタルガ其後彼ノ子女ノ理解ナカリシタメ惜哉是等ノ貴重ナル蒐集品モ総テ散逸シタリ

ハインリッヒハ屡々工業家及学者ニ東亜ノ問題ニ関シテ其助言ヲ求メラレ又維納駐在ノ支那公使ニシテ後駐伊支那公使トナリタル
YANG TACHENG ハハインリッヒガ支那ニ居リシ頃ヨリ之ヲ尊敬シ、其助言ヲ求メ又種々ノ機会ニ其意見ヲ傾聴シタルガ維納在任中ハハインリッヒヲ政治、外交上ノ顧問ニ聘シタリ
此間ハインリッヒハ公ニハアラザリシトスルモ当時進行シツツアリシ彼ノ支那革命ニ重大ナル影響ヲ與ヘタルハ拒ムヘカラサル事実ニシテ北京ニ宛テタル其報告ハ政治経済ノ殆ト総テノ部門ヲ包含シ其支那ニ対スル功労ニヨリ双龍ノ大十字勲章ヲ贈ラレシガ一九〇八年八月十一日フロイデンシュタイン城ニテ歿シタリ。為メテ其研究作物ヲ完結スルヲ得サリシハ惜ムヘキ限リナリトス。
ハインリッヒノ歿後数ケ月ニシテ夫人亦其後ヲ趁ヒテ永眠セリ

この史料は、父のフィリップ・フランツ・フォン・シーボルトの渡来百年記念祭を長崎で開催する際、その子孫達が現在どうなっているかについて、駐独日本大使館が一九二三年（大正一二年）に調査した結果を記したものである。ハインリッヒだけでなく、長男のアレクサンダー、長女ヘレーネ（Helene）、次女マチルデ（Mathilde）、三男マキシミリアン（Maximilian）、それにアレクサンダーの子孫やマチルデの子孫についても言及されている。この史料には注目すべき点が三点程ある。

その第一は、ハインリッヒの来日に関わる記述の部分である。これまでハインリッヒの来日は、父の死去に伴い一時ドイツに帰国していた兄のアレクサンダーが再来日する際兄と共にとか[4]、あるいは兄のあとを追ってとか[5]曖昧であった。アレクサンダーと共にという根拠ははっきりしておらず、兄のあとを追ってといっても当時一七歳少年が一人で来日したとは考えにくい。ハインリッヒの略歴を示したこの史料には、彼が本間氏と共に来日したと記されている。この本間氏について、史料には彼が後にウィーンの日本外交代表になったとあることから、この人物は駐オーストリア・ハンガリーの臨時代理公使（一八八四年（明治一七年）一一月九日〜一八八六年（明治一九年）七月二日）を務めた本《ほん》間《ま》清雄《きよお》

ではないかと考えられる(6)。本間清雄については佐藤孝氏の研究に詳しく、それによれば彼はジョセフ彦を助け、一八六四年（元治元年）に本邦新聞史上特筆すべき「新聞紙」（のちの「海外新聞」）を横浜で発行させた人物であり、一八六七年（慶応三年）にはパリ万国博覧会に向かう徳川昭武一行の船に便乗して渡欧したというのである。このことを示す史料として、昭武に随行した箕作貞一郎（麟祥）から本間に贈られた写真が存在しており、裏に「慶応三年五月於巴黎　呈本間兄　箕作貞一郎」と墨書がある(7)。これは、本間が箕作に慶応三年五月にパリで会ったことを示しているように思われる。しかし、昭武一行の記録にも幕末の海外留学生の記録にも本間が渡欧した記録はみえていない。その本間が史料に再び出でくるのは、一八七〇年（明治三年）七月一八日付の太政官宛（弁官）の外務省伺で次のようなものである(8)。

本間文書少佑(9)

右ハ去卯年正月旧幕府へ願立孛漏生国へ遊学致シ居候所昨年八月中帰　朝致候ニ付当省ニ於テ採用致来候得共交際公法類ニ精敷者乏敷差支候折柄同人儀ハ独逸語相応達シ居且篤志ノ者ニテ此儘廃学致サセ候ハ惜事ニ付他学生同様航海並学費料共被下再御差出相成候様致度此段相伺候也

庚午七月十八日　外務省

弁官御中

この史料自体は、本間の再度の孛漏生（プロシア）遊学許可を求めたものであるが、興味深い点がいくつかみられる。

まず、最初にある卯年とは慶応三年のことで、昭武一行が渡仏した年に本間も渡欧していることが分かる。また、孛漏生へ遊学したとある箇所については、先の「ハインリッヒ、フィイリップ、フライヘル、フォン、ジーボルト死亡録抜粋」の記録と併せて考えると、昭武一行に通訳として随行したアレクサンダーがプロシアに帰国する際本間も同行し、現地で交際（国際）公法等を学んだと考えられるのである。帰国の年については、「昨年巳年八月」、即ち明治二年八月と記されている。今後も検討する余地はあるものの、二つの史料を総合してみるとハインイッヒの来日は本間と共に明治二年八月（一八六九年九月〜一〇月）ということになろうかと考えられる。

第二は、オーストリア皇太子フランツ・フェルディナンド（Franz Ferdinand）との関わりについてである。以前二〇〇四年にシーボルトの子孫にあたる、ブランデシュタイン・ツェッペリン家の史料調査をさせていただいた折、箱根宮の下の富士屋ホテルで皇太子一行と浴衣姿でくつろぐ集合写真に、ハインリッヒが写っているのを閲覧することができた。(10)これは、一八九三年（明治二六年）に日本を訪れたオーストリア皇太子一行に通訳として同行したハインリッヒの様子を示した一コマであり、貴重な資料と思われるのでここに示し紹介したい。（写真1）この他、皇太子の旅行記にもハインリッヒに関する記述として次のようなものがみえている。(11)

横浜八月二三日

昼まで、なにか幸運にありつけないかと掘り出し物を求めて横浜をまわった。きょうは幸いにも、愛すべきシーボルト男爵が同行してくれた。彼は、もうすでに幾年も日本滞在しているから、諸事情に通じ、しかも日本語も自家薬籠中のものにしている。だが、残念ながら、わたしの努力も徒労に終わってしまった。それというのも、京都で入手したような絹布や緞子を買いたいと思って探してはみたが見つからず、どこに問い合わせても、きまって、京都から取り寄せねばならないという回答しか得られなかったからだ。（中略）午後は、東京にもう一度行こうと思った。そこで、待ちかまえる警察の目をまこうと、クラムとプロイナーのふたりを首都にまっすぐ行かせた。この両名がそのまま東京に着くと、千人の群衆のみならず、それ相応に動員された警備陣にきわめて盛大に迎えられそうだ。一方、わたしのほうは、シーボルトとかたらい、ふたつ手前の駅で汽車を降り、人力車に乗り換えて東京へ急いだ。この戦術はまんまと成功し、わたしたちは数時間というもの、なにものにも煩わされずに行動でき、うつくしい上野公園のレストランでディナーまで楽しむことができた。

＊　クラム　フェルディナンドの世界旅行に侍従職として参加した、ハインリヒ・クラム・マルテニック伯爵のこと。陸軍中尉。

プロイナー　フェルディナンドの世界旅行に侍従職として参加した、ユリウス・プローナイ・フォン・トート・プロナー・ウント・プラトニチャ男爵のこと。陸軍中尉。

ハインリッヒが、皇太子の日本の骨董品の蒐集や(12)皇太子の隠密行動に協力している事実が記されてお

（写真1）　フランツ・フェルディナンド大公と随員
中央が大公でその右がハインリッヒ

り、興味深い。

最後は、中国外交官との関係についての記述である。史料には、ハインリッヒが上海のオーストリア・ハンガリー帝国の総領事館総領事代理を務めていた際親交のあった楊 晟（Yang Tachen）がウィーン駐在の清国公使として赴任したことで懇親を深め、ハインリッヒは楊の政治外交上の顧問となったことが記されている。[13] さらに、クライナー氏が紹介しているミュンツ（Munz Siegmund）氏の研究によれば、ハインリッヒは李 鴻章の息子の李 径遇と密接な関係を保って、『李 鴻章の覚書』（Papiereausdem Yameneines Vierkonigs）の独訳を通じ、ヨーロッパにおける中国の理解を求めるのに力を尽くしていたとしている。[14] この点に関しては、これまで日本の研究者からほとんど研究なされていない。考古学・民族学・アイヌ研究だけではなく、中国近代史にも関心を持ち、その分野への研究を進めようとしていたハインリッヒについて、今後新たに検討する必要があるといえよう。

二 『公文録』、『大隈文書目録』、『明治期外国人叙勲史料集成』にみえるハインリッヒ

この他、ハインリッヒの外交上の活動状況を記したものが、内閣の前身である太政官において授受した公文書（一八六八年（明治元年）～一八八五年（明治一八年））を各省庁別、年月別に編集した『公文録』や、早稲田大学が所蔵する『大隈文書目録』、そして外国人に対する叙勲の記録をまとめた『明治期外国人叙勲史料集成』にもみえているので、その一部を紹介したい。

まず、最初に示すのは一八七三年（明治六年）に行われたウィーン万国博覧会に、ハインリッヒが兄のアレクサンダーと共に、日本政府の委員として参加するようになったその間の経緯を記した史料である。シーボルト兄弟が共に関わ

ることになったウィーン万博に、日本政府はどのような経緯をへて参加するようになったのであろうか。まずは、そこからみていきたい。事の始まりは、一八七一年三月二五日（明治四年二月五日）外務省における会議の際、駐日オーストリア・ハンガリー帝国公使のカリーツェ（Calice, Heinrich Ritter von）が外務卿澤 宣嘉に対して、一八七三年に皇帝フランツ・ヨーゼフI世の治世二五年を記念してウィーンで開催予定の万博に日本の参同出品を求めたことによる。日本政府は年末には万博の参加を決定し、翌明治五年一月八日には、当時の内閣にあたる正院の中に仮の局が置かれ、外務、文部、大蔵、工部の各省から役人がここに出向することになった。一月二二日には仮の局を日比谷門内名東、長浜両県の出張所に移して博覧会事務局とし、五月三日には工部大丞の佐野常民を博覧会事務取扱、二二日には理事官とした。その後、佐野は駐日公使のカリーチェ宛て次のような書簡を送っている。(15)

以手紙啓上致シ候過日ハ博覧会ニ可差出物品ノ大略御一覧有之尚御勘考モ御申聞被下候旨御厚意千万奉存候陳ハ一事御内問合及度儀有之右ハ貴国公使館附シーボルト氏儀通弁モ出来候ニ付兼テヨリ博覧会事務ニ付テハ便利ヲ得候事不少然ル処追々期限モ相迫リ此上物品差廻方其他要用ノ儀御座候間閣下於テ御差支無之候ハヽ博覧会事務中此方へ被差添候儀ハ相成間敷哉左候ヘハ一層便利ヲ得貴国ト御引合ハ勿論諸事都合宜可相成儀ト存候右ハ貴国ノ御都合モ御座候事故閣下御考案ノ上否御内報被下度候以上

壬申九月十四日　　　　佐野常民

澳国弁理公使
姓名閣下
猶以委細ノ儀ハ可儘御面唔候以上

ハインリッヒは日本語にも堪能なので、日本の博覧会事務局に派遣してもらいたいが、公使館の都合はどうかということをまず書簡で問い合せ、詳細については直接会って話したいとしていることが分かる。一八日には、カリーチェから佐野に宛て早速「（前略）昨日大隈参義御談話ノ上ニハ委細相整御約定ノ通御座候ヘハシーボルト儀博覧会中貴国御雇入御成候テモ於拙者差支ノ筋無之候就ハ我政府ヘモ其段申立候儀ニ御座候且同人儀此度御雇入相成候テモ自国ヨリ可相渡手当筋ノ儀ハ是迄ノ通リ差遣シ候積リニ御座候然ル上ハ貴国博覧会御用掛御勝手次第同人ヘ御申付有之候テモ不苦候（後略）」[16]という書簡が届けられた。この書簡からハインリッヒは、日本政府の御雇中も、オーストリア政府から給与が支給されていたことが分かる。オーストリア公使館から、ハインリッヒの雇用が差し支えない旨の連絡を受け、彼は日本政府の御雇外国人の一人としてウィーン万博に派遣されることになった。そして、翌年一月にはハインリッヒとの間に次のような取り決めが交わされた。[17]

今般澳国博覧会ニ付右御用中貴下ヲ同国ニ随行セシムルニ付テハ左ノ條々申入候

一　副総裁佐野氏ノ指令ニ随ヒ編輯翻訳等ノ事務ハ事務官ニ協力又書記管掌ノ事務ハ書記官ニ協力能勉可被致候事

一　澳国ヘ随行中ハ為旅費一ケ月ニ百五十円給与可致事
但往返船賃船中賄ハ事務局ノ費用ニ相立可申事

右之通可相定候也

一月

佐野副総裁　花押
大隈総裁　花押

シーボルト貴下

こうして、ハインリッヒは兄のアレクサンダーと共に、日本政府の委員として渡澳することになった。役名は通弁及び編集ということであるが、ウィーン万博の報告書『澳国博覧会参同紀要』（一八九七年）（田中芳男・平山成信編輯東京印刷）には、ハインリッヒと関係の深い本間清雄の名前が「澳国博覧会渡航者維府着後出品陳列其他ノ事務分担人員表」[18]の中にでている。本間は、一八七〇年から一〇年間の予定でプロシアとオーストリアに派遣されていることから[19]、ハインリッヒとは現地ウィーンで会っていたことが考えられる。

このウィーン万博の後の一八七四年に、シーボルト兄弟がそろってウィーンで撮った写真が先に紹介したブランデンシュタイン・ツェッペリン家に残されているので、ここに示すこととする。（写真2）

ウィーンから戻ったハインリッヒは、再び駐日オーストリア公使館の通訳官として勤務したが、この後も日本政府との関係は続いたようである。そのことを示す史料が、一八七七年（明治一〇年）三月一五日に大蔵卿の大隈重信から右大臣岩倉具視に宛て出された「当省雇澳人「バロン、アレキサンドル、ホン、シーボルト」一時帰国ノ儀ニ付上申」である。そこには「当省雇澳人「バロン、アレキサンドル、ホン、シーボルト」儀本国罷在候母致死亡候ニ付家事調理之為メ一時致帰国度尤右帰国中之間ハ同人弟ヲ代勤可為致旨願出事実無余儀相聞候而已ナラス兼テ該地於テ実地ニ就キ当省事務取調ノ為メ態トモ派出為致度存候（後略）[20]」と記されている。公文書として、ハインリッヒとの契約書のようなものはみあたらないが、これが兄のアレクサンダーに代わって、ハインリッヒが大蔵省に勤務することになった事情を示す史料と見ることができよう。こうして、ハインリッヒは兄アレクサンダーに代わって同年四月から大蔵省に勤務するようになった。そして、ハインリッヒの大蔵省勤務はその後も続いたようで、そのことが次の史料から伺われる(21)。

（写真２）　左がハインリッヒ
右がアレクサンダー
（SCHRANK & MASSAK 写真館 WIEN）

澳国公使館附属訳官ヘンリー、フォン、シーボルト氏当省へ出務為致候儀ニ付上申

澳国公使館附属訳官ヘンリー、フォン、シーボルト氏是迄同氏兄当省傭バロン、アレキサンデル、フォン、シーボルト氏帰国不在中代トシテ当省へ出務罷在候処今般更ニ自国公使館本務ノ余暇ヲ以本年六月一日ヨリ当分之内当省へ出務為致其報酬トシテ毎月本邦通貨百五拾円ツヽ賜與可致旨相違候間此段及上申候也

明治十二年七月五日

大蔵卿大隈重信 印

太政大臣三條実美殿

ハインリッヒが、一八七九年（明治一二年）六月一日からどのぐらいの期間勤務したのかははっきりしないが、オーストリア公使館に勤務しながら大蔵省にも出勤していたことが分かる。

そして、『大隈文書目録』にはこの当時ハインリッヒが調査したと思われるヨーロッパ各国の憲法や役所の機構、それに大隈に対する意見書等の資料が残されている。それは、次のようなものである。[22]

「プロシャ国州縣並区憲法」（明治一一年三月二二日）（平田東助　訳）
「墺洪帝国縣区憲法」（明治一一年三月）（平田東助　訳）
「墺商務省機構」（明治一二年一月一三日）（八尾正文　訳）
「ハンガリー農商務省機構」（明治一二年一月一三日）（八尾正文　訳）
「文官養老金ニ関スル建議書」（明治一二年三月六日）（大隈大蔵卿宛）
「財政改良論」（明治一二年四月）（大隈大蔵卿宛）
「土山盛有ノ質疑ニ答フル書」（明治一二年一二月一九日）
「露国土木記事」（明治一二年）（村山一蔵　訳）
「欧州十国予算論」
「外債利子償還ニ関スル覚書」
「募債手続ニ関スル意見」

兄のアレクサンダーも、一八七五年（明治八年）から一八七八年（明治一一年）まで大蔵省と正院に勤務しているが、[23]ハインリッヒは兄のドイツ帰国中の期間と、アレクサンダーが大蔵省を辞めた後[24]大蔵省の御雇外国人として活動していることが伺われる。
最後に、外国人の叙勲関係史料にみえるハインリッヒについてみていきたい。それは、『明治期外国人叙勲史料集成』（一九九一年）（京都：思文閣出版、梅渓 昇編）というもので、国立公文書館所蔵の『公文録』（一八七五年（明治八年）～一八八五年（明治一八年））や『官吏進退』（一八八六年（明治一九年）～一八九二年（明治二五年））、それに『叙勲』（一八九三年（明治二六年）～一九一二年（明治四五年））等により、明治期の外国人叙勲に関する史料を選択集成したものである。ハインリヒの最初の叙勲は、明治一一年五月でそれは次のようなものである。(25)

澳国博覧会関係外国人当勲之件

明治六年澳国博覧会之節佐野常民副総裁ヲ以該地渡航スルニ当リ物品採択接賓通訳等ニ従事シ頗尽力イタシ候ニ付各自功労ヲ酌量シ左ノ通議定候條允裁候也

記

ハインリユウ、フォン、シーボルト

右勲五等双光旭日章

ウィーン万博の際の活動が評価された結果の叙勲であることが分かる。ちなみに、兄のアルクサンダーはこの時勲四等旭日小綬章を贈られている。その後、ハインンリッヒは一八八一年（明治一四年）一二月には勲四等旭日小綬章を授与されているが、その理由として「多年駐在国情ニ通熟シ交際上尽力少ナカラス」(26)とされている。御雇外国人としての大蔵省での活動が、評価されたものとみることができよう。そして一八八二年（明治一五年）八月には「条約改正予議会ニ参列シ奔走勉励頗ル便益ヲ与今欧州ニ赴クニ依テ勲等ヲ昇叙ノコトヲ外務卿ニ申諜セリ」(27)として、同年東京で開催された欧米諸国との条約改正予議会の際の通訳としての活動が評価され、勲三等旭日小綬章を贈られている。この条約改正予議会には、アレクサンダーも外務卿の井上 馨の秘書官兼通訳官として会議に出席しており、その頃東京で兄弟そろって撮ったと思われる写真がブランデンシュタイン・ツェッペリン家に残っているのでここで紹介したい。(写真3)

こうした日本側に残された史料から、ハインリッヒは日本とオーストリアとの間に立ち、オーストリア政府の外交官として、また日本政府の御雇外国人として両国の親善発展に寄与していることが分かる。

おわりに

これまでハインリッヒの活動について外務省や太政官、それに叙勲関係史料を再検討した結果明らかになった点について述べた。その結果、外務省の史料からハインリッヒの来日は本間清雄とともに明治二年八月に来日したと考えられること、一八九三年のオーストリア皇太子フェルディ

(写真3) 左がアレクサンダー
右がハインリッヒ
(鈴木真一写真館　東京)

ナンド来日の際には通訳として、さらに皇太子の日本の骨董品蒐集に協力していること、そして一九〇五年（明治三八年）以降中国人外交官楊晟と親交を深め、楊の政治外交上の顧問となったことなどが明らかとなった。『公文録』、『大隈文書目録』そして叙勲関係史料からは、兄のアレクサンダーに先立ってウィーン万博の日本政府委員となり、兄と共にウィーンで活躍したこと、大蔵省の御雇外国人として欧州各国の憲法や役所の機構調査を行ったこと、そしてこうした活動や一八八二年の条約改正予議会の際には、オーストリア側の通訳として参加し会議の運営に協力したとして、日本政府から叙勲されていることなどが明らかになったのである。

これまでハインリッヒの活動については、考古学や民族学研究など学術活動については行われてはいるが、外交活動については十分に行われてきたとはいえない。今後は、新たな史料に基づき彼の活動の裏付けを行いながら、日本とオーストリア両国の間に立って活動したハインリッヒについて研究をさらに深めていく必要があろう。その際参考になるのが、現在シーボルトの子孫にあたるブランデンシュタイン・ツェッペリン家が所蔵している古写真である。ブランデンシュタイン・ツェッペリン家には、ハインリッヒだけでなく、アレクサンダーやヘレーネと関わりのあった日本人をはじめ外国人の名刺版写真が多数存在している。本論でもその中の写真の幾つかを紹介したが、この古写真を用いて著者はアレクサンダーとハインリッヒと交渉のあった日本人との関係について、その研究成果を最近明らかにしたところである[28]。しかし、こうした古写真を用いた研究はまだ始まったばかりである。今後もこの古写真と文書史料を併せ検討しながら、シーボルト父子と日本との関係について、特にアレクサンダーやハインリッヒが日本の近代史にどのように関わっているのかということについて、研究を進めていきたいと考えている。

（1）ハインリッヒに関する資料については、ヨーゼフ・クライナー（一九九一）「ハインリッヒ・フォン・シーボルト―その人と業績にまつわる資料の紹介―」（シーボルト記念館『鳴滝紀要』創刊号）や、同じクライナー（二〇一一）「小シーボルト資料集成」（ヨーゼフ・クライナー編『小シーボルトと日本の考古・民族学の黎明』東京：同成社）に詳しい。
（2）『小シーボルトの業績　日本民族学的研究と日本研究におけるコレクションの役割』（二〇〇八）（法政大学国際日本学研究センター・国際日本学研究所）パンフレット
（3）『ハインリッヒ・シーボルト没後一〇〇年記念事業　WHO IS HEINRICH SIEBOLD展』（二〇〇八）（日本シーボルト協会設立準備委員会）パンフレット
（4）ハンス・ケルナー　竹内精一訳（一九七四）『シーボルト父子伝』東京：創造社、二二五頁。
（5）ヨーゼフ・クライナー（一九九六）「ハインリッヒ・フォン・シーボルト―日本考古学・民族文化起源論の学史から」H・V・シーボルト　原田信男　H・スパンチ　J・クライナー訳注『小シーボルト蝦夷見聞記』（東洋文庫）東京：平凡社、二二九頁。
（6）「（Ⅳ）主要在外公館長一覧」（一九七九）外務省外交史料館・日本外交史辞典編纂委員会『日本外交史辞典』東京：山川出版社、三五五頁。
（7）佐藤　孝（一九八五）「横浜人物小誌　明治初期一外交官の軌跡　本間清雄」（横浜開港資料館『横浜開港資料館館報』第一二号）六七頁。
（8）「本間文書少佑外一人孛国へ差遣ノ儀等伺」（番号2A―9―公368　37―0214　M公37）（『公文録』庚午九　外務省　庚午八月）
（9）明治三年（一八七〇年）四月一四日、外務省は太政官に対して内外文書事務の輻輳を処理すると共に、旧幕府以来の外交文書を編纂するため、外務省の中に文書寮の設置を申請していた。五月七日に至って文書司の設置が認可された。

そして、「文書司中三課の事務」として、「司中三課の翻訳通弁、外交書簡、記録編纂を監督する等のことを掌る」ことになった。この中の外交書簡の項に「本間少佑」の名前がみえている。従って、この頃本間は外務省文書司に少佑として勤務していたことが分かる。この少佑は、外務省内では、少禄、正八位、判任官に相当している。（外務省百年史編纂委員会編（一九七九）『外務省の百年』上巻　東京：原書房、五七～六三頁。）

（10）この写真は、皇太子の日本旅行記中にも収録されている。（フランツ・フェルディナンド　安藤　勉訳（二〇〇五）『オーストリア皇太子の日本日記　明治二六年夏の記録』東京：講談社学術文庫、一六〇頁。）

（11）フランツ・フェルディナンド　安藤　勉訳（二〇〇五）『オーストリア皇太子の日本日記　明治二六年夏の記録』東京：講談社学術文庫、二一二―二一三頁。

（12）クライナー氏の研究によれば、公式訪日したオーストリア皇太子フェルディナンドの日本コレクションは全部で四二二七点であった。しかし、第一次世界大戦後の経済的窮状を救うため、学問的に価値の低いと思われるものを競売にかけたため、現在は一八八五点がウィーンの民族学博物館に保管されているとのことである。（ヨーゼフ・クライナー（一九九六）「ハインリッヒ・フォン・シーボルト―日本考古学・民族文化起源論の学史から」（『小シーボルト蝦夷見聞記』（東洋文庫）東京：平凡社、二五〇頁。）

（13）楊　晟は、清国のドイツ駐在欽差大臣（一九〇五年九月二〇日～〇六年一二月三〇日）というのが正確のようである。（秦　郁彦編（一九八八）『世界諸国の制度・組織・人事　一八四〇―一九八七』東京：東京大学出版会、三二頁。）

（14）ヨーゼフ・クライナー（一九九六）「ハインリッヒ・フォン・シーボルト―日本考古学・民族文化起源論の学史から」（小シーボルト蝦夷見聞記）（東洋文庫）東京：平凡社、二三五頁。

（15）「澳人シーボルト御傭伺」（番号２Ａ―９―公６２４　６２―０２０５　Ｍ公６７）（『公文録』壬申一　正院　博覧会事務局　壬申九月十四日）

（16）「澳人シーボルト御傭伺」（番号２Ａ―９―公６２４　６２―０２０５　Ｍ公６７）（『公文録』壬申一　正院　博覧会事務局　壬申九月十八日）

(17)「澳人シーボルト御傭伺」(番号2A—9—公624　62—025　M公67)(『公文録』壬申一　正院　博覧会事務局　一月)
(18)田中芳男・平山成信編輯(一八九七)『澳国博覧会参同紀要』附録　東京：東京印刷、一頁。
(19)冨田　仁編(一九八五)『海を越えた日本人名事典』東京：日外アソシエーツ、五二七〜五二八頁。
(20)「当省雇澳人ホン、シーボルト一時帰国ノ儀ニ付上申」(番号2A—10—公2077　20—0213　M公263)(『公文録』明治十年　五　大蔵省　明治十年三月)
(21)「澳人訳官ヘンリー、フォン、シーボルト本省へ出務及報償金賜与ノ件」(番号2A—10—公2517　15—0817　M公329)(『公文録』明治十二年　五　大蔵省　明治十二年七月)
(22)早稲田大学大隈研究室編(一九五二)『大隈文書目録』東京：早稲田大学図書館、一五〇〜一五一頁。年代の記載が無い「欧州十国予算論」、「外債利子償還ニ関スル覚書」、「募債手続ニ関スル意見」も、表題から大蔵省勤務時代のものと判断しここに入れた。
(23)沓澤宣賢(二〇〇五)「アレクサンダー・フォン・シーボルト略年譜と日本政府との雇傭関係史料について」(シーボルト記念館『鳴滝紀要』第一五号)一五〜一六頁。
(24)アレクサンダーは、明治一一年一一月五日にベルリンの日本公使館勤務を命じられているが(沓澤宣賢(二〇〇五)「アレクサンダー・フォン・シーボルト略年譜と日本政府との雇傭関係史料について」(シーボルト記念館『鳴滝紀要』第一五号)二五頁)、正式に大蔵省を辞めたのは、明治一二年四月一四日だったことが、次の史料から分かる。

当省雇澳人「バロン、アレキサンドル、フォン、シーボルト」解雇候儀ニ付上申

当省雇澳人「バロン、アレキサンドル、フォン、シーボルト」儀
当省事務取調トシテ兼テ本国ニ罷在候処本年四月十四日限解雇候

ニ付此段上申仕候也

明治十二年九月十七日

大蔵卿大隈重信 印

太政大臣三條実美殿

（「澳国人シーボルト解傭ノ件」（番号2A—10—公2518　19—1034　M公329）（『公文録』明治十二年

五　大蔵省　明治十二年九月）

(25)「澳国博覧会関係外国人当勲之件」（番号2A—10—公2242（47）明治十一年五月）梅渓 昇編（一九九一）『明治期外国人叙勲史料集成』第一巻　京都：思文閣出版、六一頁。

(26)「澳地利公使館書記官ハインリュウ、フォン、シーボルト露館訳官アレキサンドル、マレンタ勲等進叙議案」（番号2A—10—公2928（31）明治十四年十二月二十四日）梅渓 昇編（一九九一）『明治期外国人叙勲史料集成』第一巻　京都：思文閣出版、二〇三～二〇四頁。

(27)「澳国公使館書記官勲四等シバリエー、ハインリ、ド、シーボルト叙勲議案」（番号2A—10—公3215（7）明治十五年八月二日）梅渓 昇編（一九九一）『明治期外国人叙勲史料集成』第一巻　京都：思文閣出版、二五〇～二五一頁。

(28)沓澤宣賢（二〇一一）「ブランデンシュタイン・ツェッペリン家所蔵シーボルト関係古写真について」（日本独学史学会『日独文化交流史研究』第一二号）。

〔付記〕本論文は、二〇一〇年に発表した「ハインリッヒ・フォン・シーボルトについて—外務省外交史料館所蔵史料を中心に—」（東海大学外国語教育センター異文化交流研究会『異文化交流』第一〇号）を大幅に加筆・修正したものである。なお、本稿作成に際し中央大学の佐藤元英教授、東海大学の浅井 紀教授にはいろいろと有益な御教示いただいた。本紙上をかりて厚くお礼を述べたい。

第二章　宮島誠一郎の東アジア外交構想
――冊封・朝貢体制と条約体制のはざまで――

友田昌宏

はじめに

本章は明治初年から日清戦争にいたるまでの宮島誠一郎の外交活動・外交構想の特質とその変遷を、日清両国を中心に展開する東アジア情勢のなかに位置付けることを目的とするものである。

宮島誠一郎（一八三八～一九一一）は、米沢藩出身で維新後新政府に出仕し、待詔院下院出仕を皮切りに、左院議官（大議生・少議官・三等議官）をはじめ、権少内史・修史局（のち修史館）御用掛・宮内省御用掛・参事院議官補・華族局（のち爵位局）主事補・貴族院議員などを歴任した。維新後の宮島と言って誰もが思い浮かべるのは、明治五年（一八七二）四月に彼が左院に提出した「立国憲議」であろう。しかし、左院が廃止された後、宮島は憲法制定にかかわるポストにつけず、藩閥の壁に阻まれて出世もままならなかった。その宮島がなおも政府の高官に重用され、存在感を示しえたのは、清国公使館との太いパイプゆえであった。左院時代、同僚とともに台湾出兵反対の建議を提出していることからもうかがえるとおり、はやくから東アジア情勢に多大なる関心をいだいた宮島は、東アジアの平和を維持すべく政府要人と清国公使とのあいだをとりもつことを自らの任としたのだった。両国の思惑が交錯するなか揺れ動く宮島の姿は、激動の東アジア情勢の一面を映しだすひとつの鏡である。

さて、この時期の宮島の外交活動・外交構想については、すでに勝田政治[1]・大日方純夫[2]両氏の研究が公にされている。勝田氏の研究は、明治七年、宮島が同僚の左院議官とともに二度にわたって提出した台湾出兵反対の建議に考察を加えたものである。他の出兵反対意見とも比較検討しながら勝田氏が導き出された結論は「宮島は、台湾出兵は東アジア国際秩序である華夷秩序に挑戦するものとしてとらえて反対したのである。（中略）琉球帰属問題について琉球日本領という、万国公法（近代国際法）の論理を振りかざす大久保政権に対し、東アジアの伝統的国際体系である華夷秩序をもって異を唱えたのが宮島であった」[3]というものであった。台湾出兵のそもそもの発端であった琉球問題に限って言えば、この勝田氏の所論は肯綮に当たっている。

しかし、この一事をもってしてはたして宮島が清国がいうところの華夷秩序をそのまま受け入れていたと言えるのだろうか。宮島がこの華夷秩序といかに対峙しようとしていたかを考えるには同じく日清間の周縁地域問題として浮上していた朝鮮問題も含めて考えていく必要があろう。なぜなら、華夷秩序、さらにはそれに基づく冊封・朝貢体制を東アジア全体規定する構造として考えた場合、「朝鮮問題・琉球問題・台湾問題は、ひとつの問題が他の問題に直ちに波及するという連環構造を有していた」からである。[4]近年、日本、さらには欧米諸国の動向をふまえた清国と朝鮮との関係、琉球をめぐる日本と清国との関係について、研究史上の画期をなすであろう、雄渾かつ浩瀚な著作が岡本隆司[5]・西里喜行[6]両氏によってもたらされた。これらの業績で克明に示された日清両国の動向のなかで、琉球問題と朝鮮問題それぞれへの宮島の対応を探り、彼がこの華夷秩序、およびそれに基づく冊封・朝貢体制といかに折り合いをつけ、日清の連携をはかろうとしたのか改めて考えたい。

次に大日方氏の研究だが、これは明治一一年から一七年までの宮島の対外認識と対外活動に分析を加えたものである。同氏によれば宮島の対外構想は、「欧米対アジアの関係を基本的な対抗軸としつつ、とくにロシアの脅威を強調し、日清の提携によってこれに対抗していこうとするもの」であり、「何如璋・黄遵憲ら清国側外交官の構想と基本的に共通するものであった」、そして、「清国の洋務派官僚と、日本の維新官僚との、外交路線の一面協調、他面角逐という、錯綜した外交関係」にあって琉球問題・朝鮮問題を焦点にその矛盾があらわになるなかで、宮島は「一面で清国外交官たちと外交構想を共有し、日清の友好・連帯を志向しながらも、あるいはそうであるがゆえに、他面では日本政府の外交路線との調整役を果たしていた」という(7)。私はこの大日方氏の結論におおむね賛成であるが、同時に疑問や物足りなさをも感ずるものである。

大日方氏が論文のなかで紹介されているとおり、明治一六年一月一六日、参議兼大蔵卿松方正義と駐日清国公使黎庶昌との会談に同席した宮島は、琉球の帰属問題はすでに決着済みであるとしたうえで、琉球王国の復活を求める黎の提案に難色を示している(8)。これは華夷秩序の維持を前提に、琉球民殺害への問罪という名目そのものを否定することによって台湾出兵に異を唱えた、かつての彼の立場と大きく異なっていよう。かかる時期による見解の相違は、日清両国の外交方針の変遷に沿って考察を加えていく必要がある。近代をむかえ、条約体制をふりかざして、国境を画定し国土を囲い込もうとする欧米諸国やそれにならう日本の前に、清国が中華帝国体制（華夷秩序）の維持をめざしながら条約体制と折り合いをつけ、それを徐々に変容させていったことは、茂木敏夫氏(9)が明らかにされたところであり、また、先の岡本氏の著書が登場し、清国が各局面によっていかに旧来の東アジアの国際秩序を読み変えていったか、その結果「属国自主」をめぐって当事国たる朝鮮や同国と条約を締結した欧米諸国とのあいだにいかなる思惑の相違が生じたかなどが史実に則してより具体的に解明されるにいたった。そして、かかる清国のスタンスの変化のなかで日本も時々に対外方針を改めねばならなかったことは高橋秀直氏の研究[10]において明らかである。そこで、本章ではこのような時々刻々と変遷する両国の東アジア外交方針の変化のなかで、いかに宮島が外交構想を変化させていったのかを考察していきたい。

一　東アジアの危機に際会して

(一)　ロシアへの脅威

嘉永六年（一八五三）六月三日のペリー来航とそれに続く日本の開国は全国に大きな衝撃を与えた。ここに、外圧から日本の国家的独立をいかに固守するかという問題がこの国の全階級の前に立ち現れたのである。

天保八年（一八三八）七月六日、五十騎組という米沢藩の中級武士の家に生まれた宮島誠一郎は、勉学に励むかたわら一〇代にして江戸詰の父一郎左衛門に代わり家計のやりくりにも腐心せねばならない立場にあったが、開国によって生糸が海外に流出し糸価が高騰すると、糸織の内職で支えられていた宮島家の家計はたちまち逼迫、「アメリカ大祟り」と江戸の一郎左衛門に窮状をうったえている[11]。文久三年（一八六三）正月、藩主上杉斉憲が将軍に供奉して上京することになると宮島は父とともにこれに従い、滞京中その高い情報収集能力を藩首脳部から嘱目され、以来藩命をうけ江戸や京都にあって探索周旋に携わることとなる。そうして、さまざまな人物から情報をえて見聞を深めるなかで、外圧への危機感を募らせていった[12]。慶応三年（一八六七）一〇月一九日、徳川慶喜が大政奉還を上表し、慶喜から斉憲への召命が米沢にもたらされると、藩は藩校興譲館の教官、さらには彼らを通じて藩校の学生にも意見を求めた[13]。当時興譲館常詰勤学生だった宮島は、このとき長文の意見書を藩に提出しているが、そのなかで「天下之形勢外夷日増ニ猖獗致し、就中英仏二国相互ニ　皇国を奪んと欲する策略深し」とし、なかでもイギリスには幕府と一大藩＝薩摩藩との間に「釁隙を生し」、日本の国勢が疲弊することを望んでいると警戒感をあらわにしている。そのうえで、今「人和」を失い衰頽した幕府が大政奉還すれば、「姦徒」＝薩摩藩、「外夷」＝イギリスの「悪策」に陥りかねないと大政奉還に反対の意を表明する。(14)

しかし、宮島が外圧としてもっとも警戒していたのは、アメリカでもイギリスでもフランスでもなく実はロシアであった。一八世紀初頭に南下し、日本近海に姿を見せ始めたロシアは、日本にとって鎖国以降最初に脅威として受け止められた列強であり、ことに米沢藩をはじめとする奥羽諸藩にとってロシアに対する備えは差し迫った課題であった。そのロシアの脅威について、宮島は幼いころより父一郎左衛門から懇々と聞かされていたのである。(15)

概してロシアはクリミア戦争などの影響もあって幕末の政局へ英仏ほど大きな影響を及ぼすことはなかったが、以上のような事情から宮島のなかには潜在的にロシアへの脅威が存在していた。慶応四年（一八六八、九月八日に明治と改元）から翌明治二年にかけての戊辰戦争の際、宮島が新政府に会津藩の謝罪寛典を求め、奥羽列藩の歎願書を携えて上京したことはよく知られているが、この歎願書とともに提出された新政府参与（木戸孝允・小松帯刀・後藤象二郎）宛の宮島の添書には以下のような文言が含まれている。

殊ニ　朝廷ニ於テ更始御一新之砌ト申、加之、外国御交際之御大業モ未タ御成就無之今日、諸港外夷互市之跋扈前日ニ幾倍シ、覬覦之情逐日相募、殊奥羽者北門之鎖鑰ニ御座候処、鄂羅斯漸其虚ヲ窺ヒ并呑之姿相見得候。万一窮濫之民其謀ヲ通シ候時ハ、奥羽者　皇国之有ニ非ス、皇国ハ朝廷之有ニ非ス、四分五裂、支那・印度之覆轍ニ陥候義ハ目前、知者之所見ニテ、皇国之危急燃（焦）眉ヨリ甚敷…(16)

このまま戦争を続けていれば、ロシアが北方から侵略してきて「窮濫之民」と通じ、奥羽は「皇国之有」ではなくなり、「皇国」は「朝廷之有」ではなくなってしまう、ついては会津藩に寛大な処置を下し、戦争を収めることで「北門之鎖鑰」としての任務を果したい、というのがここでの宮島の主張である。

実際にロシアにかかる意図があることを思わせるような情報が、明治二年正月、当時新政府の議定であった東久世通禧の家士大村達也によって宮島のもとにもたらされた。大村の話によれば、箱館に脱走した榎本軍が新政府に宛てた歎願書を英仏公使が取り次いだのは、「内地より蝦夷江出て日本ヲ蚕食し此地を以東洋呑噬之基と為ん」とするロシアを警戒してのことだという。(17) 英仏もまたロシアの南下を日本の侵略を企図したものと見て、日本への介入を強めつつあることを知り、宮島の憂慮は深まっていった。

そして、箱館戦争終結から間もない明治二年六月二四日に、ロシア兵によって樺太箱泊が占拠され、兵営陣地が築かれるという事件が勃発する。「朝鮮跋扈之事件」を「薩土肥前書生」から聞いた宮島は、朝鮮の背後にはロシアがあり、「魯西亜之大ニ東洋ニ志ヲ恣ニする根元と相見得、眼前唐太江軍艦ヲ押寄土木ヲ起し漸々人民ヲ移候勢」と日記に記している。(18) この一件から、宮島はロシアに日本侵略の意図が明確にあることを見て取り、その対処が緊急を要するものであることを痛感したのである。

七月二三日、蝦夷地開拓志願者に対して地所を割り渡す旨の達が新政府から発せられると、宮島は松浦武四郎を尋ねて彼の地の詳しい状況を聞きだし、ついで参議大久保利通の勧めもあり、(19) 早急に蝦夷地割渡を出願するよう藩の参政に上申する。その書面には次のようにある。

蝦夷地開拓之儀被仰出、有志之藩々勝手次第地所願立候様今般御布告ニ相成り、仍而此節諸藩追々地所相撰天朝江願出候ニ付、其

利害ハ素より難計候得共、奥羽ハ地勢時気似寄りと申、加之、鄂羅跋扈北門之鎖鑰ハ難免、万一駸々乎蚕食内地江入込候時ハ予め覚悟可有之、就而者吃（屹）度油断無之手配ハ肝要と奉存候間…[20]

ロシアが内地への侵略を窺っている状況にあって、「北門之鎖鑰」たる米沢藩は、利害を顧みず、蝦夷地の開拓を出願すべきであるという。さらに、宮島は「蝦夷地将来之根基を定めん事を希望」して大久保に次のように書き送っている。

今日邦家最大之憂患者鄂羅斯之蚕食に在り。已に魯人満洲境迄侵来り、朝鮮を以而已れの国疆之根拠とし而、駸々西方より迫り、朝鮮に臨んで発程指揮す。彼朝鮮之民、古へ豊太閤より皇国に対し怨恨有之、鄂羅斯之を率ひて、我日本を侵撃する之勢を含む。北ハ山丹より唐太に迫り、今又已に軍艦数艘を繋き蝦域を侵略するに到る。然ルニ英仏両国ハ従来鄂羅斯に拮抗し、彼の気力之進行を抑へ、鄂羅斯も亦強禦有之為に、已れの力を欧羅巴全州に拡張する能ハす。仍而魯都東方内地より鉄道を開き、黒龍江より蝦夷を押領し、日本を以而東方立脚之地となし、遂ニ武威を宇内ニ輝さんと欲す。今や吾邦名ハ維新之創業と称すと雖も国内諸侯疲弊し、兵力衰廃、　廷議泛々不定、此虚に乗じ鄂羅斯漸々手を付けたり。此患害遂ニ如何か相長じ候歟と微輩拘懐実ニ不安、此禍患を救済せんと欲せハ、全国各藩一致協力せざれハ大に国是を誤らん歟。昨年邦内之戦争ハ小節なり。今年北地之外患ハ皇国之大患なり。嗚呼、可不泣乎、可不泣乎。[21]

英仏の勢力に阻まれ、ヨーロッパに勢力を拡大できなかったロシアは、秀吉以来日本に怨恨のある朝鮮を取り込んで日本を侵略し、日本を「東方立脚之地」にしようとしている、昨年の戊辰戦争は「小節」に過ぎず、今年の「北地之外患」は「皇国之大患」である、今は「維新之創業」間もない時期で、「廷議」は定まらず諸侯も疲弊しているが、そのようなときこそ全国諸藩が一致協力して蝦夷地の開拓にあたることが必要だ、というのである。すなわち、宮島は「米藩を抛擲し而蝦夷を吾版図ニ置度との赤心」から出願を藩に督促したのであった(22)。

しかし、一方で「蝦夷を吾版図ニ置」き、ロシアの南下を防ぐには、開拓を急ぐとともに当面の懸案たる樺太問題を解決する必要がある。明治二年七月八日、新政府は蝦夷地に開拓使を置き、判官の黒田清隆を樺太に派遣、急遽ロシア側との交渉に当たらせた。樺太に向かう黒田に対して宮島は次のような七言律詩を贈っている。

薩南男児真英雄
欲向蝦夷敷皇風
自奮能成遠大志
自屈難建廓清功
欽君高唱象山句
美人勧酒蘭燈紅
樺島到日君自愛
黒龍江北多毒龍

薩南の男児真の英雄たり
蝦夷に向かひて皇風を敷かんと欲す
自ら奮へば能く遠大の志を成し
自ら屈せば廓清の功を建て難し
君を欽ひて高らかに象山の句を唱ふ
美人酒を勧めて蘭燈紅なり
樺島に到るの日　君自愛せよ
黒龍江の北　毒龍多し(23)

宮島は黒田を「薩南の男児真の英雄たり」とたたえ、佐久間象山の句を詠んで、蝦夷地に「皇風」を敷くよう奮起を促した。そして、これから樺太に到る黒田に黒龍江の北には「毒龍」が多いから気をつけるよう喚起している。ここで言う「毒龍」がロシアを指すものであることはもはや言を要しまい。しかし、この後、樺太問題はなかなか解決を見なかった。明治四年一〇月、宮島は大議生として新政府の議事機関左院に出仕するが、明治五年正月には、議長の後藤象二郎、副議長の江藤新平から難航する樺太問題について諮問をうけている。これに対する宮島の回答は次のごとくである。

一口蝦夷ノソウヤに於テ開港場ヲ設け、魯政府ヲ始め各国政府ヲシテ此条約書面に調印セシメ、而後蝦夷以南ハ我版図明証ナリ。尚樺太雑居之地ニ経界を定ムルハ、一地にし而両国の政令・教法相行ハレ人民相混シ、終に禍害を生するの階悌ナルヲ以テ、万国如此の地に有るコトナシ。故に先ツ開港を以而自然ノ経界を固ふし、尚又樺太の事件ハ万国の公義に従ひ、更に判然タルの経界の論に及び、又或ハ雑居の権利ヲ各国に譲与スルモ其時宜に従ふなり(24)。

宮島はまずロシアをはじめとする諸外国と条約を交わし宗谷岬に開港場を設けて、「蝦夷以南」が「我版図」であることを明確にすべきだと主張する。そのうえで樺太については、雑居の地に境界を定めればひとつの地にふたつの国の政令・教法が行われることになり、そのような例は万国にないとしつつ、「万国の公義」に従って境界を設けるか、あるいは情勢次第では雑居の権利を放棄し、諸外国に譲り渡すとしている。すなわち、宮島はロシアの進出を食い止めるため、「万国の公義」＝万国公法に従って「開港を以而自然ノ経界を固ふ」することを最善の策としたのである。

以上見てきたように、ロシアの南下が現実化していくなかで、宮島はロシアに日本侵略の意図があることを確信し、ロシアに対する敵意を強めていった。明治二九年一一月二五日にアーネスト・サトウと面会した際、宮島は「ロシアは日本にとって昔も今も最大の敵だ（He said Russia in his opinion had always been the great foe of Japan.）」と述べたというが(25)、このようなロシアに対する敵愾心は終生彼をとらえつづけたのである。そのロシアの南下を防ぎ日本の国土を守るため、宮島は蝦夷地を開拓し、万国公法にのっとり国境を明確化することを企図した。また、宮島がロシアの脅威について言及した記述に「東洋」、「東方」などの文言が散見されることから、ロシアへの脅威が日本をとりまく東アジアというより広い領域を意識させるひとつの触媒の役割を果たしたことがうかがえる。そして、ロシアに対抗するため、自国の強化とともに東アジアの振興が大きな課題として彼のなかで浮上することとなったのである。

(二) 明治初年の対外問題と宮島の東アジア外交構想

前款で述べたとおり、宮島は万国公法の論理にのっとって北方の国境を確定し、ロシアの南下を防ごうとした。しかし、琉球帰属問題においては、これと全く相反する態度を取っている。明治五年六月六日に正院から琉球藩設置について諮問が下された際、左院はこれに回答を寄せているが、この回答は「球案起草」(早稲田大学図書館所蔵「宮島誠一郎文書」B三九)のなかで宮島が「余時ニ左院ニ少議官ヲ辱フシ、右推問ニ対シテ、答議スル処アリ」と記しているところから、彼を中心として起草されたと考えられる。その第三条には次のようにある。

琉球国ノ両属セルヲ以テ、名分不正トナシ、若シ之ヲ正シ、我カ一方ニ属セシメントスレハ、清ト争端ヲ開クニ至ラン。縦令争端ヲ開クニ至ラサルモ、其手段紛ニシテ、無益ニ帰セン。抑々名ハ虚文ナリ。実ハ要務ナリ。清ノ封冊ヲ受、正朔を奉セシムルハ、虚文ノ名ニシテ、島津氏ノ士官ヲ遣ハシ、其国ヲ鎮撫スルハ要務ノ実ナリ。我其要務ノ実ヲ得タレハ、其虚文ノ名ハ、之ヲ清ニ分チ与ヘテ、必シモ之ヲ正サヽルヘシ。(26)

ここでは琉球の日清両属を前提として琉球藩の設置が否定されている。なぜなら、琉球藩を設置すれば日清間に戦争が勃発するかもしれないからである。そして、琉球が清国の冊封をうけ、清国の正朔を奉じながらも、実質的には薩摩藩の支配をうけてきたという歴史的経緯から、その実を日本が確保することができれば、名は清国にも与えてもかまわないとするのである。すなわち、宮島は琉球の帰属を明確にして国境を確定することで清国と争端を開くよりも、清国に宗主国としての名を譲ることによって融和を保つほうを優先させたのだった。彼のなかで東アジアは、万国公法に象徴される欧米の条約体制とは別の論理が通用する領域として想定されていたといえるだろう。

この回答を目にした外務卿の副島種臣は左院に宮島を訪ね、「已ニ琉球中山王ニ於テハ、我朝ヨリ封爵ヲ受ルヲ悦フノ内情有之ヲ承認スレハ、今又左院ニ於テ異議有之候テハ頗ル損害有之」と内談に及んでいる。これに対して、宮島は「本院ハ議政局ナリ。事ノ可否ヲ議スル而已ニテ、素ヨリ行政上ニハ関係不致、仍テ決議ノ後ハ、正院ノ決行ニ帰スルナリ」と返答したのだった(27)。かくして、明治五年九月一四日には国王尚泰が琉球藩王となり華族に列せられ、琉球藩が設置される。ただし、これ以後も琉球は清国への朝貢を続けており、琉球の日清両属が解消されることはなかった。

明治七年の台湾出兵はこういった琉球をめぐる日清関係にも大きな転換をせまるものであった。その発端は明治四年一一月に琉球人が台湾の原住民に殺害されたことにある。当時、台湾は清国の治下にあったが、明治五年に日清修好条規批准のため渡清した副使柳原前光（正使は副島種臣）に対して、北洋大臣兼直隷総督の李鴻章は、琉球人を殺害した台湾の原住民「生蕃」は「化外の民」であると明言した。日本政府はこれを根拠として明治七年二月に台湾への出兵を決定する。おりしも、佐賀の乱の直後で国内は乱れており、士族の不満を外へ逸らさんとの意図がそこには含まれていた。宮島は「今ヤ此禍乱、乃チ征韓論一破裂ヨリ発ス。寧ロ征台ノ兵ヲ起シテ、不平ノ気ヲ発散セント大久保ノ佐賀ヨリ帰ラサルニ先ツテ、大隈先ツ岩倉ニ入説シテ此征台ヲ起スナリ。一ハ激徒ノ怒ヲ弛メ、一ハ東京軍人ノ人望ヲ収攬シテ、我胸壁ト為スノ政略ニ外ナラス」とその意図を正確に見てとったうえで（ただし大久保も台湾の領有を含まない出兵には賛成であった）、「清国ノ争端ヲ開キ不測ノ禍害ヲ来ス、却テ征韓ヨリモ甚シキモノアラン」としてこれに反対した。(28)台湾出兵を機に清国との間に戦争が勃発することをいかに恐れていたかがうかがえよう。そして、この「清国ノ争端」は台湾の領有をめぐる争いであると同時に、琉球の帰属をめぐるそれでもあった。宮島は同僚の左院議官たちに賛同を呼びかけ、二度にわたり反対の建議を提出しているが、(29)次に掲げるのは四月八日付の第一回目の建議からの一節である。

夫ノ琉球ノ如キ近来藩王ノ恩典ヲ辱スト雖トモ尚支那ノ封冊ヲ返シタルニモ非ス、依然両属ノ形ニ有之上ハ、其人民ト内国人民ト同一ニ視做ス筈ハ万々有之間敷ト存候。況ヤ夫ノ台湾ニ於テ残暴ヲ被リ候時ハ藩王未封ノ前ニ係リ候ヘハ、之カ為ニ追問ノ兵ヲ挙クル、条理上已ムヲ不得ノ義挙トモ申シ難シ。(30)

建議のなかで宮島らは、琉球民殺害事件への問罪という台湾出兵の大義名分自体を否定している。前述のとおり、明治五年九月、琉球王国は琉球藩となり、国王の尚泰は藩王に封ぜられたが、琉球藩は依然清国の冊封をうけており、日清に両属していた。まして、琉球人が台湾の現地民に殺害された事件は尚泰が藩王に封ぜられる以前のことであって、琉球人を内地人と同一視して台湾に問罪の師を送るのは条理上正しくないというのである。実は台湾出兵には、これを機として琉球の日清両属を解消し、琉球を日本の版図に組み込まんとするもうひとつの意図が隠されていた。台湾領有をめぐっては、大久保利通（参議兼内務卿）と大隈重信（参議兼大蔵卿、蕃地事務局総裁）・西郷従道（陸軍大輔、蕃地事務局都督）とのあいだで意見が対立していたが、(31)この点においては当時の政府首脳内で合意が形成されていた。勝田氏も指摘されるとおり、宮島らはかかる意図を鋭く見抜いたうえで、琉球の日清両属を前提に台湾出兵に反対の意を示したのである。

このように宮島は東アジアの平和のため清国との衝突を避け琉球の日清両属を主張したが、それは清国が言うところの華夷秩序に基づく朝貢・冊封体制をそのまま受け入れていたことを意味しない。同じく清国と宗属関係にあり、清国の冊封をうけ清国に朝貢しながら、琉球と朝鮮の位置付けは宮島のなかで大きく異なっていたのである。

明治六年末に参議西郷隆盛らが征韓論を提唱した際、宮島は反対の意を示している。明治六年一〇月二日、参議板垣退助に面会した宮島は、速やかなる地方官会議の開催を板垣に求めたが、板垣は「余此頃少シク意見アリ。中央政府ニ最少シ聚権セントス。会議論ハ第二著ト相成タリ」と言ってこれを拒絶した。驚いた宮島は「内政未整ニ外征ノ事ニ及フ、実ニ大難事且旧時封建ノ兵制トモ違ヒ、徴兵令モ布告アリ、今又俄ニ藩兵ヲ用ユル如キ実ニ不堪驚嘆。去リナカラ已ニ西郷結約之事、無可如何、小官ハ唯国憲論ハ素志ナリ。外征ノ事ハ未タ一点モ脳裏ニ無之」と言って板垣に反論する。[32]

また、明治八年八月には、朝鮮に開国をせまるべく、測量と称して朝鮮沿海を航行していた日本の軍艦雲揚が、真水を求めて上陸しようとしたところ朝鮮側から砲撃をうけ、これに報復を加えるという、いわゆる江華島事件が起こり日朝間に緊張が走る。これについて宮島は次の如く非難を加えている。

> 扨外征之可不可ハ世議蝶々誰カ征韓ヲ可トスル者アラン。然ルニ、今日着手スル所以ノ者ハ頗ル前兆アリ。已ニ島津辞職ノ建白ニモ外征何ヲ以遑アランヤノ語アリ。板垣建白ニモ朝鮮将ニ事アン（ラ脱）トス云々。加之、木戸之朝鮮処分御委任有之度云々ノ建白アリ。頃聞ク、木戸又病ニ因テ引籠ムト。島津・板垣ハ已ニ辞職ニ相成たり。右紛々之議論ヲ内閣ニ於テ綜合セハ必す眼前ノ事ハ徒ニ偏ニ朝鮮之処分ニ熱心スルアル而已。況ヤ一昨年来西郷隆盛ノ一族薩南ニ蟠居スルヲヤ。…外ハ征韓ノ勢ヲ張り征韓ノ名義ヲ借りて、

一昨年来之佐賀・台湾ノ暴挙之跡ヲ消スノ外ニ策ナカルベシ。若し此征韓之挙ヲシテ都合好ク参ラシメハ、薩長土三藩之脇和ハ相成ルモ難計。併シナカラ国内人民ノ幸福等ニ於テハ如何カ不可知、実ニ骨ト皮ハカリニ相成ルべシ(33)。其後ヲ善クスル者ハ碧眼白髯之先生ハ実ニ済々、群集スレハ何時テモ辞退ハ致まじ。是東洋海中ノ孤島ハ実ニ淘々タル事なり。

況や西郷・大久保之交際ハ先年征韓論之時ニ破裂す。征韓論ニ破裂セし交際ハ征韓論を以テ調和スル外ニ他ナシ。此際大久保之心ヲ忖度し而江華湾之暴撃と変化セし者、必す大隈・川村《純義》両氏之秘策ニあらずして何ぞ。大隈ハ森山某《茂》を使役しテ韓地之動静ヲ察し、川村ハ井上某《良馨》を使駈シテ戦端ヲ開なり。此結菓ハ西郷隆盛ヲシテ刺戟心ヲ起サシムルニ在ル而巳。然ルニ西郷ハ未タ動ザルナリ。篠原某《国幹》江投する書状ハ真偽不可知と雖、果し而信ナラシメハ江華之暴撃ハ西郷之所不喜也。何図ン、江華之一挙ハ西郷之進退ニ効能ヲ不奏し而、已ニ内閣分離之論を激発スルトハ(34)。

宮島は江華島事件を「暴撃」とし、その意図については、これにより征韓の気運を高めて政府にもう一度団結を取り戻し、同時に鹿児島の西郷隆盛をも刺戟し、彼を政府の側に取り込もうとするものだと憶測した。そのうえで征韓により薩長土の結束が実現する可能性こそ否定しないが、国内の人民を疲弊させ、「碧眼白髯之先生」、すなわち西欧列強の介入を惹起するという観点からこれに反対している。それゆえ、黒田清隆と井上馨が全権として朝鮮にわたるに際しては「此行や、もし僥幸ニシテ開港和親ニ相成、干戈ヲ不用し而相済候ハヽ、実ニ国家之幸不過之、井上・黒田之鼻富山より高き幾万仭、其高鼻之下より一変革ヲ生スル無疑(35)」と交渉による妥結に期待を寄せざるをえなかったのである。

以上のように、明治六年、明治八年、いずれにおいても宮島はもっぱら内政上の観点から征韓を否定している。宮島は先に述べたとおり、台湾出兵の際左院の同僚たちに「清国ノ争端ヲ開キ不測ノ禍害ヲ来ス、却テ征韓ヨリモ甚シキモノアラン」として反対の建議への賛同を呼びかけており、また、明治七年五月一五日には長崎から帰還した大久保を前にして「若シ引テ清国ニ関係シ、遂ニ葛藤ヲ生シ、万一兵連禍結ノ時アルニ至ラハ、決シテ朝鮮ノ収結シ易キ比類ニ非ルナリ」と台湾出兵を非難しているが[36]、ここでまず確認できるのは、宮島が東アジアの平和を保つうえで朝鮮との関係よりも清国との関係を重視したということである。しかし、それに加えてより重要なのは、対朝鮮戦争を、台湾出兵のように直接清国との関係悪化を惹起するものとして考えていないということである。これは朝鮮を、琉球同様、清国と宗属関係にありながら、他国から攻撃をうけても清国の保護が及ばない実質的な独立国としてとらえていたことを意味する。それゆえ、江華島事件後、交渉のすえに朝鮮を独立国と定めた日朝修好条規が締結されたとき、宮島は「朝鮮も条約致候由。従是初而好都合ニ相成候得者恐悦々々[37]」と喜びをあらわにしたのである。

茂木敏夫氏は琉球処分までの李鴻章が「中華帝国をひとつの有機的な宗属システムとして認識するのではなく、中国対朝鮮・中国対琉球・中国対ベトナムなどそれぞれ一対一の関係の束ととらえ」て、それぞれに対応を変えていたとされるが[38]、宮島もまた同様に日本の利害をふまえ、ケース・バイ・ケースで清国の宗主国としての立場を認めていた（ただし、李は琉球に対する宗主権よりも朝鮮に対するそれを重視しており、その点で先の宮島の台湾出兵批判はまったく当を失している）。そして、そのうえで清国と日本との融和を中心として東アジアの平和を維持しようとしたのである。

二　日清の提携にむけて

(一)　清国公使館員との交流

明治七年四月、左院の同僚とともに二度にわたって台湾出兵反対の建議を提出するもいずれも却下された宮島は、清国と戦争に及ぶことを覚悟し、その際は「米沢ヨリ一軍ヲ推シ出ス」ことさえ考えたが[39]、八月、全権弁理大臣として清国に派遣された大久保利通の交渉力に決裂回避への望みをつないでいた。日記には「廟堂并士民一般唯頸ヲ引テ大久保大臣之一報ヲ待ノミ。実ニ亜細亜革命之時到ルト言ベシ」と記しているが[40]、宮島とて大いなる危機感をいだきながら、「廟堂」や「士民一般」と同様の思いで交渉の成り行きを見守ったことであろう。交渉は決裂寸前までいったが、清国駐在アメリカ公使ウェードの調停により辛くも戦争は避けられた。交渉妥結の電報が舞い込むや、宮島は日記に「右ニテ世上之景況自然ト相変じ草木迄も欣々然之風色アリ」と記し喜びをあらわにしている[41]。

この事件以来、李鴻章をはじめとする清国の洋務派の面々は日本への警戒を強め、海防の必要から海軍の増強に腐心するようになる。ただ、彼らにあって第一の仮想敵国は依然としてロシアであり、そのために日本との連携を模索せねばならなかった[42]。一方、清国との連携は宮島にとっても一層大きな懸案として認識されるにいたった。明治九年、宮島は夏季休暇（当時、宮島は修史局御用掛）を利用して、伊地知正治（修史局副総裁）・吉井友実（元老院議官）・伊地知貞馨とともに清国旅行を計画するが[43]、そこには清国の実情をその目で見たいという思いがあったのであろう。

そして、明治一〇年七月八日に、不日公使としてフランスに赴任するという外務大輔鮫島尚信を訪ね、「条約改正之事より外務交際各国公使接待之事」を談じた宮島は、一〇日、吉井に会話の内容を報ずるとともに、「此際国家ニ報効と申節」は代理公使として清国に赴きたいとの「寸志」を披瀝する[44]。清国公使の日本赴任を間近に控えて、宮島は清国との連携を、身をもって任じようとしたのである。その後、明治一一年一月四日、修史館（修史局は明治一〇年一月二七日に修史館に改組）に出勤すると、重野安繹（修史館一等修撰）から、「清国公使参朝之為メニ以後応接等引受而担当為致度」との外務省の「注文」を言い渡される。重野によれば、「根元ハ吉井より始り居候」ということだったので、吉井に相談に及んだところ、吉井はこれを「至極尤」として、宮島に「明日鮫島ニ評判ニ可及」と指示した[45]。しかし、鮫島の見解は「(自分の)洋行三年ノ間ハ依然トシテ身ヲ動ス無ク、他日帰朝ノ日ヲ待テ、一搏ヲ試ミヨ」というように宮島に自重を促すものだった。もとより軽挙妄動から一時の営利を貪るのは宮島の嫌うところであったし、また相手の心術を探るにはかえって「間接ノ交際」のほうが有効で、外務省に公然と奉職しては他日の嫌忌を免れないとの判断も働いた。後日このことを大久保に相談したところ、彼も宮島の意見に同意、宮島に「両国ノ脇和ニ注意シ何ク迄モ親睦致呉候様依頼」したという(46)。かくして、宮島は外務省に奉職することなく、一私人の立場で清国公使らと交わることとなったのである。

宮島と公使館員との交わりは表面上は「文事ヲ以テ私交ヲ修ムル」という性質ものであったが(47)、ときに話題は世界情勢や日清間の懸案事項にも及んだ。そして、筆談によって得た情報は、筆談録あるいは書類として、大久保利通・三条実美・岩倉具視・伊藤博文・山県有朋・大木喬任・松方正義・吉井友実・伊地知正治・青木周蔵・吉田清成・花房義質らのもとに提出された。また、宮島は明治一六年六月二〇日に参議山県有朋を通じて筆談録を(48)、同年一一月三日には侍講元田永孚を通じて「琉球私記」二冊を、それぞれ天皇へ献上している(49)。幕末以来、米沢藩周旋方として活躍した宮島の情報収集能力はすぐれたものがあり、彼のもたらした情報は政府内でも珍重されるようになった(50)。岩倉具視や井上馨の要請をうけて清国の情勢を探ることもしばしばで、明治一六年一二月一九日には外務省から交際費としてはじめて四〇〇円を下賜されると(51)、宮島の情報収集活動は「非公然の公的活動」という性格を強めていく(52)。また、宮島は清国公使と政府要人とのパイプとしての役割も果たしており、井上毅や松方正義(後述)から依頼をうけて清国公使とのあいだをとりもっている(53)。

一方、宮島にとってみても、清国公使との関係は憲法問題にかかわれなくなった後、政府内で自己の存在価値を示す有効な手段となったようで、たとえば重野安繹に宛てた書翰では「新公使《黎庶昌》も両三度為政府奉内意、及筆談多少之獲物有之候。御忠告之御謝儀ニ極内々呈覧可仕候。然し生の忠告ハ皮切之一番槍、老兄之御忠告ハ二番槍と於戦場相定候間、其段御承諾有之度奉存候」と述べている。(54) しかし、あくまで宮島の清国公使館員との交際は「亜細亜大局ヲ維持せんとの志から出たものであり、(55) それゆえ、政府要人に情報を提供したり、清国公使とのあいだをとりもったりする際は、次のように釘を刺すことも忘れなかった。まずは、清国公使黎庶昌から聞き出した「機密事件両条」（琉球・朝鮮の両条）に関する書類を岩倉に送ったときの書翰。

如命機密事件両条抄出差上候。此際清国と益御親睦被遊度、若シ彼より厚意有之候ハヽ、決而無御疑惑御引受ニ相成候而御応対有之度、別而政略上第一着眼ニ可有之と奉存候。(56)

次は松方の依頼で黎庶昌との会談をとりもったときの日記の記述である。

朝松方江参り篤と談じ候義ハ、清公使交際ノ中介者十分ニ尽力可致、但シ一時其使用ニ供シ候位ノ事ニテハ到底無覚束候間、御免ヲ蒙度、但十分開懐テ懇談、遂ニ此よりしテ亜洲之大局迄も相進候同志同論ナレハ、今日之官ヲ離れて共ニ尽力セサレハ、小子尽力ハ不好ナリ云々(57)

宮島は依頼をうけた岩倉や松方に「清国と益御親睦」の意志があるか否か、あるいは「亜洲之大局迄も相進候同志同論」かどうかを確かめているのである。

それでは、宮島は「亜洲之大局」の中核に位置する日本と清国との親睦をいかに実現せんとしたのであろうか。

(二) 琉球問題の解決にむけて

日本と清国との親睦をはかるには、両国のあいだにさまざまな阻害要因が横たわっており、それらを除去することが宮島の当面の課題となった。その主たるものが領土問題、とりわけ琉球問題であり、朝鮮問題であったことは言うまでもあるまい。

まず、琉球問題から見ていこう。前述のとおり、台湾出兵を契機とする日本と清国との戦争はなんとか避けられた。しかし、すでに明治七年七月に琉球藩の管轄を外務省から内務省に移していた明治政府は、清国が日本の出兵を「義挙」とし、日本に五〇万両を支払ったこと、日清両国間互換条款に被害民が「日本国属民等」と明記されていたことをもって、琉球が日本の領土として認められたものと考え(58)、以後、琉球を日本の領土に組み入れるべく着々と手を打っていく。その手始めとして、明治八年七月、内務大丞の松田道之を派遣して、清国への朝貢を絶つこと、明治の正朔を奉ずること、藩主尚泰を上京させることなどを琉球藩に要求、干渉を強めた。しかし、尚泰は日清両国を「父母の国」としたうえで、清国への朝貢を絶つことを拒否し、従来どおり日清両属が維持されることを望んだ。以後も、東京を舞台に松田と尚泰の意をうけた陳情特使の池城安規(毛有斐)・与那原良傑(馬兼才)・幸地朝常(向徳宏)とのあいだでこの問題をめぐって論争がかわされたが、その間にあっても明治政府は琉球藩の裁判権・警察権を剥奪して内務省出張所の管轄下におき、琉球人の清国渡航を許可制とするなど琉球併合への既成事実を積み重ねていった(59)。宮島がかかる政府の一連の政策を「不都合ナリ」と非難したのは彼の持論に照らせば当然である(60)。

一方、清国政府は事態を静観していたが、明治一〇年四月、向徳宏が尚泰の密書を携えて福州にわたり、これを受け取った閩浙総督何璟と福建巡撫丁日昌から琉球問題の解決を求める上奏がなされると、ようやくにして重い腰をあげた。清国政府は初代公使として日本に赴任する何如璋に琉球問題に関して明治政府と交渉せよと命ずる。その何如璋のもとを、琉球救国をもとめて琉球人たちが相次いで訪れる。これをうけて、明治一一年一〇月、何如璋は外務卿の寺島宗則に宛てて抗議文を提出した。通弁として来日した楊枢は何如璋に従って寺島との面会に立ち会っているが、後年このときの寺島の印象について「到底狡猾手段ニ而不取合、于今憤悶難忘」と宮島に洩らしている。(61)この抗議文に無礼な文言があったとして、明治政府は以後清国との交渉を回避し、琉球併合を一途に推し進めていく。

宮島は何如璋の赴任当初から清国公使館に出入りし、何をはじめ公使館員たちと筆談によって交流を深めていたが、ちょうど明治一一年の暮頃から、宮島と公使館員との筆談においても少しずつ琉球のことが話題に上るようになってくる。何如璋が宮島との筆談で最初に琉球問題を取り上げたのは、一二月一日のことであった。琉球が西洋諸国の手にわたろうものならそれこそアジアの危機なので、ここは日清両国が納得のいく解決方法をとるべきだという何の見解（「但此球在両間恰好、若謬落外人之手則為東洋禍根。宜有両便之法」）には、宮島個人としては賛成であったろうが、表面上私交ということもあって、貴国は領土が広く、人民が多きこと世界に類をみないのだから、琉球のような小さな島のことなど意に介するに足らない、度外視してはいかがか（「貴大国土地之広、人民之衆、世界無比、琉球眇々小島耳、不足介意、置之度外如何」）と、当面はこの話題に深入りすることを避けた。(62)

しかし、政府が琉球藩邸の陳情特使に琉球への帰還を命じ、松田道之（内務大書記官）を琉球処分官として熊本鎮台分遣隊四〇〇名、警官一六〇名とともに琉球に派遣すると、ついに堪忍袋の緒が切れたのか、明治一二年三月一日の会談で、(63)参賛官黄遵憲、随員沈文熒は「頗ル劇論」に及び、宮島をして「答弁太夕苦」めている。

まず、沈は公使の何を無視して事を進めたとして日本を非難している。すなわち、外務省からの来文は言葉を取り繕うだけで理の曲直を論じておらず、「この件について貴公使に報知すべき必要を感じない」という、何公使は清国政府から琉球問題について日本政府と談判するよう命ぜられて赴任してきた、その公使と是非曲直を論ずる気がないのなら、すぐさま帰国してわが政府に復命せねばならない、ただ、琉球はわが国に朝貢すること久しく今回の日本の処置を黙って見過ごすわけにはいかないと。ついで、黄は日本が琉球処分を断行すれば、それは日清修好条規第一条に背くものだと批判する。そして、沈は、貴国政府が琉球の地を貪るあまり、理の是非を顧みなかったがために、将来両国が干戈を交えることなれば、わが困惑はいかほどか知れないとし、日本が清国と和好を失することの不利を三ヶ条にわたって主張したのだった。

沈と黄との「激論」を前にして、宮島はロシアがアジアを併呑せんとしている現状において、日清両国が「唇歯相持」してアジアを維持すべきで、「蠢爾」たる琉球のことくらいはかならず「両便之法」があろうといってなだめるほかなかった（「今俄国之勢、隠然并呑亜洲、…貴邦危則敝国亦危、敝国危則貴邦亦或危、今日之勢脣歯相持即維持亜洲也、可不遠慮乎、如彼蠢爾球島、則必当有両便之法、兄等為何等観」）。さらに、黄は参賛官であり嫌疑もかかるということで、沈に「閑散人」同士「両国調和之策」を議すよう呼びかけている（「公度《（黄）》兄参賛官、想応有嫌疑、如沈君与我輩、素属閑散人、可議両国調和之策者、是真友誼也」）。

宮島はこの日の筆談を右大臣の岩倉具視に持参し苦衷を吐露した。しかし、岩倉の宮島に対する返答は「廟堂ノ議今日已ニ決定イタシ、今此ヲ踟躊セハ、先年大久保ノ施行モ、前後順序ヲ成サズ、此上ハ断然廃藩シテ、内地一般ノ施政ヲ為ヨリ外ナシ」というものだった。琉球処分はすでに廟議で決し覆し難いこと、さらにはそれが敬愛する大久保の遺志であることを知った宮島は従わざるをえなかった(64)。以後の宮島は政府の琉球処分を前提としたうえで「両便之法」、「両国調和之策」を探っていくことになる。

明治一二年四月四日、政府は琉球の廃藩を断行、沖縄県を設置した。かかる事態に直面して、何如璋は強硬姿勢に転じ、たとえ和を失することがあろうとも日本に断固たる姿勢をとるべきだと本国の総理衙門にうったえる。しかし、今回の琉球処分は一部の薩摩藩出身者の独断によるもので、全国の上下は反対論にわきあがっていると見ており、交渉の余地は十分に残されていると考えていた。[65]一方、清国政府内にあってはさまざまな対応策が検討されたが、そのようなおり、世界漫遊の途上にあったアメリカ前大統領グラントが清国に来遊するとのニュースがもたらされる。五月から六月にかけて李鴻章や総理衙門の恭親王はグラントと面会し、彼に琉球問題に関して日本との調停を依頼した。この後、グラントは清国をあとにし、七月三日、横浜に到着する。

八月四日の沈文熒との筆談において、[66]宮島はこのグラントについての情報を入手している。もし我ら一行が帰国して、李鴻章・沈保禎・丁汝昌が三軍を率いて日本にやってきたなら、それは必ずしも会盟を目的とするものとは限らない、貴国の兵を見るに西洋式の調練を受けているようだが、兵糧に乏しい貴国はわが国の敵ではない、私は一〇年軍に奉職しわが国の兵の士気をよく知っている、一〇万の兵を失い国内に異変が生じ敗北を喫した後、貴国の政府は始めて夢から覚めるだろう、和睦するのはそれからでも遅くはない、そう言い放つ沈に対して、話題を転ずべく宮島が持ち出したのが、来日中のグラントのことであった。このとき沈は、北京滞在中のグラントに、清国政府が「球事」を託したことを明かし、グラントが清国のために仲裁の労をとってくれることを希望すると述べたのである。

宮島は「沈氏ノ雅量ニ非レハ、決シテ之ヲ外洩セズ」、「誠ニ沈氏ノ淡薄ハ彼ノ不幸ニシテ、我ノ幸福ナリ」として、[67]八月七日にこの沈との筆談録を岩倉のもとに送付する。これを読んだ岩倉は「御書中云々之趣者今以何モ承知不致」として、明八日午前八時に自宅に来るよう宮島に求めた。[68]宮島から直接話を聞いた岩倉は「然ラハ則チ我ヨリ先ツ着手スヘシ」と判断し、[69]即日伊藤博文（参議兼内務卿）に宮島から寄せられた筆談録を示し、対策を尋ねたようである。これより先、伊藤は西郷従道（参議兼陸軍卿）とともに日光滞在中のグラントのもとに遣わされ、七月二二日にはグラントと琉球問題に関して話し合っていた。会談の席上、日本の立場を細かく説明し、日本は昔から琉球に対する主権を有していると主張する伊藤に対して、グラントは「日清の立場には、歴史的にも多くの問題を包含しており、それらは綿密な調査研究によってのみ解決できる」と答えるのみであった。(70) 伊藤は岩倉への返信で以下のように述べる。

御下附ノ清公使書記官応接書尽ク虚喝トモ不被察候。過日来清公使ノ挙動ヲ察スルニ頗ル黙シテ待者アルガ如シ。惟ニ李鴻章ガグラントニ依頼シタル仲裁ノ事ニ外ナラサルベシ。其結果如何ニ因リ進退ヲ決セントスル者ノ如シ。然シ李沈丁率三師以干戈来等ノ事ハ虚実共ニ不足怖。(71)

宮島と沈との筆談録に目を通した伊藤は、最近の何の挙動から沈の言が必ずしも「虚喝」ではないとの感触を得て、清国はグラントの調停の如何によって和戦いずれかを決するものと見たのだった。

伊藤の見立てが正しいとすれば、日清の連携を模索する宮島としては、グラントの調停案がいかなるものなのか不安をいだきつつも、それに期待を寄せないわけにはいなかった。ゆえに、この後も清国公使館員との筆談においてグラントのこと、琉球のことがしばしば話題に上っている。八月一八日の会談において、(72) 宮島は沈文熒に、グラントがわが政府へ申し入れたところは機密ゆえに私の耳に達していないが、仄聞したところ、グラントは琉球を独立させたいそうだが本当か（「彼所告之事未達耳朶、此属機密政府不漏、仄聞彼使球独立云々、果真乎」）、清国ははたして琉球を従来の両属の姿に戻そうとしているのか、それとも琉球を独立させようとしているのか（「球欲如旧乎、亦離日清独立乎」）、と尋ねている。その一方で、沈に「西欧の中で最も親しむべきはアメリカである」（「米国於外人中最可親睦者」）、「グラントがいて両国の葛藤を解くことができる、さすれば今回のアメリカの調停は、両国の調和をはかるうえで願ってもないことである」（「有彼美統領足以解葛藤、然則美之一味於調和中固可貴重者乎」）と呼びかけたのだった。これには沈も同意見であり「アメリカ人は守国に努め、他の西洋諸国とは違い他国を併合するような意図を有していない」、「調和がなればその喜びはいかほどであろう」と答えている。

宮島はまたしてもこの筆談の内容を岩倉に報告する。この席で宮島は岩倉から「機密ノ政略」を聞いている。[73] その後、宮島はグラントが八月一〇日の会見時に天皇に示したという調停案の内容を入手した。[74] それによれば、グラントの調停案は琉球諸島に境界を設け、その一部を日本が清国に与えて、この問題の解決をはかろうとするものであった。これはおおむね正確な情報であった。グラントは清国が欲するところは土地であると見ており、日本の言い分をも勘案したうえでこの案を提示したのである。そして、日本の琉球処分を前提とした譲歩案だということで、宮島の意にもかなうものでもあった。

八月二九日、応接掛であった吉田清成の紹介でグラントと面会した宮島は、彼に一文を贈り、それは新聞各紙に掲載されるところとなった。[75] このとき、宮島はペリー来航によって日本が開国し今の繁栄がもたらされたこと、「貿易に害ありて益なければ、その時は条約を改める」という約に従い、入超に苦しむ日本の条約改正要求にいち早く応じたことに対して謝意を表している。これに応えるに、グラントは「余ノ意トテモ又足下ノ意ト同ク、輸出額ノ漸次ニ増加シテ、輸入額ト平均スルニ至ランコトヲ希望スルニ外ナラズ」、「何レノ国ヲ論セズ、現在ノ条約ヲ強ヒテ其儘ニ保存センコトヲ望ミ、聊モ変更スルコトヲ無ランコトヲ主張スルハ、単ニ目下ノ小利ニ瞑眩シテ、後来相互ノ洪益ヲ得ルコトヲ思ハザルノ至拙政略タルハ、言フヲ待タザル也」と賛意を示し、出発に際しては記名のうえ自らの写真を宮島に贈っている。琉球問題の進展もあって、このとき宮島のアメリカに対する信用は上昇し、そのことは後述の朝鮮問題にも大きくかかわってくる。そして、「克蘭徳周旋以来ハ漸々安着ノ情況ヲ顕ハシ、交誼上モ少シク和平ノ意アルヲ覚」えた宮島は、清国公使らと「此際益々心ヲ用ヒテ親睦ス」ることを心に期したのである。[76]

以後、このグラントの調停案に沿ったかたちで日清間の交渉が再開され、日本政府は大蔵官僚で漢学者でもあった竹添進一郎をして李鴻章との予備交渉にあたらせ、ついで太政官大書記官井上毅を派遣して清国駐在公使宍戸璣とともに正式交渉にあたらせた。このとき、日本が清国に提示した案は、清国に宮古・八重山両島を清国へ割譲する代わりに、日清修好条規を改訂して、日本人の清国内地における通商を承認し、さらには最恵国待遇条項を盛り込むというわゆる分島改約案であった。日本は日清修好条規の実質的不平等化をはかることで、西欧諸国との条約改正の足がかりとしようとしたのである。これに対して、清国側は当初改約に難色を示し、分島についても割譲地の先島に琉球王国を再建すべく尚泰もしくはその血族の引き渡しを求めたが、いずれも日本側の拒絶にあい結局一〇月二一日には提示された分島改約案をそのまま受け入れた。その後、李鴻章は清国亡命中の尚徳宏を国王として先島に琉球王国を復興せんとしたが、それでは復興はかなわないと当の尚から拒否され、態度を硬化させる。これに呼応するかたちで調印反対論が浮上した。その結果、清国は調印を引き延ばさざるをえなくなったのである。清国にとって琉球問題はグラントの考えるような領土問題である以前に、琉球との宗属関係が否定されるという意味において冊封・朝貢体制そのものの崩壊にもつながりかねない重大な問題であった。それゆえ、琉球王国の復活は譲れないところだったのである。そして、清国が調印回避に傾いたことを見てとった宍戸は、「球案破約ハ清国側ノ責任ナル旨」を通告し、明治一四年一月二〇日に帰国の途についてしまう[77]。

宮島はこの結果について「宍戸の不手際ハ井上毅の不手際なり。毅の不手際ハ政府之指揮不得方なり」と失望をあらわにし、ついで、今回の琉球問題の不首尾をうけて清国はアメリカ駐日公使ビンハムに再度周旋を請い、イギリスと力を合わせて日本を指弾するであろう、そればかりかロシアが係争中のイリ問題を解消して清国と和すれば、清国はわが国を圧迫するにいたるであろうと予測し、それらを「不可止事」とした[78]。また、二月二日に天皇が駐日ロシア公使スツルヴェとロシア東洋艦隊臨時総督・海軍少将のシタケルベルグの謁見をうけた[79]ことを聞くや、清露間でいまだイリ問題が解決を見ていないもかかわらずかくもロシアを厚遇するのは、琉球問題で意を果たせなかったため、清国公使に対して「顔宛」をしているのだと非難している[80]。宮島にとってロシアは東アジアの脅威であり、清国は東アジアの平和を維持するためにもっとも誼を通じねばならない相手であった。とすれば、かかる政府の態度は宮島の目的とするところと真っ向から対立するものだったのである。

何如璋もまた宍戸の帰国を「好を棄て盟を敗る」ものとし、「曲は固より彼に在る」と糾弾、琉球問題の一時凍結を主張した。しかし、この期にいたっても日本との決裂を回避しようとし、琉球問題の解決なくして日清修好条規の改約はありえないとの姿勢を示せば、条約改正を急ぐ日本は妥協せざるをえないだろうとの見通しを立て、交渉による解決に望みをつないでいた[81]。この点は清国政府とて同じである。日本が提示した分島改約案を白紙に戻しつつも、かつて駐日公使を務めた経験のある駐清ドイツ公使フォン・ブラントを仲介者として再度交渉による妥結の道を探った。かかるおりに新駐日公使に任命された黎庶昌は、赴任に際して西太后に謁見し、琉球問題を慎重に処理するよう命ぜられたという。黎は明治一五年二月一四日に東京へ到着し任に就く[82]。

宮島は何同様この黎とも交流を重ねた。黎は六月二六日の筆談において[83]宮島に、琉球のような小さな島のことで両国の関係を傷つけることはない、これは閣下（宮島）も私も知るところである、このことで和を失えば両国に益するところはなにもなく、それればかりか他人に利を得せしめることになると述べている。宮島は例のごとくこの黎との筆談録をも岩倉具視や吉田清成（外務大輔）など政府有力者に提出しているが、そのなかにあって参議兼大蔵卿の松方正義は、「此度清国公使ノ挙動之非凡ナルヲ感じ」、是非黎と交流を持ち「亜細亜之大勢より支那日本ノ国情迄も腹心ヲ布テ討論致度」と宮島に仲介を依頼した。宮島は「今日政府重役ノ交際スル者甚所願。是迄者徒ニ風流文士之雅会ニ不過、絶テ廟堂諸公ノ彼と交ルヲ不見、今此事ハ素ヨリ小子ノ所喜、実ニ尽力スベシ」として松方の要請を一も二もなく引き受けている[84]。「亜洲之大局迄も相進候同志同論」か否かを松方に尋ねたのはこのときのことである。

松方と黎の会談は一〇月一三日に日比谷紅葉館にて行われた。宮島は、松方の意を体して金子弥兵衛（大蔵省出仕、興亜会の中心メンバー）とともにこの会談をとりもった[85]。このとき黎は、日清両国親睦の道を「障礙スルモノ」として「琉球・朝鮮等ノ件」を挙げるが、日本の台湾出兵と琉球処分を清国を蔑視するものと非難したうえで、「朝鮮ノ如キハ両国各々其関渉スル所アリ。其関渉スル所ニ仍テ各自便宜ニ弁理スルモノ有ル可シト雖トモ、琉球ノ事ノ如キハ未タ一着ノ結局ヲ了セズ」として、琉球問題が朝鮮問題に優先する課題であることを主張する。そして、「苟モ琉球ノ事ヲシテ其局ヲ結フニ至ラシメハ、又何ソ両国ノ親睦ナラサルヲ憂ンヤ。球案結局シテ両国親睦スベシ。両国親睦シテ而後亜細亜ノ大局始メテ隆盛ヲ謀ルベシ」と、日清両国の親睦、ひいては「亜細亜ノ大局」を見据えて琉球問題の解決を松方に呼びかけるのである[86]。後日、宮島は紅葉館での酒肴料を松方に送付しているが、以下はそのときの書翰の一節である。

前日紅葉館之酒肴料金子より承候得者貴兄御払候由恐縮之至。右ハ小子為主相招候事ニ候得者、当日之事ハ小子一切担当不仕候而者不本意而已ナラズ、交際上名実不相叶甚以不安ニ存候。且御承知之通彼一会ハ善隣親和之関門、小子多年素志も漸貫徹之場ニ相向候得者、前途開運之祝宴と思召、一式小子ニ御委任ニ相成度奉希望候。即酒肴料十六円ハ返上候間御請取被下度存候。且又貴兄之御都合次第後会御催被下候而者如何。両国幸福之基本ハ貴兄と我之間ニ存在候也[87]。

金子から酒肴料を松方が払ったと聞いた宮島は、松方・黎の会談によって「善隣親和之関門」が開け、「小子多年素志も漸貫徹之場」にいたったのであるから、「開運之祝宴」と思って費用は一任されたいと述べ、この後も黎と会談の機会を持つよう勧めている。「両国幸福之基本ハ貴兄と我之間ニ存在候」という言葉に宮島の自負が見て取れよう。

宮島の勧めに従って、以後、松方は黎との会談を重ねたようである。しかし、松方と黎は琉球問題をめぐって対立する。一〇月二五日、宮島は金子弥兵衛の訪問をうけ、会談の様子を聞いている。金子の話によると、黎から松方に対して、沖縄の施政は旧慣によること、南北二島を分割すること、那覇（沖縄）島を琉球王に返還することが提起されたが難しい談判だったという。[88] 一二月七日の筆談[89]で宮島は清国公使館員の楊守敬からも同様の議論を聞いた。すなわち、「球之一案、即両国之一問題、貴邦若シ能ク便法、我ト謀テハ、必ス結了ス可キ有リ」という宮島の呼びかけに対して、楊は、中山（沖縄島）を日本が割譲すればその他の条款は思うに容易に受け入れられるだろう、我が国はもとより領土を得ようという気はなく、琉球王国を復活させれば百事は氷解する、そのときは彼の国が日清両属であるか否かはあえて問わないと答えたのだった。清国が求めるのはいかなるかたちであれ琉球王国を復活させ、冊封・朝貢体制を維持することであり、そのために中山の割譲が必要だったのである。しかし、宮島は、松方の立場もふまえて、島津氏の琉球出兵以来、日本が琉球の中国（明・清）への朝貢を黙認しつつも、実質的に彼の国を庇護してきた歴史的経緯を説明することで、婉曲に楊に譲歩を促している。

明治一六年に入って、会談はより本格化した。両者は、一月一〇日、一三日、一六日と立て続けに会談に及んでいる（一〇日と一六日の会談には仲介者たる宮島も同席）。先に松方との会談を求めたのは黎のほうで、松方は黎がかくも積極的な姿勢を示したのは「必す仏国之安南事件ニ着手致せしより影響を来せるニ相違なし」と憶測をめぐらした。[90] この点は宮島も同様に見ていたようで、彼の記録には「安南一条モ随分面倒ノヨシ。黎氏旁琉球案ヲ持出シテ旁ヨリ結了スル考アラン歟」との文言が見える。[91] 両者の見かたはさすがに正鵠を射ていたと言えよう。このころ、清国はベトナムの支配をめぐってフランスと係争中であったが、これはサイゴン条約を根拠にベトナムの「保護権」を独占しようとするフランスと、宗主国の立場からこれに対抗しようとする清国との争いであった[92]。その意味で、ベトナムをめぐるフランスとの対立は、琉球をめぐる日本との対立と構図において同一であり、黎としては琉球問題を清国の宗主権を維持するかたちで解決することにより、これを前例となし、ベトナム問題についても有利に事を運ぼうとしたのである。

さて、一〇日の談判は上野精養軒で行われたが、「到底ハキと聞キ留め兼ね候処あり」という結果に終わった[93]。それゆえ、黎との談判の模様を逐一外務卿の井上馨に報告するよう宮島から慫慂されると、松方は、黎との談判は至急を要することで早速政府にはかるべきところだが、まだ突き止めておきたいところがあるので、今明日のうちで都合のよい日時を黎に尋ねてもらえまいかと逆に宮島に頼んでいる。宮島が斡旋し日程を調整した結果、次なる会談は一三日と決した[94]。

その一三日の朝、宮島は松方のもとを訪れる。もちろん、清国公使館での会談に先立ち、松方と意見の調整を行うためである。このとき、松方はこれから行われる会談で黎に提示せんとする意見を宮島に披瀝しているが、それは、尚泰を県令として沖縄に赴任させ、以後県令職を尚氏の世襲とする代わりに、清国に沖縄から一切手を引かせるというものであった。この案に対して、宮島は昨年一二月七日の楊との筆談の内容を説明し、清国側の要求の骨子は琉球王国を復することであり、これでは先方が承服しないだろうとの考えを示す。清国側に譲歩を求めるとともに、松方にも譲歩を求めたのである。だが、松方の宮島への返答は「何ニ付ケテモ先つ前方之意見ヲ詳ニ承り篤と談し可申」という煮え切らないものであった[95]。

というのも、清国側の主張は松方の譲歩の範囲を大幅に超えており、先の案が松方の限度だったからである。もし、黎や楊の主張どおり中山を割譲して琉球王国を復活させれば、日本の琉球処分を否定することになりかねず、そのような主張は到底受け入れられるところではなかった。一三日の会談において松方は、「中山ノ一島ヲ譲与致呉候様、然ラサレハ此迄之通り両属ニ致呉候様」と求める黎に対して、「夫れニ而者到底政府ニ尽力ハ六ヶ敷、尚二策も三策も並へて御熟考ヲ待ノミ」と再考を促し、公使館を後にしたのだった。(96) 一六日の朝、松方のもとを訪れた宮島は、松方本人からこのことを聞く。琉球処分を前提に「両便之法」、「両国調和之策」を探ってきた宮島としても、松方の意には従わざるをえなかった。

この日の午後、会談に同席するため宮島は再び松方の宅を訪う。前回の会談での松方の提言をうけて黎が示したのは、いわば黎と松方が互いの主張を認めあうという体の解決策であった。すなわち、日本は中山（沖縄島）と南島（宮古・八重山）に琉球王国を再建することを認め、清国が尚氏を王に封じて琉球が清国へ朝貢するのを許すこと、清国は琉球の廃藩置県を既定事実としたうえで、尚氏を県令として世襲させる代わりに、一切内政から手を引き、琉球に日本の法治下に入るのを許すこと、これである。つづけて、黎は琉球問題をめぐる交渉が決裂し、日清開戦となれば欧米人が「鴻利」を得ることになるから、なるだけ決裂を避けるのが両国にとって得策だとうったえる。しかし、二つの論はなかなか両立しうるものではない。「公使ハ誠心ニ両国ヲ思フ人と見込ミし故ニ今日ノ交ヲ為す」としつつも、「今此案ヲ読ム、我ニ於テハ深慮熟考致し、弥見込ミ決し候上者、政府ニ踏込テ担当致し、尽力ノ覚悟なり」と回答を先延ばしにしようとする松方をついで、宮島は黎に次のごとく述べる。

始め松方之公使ニ交ヲ求めしハ、欧亜全局より見ヲ下シテ求めしニ不料琉球ノ目前ニ相成たり。然し公使ノ見込ニ而禍者小より大ニ相成れハ、琉案ハ第一着ノ初段なりとの御見込なれ者別ニ無異論。然し今日之交際ハ、素より日清力ヲ合セテ欧米之富強ニ抵抗スル者先務ナリ。彼ノ琉球小事より大局面ノ敗策ヲ来し候而者実ニ不堪悲憤なり。両賢力ヲ合セテ早ク此小件ヲ結了セハ、実ニ小子ノ素願此ニ外ナラス。但シ琉球案ハ我政府ニ於而も今日迄之行掛有之、之ヲ容易ニスレハ却而内面ニ戦ヲ起スナリ。実者台湾事件之時ニ琉球之事ハ已ニ結局セリト衆人心得居るなり。若し琉球ヲシテ貴国ノ有ニあらしめ者、琉球人暴殺ノ罪ヲ問ひし為ニ台湾ニ出師之挙ヲ為セし時、貴政府者決シテ日本之世話ハ入ラヌと有之候得者其節ニ曲直可有之なり。已ニ彼事件平穏ニ相済ミ、貴政府此挙を義挙と認めて償金も出来候得者、此義者実ニ馬鹿々々シキ次第なりと存セリ。若し前年米国旧統ノ不来ナレハ南島二島も分割論も無之程なり。(97)

松方は「欧亜全局より見を下シ」て黎との交流を望んだのであったが、禍は小より大に及ぶとの黎の見込みから、会談では琉球問題に焦点が絞られた、「琉球小事」によって「大局面ノ敗策」に陥るのは悲憤に堪えず、両国力をあわせて「欧米之富強ニ抵抗スル」のが「先務」であることは、もとより私の持論であって異論はない、しかし、わが国にもこれまでの行きがかりがある、国民の多くはすでに琉球問題は解決済みだと思っており、これを否定しようものなら内乱さえ起りかねない、もし清国が琉球はわが版図であると主張するのならば、琉球民殺害の問罪のため日本が台湾に出兵したとき、日本の世話にはならないと言うべきだったのであり、日本の台湾出兵を「義挙」と認めて「償金」まで支払っておいて、今更琉球の帰属を求めるのは「馬鹿々々シキ次第」だ、グラントが来なければ分島論さえなかったであろう、というのである。とはいえ、そもそも台湾出兵は宮島にとって条理に反した「和寇ノ所業」であり、その条理とは、日清両属を前提とするものであった。内心では日清両属が最前の策だと思いながら、日本の立場に立って、清国公使らの議論に賛同できないという苦悩が当初から抜きがたく宮島の胸裏にはわだかまっていたのである。

その後、一月三一日に松方と黎はあいまみえた。会談の顛末を案じていた宮島は、松方に結果を報じてくれるよう書を致し、二月二日、松方のもとを訪れる。松方の報告によれば、会談にて松方は「此小々の事断然ニ廃止ハ如何、貴国広大之土地ヲ以テ、加之広大之心を以而、彼ノ小々の琉島を新公使御交代毎に御配慮有之候而者実ニ不面白、断然廃棄セラレテハ如何ニ候哉」と黎に切り出し、琉球放棄の交換条件として尚泰を琉球に帰還させるという持論を再度展開した。これに対して、黎は「唯々実ニ低頭シテ名ニ困ル而已」で「最少し御考被下度トヒタスラ頼む」ばかりであったという。(98) ここに交渉は暗礁に乗り上げ、妥協点を見いだせないまま、三月七日を最後に両者の会談は中止を余儀なくされる。(99)

三月二七日、宮島は外務卿の井上と宮中にて邂逅した。このとき井上は宮島に「清国琉球論戦非戦之見込、素より非戦論なり。但シ我より手ヲ出し候時者却而為人所制之恐あり。自然ニ時を待候方ハ肝要。時ハ機会を与へ候ものなり」と述べている。宮島はこの井上の言を「名言」として、しばらく事態の推移を見守ることとした。(100) しかし、宮内大輔杉孫七郎はハワイ国王の戴冠式に出席した後に立ち寄ったワシントンにおいて、一二ヶ月以内に日清両国は開戦にいたるとの評判を聞きつけ、米国公使寺島宗則ともども憂慮を深め、明治一六年四月に帰国した後、宮島に「此琉球事件ハ縦令一歩ヲ譲候とも平局ニ収め度ものなり」と求めている。(101) 井上も、大阪において病気療養中の岩倉具視から「此清仏関係之際ニ是非ニ清国之親睦ヲ致度」との内意を蒙ってようやく重い腰を上げ、東京に帰着するや宮島を呼びつけた。(102) 七月七日、宮島は井上から「琉球ハ又特別之処分を不為レハ不相成」として「彼清国之極点と申スハ何処ニ有之歟を黎庶昌と深く相交り見出し呉度」との依頼をうける。(103) しかし、政府の「極点」は南島二島（宮古・八重山）の割譲であって、清国があくまで琉球王国の「復旧論」に固執する場合は干戈に訴えるほかないとの方針であった。(104) 琉球王国の復活こそが清国が主眼とするところであったとするなら、これでは宮島がいくら黎との交渉を重ねようとも溝が埋まろうはずがない。

七月二〇日、右大臣岩倉具視が世を去った。これをうけて、宮島は日ごろの無沙汰の詫びかたがた、黎に面会を申し込み、二一日、久々に永田町の清国公使館に黎を訪ねる。(105) 宮島は、岩倉がいまだ病に倒れる前に、今清国との和が破れれば東洋の大局は百事去ってしまうと述べていたことを黎に語り、その死を悼んだ。黎もまた聯挽を賦してこれに応えた。ついで、話頭は朝鮮・ベトナム、そして琉球などのことへと転じていく。宮島は琉球のことに話が及ぶにいたって黎に呼びかける、拝察するに貴国政府のかかえる困難はすべて藩属のことに関係している、私が特に恐れるのは枝葉によって根本が傷つくことである、ここは枝葉を棄てて根本を固くするのにしくはないと。宮島はこのときの黎を「実ニ容ヲ改メテ嘆息ノ様子色ニ顕れ筆ヲ几上ニ棄つ。誠心外貌ニ露出す」と形容している。

このようななかにあって、ベトナムをめぐる清仏の争いは悪化の一途をたどり、「琉球小事」は「大局面ノ敗策」に発展する可能性を高めていった。駐日フランス公使トリクーはもし琉球をめぐって交渉が決裂し、日本が北京を攻撃するときはフランスが兵糧運搬のため軍艦を日本に派遣しようと陸軍卿の大山巌に持ちかける。[106] このことを大山から聞いた宮島が危機感を強めたことは想像にかたくない。また、清国で日本はフランスに助勢するようだと取り沙汰され、日本では清国はフランスとの一件が片付けば、日本と事を起こすつもりだとのうわさが立ち、両国が疑心暗鬼に陥っている状況を黎は深く憂慮、宮島に「琉球の事ハ何トカ結了致し度」と呼びかけている。[107] 結局、日本はこの後勃発する清仏戦争において局外中立の立場を保ち、宮島や黎が憂慮するような事態にいたらなかったものの、琉球問題は列強の東アジア進出ともあいまって、つねに「大局面ノ敗策」に発展する可能性を秘めており、黎のあとをついで駐日公使となった徐承祖と宮島との「真の交際不調」を醸す基ともなった。[108]

こえて、明治一九年二月一三日、宮島は近く公使として清国に赴任する塩田三郎の訪問をうけた。このとき、塩田は宮島に「琉球藩廃止者頗る不同意致せし」と語っている。[109] これを聞いた宮島は思いを同じくする塩田を「有一見識」人物とみて、翌日さっそくこのことを宮内次官の吉井友実にも話した。吉井もまた「塩田之談話開運之萌芽とも八無之哉」と期待を寄せる。[110] 三月一九日に築地寿美屋において塩田留別の宴が開かれると宮島はこれに出席、[111] 同月三一日の出立に際しては餞別として浅草海苔一箱と自らの詩集『養浩堂集』一部を息子の大八に持たせて塩田を見送らせている[112]。塩田に寄せる期待の程がはかられよう。しかし、宮島の期待に反して、清国赴任後の塩田は琉球問題の解決に積極的な姿勢を示すことはなかった。そればかりか、日清修好条規改約の要求の交換条件として琉球問題を持ち出す清国側の態度を不可解として警戒感を示す[113]。

かかる困難に直面するたびに、宮島は台湾出兵を「然ラハ琉球人民之為とハ申ス条、義もなく名もなく他人之嫁衣裳を作る如き、清廷之為ニ働きたる姿なり[114]」と後悔の念をもって思い起こし、「彼の琉球之如き者兄弟中之物ナリ[115]」と本音をこぼさざるをえなかったのである。

(三) 朝鮮問題の解決にむけて

では、朝鮮問題はどうか。朝鮮はロシアと国境を接する東アジアの要地である。それゆえ、朝鮮の動向は東アジアの平和をはかるものにとって大きな関心事であった。宮島は明治一一年一二月一日の清国公使何如璋との筆談において[116]、朝鮮は通商を好まず、いまだ「固陋」から脱しえないが、このことが同国をロシアの東アジア進出を防ぐ「干城」たらしめており、かえって得策かと思うがいかがかと何の意見を問うた（「今朝鮮不好通商、其勢不免固陋、然我之防俄、籍以為干城、郤似為得策、如何」）。これに対して何如璋は、朝鮮に勧めて、英仏と通商を開かせ、両国をしてロシアを牽制させるという案を宮島に提案する（「不然、防禦俄之策、却在勧彼使為通商、其勧通商、宜以英法人為之、何也英法通商而入朝鮮、俄必与之拮抗、若使英法牽制俄国、則中東之禍庶得少遅故、曰亜洲安危在朝鮮、々々一跌、則亜洲之勢忽変、誠可寒心」）。この何の案は宮島にとっても上策に思われた。

明治一三年八月一三日、宮島は朝鮮公使花房義質の訪問をうける。花房はおりしも来日中の朝鮮修信使金弘集について「徒ニ旧格ヲ固守シ大臣参議ノ自宅へ就テ通誼ノ礼モ行ハス、名ハ修信ナレトモ実ハ破格ナリ」と不満を言いたてるが、これに対して宮島は、「彼ヲシテ清公使ニ往来セシメハ使臣ノ簡素ヲ見テ事大ノ邦猶オ如此ト必ス悟ルヘシ。又清韓和三国ヲ会シテ文酒好ヲ修ムヘシ」と提案する。花房が賛同を示したことは言うまでもない。宮島はさっそく何如璋を清国公使館に訪い、委曲を談じて承諾を得る。[117] かくして、八月二九日には、飛鳥山の渋沢栄一の別荘に日清朝三国の人士が会して宴が開かれた。この席で宮島は金弘集に対して、自分は何公使が日本に赴任して以来、交流を重ねること厚くかつ久しい、その意図するところは、もっぱら日清朝三国が連携し、アジアを振起させることにある、今先生が来られこの志に賛同してくれるならこれにすぐる喜びはない（「僕自何公使之東来相交尤厚且久矣。其意専在聯絡三大国而興起亜洲。今先生之来若同此志則可謂快極」）、と呼びかけている。[118]

一方、参賛の黄遵憲は、ロシアを牽制するため朝鮮が結ぶべき列強を、イギリス・フランスではなくアメリカに定めた。明治一三年九月二三日に宮島と面会した際、黄は次のように述べている。今朝鮮から修信使が日本に到来したのはまことに好機会である、日本は朝鮮を取ろうにもこれを治めるだけの力はなく、朝鮮が富強に赴くことを欲している、というのも、アジアにとって悩みの種はただ一のロシアであり、彼の国が東方を侵食しようとすれば、まず手をつけるべきは朝鮮であって、朝鮮が陥れられればアジアの全局は彼に帰すこととなるからである、よって朝鮮の富強は一刻の猶予もならない、そのためには、朝鮮が日本・清国と協和して固陋の弊習から脱し、欧米と交通をなすことこそ肝要である、さしあたり朝鮮が条約を結ぶべきはアメリカがよい、彼の国は仁愛の国だからであると。[119] 宮島はグラントの琉球問題調停以来、アメリカを高く評価するようになっており、黄の案は何の案よりもいっそう魅力的なものに感ぜられたことであろう。

ちょうどこのころ、黄は何の命をうけて以上のような見解を『朝鮮策略』にまとめ、朝鮮修信使の金弘集に手交している。帰国した金は一〇月二日、国王高宗に謁見し、『朝鮮策略』を提出、ロシアの侵略を防ぐためにも、清国と親しみ、日本と結び、アメリカと連携し、もって自強をはかるべきだという、その内容は最終的に朝鮮政府の受け入れるところとなる。このような事態を見てとった何は、「主持朝鮮外交議」を総理衙門に提出し、朝鮮をアメリカ・ドイツ・イギリス・フランスと通商せしめ、ロシアの利益独占を防ぐよう求める。(120) おりしも、北洋大臣の李鴻章は福建巡撫の丁日昌の建言や朝鮮との条約締結を求めるアメリカのシューフェルトからの仲介依頼もあって、朝鮮をアメリカとの条約締結に導くべく尽力していたが、朝鮮の消極的態度の前に手を焼いていた。そこへ『朝鮮策略』を受け入れた朝鮮からアメリカと条約を締結するにつき同国とのあいだをとりもってほしいとの歎願がまいこみ、その結果、清国の仲介で一八八二（明治一三）年五月二二日の米朝条約の調印にいたったのである。かかる事態の推移について、宮島は明治一五年六月二六日の筆談で、何の後任として駐日公使となった黎庶昌に次のように述べている。

俄之作患、先自朝鮮始、朝鮮一陥、則敝国頗危、敝国危、則貴邦不得不危、今防此患、在使英仏人、入韓地牽制俄人、曾与何公使謀此事、而中間事起、為罷共謀、目下貴邦、使米国為此謀、誠是最上策、又聞英亦継入韓地、如此、則僕輩三、四年前之画策、大抵就緒、可賀々々(121)

宮島はかつてイギリスとフランスを朝鮮に入れてロシアの侵略を防ぐことを何と策したが、琉球問題が浮上して共謀が中断してしまったと述べ、今、イギリス・フランスをアメリカに代えて清国がその策を実現したことを賀すべきとしたのであった。

しかし、米朝条約には日本にとって看過しえない重大な問題点が含まれていた。この条約の調印にあわせて、朝鮮国王高宗はアメリカ大統領へ宛てて照会を送ることとなったが、そこに朝鮮を清国の「属邦」とする文言が含まれていたのである。これは言うまでもなく朝鮮を独立国と定めた明治九年の日朝修好条規と真っ向から対立する。琉球で日本に先んじられた清国は、朝鮮をこれまでどおり「属邦」としてつなぎとめるべく、当初、米朝条約に「朝鮮は中国の属邦であり、内政・外交については自主である」との条項を盛り込もうとしたが、アメリカ全権のシューフェルトがこれに難色を示し、結局、清国から朝鮮に派遣されて仲介にあたった馬建忠の画策により、朝鮮国王からアメリカ大統領への照会というかたちをとってこのことが明示されたのであった(122)。

壬午軍乱が勃発したのは米朝条約の成立からいくばくもしない七月二三日のことであった。この事件で日本公使館は王宮とともに襲撃の対象となり、公使の花房義質はイギリス軍艦に救助され、命からがら帰国する。暴動の直接的な要因は旧式軍隊への給与未払いであったが、日朝修好条規締結以後の日本の政治的・経済的圧迫と同国に阿諛追従する閔氏政権への不満がその根底にあった。この報に接した宮島は、当時官を退き日本鉄道会社社長を務めていた吉井友実に書を致し「朝鮮暴徒処分ハ先年我ニ英米等より差迫ラレタル手段ハ今日施度無之」と述べている(123)。しかし、吉井はすぐさま軍隊を朝鮮に派遣し「彼カ頑夢ヲ覚サン」との立場で、八月二日の会談では宮島にその旨を主張した。これをうけて宮島は翻意を促すべく吉井の説得にかかる。

余之考ニ者、今般朝鮮ノ曝挙ハ頗ル悪むべしト雖トモ、但シ政府ノ所作ニ非しテ斥和党ノ激徒ヨリ発セリト。果シテ然ラハ、先年我国ニも十分之ためし有之事ニテ、即ち下ノ関・鹿児島等之掃攘皆是今日之朝鮮に非すや。然らハ今般朝鮮ノ事ハ頗ル寛大ヲ主トシテ処分スルハ当然ナラン。加之、此際清廷ノ挙動モ亦顧ミスンハアルベカラス。五月中天津ニ於テ米国朝鮮結約ノ条約起草モ、清人馬建忠と申スもの法国ニ七、八年留学致せし法律学士ノ手ニ成りテ、第一条ニ朝鮮為中国之属邦ノ一条ヲ掲出セリ。此条我政府先年朝鮮ト独立ノ体面ヲ以テ条約セし処ニ抵触シテ頗ル大関係ヲ生す。若シ米国より此儘ニテ可認セハ実に一大難件ヲ生ス。今回ノ変若シ漠然トシテ朝鮮ニ兵ヲ試むるあらバ、忽チ清国一大事ヲ引出スヘシ。今若シ韓地江問罪ノ軍艦ヲ差シ向ラル、先ツ第一着手ニ清国ニ使臣ヲ派出スルハ至当ノ条理ナリ。(124)

宮島の主張はこうである。今回の暴挙はまことにもって憎むべきことだが、かつての日本の攘夷派に類する「斥和党ノ激徒」の仕業であって朝鮮政府によるものではないのだから寛大を旨とすべきである、また、清国の挙動にも配慮すべきである、今回朝鮮がアメリカと結んだ条約の第一条には、朝鮮は清国の「属邦」だと掲げられており（これは前述のとおり宮島の誤解である(125)）、これは日朝修好条規と違背するもので、もしアメリカがこれをそのまま認可するならやっかいなことだが、今この条約を無視して徒に問罪の師を派するなら清国との間で一大問題を引き出すことになろう、ここは朝鮮に軍艦を差し向ける前にまず清国に使節を遣わすべきであると。これは米朝間に結ばれた条約（正確には朝鮮国王からアメリカ大統領への照会だが）をひとまず棚上げとし、清国との対立を避けようという議論である。前述のとおり宮島は朝鮮を実質的な独立国と認めていた。それゆえ、日朝修好条規の内容に違背する米朝間の取り決めには大いに不満をいだいていた。にもかかわらず、朝鮮が清国の「属邦」たることを容認しているとも受け取られかねない使節の派遣を主張したのは、琉球問題が決着を見ていないような状況で、朝鮮問題でまたしても大きな懸案を抱え込むことに不安を感じていたからであろう。また、宮島には日本が強引に琉球処分を完遂してしまったことに対する後ろめたさもあった。琉球問題を日本政府が許容できるようなかたちで解決させるためにも、ここは朝鮮問題で譲歩せざるをえなかったのである。

この宮島の見解に、吉井は当初「大不承知」の体であったが、清国との関係に論が及ぶとにわかに賛成に傾き、太政大臣三条実美宛の建議に宮島と名を連ねることとなる。以下は宮島が起草したその文面である。

今般朝鮮暴徒我駐箚公使館を襲撃致候ニ就而ハ、速ニ彼国事情御探知之上問罪之御軍略可有之ハ当然ニ御座候処、其第一着手ニ清国江使節派遣之上、御照会ニ相成候而朝鮮江御着手相成度奉存候。於清国者彼国を属国視致居候得者、此度之事件ハ必す彼より関渉可致、素より本朝ニ於而者已ニ朝鮮ニ独立之体面を以御盟約相成候事ニ候得者、清国之属不属ニ関係有之間敷候得共、朝鮮之清国ニ於ハ事大之道を以従事致候得者、今般之困難ニ者必す清国ニ依頼致し、清国より深ク骨折可申候無論ニ有之候。然らハ予め清国ニ御照会ニ相成り、我朝廷より軍艦ヲ差向候義ハ全ク彼国暴徒ヲ問罪スル為にし而、決而国王ニ対し兵事を起ニ非す、但シ彼国政府治国之権力不及処ハ、公法ニ照シテ相当之処分方談判ニ可及始末を詳悉し、篤と隣国之友誼より及通知次第を以而清国ニ告ケ候得者、将来彼国之猜疑を不招頗ル穏当之場ニ立到可申ニ付、此度ハ更ニ清国江使節御差立相成候方至急ニ御廟議之程有之度、此段謹而奉建言候也。[126]

使節派遣は清国と朝鮮の宗属関係を認めてのことではなく、あくまで「隣国之友誼」によるものだというのである。問罪の師を派遣するにも清国に配慮せねばならない宮島の苦衷のほどがしのばれよう。

しかし、ちょうど同じ八月二日に外務卿井上馨が、先に交渉のため朝鮮に渡った花房を指揮すべく、下関に向けて出帆したことがわかると、宮島は三条への建白書の提出を見送り、まずは政府内の意見を探ることとした。[127]はたして、外務大輔の吉田清成も、花房が再度朝鮮にわたり、井上が下関に向かい、軍艦も近く陸海兵を帯して出帆の手筈で万事手ぬかりないので、三条への建議は見合わせるようにとの意見であった。[128]宮島はこの旨を吉井に報知し、結果、建白書提出の延期を決定する。[129]とはいえ、琉球をめぐる交渉が決裂し公使の宍戸璣が帰国して以来、北京に駐在しているのは書記官の田辺太一のみで、平時ですら問題なのに、かかる事態に直面してはなおまずかろうとのことで、その後も吉井と宮島は使節派遣の機会がうかがった。両者相談のすえに得た結論は、公使には「持重且謹慎ノ人」たる文部卿福岡孝弟をあて、福岡派遣の際は宮島が「輔翼シ参賛」するというものであった(130)。福岡は、清国が「為属邦正乱ト云ノ意」から日本の談判を邪魔し、朝鮮との仲裁に乗り出そうとも開戦してはならず、あくまで「従公弁理スルノ確乎タルモノアル」ことを主張しており(131)、今回の朝鮮の一件で宮島と見解を同じくしていた。なお、宮島からこの清国への使節派遣について相談をうけた税所篤や松方正義は、いずれも賛同の意を示している(132)。しかし、榎本武揚が清国公使に任命されると、吉井と宮島はこれを断念せざるをえなかった(133)。

結局、八月二九日に日朝間で済物浦条約が調印され、朝鮮が日本に五〇万円の填補金を支払い、公使館警衛のために一大隊を駐屯させることを認めて事態は収束した。九月二〇日、宮島は、公使として清国に赴任する榎本に前駐日公使何璋宛の書翰(134)を託しているが、そこには次のようにある。

今回朝鮮変事実非意想之所及、一時朝野紛議、幸得花房氏復入韓都、照法弁結、人心殆安且平、貴朝之労亦可想也。而馬氏某君之周旋僕最所欽敬。幸此暴変発之于同洲人太好々々。若不幸発之于欧米人、則未知為何等結局。此誠韓廷之幸而亦我与貴邦不幸中之一幸也。特希韓廷早改図観察大勢、而聯絡三大為善後之計。此憂世者所宜不忽。希閣下能加意焉。

壬午軍乱は意想外のことであったが、こうして局を結びえたのは今回の朝鮮の騒擾が「同洲人」への暴発だったからであり、もし欧米人相手だったらどのような結果になったかしれない、これは朝鮮の朝廷にとって幸運であり、日清両国にとっても不幸中の幸いであった、というのである。

しかし、宮島はこの結末を手放しで喜んでいたわけではない。済物浦条約の調印に先立ち、乱の首謀者と目された大院君は、清国軍とともに朝鮮に派遣されていた馬建忠の策略によって、拉致され清国に連行された。日本政府は開化路線に否定的な大院君ではなく国王との交渉を望んでおり、この報に接した岩倉は「支那ニテモ面白イ事ヲヤツタ感服シタ」と大喜びの体であったが[135]、宮島は「但シ此一条ハ頗ル他日之問題ニ可相成」と憂慮を深めた[136]。これより先の八月二五日、宮島は黎庶昌との筆談で「清国弥朝鮮ノ内部ニ踏入ル無疑なり」との感触を得ており[137]、二九日に三条にその旨を報告、三一日には筆談録を三条のもとに送付し、「此文面ニ而推察仕候得者、清国ニ而者朝鮮之内政ニ干預仕候」と注意を呼びかけていた[138]。それゆえ、大院君の拉致もまた、「朝鮮之内政ニ干預」の一環としてとらえられたのであろう。そして、以後、形式上自主の原則を保ちつつも、朝鮮に駐留しつづける呉長慶麾下の淮軍三〇〇〇の軍事力を背景に朝鮮への干渉を強めようとする清国に対して、宮島の警戒心は弱まることがなかった。

先に触れた明治一六年七月二一日の会談で[139]、宮島は黎に言う。

朝鮮一事、我邦以寡少之兵護該地使館、猶費数万金、私聞貴廷保護韓廷以海陸軍、想応費莫大之金、此等之事実属無用、徹之則如何。

朝鮮に日清両国が軍隊を駐屯させているのは、徒に軍費を浪費するのみで無用なことだというのである。これに対する黎の答えは、今清国は「外藩」に事があった際、全力を尽くしてまで「専制」することを望んではいないが、だからといって各国と対等の立場で朝鮮に接するのは「曲従」だというものであった。これをうけて、宮島は次のように主張する。

貴国此時、一是朝鮮、一是安南、皆足煩労貴廷、及今之時、断然改藩属之形体、其可独立者、則使之独立、其不能独立者、則助之為局外中立、猶於貴廷無大損害、今私聞欧米之論、往々有非議貴政府者。

今貴国にとっての悩みの種は朝鮮でありベトナムであるが、欧米諸国から非議が寄せられているこの際、「藩属之形体」を改め、その独立すべきは独立させ、それができなければ、援助を加え局外中立の立場を採らしめるべきであるというのである。宮島はフランスと係争中のベトナムに事寄せて、朝鮮の独立を清国に認めさせようとしたのである。黎がこの宮島の主張に難色を示したこと言うまでもない。それも「時制」によってはよかろうが、清国の人心は藩属に固執しているというのが黎の答えである。

日清間にて折り合いがつかなければ、日本としては条約を結んだアメリカとの関係において既成事実を積み上げ、朝鮮が独立国たることを証明していくほかない。宮島はこれに期待を寄せた。前述のとおり宮内大輔杉孫七郎はハワイ国王の戴冠式に出席した後、ワシントンに立ち寄ったが、そこでグラントと面会した。明治一六年四月に帰国した後、杉が宮島に話したところによれば、そのときグラントは「気請も宜しク清国江一応ノ力を尽候様ニ相見得」たという。その後、アメリカが文久三年（一八六三）の下関戦争の賠償金七八万円を返却し、朝鮮のアメリカへの遣使をうけて日本に相談を持ちかけてきたこと（駐朝公使フートは駐日公使ビンハムにアメリカまで朝鮮使節を案内してくれる人物を推薦するよう依頼、これに対してビンハムは日本政府が好感を示していたローウェルを推し、ローウェルは私的な通訳として宮岡恒次郎を帯同した）について、「杉氏之奉使一条ハ間接之益ニ相成候事頗有之歟」として、杉の功績をたたえている。[140] また、明治一七年一月二三日には、借款交渉のため来日中の金玉均から朝鮮使節の閔泳翊と洪英植がアメリカで手厚く遇され、議会において大統領からその旨の報告がなされたことを聞き、「先つ朝鮮ニ独立之体面を存せしなり」と事態好転の兆しを見てとったのであった[141]。

しかし、明治一七年一二月五日、またもや朝鮮をめぐって日清間に亀裂を生ぜしめる事件が勃発する。いわゆる甲申政変である。この事件は、朝鮮の清国からの独立をめざして改革を進める朴泳孝・金玉均ら（独立党）が、清仏戦争での清国の敗北をうけ、同国を頼る閔氏一族（事大党）を排除すべく国王高宗を擁して断行した、いわばクーデターで、朝鮮公使の竹添進一郎も朴・金ら独立党を支援した。これに対して、清国軍は事大党と結んで王宮に攻撃を加え、日本軍を撃退した。宮島がこれについて知ったのは、一二月一二日、清国公使館員姚文棟からであった。宮島は驚愕をもってこの報に接している[142]。このとき、宮島が真っ先に懸念したのは清国との開戦であった。明治一八年一月五日、宮島は新任清国公使徐承祖と面会して「協和の根本サへ立テハ中間之小事ハ決シテ両国ヲ傷ルに不足」と述べ、改めて両国の友好を確かめ合った[143]。そして、甲申政変における朝鮮公使竹添進一郎の行動を次のように非難する。

> 彼竹添公使の挙動ハ実に残念ナル事なり。清廷より猜疑を起し候も地を易へて考候時者尤ナル事なり。変乱之際ニ当り日本党ハ王宮ニ入テ、国王ヨリ親筆ノ日使来衛ノ四字ノ書付ヲ朴永（泳）孝か持参致し日本公使館ニ到り護衛を頼ミタリしニ、竹添公使若し公使之職分を正し、我ハ日本公使とし而国帝の名代ニ此地ニ臨み我商民を保護スルナリ、我兵隊ハ我公使館及ヒ我商民を保スル為にし而、朝鮮国王ノ命に依而王宮ヲ保護スル命ハ我国より携帯セスと推切テ不動ハ当然なり。然ルニ国王の命を奉し而兵ヲ率ヒテ王宮ニ入り、清兵の進撃ニ会し而遂に王と別れて王宮ヲ落去し公使館ニ来り、再ヒ公使館ヲ撤し而仁川ニ逃避スルハ、誠ニ名義上に於而申訳なき次第なり[144]。

公使としての竹添は、朴泳孝が王宮の保護を求める高宗の国書を持参したとき、我が兵は公使館と日本人商人を保護するために駐屯しているのであって、朝鮮国王の命で王宮を保護する理由はないと、この要請を断るべきだったのであり、彼の行動によって清国政府が日本に疑惑をいだくのは当然だとしている。さらに、運動会と称して上野に集合し「痴鶏可恕、頑豚可斬」と書かれた蓆旗を建てるなど、「福沢辺の内指揮」によって「支那人の抗撃の挙動」をなす「東京中の私学校之生徒」については、「頗ル軽躁ノ所業」と非難したのである[145]。

一月九日、日本全権井上馨と朝鮮全権金弘集とのあいだで漢城条約が交わされて日朝間に講和が成立した。宮島は「朝鮮一条も先つ満足ニ結局ニ相成り快酔相祝」している[146]。しかし、かくも早期に交渉が成立したのは、全権の井上が当面清国との交渉を回避した結果であって、日清両軍の衝突によって生じた問題は未解決のままであった。漢城は依然清国軍によって制圧されつづけ、日清両国の開戦が懸念されるなか、閣内では対清交渉のための特使派遣があらためて議論の俎上に上せられる。かかる事態にあって、宮島の朝鮮問題に対するスタンスに変化が生じる。次に掲げるのは一月二五日付の松方正義宛宮島書翰である。

雪候添寒味候処益御安適奉抃賀候。過日入貴覧候清公使黎庶昌氏帰国に臨み、朝鮮・琉球関渉之処分論之書付ハ、定而御細覧御熟考之筈と存上候。右者不可失好機会にて、数万之民命数百万之財本存亡之際と存候ニ付、御奮発御決断ハ如何ニ候哉。断而行之鬼神避之と有之候得者、此際棄韓保球候義者誠ニ邦家之幸と所希ニ御座候得者、若清国に大使御派遣之御治定も有之候ハヽ、御発論偏に願上候。壬午以来御互ニ御尽力之末に候得者是非御竭誠奉希望候。此節黎公使新任（徐氏）到着し一時滞在之よし。一両日中猶又面会可致候間御耳ニ入置候也。匆々不宜

一月二十五日　誠一郎

松方大人閣下[147]

ここで宮島が言う「過日入貴覧候清公使黎庶昌氏帰国に臨み、朝鮮・琉球関渉之処分論之書付」とは、一月六日に黎庶昌（黎は生母の病没により前年の明治一七年一〇月五日付で公使を有免され、一一月二七日には後任の公使として徐承祖も着任していたが、甲申政変の勃発をうけて日本出立延期を余儀なくされた）と交わした筆談録である。このことはあくまで「両人至好之私言」であるから、筆談は誰にも示さず胸のうちにとどめておいてほしいと、黎から釘を刺され、「匣底」に「深蔵」することを約束していたにもかかわらず、宮島は筆談録を松方に示したのであった。そして、それは松方からこの後特使に任命される伊藤博文（参議兼宮内卿）にも廻覧されている。さらに、宮島は三月六日に清国遊歴のため日本を立つ黒田清隆（内閣顧問）にも、「船中御内披極機密ニ奉仰候」としてこの筆談録を贈ったのである。[148] それでは、黎が宮島に示した「朝鮮・琉球関渉之処分論」とは何か。筆談録によって黎の言を見よう。

僕在貴国三年。雅意欲効三国時之鄧芝合和呉蜀二国、惜僅有端倪未能悉如私願。此次朝鮮之事似易了結。所関要者在以後之措置耳。貴国本認朝鮮以独立而又越海駐兵非朝人所心服。僕之私意以為貴国以後応不干渉朝事、我国応当解釈琉球。如此則三国翕和誠東方万世不貲之利也。未知尊意以為如何。[149]

黎の言うところはすなわちこうである。僕が貴国に赴任して三年、貴君は三国時代の鄧芝が呉と蜀の和合をなした故事にならい日清両国の融和をはかろうとしたが、惜しむらくはただにらみ合うだけで、少しも私の願うところに叶わなかった、このたびの騒擾そのものはすぐにも解決しよう、問題は事後の措置である、貴国は朝鮮を独立国と認めつつも海を越えて兵を派し朝鮮に駐屯させている、これは朝鮮人の心服するところではない、そこで私は考えたのだが、貴国は以後朝鮮に干渉しないこととし、その代わり我が国は琉球を放棄するということではどうか、さすれば日清朝三国の和合はなり東方は万世にわたって大利を得ることになろうと。まさに宮島が松方宛書翰で言うところの「棄韓保球」である（清国から見れば「棄球保韓」）。かつて井上馨も閣議で同様の案を提案したことがあったが、取り上げられなかった[150]。宮島は黎からの提案をうけ、清国への特使派遣のタイミングを見計らい、これを松方に提起したのである。前述のごとく、宮島は甲申政変における日本の非を認めており、この事件で清国が日本に不信感をいだくのも無理はないと考えていた。また、もうひとつの懸案である琉球問題も彼の思うように進展を見せなかった。それゆえ、ここは大幅な譲歩が必要と考え、黎の案を受け入れたのであろう。

しかし、このときの宮島は、清国の宗主国としての立場に配慮し、朝鮮が清国の「属邦」たることを認めたとしても、朝鮮の内政・外交の自主は固守されるべきとして、清国が同国を実質的な「属国」とすることにはいまだ反対であったものと思われる。二月七日、政府の対清交渉の方針が決定を見た。特使の任には伊藤博文があたることとなり、日本の清国への要求内容は、朝鮮からの清国軍の撤退と日清両軍衝突に責のある清国軍の将官の処罰に定められた。伊藤に渡清の命が下る前日の二月二三日、宮島は日記に次のように記している。

清国江の談判者大抵朝鮮江大使を遣され事済ニ相成たれとも、但王闕保護中清兵より発砲開戦之義者未タ一局を残シたり。仍而当時隊長袁世凱者暴発之巨魁なり。此者を革職ニ而も致し申訳ヲ立れ者夫れニ而事済ニ相成べしト思考せら（れ脱）たり[151]。

宮島は将官処罰という政府の方針を是とし、清国軍を指揮した袁世凱の更迭を求める。独立党を支援した竹添の行動は非難さるべきだが、王宮を守護する日本軍に攻撃を加えた袁世凱もまた宮島にとって非難の対象だったのである。しかし、袁世凱の更迭はただに甲申政変の際の行動への処罰にとどまらない。袁はこれを機に清国から大使を派遣して、監国をおき朝鮮の内外政を代行させることで、朝鮮を実質的な「属国」として支配しようとしており、彼の排除は清国がかかる路線に傾斜するのを阻止することでもあったのである。

二月二八日に日本を立った伊藤博文は、その後、李鴻章との火花を散らすような交渉のすえ、四月一五日に李とのあいだに天津条約を交わす。これによって、両国軍は朝鮮から撤兵すること、今後、朝鮮へ出兵する際は両国ともに事前に通告することが定められた。天津条約締結の報は四月一七日の観桜会において吉井友実から宮島にもたらされた。これを聞いた宮島は「一時に満胸之障礙物消散し、桜花も一入の眺めに相成り、実に不堪万賀なり」と日記に記している（ただし、このとき吉井が宮島に語った条約の内容は、両国の朝鮮からの撤兵、「朝鮮暴行」の将官の厳罰、損害金相当額の支払いというもので、情報に錯誤が見られる[152]）。

しかし、これ以後、宮島は清国の朝鮮への積極的介入を容認する方向へと徐々に傾いていく。その要因は、甲申政変以降、朝鮮がロシアとの接触を深めていったことにある。壬午軍乱の後、「賢明練達の士」を顧問として派遣してほしいという朝鮮国王高宗からの要請をうけて、李鴻章は馬建常（建忠の兄）とドイツ人のメレンドルフを同国に送りこんだ。もちろん、そこには朝鮮への影響力を強めんとする思惑があったろうが[153]、宮島はメレンドルフの派遣を「蓋シ東洋政略ハ英魯ヲ除テ独米ヲ以テ徐々と運策スル方最妙ナリトス」と歓迎する[154]。朝鮮赴任後、メレンドルフは同国の外務次官とも言うべき協弁交渉通商事務の職につき、海関設立や教育・実業の近代化をはかるとともに、対日関税交渉や英独との条約締結交渉にも辣腕をふるった。しかし、清国が朝鮮を日本の進出から守るための抑止力たりうるかしだいに疑問をいだくようになり、李の意図に反してロシアに期待を寄せるにいたる。そして、ロシア政府に朝鮮の保護、朝鮮の領土保全のための多国間条約の締結、朝鮮へのロシア人軍事教官の招聘などを再三にわたって要請するのである。これをうけて、ロシア政府は一八八五（明治一八）年六月、駐日公使館書記官のシュペイエルを軍事教官招聘についての計画書を作成するという任務のもとソウルに派遣する。[155] いわゆる第一次露朝密約事件である。この情報はさまざまなかたちで各国に伝わった。明治一八年七月一八日、宮島は吉井友実から「朝鮮の話」を聞き、「独乙露国ハ暗約あるも不可知」と日記に記している。[156] メレンドルフ（＝ドイツ、と少なくとも宮島はとらえた）を通じてロシアが朝鮮と接近し、ひいては朝鮮を足がかりに東アジアに進出することを宮島は恐れたのであった。

ドイツがロシアの防波堤として期待できない以上、頼るべきは他の列強である。まず、イギリスはどうか。アフガニスタンの国境問題でロシアと対立するイギリスは、一八八五年四月一五日、朝鮮海峡の要地巨文島を占拠、ウラジオストク攻撃の際の基地にせんとした。この事件の背後にあるイギリスの意図について、宮島は「此一ハ露国を恐れ、一ハ日本を扼する之策なり。此日本ハ或ハ露国と相通するを憂るなり」と見ている。[157] 実際はロシアへの警戒心を共有しながらも、日本をロシアと並ぶ警戒の対象とし、さらには日本がロシアと結んでいると疑っているとするならば、もはやイギリスを頼るわけにはいかない。むろん宮島とて、巨文島事件のようなことが起これば、イギリスの動向を疑惑の目をもって見つめざるをえない。

ついで、宮島がロシアの防波堤としてもっとも期待を寄せたであろうアメリカだが、こちらは朝鮮情勢に積極的にかかわろうとしなかった。第一次露朝密約の発覚をうけて、国務長官のベイヤードは一八八五年八月一九日付の訓令で、朝鮮公使館付武官で当時臨時代理公使を務めていたフォークに「清・日・露・英の利害にかかわる密謀が衝突し、敵意すらかきたてており、ソウルはその根源地である。アメリカの国益は明らかに、そのすべてから超然とするにある。いずれかの競争国に味方している、陰謀に関わっている、と見られるようなことは、いっさいしてはならぬし、巻き込まれてもならぬ。よってみずから慎重を期して行動されることが必要だ」と命じた。そして、翌一八八六年六月一七日には、朝鮮国王高宗からの要請をうけて朝鮮への軍事顧問派遣、さらには自らの朝鮮政府奉職を本国に求めるフォークを罷免する（もっともこれは袁世凱や彼の意を体した金允植の抗議をうけてのものであったが）[158]。
そのようななかで、宮島のロシアへの警戒心は雪のように駸々と募っていった。明治二〇年一一月頃、宮島はロシア公使が「支那ニ而朝鮮ヲ取ラハ如何シテ可ナラン云々」とひそかに尋ねてきたことを伊藤博文から聞いている[159]。おりしも、朝鮮は欧米諸国と条約を結んだことをうけて各国に公使を派遣しようとしたが、朝鮮を実施的な「属国」として支配せんとする清国は許可なく使節を派遣したことに異を唱え、アメリカ公使に任命された朴定陽を足止めした[160]。この事件がロシアを刺激したと宮島は見たのである。袁世凱が商人に仮装した兵隊を遣わし、ワシントンに赴任しようとする朴定陽を仁川にて抑留したと聞き、宮島は「然らハ日本之天津条約ヲ破壊スルもの也」と非難したが[161]、ロシアの朝鮮への介入の兆しはそれ以上に深い憂色を彼に与えていた。
ロシアの脅威が朝鮮にせまるなか、もはやアメリカをはじめとする列強は東アジア侵略の防波堤にはなりえない、そう判断した宮島は単なる譲歩ではなく、ロシアの東アジア侵略への防止という意味において、清国の朝鮮への積極的介入を容認するにいたるのである。明治二一年一月二九日、再び公使として赴任した黎庶昌との筆談において宮島は次のように述べている[162]。

但韓力弱、不足以為独立。貴国若能出力庇護之、則韓或可保社稷乎。此国実属東方之困厄。目下我与貴国放擲之、則俄国忽可乗其虚。此亜洲之大患也。美国固不足為韓軽重。俄国目下創始北地鉄道。数年之後、必達黒龍江。此亜洲之一大変。不独亜洲之畏、欧洲諸国又畏之。此次英国為何等之観。唯顧慮借欧人之力謀亜洲、終有無窮之害。

ロシアがシベリア鉄道を敷設して黒龍江まで迫らんとし、なおかつアメリカがあてにならないとあっては、清国が積極的に朝鮮を庇護し、朝鮮の「社稷」を守ることこそがアジアの平和を保つことになるというのである。黎がこの宮島の提案に賛意を示したのは言うまでもない。ロシアをはじめ西洋各国がアジアに進出しようとすれば、真っ先に危地に陥るのは朝鮮である、しかし、西洋の進出を阻止するために本来力を合わせなければならないわが国と貴国は、この朝鮮をめぐって争っている、かかる事態にあって、貴国は朝鮮を度外に置き、わが国が独力で同国を保護することを許し、わが国と別に密約を結ぶにしくはない、にもかかわらず、貴国はわが国が朝鮮に干渉しようとするとこれを阻止する、無益の挙である、以上が黎の見解であった。閣下の意を注がれるところは僕も謹思熟考したいと言葉に窮しつつも、宮島はつづけて次のように黎に言う。

貴国今欲謀亜洲大局、舎敝国而無可共謀者。若閣下与我当路大臣、拮据尽力、機在今日。今日之勢実非可忽也。曾記両人之私議、敝国不干渉韓事、貴国解釈球案、二国始翕然混和。此事可為終始、在閣下之任。

明治一八年一月六日の筆談で話し合われた「棄韓保球」策を改めて今後両国がとるべき指針として掲げ、その実現にむけて当路者と折衝を重ねるよう黎に求めたのである。ただし、明治一八年一月時点とこのときとでは同じ「棄韓」でも意味するところが少しく違う。明治一八年一月時点での「棄韓」が、従来どおり内外政の自主を前提とした清国の「属邦」として朝鮮を放棄するものだったのに対して、このときのそれは清国の実質的支配を伴う「属国」、あるいは「保護国」として朝鮮を放棄するものであった。宮島は日記に「三年以来之談畢而両国関渉之機密を談す。旧交を重する情態、誠に心中に充実す。今年五十二歳、精神如旧」と記し[163]、この日の会談に手ごたえを感じている。

翌三〇日、宮島は宮内次官吉井友実に会って前日の筆談録を披露し、この件を伊藤（当時、枢密院議長）に謀るべきではないかと持ちかけた。吉井はこれを承諾、自分から筆談録を伊藤に送ることを請け合う。そのうえで、首相の黒田清隆にも同様に筆談録を示し、黒田のほうを「根本」とすれば「前途之運方」になるだろうと指示する。(164) これをうけて、宮島は書記官長の小牧昌業に黒田の都合を問い合わせ、二月七日に筆談録を携えて黒田のもとを訪問し、これを提出、詳細に説明している。(165) どうやら、伊藤だけでは事の実現がおぼつかないと吉井は考えたらしい。

この点、宮内大臣の土方久元はより明確な姿勢を示している。宮島から黎との密話についてごく内々に報告をうけた土方は、「ヶ様之好案ハ早くいきの不醒内ニ結局致度もの」と賛意を示しつつも、直接伊藤にはかることには難色を示した。なぜなら、明治一八年に特使として清国に派遣され、天津条約の調印に成功した伊藤は得意となっており、決してこの案を聞き入れないだろうと見たからである。代わりに土方が示した案は、まず井上馨にはかり、井上を通じて伊藤を説得するというものであった。兄事する井上に説得されては伊藤もいやとは言えないだろうとの目算が土方にはあったのである。(166) また、井上は一八八五（明治一八）年四月の巨文島事件により、朝鮮政策を転換させ、清国に朝鮮への積極的介入を求めるまでになっていた。(167) この案が井上によって受け入れられる可能性は十分にあったと言えよう。

しかし、大方の予測どおり、伊藤はこの案にさしたる関心を示さなかった。二二年の春頃、法制局長官の井上毅から伊藤にも筆談録を見せるよう指示があり、宮島は枢密院議長官舎に伊藤を訪ね、これを提出した。伊藤は筆談録を一読した後、「支那人之言ふ計りハ出来ず」とだけ宮島に述べたという。(168)

その後、朝鮮が米や大豆など穀物の輸出を禁じた防穀令を発したことから日朝間が紛糾するが、この問題に際して清国は両国の調停をはかり、賠償金一一万円という日本に有利な結果を引き出したため、朝鮮は日清決裂の導火線から提携の基軸に転化しつつあった。首相たる伊藤はこの機を逃すまいと、明治二七年にはいると日清共同による朝鮮への干渉を李鴻章に提起する。(169) そのような矢先の明治二七年五月、朝鮮において東学党の乱が勃発、朝鮮からの要請をうけて清国が出兵すると、日本もこれに対抗して大軍を朝鮮に派遣する。そして、乱の鎮圧後も両軍は朝鮮にて対峙し、ついに日清戦争へと発展するのである。政府が朝鮮への出兵を決めた際、宮島は次のように大きな危惧を示している。

新聞紙にて見れ者両国之形勢不尋常。余ハ日光より帰ルや大鳥（圭介）公使韓地出発、海陸軍兵も出張せり云々。右ハ其何事たるニ驚く。余ハ両国之平和を好むものなり。如此両国出兵之挙動ハ其好結局如何を恐る丶もの也。余ハ政府之人にあらす（宮島は前年三月二六日に爵位局主事を辞して非職になっていた）、一箇人之書生なり。公使ハ全国を代表せし大官なり。然し両国之交際ハ又是迄一種文学之同風あり。故ニ公使も一友人と視て是迄交際上ニ諸公使毎々東方之事を謀るなり。此度之事ハ結局如何之観察を為すや。(170)

宮島は出兵が「両国之平和」を壊しかねないものと予見していた。そして、その予見どおり日清戦争が勃発したときには「清国モ馬鹿ナリ。日本モ馬鹿ナリ。鶏鴉漁夫ノ利ニナルナリ」と歎いたのである。(171) 宮島にとって日清戦争は東アジアの平和を崩壊させ、欧米諸国の東アジア侵略に道を開くものであり、その意味で「日本に何の利益ももたらさなかった（the war had done Japan no good）」（アーネスト・サトウへの言）戦争であった。(172) 明治二七年七月、宮島は一読、感ずるところあって明治一五年八月二四日付の柳原前光（当時駐露公使）からの書翰を筆写している。次に掲げるのはその一節である。

近来清国ノ中、右ヲ以テ米夷ノ結約ヲナシ、約文上判然清ヲ上国ト見認サセ候ハ、名実共ニ国威ヲ保チ、陰々我国勢ヲ殺キ候李鴻章ノ運策ニテ、他年東洋外交ニ影響ヲ及ホシ候事浅少ナラス。我隣近に対セル政略闕遺多キハ遺憾也。(173)

これには「今也日清両国有事於韓。安知往年寓其端於此書。柳原而無病、則携此書訪麻布桜田町之第、当有以所謀也。嗚呼惜哉（今や日清両国韓に事有り。安んぞ往年其の端此の書に寓するを知らんや。柳原病無くんば、則ち此の書を携えて麻布桜田町の第を訪い、当に以て謀る所有るべきなり。嗚呼惜しいかな）」との宮島の付記がある。日清両国を戦争にまでいたらしめた朝鮮をめぐる対立は、とどのつまり冊封・朝貢体制の維持をはかるため、最終的には同国を「属国」として実質的に支配せんとする清国と、日朝修好条規に基づき朝鮮を清国の羈縛から放って独立国たらしめ、同国への影響力を強めようとする日本とのそれであり、宮島はその淵源を米朝条約の成立に見て歎いたのである。

おわりに

米沢藩士の子として生を享け、幼いころより父からロシアの脅威について聞かされていた宮島誠一郎にとって、ロシアの南下は日本の独立を脅かす最大の危機であり、維新後、日清連携のもとに東アジアの平和を維持することが喫緊の課題として彼のなかで浮上した。しかし、両国間には領土問題という対立の火種が横たわっており、その除去に努めねばならなかった。

宮島は清国との軋轢をさけるため、琉球を従来どおり日清両属にすべきだとし、この立場から明治七年（一八七四）の台湾出兵にも反対した。これはロシアとのあいだの樺太問題を、国境を画することで解決しようとしたことと対蹠的であり、彼が東アジアを条約体制とは別の論理が通用する領域として認識していたことを意味する。

しかし、だからといって冊封・朝貢体制を清国の思惑どおり解釈し受け入れていたわけでもない。琉球に対しては宗主国としての清国の立場を尊重したが、朝鮮に対してはそれを認めず同国を一個の独立国とみなしたのである。宮島は華夷秩序を有機的な宗属システムとしてとらえておらず、一対一の関係の束としてとらえ、ケース・バイ・ケースで立場を変えていたと言えよう。

しかし、その後の琉球・朝鮮問題への日清両国の対応により、かかる外交構想は度重なる修正を余儀なくされる。明治一二年に日本が琉球処分を断行、琉球藩を廃し沖縄県を置き琉球を版図に組み込むと、内心反対でありながらも、以後これを前提に日清の連携を模索しなくてはならなかった。グラントの提示した分島論はその意味で宮島には最善の策と思えた。しかし、日清の交渉は決裂。宮島は琉球問題の解決にむけてなおも清国公使黎庶昌と折衝を重ね、明治一五年から一六年にかけては参議兼大蔵卿の松方正義と黎との会談をとりもったが、あくまで冊封・朝貢体制を維持せんと琉球王国の復活を求める黎の主張は、琉球処分を前提とする以上受け入れがたいものであった。かくして、松方・黎会談は中止され、以後も宮島は琉球問題において解決の糸口を見出すことができなかった。かかる事態に直面するにつけ、当初、琉球の日清両属を唱えていた宮島は、琉球処分を大きな躓きとして振り返らざるをえなかったのである。

もうひとつの日清間の懸案である朝鮮問題だが、これについては、朝鮮を開国させ、イギリス・フランス・アメリカなどを国内に入れさせ、朝鮮を開化に導くとともに、ロシアからの侵略を防ぐということで、宮島と清国公使何如璋とのあいだに合意が成立していた。しかし、その一方で冊封・朝貢体制の維持をめざす清国は、アメリカと朝鮮が結ぶ条約に朝鮮が清国の「属邦」である旨をうたった条項を盛り込もうとしていた。結局、一八八二（明治一三）年五月に締結された米朝条約にはかかる条項は設けられなかったが、朝鮮国王からアメリカ大統領への親書のなかでその旨が明記される。これは日朝修好条規に違背するもので、朝鮮を独立国とみなす宮島にとっても納得できるものではなかった。その後、清国は冊封・朝貢体制における宗属関係を逸脱し、朝鮮を「属国」にせんと実質的支配を強めていくが、にもかかわらず、宮島が朝鮮問題で清国にたびたび妥協的態度を示したのは、琉球問題がはかばかしく進展しなかったこと、甲申政変における日本の対応のまずさを自覚していたことによる。宮島は黎と協議のすえ、「棄韓保球」を政府要路に働きかける。そして、甲申政変以後、ロシアと朝鮮が接触を深めるなか、イギリスやアメリカがロシアへの防波堤としての役割をなしえないことを知ると、朝鮮に対する清国の積極的介入を求めるにいたるのである。しかし、この朝鮮問題がもととなって日清戦争が勃発してしまう。このとき宮島は「清国モ馬鹿ナリ。日本モ馬鹿ナリ。鷸鴉漁夫ノ利ニナルナリ」と歎くほかなかったのであった。

宮島はロシアの脅威を極度に恐れていた。しかし、ロシアが朝鮮への進出にきわめて慎重であったことは佐々木揚氏の研究によって明らかであり[174]、そういったことからすれば宮島の危惧は幻想に近いものであったと言えるかもしれない。一方、宮島が「小事」とした日清間の領土問題は、実は越えることの困難な深い溝であった。それは同じ東アジアにありながら、条約体制への移行をいちはやく選択した日本と「中華」として冊封・朝貢体制を維持せんとした清国とのあいだに広がる溝である。そして、宮島は琉球・朝鮮問題を通じて顕在化するかかる対立を解決すべく、状況に応じて自己の外交構想を修正しつつ尽力したが、結局その溝をうめることができなかったのである。

この後、日清・日露戦争を経過することによって、日本は大国の仲間入りをはたし、大陸国家化の足がかりをつかむことになる。そのようななかで宮島はいかなる外交論を展開したのか、そして、それは中国教育の大家、当代きっての中国通として知られるようになる息子の大八（詠士）にいかにうけつがれたのか、あるいはうけつがれなかったのか、それらはいずれも今後の課題に属する。

（1）　勝田政治（二〇〇四）「台湾出兵と宮島誠一郎」（由井正臣編『幕末維新期の情報活動と政治構想―宮島誠一郎研究―』千葉：梓出版社）。

（2）大日方純夫（二〇〇四）「宮島誠一郎の対外認識と対外活動―一八八〇年前後の対清問題を中心に―」（同右）。
（3）勝田　前掲論文、二六五頁。
（4）小風秀雅（二〇〇一）「華夷秩序と日本外交―琉球・朝鮮をめぐって―」（明治維新史学会編『明治維新とアジア』（明治維新史研究6）東京：吉川弘文館）、四頁。
（5）岡本隆司（二〇〇四）『属国と自主のあいだ―近代清韓関係と東アジアの命運―』愛知：名古屋大学出版会。
（6）西里喜行（二〇〇五）『清末中琉日関係史の研究』（東洋史研究叢刊之六十六）京都：京都大学出版会。
（7）大日方　前掲論文、三〇八頁。
（8）同右、三〇〇頁。
（9）茂木敏夫（一九八七）「李鴻章の属国支配観―一八八〇年前後の琉球・朝鮮をめぐって―」（『中国―社会と文化―』二）、同（一九九二）「中華帝国の「近代」的再編と日本」（『植民地帝国日本』（岩波講座近代日本と植民地1）東京：岩波書店）、同（一九九三）「中華世界の「近代」的変容―清末の辺境支配―」（溝口雄三・浜下武志・平石直昭・宮嶋博史編『地域システム』（アジアから考える2）東京：東京大学出版会）、同（一九九五）「清末における「中国」の創出と日本」（『中国―社会と文化―』一〇）、同（一九九七）『変容する近代東アジアの国際秩序』（世界史リブレット41）東京：山川出版社、同（二〇〇〇）「東アジアにおける地域秩序形成の論理―朝貢・冊封体制の成立と変容―」（辛島昇・高山博編『地域史の成り立ち』（地域の世界史3）東京：山川出版社）、同（二〇〇一）「中華世界の構造変動と改革論―近代からの視点―」（毛利和子編『中華世界』（現代中国の構造変動7）東京：東京大学出版会）、同（二〇〇二）「中華帝国の解体と近代的再編成への道」（片山裕・西村成雄編『東アジア史像の新構築』（講座東アジア近現代史4）東京：青木書店）、同（二〇〇六）「中国から見た〈朝貢体制〉―理念と実態、そして近代における再定義―」（『アジア文化交流研究』一）。
（10）高橋秀直（一九九五）『日清戦争への道』東京：東京創元社。
（11）安政六年（一八五八）一一月二三日付宮島一郎左衛門宛宮島誠一郎書翰（「安政五年戊午　安政六年己未　万延元年庚申　江戸桜田邸ニ寄日記」〈早稲田大学図書館所蔵「宮島誠一郎文書」A二〉）。

(12) 慶応二年（一八六六）一一月五日、京都からの帰途横浜に立ち寄り七日まで滞在、同地を探索しているが、火災直後の市中の様子を見つつ、「誠ニ夷人ともの馬車ニ駕し幾箇も往来、遊歩之様子、行装奇麗ニ而見事なり。然し皇国内江彼夷猖獗致居候体ハ、何共憤激ニ不堪次第なり」と憤慨している。また、横浜での探索において何かと便宜をはかってもらった幕府の通詞木村道之助（敬弘）からは次のような情報を得ている。

英人ハ仏人ニ比すれハ思慮浅狭、此度之火災ニ付キ、猶又焼跡之土地広く借度段、手荒く申立候由。

仏人ハ決而左様之事ハ不申誠ニ品よく、此者即ち却而可懼之よし。

仏亜申合討英抔と申事者中々無之よし。万一左様有之ハ皇国之御為なれとも、英仏之間者我国ニ比スレハ隣国なり。互ニ表ハ和し居れハ聊か左様討英抔と申事ハ無之、却而タマシ之手ニも可有之、油断ハ不成よし。

亜ハ一番温和、日本之為ニハよし。然しイヤナ皇国和親之基本ハ癸丑亜米之後ニ始れハ、皇国之毒ハ亜米ノ同穴之狐狸と見れハ門違無之由。（「丙寅日記　共五冊日記　第三号　慶応二年十月二十五日ヨリ至十一月廿九日」〈早稲田大学図書館所蔵「宮島誠一郎文書」A一二―三〉）。

(13) 「慶応三年十月京師騒動ニ付新聞大略」（「文久三年癸亥京師交友人名　慶応二年丙寅八月討長ノ形勢書　慶応三年丁卯十月京師大政返上騒擾ノ聞書」〈早稲田大学図書館所蔵「宮島誠一郎文書」A一五―二〉）。

(14) 「愚見」（国立国会図書館憲政資料室所蔵「宮島誠一郎関係文書」一〇六四―一〇）。

(15) 明治三六年一二月二四日付樺山資紀宛書翰（「明治卅六卅七卅八　日露大戦肝要書　樺山東郷書翰」の「乙号　華山伯栗香応答」〈早稲田大学図書館所蔵「宮島誠一郎文書」B八四―二〉）のなかで、宮島は「彼暴魯実に皇国之悪敵に而、文化年中レサノツト邦民を掠奪し而カムサツカ江楯籠候以来北地防備之手始に而、我輩奥羽人少年より父老之訓戒を受居候事」と往時を振り返っている。

(16) 「戊辰日記」七之冊（早稲田大学図書館所蔵「宮島誠一郎文書」A一八―七）、八月一〇日条。

(17) 「東京日記　共四冊巳㈠　巳正月　二月十六日まで」（早稲田大学図書館所蔵「宮島誠一郎文書」A二三―一）、正月二四日条。

（18）「明治二年己巳日記　乙之部　共四冊巳㊃　従七月朔日　八月九月十月十一月十二月」（早稲田大学図書館所蔵「宮島誠一郎文書」A二七―一）、七月六日条。
（19）同右、八月二〇日条。
（20）明治二年八月二三日付「米沢執政参政」宛宮島誠一郎建議（同右、八月二三日条）。
（21）明治二年九月三日付大久保利通宛宮島誠一郎書翰（「明治卅六卅七卅八　日露大戦肝要書　樺山東郷書翰」の「甲号　樺太事件」〈早稲田大学図書館所蔵「宮島誠一郎文書」B八四―一〉）。
（22）明治二年八月二九日付海老原庫太郎宛関口隆吉書翰（前掲「明治二年己巳日記　乙之部　共四冊巳㊃　従七月朔日　八月九月十月十一月十二月」、八月二九日条所収）。引用は関口が海老原に宮島を紹介した文言。宮島は旧知の関口を頼り、箱館奉行支配調役であった父に従って、一一年ものあいだ、箱館に滞在したことのある海老原と接触、蝦夷地の情報を得ようとしていた。
（23）前掲「明治卅六卅七卅八　日露大戦肝要書　樺山東郷書翰」の「甲号　樺太事件」。
（24）同右。国立公文書館所蔵「樺太問題并答議」（2A―35―3―記814）にもこのときの宮島の答議が記されているが、「甲号　樺太事件」のものと内容が異なっている。この「樺太問題并答議」をもとに左院における樺太問題の審議内容を検討し、左院の役割を考察したものに中川壽之（二〇〇五）「樺太問題と左院」（犬塚孝明編『明治国家の政策と思想』東京：吉川弘文館）がある。
（25）Satow papers: diaries, November 19 1896（ここでは Kraus-Thomson Organization のマイクロフィルム Public records of Great Britain series 2: Public Records Office, gifts and deposits, Satow papers, diaries, 1861－1926 を使用）。
（26）「球案起草」（早稲田大学図書館所蔵「宮島誠一郎文書」B三九）、明治五年六月条。
（27）同右。
（28）同右、明治七年二月条。

(29) 宮島らの台湾出兵反対の建議を取り上げた研究としては、先の勝田論文のほかに松浦玲（一九八七）『明治の海舟とアジア』東京：岩波書店、一六一―一八頁、安岡昭男（一九九五）『明治前期日清交渉史研究』東京：巌南堂書店、三三―三六頁、落合弘樹（二〇〇一）『明治国家と士族』東京：吉川弘文館、一三八頁、安岡昭男（二〇〇九）「明治初期琉球台湾事件と左院」（『沖縄文化研究』三五）がある。
(30) 前掲「球案起草」、明治七年二月条。
(31) 台湾出兵をめぐるかかる政府首脳間の意見の違いについては、家近良樹（一九八三）「「台湾出兵」方針の転換と長州派の反対運動」（『史学雑誌』九二―一一、のち家近（二〇一一）『西郷隆盛と幕末維新の政局―体調不良問題から見た薩長同盟・征韓論政変―』京都：ミネルヴァ書房に収録）を参照のこと。また、蕃地事務局総裁の大隈と同局都督の西郷の台湾領有の意図については、ロバート・エスキルドセン（二〇〇一）「明治七年台湾出兵の植民地的側面」（前掲『明治維新とアジア』）を参照のこと。
(32) 宮島誠一郎（一九〇五）『国憲編纂起原　全』東京：元真社、五五―五六頁。
(33) 「明治八年日誌　従一月到十二月」（早稲田大学図書館所蔵「宮島誠一郎文書」A四七）、一二月六日条。
(34) 「養浩堂日記　明治九年従一月一日至六月　天　三冊ノ内」（早稲田大学図書館所蔵「宮島誠一郎文書」A五〇―一）、一月一七日条。
(35) 同右、一月三〇日条。
(36) 前掲「球案起草」、明治七年五月一八日条。
(37) 前掲「養浩堂日記　明治九年従一月一日至六月　天　三冊ノ内」、三月二日条。
(38) 前掲茂木「李鴻章の属国支配観―一八八〇年前後の琉球・朝鮮をめぐって―」、九五頁。
(39) 前掲「球案起草」、明治七年一一月二七日条。清国から帰国した大久保と面会した際の宮島の言。
(40) 「栗香雑誌　甲戌㈢　明治七年九月到十二月」（早稲田大学図書館所蔵「宮島誠一郎文書」B二六）、九月二七日条。
(41) 同右、一一月九日条。

（42）西里　前掲書、二九三―二九六頁。
（43）宮島は清国旅行のために上海在留の海軍中尉曽根俊虎に宿代などを問い合わせていたが、七月一七日に伊地知正治から「彼地兵乱模様、文人詞客之取合も難相成」とのことで旅行延期を報ずる書翰を受け取っている。これにより、休暇旅行の行き先は上州に変更となっている（「明治九年日記　自七月十三日　人　三冊ノ内」（早稲田大学図書館所蔵「宮島誠一郎文書」Ａ五〇―三）、七月一四日条、七月一七日条）。
（44）「養浩堂日録　明治十年丁丑」（早稲田大学図書館所蔵「宮島誠一郎文書」Ａ五二）、七月八日条、七月一〇日条。
（45）「明治十一年戊寅日誌　甲　五冊之内」（早稲田大学図書館所蔵「宮島誠一郎文書」Ａ五四―一）、一月四日条。
（46）前掲「球案起草」、明治一一年三月一四日条。
（47）同右、明治一一年一月条。宮島と公使館員たちとの文化的な交流についての研究には、佐藤保（一九九一）「黄遵憲と宮島誠一郎―『養浩堂詩集』ノート―」（『お茶の水女子大学中国文学会報』一〇）、筧久美子（一九九五）「黄遵憲と宮島誠一郎―日・清政府の官僚文人交遊の一軌跡―」（『中国文学報』五〇）、陳捷（一九九八）「楊守敬と宮島誠一郎の筆談」（『中国哲学研究』一二）、張偉雄（一九九九）『文人外交官の明治日本―中国初代駐日公使団の異文化体験―』東京：柏書房、同（二〇〇〇）「文酒須らく舊交修むべし―宮島誠一郎と清国公使団員との筆談考（一）―」（『札幌大学総合論叢』九）、劉雨珍（二〇〇〇）「黄遵憲と宮島誠一郎の交友について」（浙江大学日本文化研究所編『江戸・明治期の日中文化交流』東京：農山漁村文化協会）、同（二〇〇一）「黄遵憲と宮島誠一郎の交友に関する総合的考察」（『社会科学研究』二六）、陳捷（二〇〇三）『明治前期日中学術交流の研究―清国駐日公使館の文化活動―』東京：汲古書院、張偉雄（二〇〇四）「明治期日中文人の「修身修国」論―宮島誠一郎と清国公使団員との筆談考（二）―」（『札幌大学総合論叢』一七）、同（二〇一一）「近代日中文人の「漢学論」―宮島誠一郎と清国外交官との筆談から―」（『比較文学研究（特輯漢文訓読と漢学論）』九六）などがある。
（48）「明治十六癸未年日記　従五月廿七日至八月八日　地　共三冊」（早稲田大学図書館所蔵「宮島誠一郎文書」Ａ六一―二）、六月二〇日条。

(49)「明治十六癸未年日記　従八月十日至十二月卅一日　人　共三冊」(早稲田大学図書館所蔵「宮島誠一郎文書」A六一―三)、一一月三日条。
(50) 明治一五年八月一四日付岩倉具視宛書翰(「朝鮮事件　二」〈北泉社マイクロフィルム版『国立国会図書館憲政資料室所蔵岩倉具視関係文書〔I〕』一八―29―(2)〉)のなかで榎本武揚は「宮島子筆談者一読仕候間返上いたし候」と記しており、政府内でも重要情報として回覧されていたことがうかがえる。
(51) 前掲「明治十六癸未年日記　従八月十日至十二月卅一日　人　共三冊」、一二月一九日条。
(52) 大日方　前掲論文、三〇七頁。
(53)「明治辛巳日誌　十四年七月一日到十月二十五日　秋号　共四冊」(早稲田大学図書館所蔵「宮島誠一郎文書」A五七―三)、七月一三日条、七月一四日条。
(54)(明治一五)年八月四日付重野安繹宛宮島誠一郎書翰(都立中央図書館所蔵「渡辺刀水旧蔵諸家書簡文庫」七六九二)。
(55) 前掲「球案起草」、明治一一年一月条。
(56) 明治一五年八月八日付岩倉具視宛宮島誠一郎書翰(「書状　二十一」〈北泉社マイクロフィルム版『岩倉公旧蹟保存会対岳文庫所蔵岩倉具視関係文書〔II〕』一七―58―(38)〉)。
(57) 前掲「明治十五年壬午日誌　下巻」(早稲田大学図書館所蔵「宮島誠一郎文書」A六〇―二)、八月一九日条。
(58) 前掲茂木「中華帝国の「近代」的再編と日本」、六八頁。清国側は日本へ支払った五〇万円のうち、一〇万円は台湾の難民への「撫卹銀」であり、この「撫卹」という表現によって琉球に対する清国の宗主権は暗黙裡に認められたと解釈した。また、日清両国間互換条款にある「日本国属民等」という表現については琉球の両属を想定する以上、清国の宗主権を否定するものではないと考えた。しかし、条約体制の尺度で推し量る日本にこの論理は通用しなかった。
(59) 西里　前掲書、二九七―三〇二頁。
(60) 前掲「球案起草」、明治八年五月三日条。

(61)「養浩堂日誌　明治十九年一月吉旦　甲号」（早稲田大学図書館所蔵「宮島誠一郎文書」A六五―一）、七月二九日条。
(62) 前掲「球案起草」、明治一一月一二月一日条。
(63) 同右、明治一二年三月一日条。
(64) 同右、明治一二年三月一〇日条。
(65) 西里　前掲書、三〇六頁。
(66)「栗香大人ト支人トノ問答録」二（早稲田大学図書館所蔵「宮島誠一郎文書」C七―二）。なお、「球案起草」はこの筆談があったのを七月一八日のこととしているが、注(68)の宮島宛岩倉具視書翰が八月七日付であることから、八月四日が正しいと考えられる。
(67) 前掲「球案起草」、明治一二年七月一八日条（ママ）。
(68)（明治一二）年八月七日付宮島誠一郎宛岩倉具視書翰（国立国会図書館憲政資料室所蔵「宮島誠一郎関係文書（追加分）」二五一一二）。
(69) 前掲「球案起草」、明治一二年七月一八日条（ママ）。
(70) 宮永孝訳（一九八三）『グラント将軍日本訪問記』（新異国叢書第Ⅱ輯）東京：雄松堂書店、一二三―一二四頁。
(71) 明治一二年八月八日付岩倉具視宛伊藤博文書翰（「書状　十八」〈北泉社マイクロフィルム版『岩倉公旧蹟保存会対岳文庫所蔵岩倉具視関係文書〔Ⅱ〕』一七―55―(12)〉）。
(72) 前掲「栗香大人ト支人トノ問答録」二。
(73) 前掲「球案起草」、明治一二年八月二〇日条。
(74) 同右。
(75) ここでは『朝野新聞』第一七九八号（明治一二年九月七日。『朝野新聞　縮刷版』10〈ぺりかん社、一九八二年〉）によった。
(76) 前掲「球案起草」、明治一三年三月一三日条。

(77)　西里　前掲書、第二編第二章「日清両国の琉球分割交渉とその周辺」。
(78)　「明治辛巳日記　十四年　自一月一日到四月六日　春号　共四冊」（早稲田大学図書館所蔵「宮島誠一郎文書」A五七―一）、三月五日条。
(79)　『明治天皇紀』第五（吉川弘文館、一九七一）、明治一四年二月二日条。
(80)　「明治辛巳日記　十四年　自一月一日到四月六日　春号　共四冊」（早稲田大学図書館所蔵「宮島誠一郎文書」A五七―一）、二月三日条。
(81)　西里　前掲書、四一九―四二二頁。
(82)　同右、五七六―五八〇頁。
(83)　「栗香斎筆話　二」（早稲田大学図書館所蔵「宮島誠一郎文書」C一七―一）。
(84)　前掲「明治十五年壬午日誌　下巻」、八月一八日条。
(85)　同右、一〇月一三日条。
(86)　前掲「球案起草」、明治一五年一〇月一三日条。
(87)　前掲「明治十五年壬午日誌　下巻」、一〇月二二日条。
(88)　同右、一〇月二五日条。なお、黎は、李鴻章に南島（宮古・八重山）に首里城を加えて琉球に返還する案を提起している。李鴻章はこの案を第三者の案であるかのごとく装い、天津領事の竹添進一郎に提起したが、竹添は一笑に付して取り合わなかったという。また、黎は在京の琉球人馬兼才（与那原良傑）に対して、沖縄立県からすでにだいぶ時が経過してしまっているので、全島をもって帰還しようとしても難しく、さすれば南島に加えるに中島（沖縄島）の南に近き地をもってすれば立国は可能かと尋ねている（西里　前掲書、五八一―五八二頁、六〇八頁の注（33））。
(89)　前掲「栗香斎筆話　一」。
(90)　前掲「球案起草」、明治一六年一月一三日条。
(91)　「養浩堂史料　丁号共六冊　戊戌五月十五日　下ノ部　十六年」（早稲田大学図書館所蔵「宮島誠一郎文書」B五―四）。

(92) 岡本隆司(二〇〇七)「属国と保護のあいだ―一八八〇年代初頭、ヴェトナムをめぐる清仏交渉―」(『東洋史研究』六六―一)、同(二〇〇八)「清仏戦争への道―李・フルニエ協定の成立と和平の挫折―」(『京都府立大学学術報告(人文・社会)』六〇)、同(二〇〇九)「清仏戦争の終結―天津条約の締結過程―」(『京都府立大学学術報告(人文)』六一)、望月直人(二〇〇九)「フランス対清朝サイゴン条約通告と清朝のベトナム出兵問題―一八七〇年代後半、ベトナムをめぐる清仏関係の再考―」(『東洋史研究』六八―三)、同(二〇一二)「「秩序再建」と「保護」―清仏戦争前、フランスの清越関係観に関する一考察―」(『東アジア近代史』一五)。

(93) 「明治第十六年日記　従一月一日到五月二十六日　天　共三冊」(早稲田大学図書館所蔵「宮島誠一郎文書」A六一―一)、一月一六日条。

(94) 前掲「球案起草」、明治一六年一月一二日条。

(95) 前掲「明治第十六年日記　従一月一日到五月二十六日　天　共三冊」、一月一六日条。

(96) 同右。

(97) 同右。

(98) 同右、二月二日。高橋氏は前掲書、七三頁注㉛で、一八八三年二月二日付李鴻章宛黎庶昌宛書翰をもとに、一月三一日の松方・黎会談について「松方はいったん帰ったのち、二月一日(高橋氏はこの日付に?を付しておられるが、一月三一日のあやまり)に(一月一六日の会談における黎の提案に)返答し、琉球は日本専属であるという声明を出すことを条件につけてこの私案に合意した」と評価しておられるが、宮島への松方の言から考えると到底合意に達したとはみなしがたい。この後、松方・黎会談が中止を余儀なくされるところからも、そう考えたほうが妥当であろう。

(99) 同右、三月七日条。前掲「養浩堂史料　丁号共六冊　戊戌五月十五日　下ノ部　十六年」はこれを三月二日のこととして、「松方ノ談判此ニ而中止せり」と記すが、ここでは日記に従った。

(100) 同右、三月二七日条。

(101) 前掲「明治十六癸未年日記　従五月廿七日至八月八日　地　共三冊」、六月二〇日条。

(102) 同右、七月三日条。
(103) 同右、七月六日条。
(104) 同右、七月七日条。
(105) 前掲「栗香斎筆話　一」。
(106) 前掲「明治十六癸未年日記　従八月十日至十二月卅一日　人　共三冊」、一二月二五日条。
(107) 「明治甲申十七年　養浩堂日誌」(早稲田大学図書館所蔵「宮島誠一郎文書」A六三)、五月二二日条。
(108) 「日記　明治十八年自六月一日到十二月畢紀事　坤」(早稲田大学図書館所蔵「宮島誠一郎文書」A六五—二)、六月二八日。
(109) 「養浩堂日誌　明治十九年一月吉旦　甲号」(早稲田大学図書館所蔵「宮島誠一郎文書」A六九—一)、二月一三日条。
(110) 同右、二月一四日条。
(111) 同右、三月一九日条。
(112) 同右、三月三〇日条、三月三一日条。
(113) 西里　前掲書、四六三—四七五頁。
(114) 「日清事件　二十七年　共二冊　甲号」(早稲田大学図書館所蔵「宮島誠一郎文書」B五九—一)。
(115) 「十八年の寝言」(国立国会図書館憲政資料室所蔵「宮島誠一郎関係文書」一〇六四—二)。
(116) 「栗香大人ト支人トノ問答録」一(早稲田大学図書館所蔵「宮島誠一郎文書」C七—一)。
(117) 前掲「球案起草」、明治一三年八月一三日条。
(118) 「栗香大人ト支人トノ問答録」四(早稲田大学図書館所蔵「宮島誠一郎文書」C七—四)。
(119) 前掲「球案起草」、明治一三年九月二三日条。
(120) 原田環(一九七九)「『朝鮮策略』をめぐって—李鴻章と何如璋の朝鮮政策—」(『季刊三千里』一七)、同(一九九三)「清における朝鮮の開国近代化論—『朝鮮策略』と「主持朝鮮外交議」—」(『史学研究』二〇三、のち同(一九九七)『朝鮮の開国と近代化』広島：溪水社に収録)。

(121) 前掲「栗香斎筆話　一」。

(122) 前掲岡本『属国と自主のあいだ』、第二章「シューフェルト条約の成立と馬建忠」。同(二〇〇七)『馬建忠の中国近代』京都：京都大学出版会、七九―八五頁。先の「主持朝鮮外交議」によれば、何如璋は朝鮮を条約体制に組み込むことで、朝貢国たる同国を名実ともに「属国」にしようとしていたが、李鴻章は諸外国の反発を恐れ、従前の「属国自主」を維持しようとした。実際の交渉においてはこの李の方針が採択されたが、李の意をうけて朝鮮で交渉にあたった馬建忠は、朝鮮政府内に日本との関係を深めることで清国の羈絆から脱せんとする動きを見てとり、しだいに「属国」の実体化をはかる方向へと傾斜していく。なお何如璋の外交論については、鈴木智夫(一九七四)「中国における国権主義的外交論の成立―初代駐日公使何如璋の活動の検討―」(『歴史学研究』四〇四、のち同(一九九二)『洋務運動の研究―一九世紀後半の中国における工業化と外交の革新についての考察―』東京：汲古書院に収録)も参照のこと。

(123) 「明治十五年壬午日誌　上巻　自一月到七月」(早稲田大学図書館所蔵「宮島誠一郎文書」A六〇―一)、七月三〇日条。

(124) 前掲「球案起草」、明治一五年八月二日条。

(125) 岡本隆司(二〇〇六)「「朝鮮中立化構想」の一考察―日清戦争以前の清韓関係に着眼して―」(『洛北史学』八)、四頁によれば、「(米朝条約は)交渉途上の草稿のほうがジャーナリズムに流れ、壬午変乱の直前まで、朝鮮は清朝の「屬邦」だと謳う屬國条項を第一条にかかげる条約が締結されたのだとする報道が、むしろ一般的だった。屬國条項が条約正文から落ちて、照會になったことを、日本政府はじめ局外者が知ったのは、七月に入ってからであって、その事実の持つ意味をはかりえないまま、日本は壬午変乱に直面せねばならなかったのである」という。

(126) 前掲「明治十五年壬午日誌　下巻」、八月二日条。

(127) 同右。

(128) 同右、八月三日条。

(129) 同右、八月四日条。

(130) 同右、八月五日条。
(131) 明治一五年八月一二日付岩倉具視宛福岡孝弟書翰（「朝鮮事件　二」〈北泉社マイクロフィルム版『国立国会図書館憲政資料室所蔵岩倉具視関係文書〔I〕』一八―29―(1)〉）。
(132) 前掲「明治十五年壬午日誌　下巻」、八月五日条、八月七日条。
(133) 同右、八月一四日条、八月一八日条。もっとも、吉井は「彼断念一条ハ至極御尤なり」としたうえで、「しかし猶篤ト御勘考被成度」、「但シ自然ニ命之下りし時者憤発致可然、此方より注文無之方ハ至極同論なり」と宮島に答えている。
(134) 「養浩堂史料　丙号共六冊　戊戌五月十五日　上ノ部　十五年朝鮮事件アリ」（早稲田大学図書館所蔵「宮島誠一郎文書」B五―三）。
(135) 前掲「明治十五年壬午日誌　下巻」、九月四日条。なお、高橋　前掲書、五〇―五一頁によれば、外務卿井上馨は朝鮮公使花房義質に宛てた明治一五年九月三日付の訓令で、大院君拉致について「真ノ好意ニ出」たもので「一大奇事、最モ快ト云フ可シ」と高く評価している。しかし、その一方で九月一一日の駐日英国公使パークスとの会談では朝鮮の自主性を否定するものとして強く非難している。
(136) 同右、九月三日条。
(137) 同右、八月二五日条。
(138) 同右、八月二九日条、八月三一日条。
(139) 前掲「栗香斎筆話　一」。
(140) 前掲「明治第十六年日記　従一月一日到五月二十六日　天　共三冊」、四月二四日条。
(141) 前掲「明治甲申十七年　養浩堂日誌」、一月二三日条。
(142) 「日記　乾　明治十七年十二月ヨリ明治十八年一月ヨリ五月まて」（早稲田大学図書館所蔵「宮島誠一郎文書」A六五―一）、明治一七年一二月一二日条。
(143) 同右、明治一八年一月五日条。

(144) 同右、明治一八年一月一八日条。
(145) 同右。
(146) 同右、明治一八年一月一三日条。
(147) 「日清交渉書翰　巻之五」(早稲田大学図書館所蔵「宮島誠一郎文書」J二五―五)。
(148) 「機密」(明治一八年三月六日付黒田清隆宛、横浜開港資料館所蔵「稲生典太郎文庫」I1638)。
(149) 「栗香斎筆話　二」(早稲田大学図書館所蔵「宮島誠一郎文書」C一七―二)。
(150) 高橋　前掲書、第一章一節。
(151) 前掲「日記　乾　明治十七年十二月ヨリ明治十八年一月ヨリ五月まて」、明治一八年二月二三日条。
(152) 同右、明治一八年四月一七日。
(153) 茂木敏夫氏は前掲「李鴻章の属国支配観―一八八〇年前後の琉球・朝鮮をめぐって―」、一一一―一一二頁において「表面では朝鮮国王の依頼という形をとり「属国自主」の原則を尊重しつつ、裏側では彼の送り込む顧問によって意のままに朝鮮政府を操ろうとするもので、これは政権内部にくい込んで干渉できるという点で、米韓条約締結の頃の、形式＝自主・実質＝干渉や、「陰寓操縦之法」より一段と飛躍した政策といえる」と評価されている。
(154) 前掲「明治第十六年日記　従一月一日到五月二十六日　天　共三冊」、四月二四日。
(155) 佐々木揚(一九八七)「一八八〇年代における露朝関係―一八八五年の「第一次露朝密約」を中心として―」(『韓』一〇六)。
(156) 前掲「日記　明治十八年自六月一日到十二月畢紀事　坤」、七月一八日条。
(157) 同右、一二月九日条。
(158) 前掲岡本『属国と自主のあいだ』、三二一―三三四頁。
(159) 「養浩堂日誌　丙号　明治二十年一月ヨリ十二月ニ至畢」(早稲田大学図書館所蔵「宮島誠一郎文書」A六七)、一一月六日条。

(160) 前掲岡本『属国と自主のあいだ』、第六章「朴定陽のアメリカ奉使」。
(161) 前掲「養浩堂日誌　丙号　明治二十年一月ヨリ十二月ニ至畢」、一一月六日条。
(162) 「密　二十一年一月二十九日」（早稲田大学図書館「宮島誠一郎文書」C二八―二）。
(163) 「養浩堂日誌　丁号　明治二十一年戊子一月」（早稲田大学図書館所蔵「宮島誠一郎文書」A七一）、一月二九日条。
(164) 同右、一月三〇日条。
(165) 同右、二月七日条。
(166) 同右、二月三日条。しかし、その一方で土方は「然ルニ朝鮮の事ハ縦令今支那ニ而如何様申候とも已ニ各国之条約も有之、決而支那之考案通ニも相成まし。左れ者琉球ハ此好機会ニ乗じ都合好く結局候ハ、誠ニ妙策なり」とも述べている。これによれば、黎の提案は朝鮮と条約を締結した各国の反対もあり、決してそのままで受け入れられることはないと見ていた。つまり、修正されることを見込んでこの案に賛成したのである。また、この機に日本に都合よく琉球問題を解決したいとの目論見もあった。後者については宮島も同様の見解である。
(167) 高橋　前掲書、一九一―一九二頁。
(168) 前掲「密　二十一年一月二十九日」。
(169) 高橋　前掲書、第三章一節2。
(170) 前掲「日清事件　二十七年　共二冊　甲号」。
(171) 「日清時局」（国立国会図書館憲政資料室所蔵「宮島誠一郎関係文書」一〇六三―一七）。
(172) Satow papers: diaries, November 19 1896.
(173) 「柳原前光伯往復書翰」（国立国会図書館憲政資料室所蔵「宮島誠一郎関係文書」一〇六二―二）。
(174) 佐々木　前掲論文。

第三章　日ソ不可侵条約問題
――外務省座談会の記録から――

服部龍二

はじめに

太平洋戦争に至る昭和戦前期の日本外交において、ソ連やドイツとの関係は論争的な課題であり続けた。とりわけ、満州事変後の対ソ、対ドイツ政策は、中国や米英との関係にも複雑に連動していただけに、重要性を帯びていた。その象徴が、日ソ不可侵条約問題と日独伊防共協定である。(1)

本章では、占領期の外務省で行われた座談会の記録を用いながら、不成立に終わった昭和戦前期の日ソ不可侵条約問題を論じる。章末では、日ソ不可侵条約問題に関する外務省座談会を翻刻して掲載する。外務省座談会の記録について述べる前に、まずは日ソ、日独関係を軸に昭和戦前期の日本外交を概観しておきたい。

一　日ソ不可侵条約問題

一九二五（大正一四）年一月に日本と国交を樹立したソ連は、翌年から不可侵条約の締結を日本に繰り返し求めた。そのころソ連は、隣国のトルコ、アフガニスタン、リトアニア、ペルシャと不可侵条約および中立条約を締結していた。国際的に孤立していたソ連は、ドイツと中立条約を交わし、フィンランドやポーランドとも不可侵条約と中立条約を結んでいる。さらにソ連は、ラトビアやエストニアと不可侵条約を締結し、フランスとは不可侵条約と中立条約の仮調印を行ったのである。(2)

だが日本は、ソ連の不可侵条約案に応じなかった。日本がソ連と不可侵条約を締結しなかったのは、中国に対するソ連の影響力を警戒しつつ、対ソ政策では漁業や通商など経済面を優先したからである。日本の対ソ外交は経済主義に立脚し、ソ連との政治的提携に踏み込まなかった。その意味で、昭和初期における日本の対ソ外交には、政経分離原則が確立されていたといえよう。

政治面で日本がソ連に求めたのは、コミンテルンによる対日共産主義宣伝の抑制であった。しかしソ連は、コミンテルンとは関係がないという立場を示した。外務人民委員部とコミンテルンの二重構造から成るソ連外交には、対日宣伝禁止を要請しても効果は期待できなかった。このため、対日共産主義宣伝の禁止を求める日本は、不可侵条約を提起するソ連とすれ違いに終始したのである。日本を翻弄したのは、不可侵条約を提起しつつも、政治宣伝を辞さないソ連外交の二律背反性だった。(3)

満州事変後の日本は、ソ連の不可侵条約案を拒み続けたばかりか、防共を国是とするようになる。そのことを典型的に表すのが、広田三原則の第三項であろう。

広田三原則とは、広田弘毅外相が一九三五（昭和一〇）年一〇月に示した対中方針である。第一に、中国に「排日言動ノ徹底的取締ヲ行ヒ且歐米依存政策ヨリ脱却」させるとともに「對日親善政策ヲ採用」せしむること、第二に、満州国については正式な承認を中国に求めるが、さしあたり「滿洲國ノ獨立ヲ事實上默認」させ「北支方面ニ於テハ滿洲國トノ間ニ經濟的及文化的ノ融通提携ヲ行ハシムルコト」、第三に、「外蒙等ヨリ來ル赤化勢力ノ脅威」に対処するため、「外蒙接壤方面」において「我方ノ希望スル諸般ノ施設ニ協力セシムルコト」とされた(4)。

つまり、広田三原則には、排日の取り締まり、満州国の承認、防共が盛り込まれたのである。英米中との関係を悪化させていた日本は、防共を名目にナチス・ドイツとの接近を模索する。

二　日独防共協定

ベルリンで日独防共協定が締結されたのは、一九三六年一一月二五日のことであった。

日独防共協定は当初、大島浩駐ドイツ大使館付陸軍武官によって主導された(5)。大島は、武器貿易に従事していたハック（Friedrich Wilhelm Hack）を通じて、リッベントロップ（Joachim von Ribbentrop）と交渉したのである。リッベントロップは、ヒトラー（Adolf Hitler）の外交顧問であり、後に外相となる。ベルリンで日独防共協定に署名調印したのは、リッベントロップ駐英ドイツ大使と武者小路《むしやこうじ》公共《きんとも》駐ドイツ大使だった。

広田内閣の有田八郎外相は、日独防共協定について「薄墨色程度の協定には賛成」としていたものの、東郷茂徳欧亜局長はナチスの宣伝に利用されかねないと反対した。すると東郷に対して、「閣僚は凡《すべ》て本協定の締結を可とすとのことであると特に廣田首相からも注意があった」[6]。つまり広田は、日独防共協定に中国を参加させることで日中関係を改善しようと目論んだものの、蔣介石は防共協定に参加しなかったのである[7]。

日独防共協定は、本文、附属議定書、秘密附属協定、交換公文で構成されていた。本文は、前文と三条から成る。防共協定の目的について前文は、「共産『インターナショナル』（所謂『コミンテルン』）ノ目的カ其ノ執リ得ル有ラユル手段ニ依ル既存國家ノ破壊及暴壓ニ在ルコトヲ認メ、（中略）共産主義的破壊ニ對スル防衛ノ爲協力センコトヲ欲シ左ノ通リ協定セリ」とした。

第一条は、コミンテルンの活動に関する相互通報や防衛協議を定めた。第二条で日独は、「共産『インターナショナル』ノ破壊工作ニ依リテ國内ノ安寧ヲ脅サルル第三國」に対して、防共協定への参加を勧誘することとされた。後のイタリア加盟は、第二条の規定による。第三条では、防共協定が五年間有効であることなどを記した。

附属議定書では、日独の官憲がコミンテルンの活動に関する情報交換、啓発、防衛措置で協力するとされた。コミンテルンの破壊活動を助長する者には厳格な措置を講じるとともに、日独協力を行うために常設委員会を設置することも盛り込まれている。

秘密附属協定は前文と三条であり、ソ連との関係を規定した。前文で日独は、ソ連が「共産『インターナショナル』ノ目的ノ實現ニ努力シ且之カ爲其ノ軍ヲ用ヒントスルコトヲ認メ右事實ハ締約國ノ存在ノミナラス世界平和全般ヲ最深刻ニ脅スモノナルコトヲ確認シ共通ノ利益ヲ擁護スル爲左ノ通協定セリ」とされた。

秘密附属協定の第一条によると、一方の締約国がソ連から「挑發ニヨラサル攻撃ヲ受ケ又ハ挑發ニ因ラサル攻撃ノ脅威ヲ受クル場合」には、他方の締約国はソ連の「地位ニ付負擔ヲ輕カラシムルカ如キ効果ヲ生スル一切ノ措置ヲ講セサルコトヲ約ス」。第二条では、締約国は相互の同意なしにソ連と「本協定ノ精神ト両立セサル一切ノ政治的條約ヲ締結スルコトナカルヘシ」とされた。第三条には、秘密附属協定が防共協定の本文とともに実施され、同じ期間に有効であると記された。

交換公文は独ソ間のラパロ条約と中立条約に触れ、両条約は防共協定の精神と義務に抵触しないとされた(8)。一九二二（大正一一）年にイタリアのラパロで締結されたラパロ条約は、独ソ間の国交を正常化した条約であり、相互に賠償請求権を放棄していた。

日本外務省は日独防共協定と附属議定書を公表し、「本協定ハ『コミンテルン』ノ破壊工作ニ對スル共同防衛ヲ本旨トスル」のであり、「本協定ハ『ソヴィエト』聯邦其ノ他如何ナル特定國ヲモ目的トスルモノテハナイ」と声明した。防共協定はコミンテルンの破壊工作に対する共同防衛であり、ソ連のような特定国を対象としていないという論理である(9)。

にもかかわらず、ソ連が日独防共協定に反発したことはいうまでもない。協定締結の直後に駐ソ大使館参事官となった西春彦によると、「ソ連側は諜報活動ですでに（日独防共協定の――引用者注）調印前から秘密協定の内容まで知っていた。その内容は軍事同盟ではないが、軍事同盟の萌芽と見て強く反発したのである」(10)。このためソ連は、懸案だった日ソ漁業条約の改定に難色を示すようになり、漁業条約は暫定協定によって延長されるにとどまった。

三　日独伊防共協定と強化問題

日中戦争初期の一九三七（昭和一二）年一一月六日には、イタリアが日独防共協定に参入した。調印したのは、堀田正昭駐イタリア大使、チァーノ（Galeazzo Ciano）イタリア外相、リッベントロップである。署名はローマで行われ、前文にはこう記された。

大日本帝國政府、伊太利國政府及獨逸國政府ハ共産「インターナショナル」カ絶エス東西兩洋ニ於ケル文明世界ヲ危險ニ陥レ、其ノ平和及秩序ヲ攪亂シ且破壞シツツアルニ鑑ミ平和及秩序ノ維持ヲ念トスル一切ノ國家間ニ於ケル密接ナル協力ノミカ右危險ヲ減殺シ且除去シ得ルコトヲ確信シ「ファシスト」政治ノ創始以來不撓ノ決意ヲ以テ右危險ト闘ヒ共産「インターナショナル」ヲ其ノ領土ヨリ驅逐シタル伊太利國ハ共産「インターナショナル」ニ對シ同様ノ防衛ノ意思ヲ堅持スル日本國及獨逸國ト共ニ右共同ノ敵ニ當ルコトニ決シタルニ鑑ミ千九百三十六年十一月二十五日「ベルリン」ニ於テ日本國及獨逸國間ニ締結セラレタル共産「インターナショナル」ニ對スル協定第二條ノ規定ニ從ヒ左ノ通協定セリ

ムッソリーニ（Benito Mussolini）のイタリアは、防共協定と附属議定書に原署名国として加わったのである。

その後の争点は、防共協定を軍事同盟に強化するか否かに移った。防共協定強化問題である。リッベントロップは一九三八年一月、イギリスに対抗するため、日独関係のさらなる緊密化を大島浩駐ドイツ大使館付武官に提起した。八月には、ドイツに滞在していた笠原幸雄陸軍少将が、相互援助義務の規定されたリッベントロップ案を日本へ持ち帰った。

同盟の対象をソ連に限定しないというドイツ案に対して、日本の意見は英仏を対象に含めるかどうかで分かれた。近衛文麿内閣の宇垣一成外相や有田外相がソ連だけを対象にしようとし、近衛首相、米内光政海相、池田成彬蔵相は外務省に近い立場を示した。一方、板垣征四郎陸相や大島は、英仏も含むと主張した。一〇月から大島は、東郷茂徳の後任として駐ドイツ大使になっていたのである。

一九三九年一月に成立した平沼騏一郎内閣は、秘密了解事項によって、英仏を同盟の対象とする場合にも政治的経

済的援助に限るという方針であり、伊藤述史《のぶふみ》公使を特使としてドイツに派遣した。だが、大島駐ドイツ大使と白鳥敏夫駐イタリア大使は、秘密了解事項の削除を連名で東京に求めた。

そこで平沼内閣の五相会議は、独伊が難色を示した場合を想定して、妥協案を訓令する。ところが、独伊との交渉に際して大島と白鳥は、独伊が英仏と戦争になった場合には、独伊側に立って参戦する義務があると伝えた。有田の訓令に反するものである。とりわけ、有田と大島の温度差が大きかった。日独交渉が長期化する間にも、ドイツはチェコスロヴァキアを解体するなど英仏との対決色を強めていた。

煮え切らない態度の日本にしびれを切らしたドイツは、五月二二日にイタリアと軍事同盟条約を結び、さらに八月二三日にはソ連との不可侵条約に調印した。独ソ不可侵条約である。独ソ不可侵条約は、明らかに防共協定の秘密附属協定に違反していた。日本は、大島大使を介してドイツに抗議を申し入れたものの、ドイツが防共協定の主要対象国たるソ連と不可侵条約を締結したことは、大きな衝撃にほかならなかった。平沼内閣が「欧州情勢は複雑怪奇」と声明を発して総辞職したことは、あまりにも有名である。

九月一日にはドイツのポーランド侵攻で第二次世界大戦が勃発するものの、日独伊三国同盟が締結されるには、第二次近衛内閣期の一九四〇年九月二七日をまたねばならない。

四　外務省記録の消失

ここまでは、昭和戦前期の日ソ、日独関係をたどってきた。それらについては、優れた先行研究がいくつも存在しており、本章がそこから多くを学んでいることは無論である。(11) とはいえ、未解決の論点も残されている。一例として、満州事変後における広田弘毅駐ソ大使の対応を検討したい。

広田が駐ソ大使だったとき、芳澤謙吉駐仏大使が一九三一年一二月三一日にモスクワへ立ち寄り、リトヴィノフ(Maksim M. Litvinov)外務人民委員やカラハン(Lev M. Karakhan)外務人民委員代理と会談している。犬養毅内閣の外相に就任するため、芳澤は帰国途上だった。広田も、芳澤・リトヴィノフ会談に同席した。このときソ連は、芳澤や広田に日ソ不可侵条約の締結を再提起した。広田の態度について、先行研究の見解は分かれている。広田は不可侵条約に積極的という説がある一方で、[12] 後ろ向きだったという説もある。[13]

日ソ不可侵条約問題に対する広田の行動を確定しにくいのは、外務省記録が十分に残されていないからである。外務省記録の不足は、時期をさかのぼり、昭和初期の日ソ不可侵条約問題についてもいえる。田中義一首相兼外相とドブガレスキー(Valerian S. Dovgalevskii)ソ連大使の会見録の多くが失われており、日本外務省編『日本外交文書』は原文書を筆写した松本記録に依拠して編纂されている。[14]

日独防共協定の史料状況についてはどうか。結論から述べるなら、外務省記録の消失は日独防共協定にも当てはまる。[15] 史料状況を確認する前に、日独防共協定の性質を振り返っておきたい。

一九三六年一一月に締結された日独防共協定は、いささか変則的な形態を備えていた。ドイツ外相ノイラート(Konstantin Freiherr von Neurath)の署名がないこと、コミンテルンへの共同防衛というイデオロギー的性格であること、ドイツが仮想敵のソ連と条約を維持すると明記していることなどである。すなわち、ドイツ側から防共協定に署名したのはリッベントロップ駐英ドイツ大使であり、リッベントロップはロンドンから飛行機でベルリンに急いで帰国して署名した。ドイツは、独ソ間におけるラパロ条約とベルリン中立条約の廃棄という日本の要求を拒否していた。[16]

他方で広田首相や有田外相は、日独防共協定に中国を加えようとしたものの、蔣介石に拒否されていたのである。[17]

イタリアが一九三七年一一月に参入した日独伊防共協定は、日独防共協定に反英的な性格を加えるものとなった。イタリアは、ソ連とは比較的に良好だったものの、イギリスとはスペインや地中海をめぐって緊張関係にあったからである[18]。

また、日独伊防共協定は「日独防共協定の焼き直しにすぎず、内容を薄めたものであった」、「条約自体は、日独防共協定以上に無内容なものとなり、締結したという対外的効果のみが重視されることになった」、「日独防共協定は反共主義と対ソ戦略の域を出るものではなかったが、イタリアの加入により日独関係は単なる二国関係から三国関係への転換以上の変化をとげたのである」とも評される[19]。

イタリアが日独防共協定に加入したのは、ベルギーのブリュッセルで国際会議が開催されているときであった。このブリュッセル会議では、九カ国条約の調印国が日中戦争について議論するはずだった。だが、日本はブリュッセル会議に参加せず、対日制裁に反発するイタリアの役割に期待した。中国代表の顧維鈞はブリュッセル会議で、「イタリアが日独防共協定に加わった以上、イタリアは確実に日本寄りになるだろう」と危惧した[20]。

近衛内閣の広田外相は、ドイツやイタリア、さらにはスペインによる満州国の承認を待ち望んでおり、各国はそれぞれ一九三八年五月、一九三七年一一月、一九三七年一二月に満州国を承認する[21]。

このように複雑な性格の防共協定だが、日本側の史料は多くない。一九三六年の対欧米関係文書を収録した『日本外交文書』には、「昭和十一年の日独防共協定締結に関する主要な文書は、外務省記録には残存していない」と記されている[22]。つまり、日独防共協定に関連した主要文書が消失しているため、交渉経緯や政策的意図は分かりにくいのである。

一九三六年の外務省編『日本外交文書』を解説した『外交史料館報』によると、「この年の日本外交においては、日独防共協定締結問題は最重要問題の一つであった。しかし、後述するように同締結交渉を明らかにする文書はほとんど見当たらない」という。「昭和十一年の日本外交において『日独防共協定締結問題』は最も重要な外交懸案の一つであり、本来であれば『小項目』ないし『付』を設け、関係文書を採録すべきであるが、同協定締結問題に関しては、関係文書の大部分が消失して見あたらないため、同協定に関する若干の関係文書を『その他諸国との外交関係』に入れることとし、本協定関係で小項目立てすることは出来なかった」(23)。

このため、日本外交史研究において、日ソ不可侵条約問題や防共協定の位置づけが十分には定まらずにいる。

五　外務省座談会

とはいえ、すべての外務省記録が消失したわけではない。「日ソ不可侵条約問題一件」、「日独伊防共協定関係一件防共協定ヲ中心トシタ日独関係座談会記録」には、外務省座談会が所収されている。

いずれも芳澤謙吉や有田八郎など元外相らによる座談会であり、日ソ不可侵条約問題と日独伊防共協定の政策過程や史的意義を示唆している。先に触れたような未解決の論点をすべて解明しうるわけではないにせよ、公的記録の不足を補うものといえよう。この外務省座談会は、一九四七年と一九四九年に開催された。すべて入力したものの、本章では紙幅の関係から、「日ソ不可侵条約問題一件」所収の座談会記録を翻刻する(24)。

これとは別に、占領期に外務省が戦前の外交を振り返ったものとして、「日本外交の過誤」と題された外務省報告書が知られている。それとの比較から、外務省座談会の性格を検討してみたい。

「日本外交の過誤」の発端は、吉田茂首相兼外相が斎藤鎮男外務省政務局政務課長に日本外交の失敗を検証するよう命じたことにある。一九五一年四月に完成された報告書「日本外交の過誤」は、現役の外務省員が先輩たちの外交を批判的に考察したものである。つまり、「日本外交の過誤」は、報告書であり座談会ではない。日独伊防共協定について報告書「日本外交の過誤」は、「日本の国際的な孤立を脱却したいという感情を満足させた以外、その対外関係において何等の利益をもたらさなかつた」と手厳しい。「独ソ不可侵条約の締結と欧州戦争の勃発は、日本が独伊と袂を分かつて独自の道に帰るべき絶好の機会であつた」ともいう[25]。

報告書「日本外交の過誤」に比べると、以下に紹介する外務省座談会では、外交的な失敗をたどるという意味合いは弱い。むしろ、かつて当事者だった元外交官らが事実そのものを探求しようとする。その中心的課題が、日ソ不可侵条約問題と日独伊防共協定にほかならない。

座談会は、日ソ不可侵条約が不成立に終わった原因とともに、日独伊防共協定の締結に至る過程を解き明かしていく。芳澤や有田など元外相級の座談会からは、複雑な事実関係に加えて、陸軍の動向などの国内認識と対外方針の関連、さらには外務省内の混乱なども伝わってくる。

六　「日ソ不可侵条約問題一件」の概要

外務省記録「日ソ不可侵条約問題一件」所収の座談会は、一九四七年七月三〇日に開催された。座談会の一部は学会誌『国際政治』に掲載されているものの[26]、全文の翻刻は初めてとなる。

外務省記録の冒頭には、「昭和二十二年七月三十日　日蘇不可侵條約問題座談會記録　㊟　90頁以下、満洲事変関係をふくむ　調査局」と書かれている。外務省調査局長の法《ほ》華《け》津《つ》孝《こう》太《た》が、「対外交渉記録整備の目的を以って」関係者に依頼したものだった[27]。

座談会の出席者は、芳澤謙吉、山川端夫《ただお》、有田八郎、堀田正昭、堀内謙介《ほりのうちけんすけ》、日高信六郎《しんろくろう》、坪上貞二《つぼかみていじ》、酒匂秀一《さこうしゅういち》、石射猪太郎《いしいいたろう》、西春彦、杉下裕次郎、武者小路公共、村上義温、松島肇である。このうち堀内、坪上、村上は名簿上では出席したことになっているが、発言は見当たらない。

「日ソ不可侵条約問題一件」には、次の史料が座談会の前に収録されている。

日ソ不可侵條約に関する両國会談抄
　附属第一号　一九三二年十二月十三日在本那「ソ」大使宛「ノート」
　附属第二□《号カ》　一九三三年一月四日附在本邦「ソ」大使「ノート」
　附属第三号　一九三三年二月十三日在本邦「ソ」大使□《宛カ》「ノート」
ソ連と歐洲諸國との條約
ソ連の不侵略條約提議に対する我方態度決定に至る経緯資料
別紙甲号

このうち「ソ連と歐洲諸国との條約」は、ソ連とヨーロッパ諸国の「不侵略條約」「侵略の定義に闗する條約」「國境紛争解決に関する條約、協定、交換公文」についてまとめた表である。

「ソ連の不侵略條約提議に対する我方態度決定に至る経緯資料」では、一九三二年における欧米局第一課の分析が抜粋されている。

「別紙甲号」とは、外務省本省における外相、次官、欧米局長、欧米局第一課長という主要人事のほか、重要事件や駐ソ大使などをまとめた表のことである。座談会は、これらの史料を参照しながら行われており、有田が「別紙甲号」の誤記を指摘するなどしている。

岡崎勝男次官の挨拶に始まる座談会では、芳澤が最も多く発言しており、有田や堀田、武者小路、酒匂らが続く。論点となったのは、日ソ不可侵条約と満州事変である。

芳澤は、一九三一年末にモスクワでリトヴィノフらと会談したことを振り返り、「何れ東京に帰ってから政府とよく相談の上何分の御返事を致しますと答えて、何等その他のリマークをしなかったのであります」と述べた。「私は犬養總理にこれを話した時に、總理もその時はまだ一向にこの問題に関する知識を持って居らない。私の説明を聴いて、どうも今すぐにこの交渉を始めるということは餘り気乗りしないなァと言って居った。又荒木陸相とも私的會談の時にこの問題に言及したように記憶して居るが、荒木も一向気乗りがないような返事をしたように記憶して居ります」。

芳澤の外相就任直後に第一次上海事変が起こったため、「私は、これは不侵略條約の交渉どころではないと考えた。併し自分の肚の中では、私は國際連盟において日本が孤立の立場にあって、殆ど全世界を敵として居る光景を自ら体験した関係上、兎に角、ロシヤのような大國と、それも向ふから誘ひ水をかけて来たのだから、これは一ツ日本も受けて、不侵略條約締結の交渉をやったらどうかしらんという考へを持ったのであります」。

さらに芳澤は、「閣議にこの問題を持出して、閣僚との間に相談したことはなかった。それは今お話したように、上海事件は非常に進展して居るから、どちらかというと、不侵略條約は急ぐ問題ぢやないというので、僕は持出さなかったのです」と語る。芳澤自身は日ソ不可侵条約に後ろ向きではなかったが、上海事変のさなかで棚上げとなり、閣議に提起すらしなかったのである。

芳澤外相期に外務次官だった有田は、「省議決定したかどうかは知らないが、外務省の次官とか局長とか――大臣もそうであったと思うが――は、これはやった方がよいという考のあることは勿論であったと思いますが、たゞその當時の空氣は、満洲事変の直後で、軍の意見が非常に強かった當時であるから、その時には、相當な理窟をつけて一應消極的な返事をして置こう」ということだったと述べる。ソ連との懸案だった東支鉄道の買収問題については、有田のほか、芳澤外相期に欧米局長だった松島が補足している。

広田駐ソ大使については、杉下によると、「カラハンが廣田大使に不侵略條約の話をした時に、廣田大使が不侵略條約を結ぶには根拠を捕へなければならない。言葉を換へて言えば平和を作るというのです。カラハン曰く然らば懸案解決は如何なることであるかとの問に廣田大使は例えば北鉄買収の問題の如きものであると申したところ、カラハンはこれは自分としては即答が出来ん、政府部内で相談してから御返事致します、という電報があったと記憶する」。

広田としては不可侵条約に否定的ではなかったが、肝心の本国政府が消極的なため、ソ連には広田自身が不可侵条約に後ろ向きと映ったのではなかろうか。帰朝後に広田は、「日本としても何等かの利益があるならばこれを締結していゝと僕は思つてゐる」と語っている[28]。

だが、陸軍の反対もあり、日ソ不可侵条約は交渉の入り口にも達しなかった。それどころか、防共が日本外交の国是になっていく。酒匂は一九三〇年代中ごろを振り返り、「太《大》田（駐ソ――引用者注）大使の時は、私は後から参事官として行ったが、不侵略條約の話を出しては駄目です、通商取極なり、漁業問題なり、北鉄問題なり具体的な問題でなければ駄目ですと言ったことがある」と回想する。

一九三六年一一月二五日に日独防共協定が締結されると、日ソ不可侵条約の可能性は失われていった。武者小路によると、「重光（駐ソ大使――引用者注）が、俺はロシヤに居るけれども、これ（日独防共協定――引用者注）をやって（日ソ――引用者注）不可侵協定を結ぶということはないよという話をした」。

そのほか、田中義一内閣期に欧米局長だった堀田は、ソ連の提案する不可侵条約について出淵勝次外務次官に相談したところ、領海問題などを優先的に解決するように言われたと述べている。田中はイタリアとの防共協定に関心を示したものの、堀田は田中をいさめたようである。

なお、芳澤は満州国や陸軍との関係についても多くを語っており、上京した石原莞爾に満州国建国の延期を依頼求めたものの断られたという。芳澤は、日ソ基本条約に言及し、桂太郎や後藤新平を回顧してもいる。[29]

七　「日ソ不可侵条約問題一件」全文

以下では、「日ソ不可侵条約問題一件」に収録された座談会記録などの全文を引用する。翻刻に際しては、ごく一部で句点を補うなどしたところもあるが、原則として原文のままとした。原文における空白は□で表記し、判読不能の文字については■とした。

日ソ不可侵条約問題一件

注意書

終戦時以前、編集されたこの関係の記録は戦火災又は終戦前の非常焼却措置で滅失し又はＷＤＣにより接収された。（記録焼失目録及びＷ、Ｄ、Ｃ接収記録目録参照）この分は残存未整理文書又は終戦後主管局課より引継いたものを再編集したものである。

昭和　27年　4月　28日　編集

昭和二十二年七月三十日

日蘇不可侵條約問題座談會記録

㊟ 90頁以下、満洲事変関係をふくむ

調査局

時下酷暑の候御気嫌伺申上げます。

さて來る七月三十日（水）外務省に於て対外交渉記録整備の目的を以って別紙の通り會合を開き當時の御苦心談拝聴の上記録整備に資したいと存じます。萬障御繰合せの上御出席の程御願ひ致ます。

（昭和二十二年）

七月二十二日

外務省調査局長

昭和二十二年
七月三十日

ソ連による不侵略條約提議問題

（座　談　会）

極秘

一、日　時　七月三十日（水）午后二時

一、場　所　外　務　省

一、目　的　「ソ連による不侵略條約提議問題」に關する我方態度決定に至れる經緯の詳細を明かにすること

一、出席豫定者（順序不同、敬称略）

先輩側　芳澤謙吉、山川端夫、有田八郎、太田爲吉、田中都吉、永井松三、堀田正昭、堀内謙介、出淵勝次、日高信六郎、坪上貞二、酒匂秀一、石射猪太郎、西　春彦、杉下裕次郎、武者小路公共、森島守人、村上義温、松島　肇。

外務省側　調査局長、調査局第三課長以下三名、速記者二名。

一、問題を一應「ソ連による不侵略條約提議問題」に限定し、此の問題に對する我方態度決定に至れる經緯を詳細に■検することを眼目とする。此のために個人的意見より初《ママ》めて本省、出先軍關係其他の態度及び我方の決定に達せる事情を明かにする。

二、先輩より特に御話し願ひたい事項

(一)第一回申込（大正十四年—昭和三年）

(イ)ソ側申込の眞意に對する外務省、軍關係其他における判断

(ロ)外務省、軍關係各人の之に對する個人的意見

(ハ)我方の態度決定に至れる經緯（外交自主性の存否）

(二)第二回申込（昭和六年—八年）

(イ)満洲事變と本件申込の關係（ポーツマス條約違反問題、満洲國承認問題を含む）

(ロ)我方の個人的意見（本省、モスクワ、満洲方面、軍、其他）

(ハ)我方の態度決定に至れる經緯（外交自主性の存否）

日ソ不可侵條約に関する両國会談抄

大正一五年八月二五日	ベセドウスキー代理、出淵次官 かに工船遼東丸問題に関連しべより独ソ中立條約（同年四月二四日調印）の如きものを締結しては如何と提案
〃　九月三〇日	べ代理、出淵次官 出淵次官よりソ側の提案の内容を確めると共に基本條約も漸く昨年締結せられた次第であり漁業協約改訂等の問題解決の後政治的條約を考慮することとすべしと應酬
昭和　二年一月一四日	べ代理、出淵次官 次官よりぺ再三の懇請もあり日本政府において満洲における露國の正当なる権利々益を犯さざる旨の声明を発する予定なることを内話し右は政治協定とは別個のものなりとの意見を述ぶ
昭和　二年一月一八日	幣原外相議会演説（七十七巻、四、二六頁）
〃　五月二四日	田中外相、ドブガレフスキー大使 ドより國交回復の最後の仕上げの意味において不可侵條約の話合開始を提議す
〃　六月一六日	田中外相、ド大使 外相より

昭和　二年　七月　一日

「不可侵條約の如き政治條約の商議に入ることは現下の國際政情に照し適当の時期にあらざるをもつて両國間に存する経済関係促進上の諸懸案問題及び満洲における東支満鉄運賃協定問題等につき協議を進め具体的に両國の親善関係を増進し経済関係を充分発達せしむることを希望す但し経済関係増進に努むるに当り相互に不侵略の精神を固く保持するを要することは言うまでもなき所なり」

と述べられたり

田中外相、ド大使

ドより本件條約の成立は東亞に漲る不安を一掃するに資するべきを確信す時期尚早とあらば致方なきも時期至らば日本側において考慮せらるることを希望すと述べられたり

〃　一〇月一四日

カラハン外務人民委員代理、田中大使（莫斯科）

カより満洲における日本の利益はヴァイタルなものなるもソ側の支那殊に満洲における利害は最小限度のものなる故日本の利益に喰入らんとするが如き考えは全くなし右ソ側の眞意が日本殊に陸軍部内に解せられざるは遺憾なり此の点の疑点を除くためにも本件條約の締結は有意義なりと云いソ政府の意嚮傳達を依頼せり

之に対し田中大使より原則的には我方に異論あるはずなきも基本條約締結後未だ両國間に漁業その他の経済上の諸懸案ある現在直ちに不侵略條約を締結するは日本國民にアピールせざるべしと述べソ側の意嚮傳達方を引受けたり

カは重ねて本件條約と他の懸案とを結びつける必要なかるべく不侵略條約はそれ自身として効果を有すべしと論じたり

昭和　三年三月　八日
田中外相、トロヤノスキー大使
久原ミツション、通商條約交渉問題に関し会議の際トより提案あり外相よりは通商その他の條約締結後に考慮すること可然と答えられたり

昭和六年十二月三十一日
リトヴィノフ人民委員、芳沢大使（莫斯科）
「リ」は帰朝途次の芳沢大使に不侵略條約を提議せり、更にソ側の動機として外國の軍國主義的及び冒險的分子中日ソ関係を悪化の策動するものある旨を述べたり

昭和七年一月十二日
犬養外相、トロヤノスキー大使
「ト」より芳沢大使に提議されたる不侵略條約問題に対する意見を伺いたしと述べたるに対し犬養外相より「不侵略條約締結方の提議は初耳なるが何れ専任外相就任の上しん重考慮の要あるべき処歴史上侵略をなせるは常に露西亞にして帝國は何等対露侵略の如き意図を有せず目下両國間紛議の種としては漁業問題位のものなるが右はソヴイエト連邦に無理あるが如きをもつてこれを改めらるれば直ちに解決すべし」（七十七巻四、十一ページ）と應酬せり
右両会談（芳沢「リ」及び犬養「ト」）に関しソ連政府は一月十六日タス通信を経て公表するところありたり（七十七巻四、二十九ページ）

昭和七年三月十六日
リトヴィノフ人民委員、松平大使（壽府）「リ」より「満洲における目下の状況にて

はソ側の懸念未だ一掃さるるに至らず何とか日ソ間に不侵略條約その他の方法により互に疑■を去ること肝要なり」と述べたるに対し松平大使より既に双方において何等侵略の意なきを確めたる際動もすれば他國の猜疑を蒙るか如き取極を結ぶは現下の状況において却つて面白からずと考うと應酬せられたり

昭和七年五月十五日

イズウエスチヤはカール・ラデックの論文を掲げ満洲事變以來日本國内において諸種の意見の變化あるを指摘しつつ條約締結の必要を説けり（七十七巻四、三十二ページ）

昭和七年六月一日

大橋総務司長、在哈爾賓ソ総領事（哈爾賓）

大橋司長よりソ連による満洲國承認問題に関し懇談せり

昭和七年六月二十日

ソ在哈スラヴイツキー総領事、満洲國外交部特派員（哈爾賓）

「ス」より承認問題の決定は遅れおるもソ側は未だ右承認を拒みたることなしと述べたり

昭和七年九月二十三日

カラハン、廣田大使（莫斯科）

「カ」より満洲國承認問題に関し先ず満洲國の性質（特に日満関係）を明かにせられたしと言い本件は複雑なる対外関係を顧慮せざるを得ず、ただ満洲國領事の莫斯科駐在に同意すべしと述べたり

昭和七年九月二十九日

在奉天ソ総領事、森島総領事代理（奉天）

ソ側より満洲國承認に先だちソ満不可侵條約の締結を要すべしとの意見開陳あり

〃　十月	カラハン、天羽代理（莫斯科） 「カ」より不侵略條約交渉に対する日本國内輿論の動きを指摘し「サウンド」する処ありたり
〃　十一月四―六日	松岡代表、リトヴィノフ、カラハン、ラデック（莫斯科） 満洲國承認は日ソ不侵略條約締結と結びつけて考慮し度きとするソ側の主張を夫々強調せり
〃　十一月七日	天羽代理、ラデック（莫斯科） 「ラ」は日ソ満三國の不侵略條約とするも可ならずやと述べたり
〃　十一月九日	カラハン、天羽代理（莫斯科） 「カ」より日本側新聞等は本件に多大の興味を寄せつつあるが政府の態度は依然變化し居らざるものなりやと言い日本側の希望によりては日ソ間と同時にソ満間の不侵略條約を締結するも差支なしと述べたり
昭和七年十二月十三日	内田外相、トロヤノフスキー大使 内田外相より本件商議開始の時機は未だ熟し居らず従つて差当り両國間に存在する諸懸案の解決に努力することとしたしとて口上書（附属第一）を手交せり
昭和八年一月四日	内田外相、トロヤノフスキー大使 「ト」より前項口上書の回答として口上書（附属第二）を手交せり
〃　二月十三日	前記口上書に関連しソ側の無断発表に対する口上書（附属第三）をト大使に送付し

昭和十一年一月二十五日	先方の注意を喚起せり 廣田外相議会演説（ソ満國境方面におけるソ軍備の問題を説明したる際不侵略條約は單にこれを締結するも効果なしと述べたり）
〃　一月三十一日	リトヴィノフ人民委員は右廣田大臣の演説に関連しかかる條約の締結を拒絶することは両國関係に悪影響を與えたりと言えり
〃　三月十一日	リトヴィノフ人民委員北鉄仮調印に際する外國記者団会見において右と同様の意を述べたり

附属第一号

一九三二年十二月十三日在本邦「ソ」大使宛「ノート」

日蘇両國カ互ニ愼重ニ其ノ主権ヲ尊重シテ嚴ニ相互ノ國境ヲ侵ササルヘキコトハ両國間ノ基本協約ニ鑑ミルモ亦其ノ締結以後現ハレタル総テノ事態ニ鑑ミルモ全ク明カナル所ナリ。

然レトモ此ノ両國ノ良好関係ヲ不侵略條約ナル形ニ形式化スルニ付テノ適当ナル時期及方法ニ関シテハ幾多ノ意見アリ得ヘシ。或者ハ両國間ニ於ケル紛争ノ原因ヲ生セシムルコトアリ得ヘキ各種ノ問題ノ存在スル事実ニ鑑ミ斯ル不侵略協定ヲ先以テ締結シ以テ空氣ヲ浄化シ是等諸問題ノ解決ヲ容易ナラシムルヲ好マシキ方途ナリト爲シ居ルモ他方之ニ反対ヲ爲ス者ハ不侵略協定締結ノ如キ一般的問題ヲ考慮スルニ先立チ先以テ是等紛争ノ諸原因ヲ除去スルコトニ努力セサルヘカラスト爲シ居レリ。

之ヲ要スルニ両國政府間ニ関スル商議ヲ正式ニ開始スルノ時期ハ未タ熟シ居ラサルモノノ如シ。従テ差当リテハ両國間ニ横タハル諸問題ノ解決ニ努力スルコトトシ前記商議ニ関シテハ今暫ク時期ヲ待チ時ヲシテ事態ヲ熟セシムルコトトスルヲ可ト■ス。尤モ此ノ間ニ於テ日「ソ」軍隊ノ接触ニ依ル不時ノ出來事ヲ予防シ及之ヲ平和的且地方的ニ解決スルニ付テノ最良ノ方法例ヘハ國境事件予防ノ爲メノ日満蘇委員会ノ如キモノヲ設クルコトニ関シ両國政府カ協議スルハ有益ナルヘシ。

附属第二□号カ

一九三三年一月四日附在本邦「ソ」大使「ノート」

「ソヴィエト」社会主義共和國聯邦政府ハ客年十二月十三日附日本外務省ノ口上書ヲ了承セル處右ニ依レハ日本政府ハ外務人民委員「リトヴィノフ」氏カ一九三一年十二月三十一日莫斯科ニ於テ当時外務大臣ニ就任ノ爲東京ヘ帰還ノ途ニ在リシ芳澤氏ニ提議シタル不侵略條約ノ締結ニ関シ用意ヲ示シ居ラス

右口上書中ニハ日本ニ於テ「両國間ニ於ケル紛争ノ原因ヲ生セシムルコトアリ得ヘキ各種ノ問題ノ存在スル事実ニ鑑ミ斯ル不侵略協定ヲ先以テ締結シ以テ空氣ヲ淨化シ是等諸問題ノ解決ヲ容易ナラシムルヲ好マシキ方途ナリ」ト爲ス意見ノ存スルコトガ認メラレ居レリ此ノ論ハ「ソ」政府ノ見解ヲ反映スルモノナルト共ニ不侵略條約締結方ニ対スル同政府ノ提議ノ出発点タリシモノナリ。「ソヴィエト」政府ハ此ノ見解カ日本ノ諸方面ニ於テ賛同セラレ居ルコトヲ認ムルヲ欣幸トス然レトモ日本政府ハ此ノ見解ニ與スルヲ得スト爲シ前記口上書ニ指示セラレタル「不侵略協定締結ノ如キ一般的問題ヲ考量スルニ先立チ先以テ是等紛争ノ諸原因ヲ除去スルコトニ努力セサルヘカラス」トノ反対意見ニ同セラレタルコトヲ指摘セサルヲ得サルヲ遺憾トス、此ノ論ヲ漸次展開スルニ於テハ不侵略條約ノ觀念及紛争ノ解決方法トシテノ戰爭ノ國際的拋棄ニ関スル「ケロッグ・ブリアン・パクト」ニ含マルル觀念ヲ滅却スル結果ニ必然到ラサルヲ得ス、日本政府ハ不侵略協定ノ締結ハ何等紛争ヲ有セサル國家間ニ於テノミ適当ナリトノ意見ナルコト明ラカナリ然レトモ各國民間ニ於ケル現在ノ経済的及政治的相互依倚関係ヲ顧ミルトキハ斯ル事態ハ殊ニ多少トモ相隣接セル國家間ニ於テ殆ンド存シ得ス又有リ得ヘカラサル所ナリ、而シテ現存ノ紛議ノ解決ハ決シテ將來ニ於ケル新ナル紛争発生ノ不可能ヲ保障スルモノニアラサル処右ハ或ル國家カ侵略ト其勢力範圍擴張ノ方向ニ於テ発展スル場合ニ於テ殊ニ然ルナリ。

「ソヴィエト」聯邦ト不侵略條約ヲ締結シタル隣邦及遠邦ハ斯ル行爲ニ依リ締約國間ニ紛議又ハ要求カ全ク存在セサルコトヲ認メントシタルモノニアラサルコトヲ指摘シ得ヘシ特ニ最近「ソ」聯邦ハ係爭ノ國境ヲ有シ且之ニ関シテハ「ソ」聯邦カ充分根據アル領土的主張ヲ有スル隣國トノ間ニ不侵略條約ヲ結フノ用意ヲ示セリ不侵略條約ノ意義竝ニ「ケロッグ・ブリアン・パクト」ノ夫レハ諸國カ既存ノ又ハ將來可能ノ紛爭ヲ熟知スルモ之ヲ暴行又ハ力ニ依テ解決スルコトヲ拒否スルニ在リ

「ソ」聯邦政府ハ両國間ニ平和的方法ニ依リ解決スルコト不可能ナルカ又ハ同政府カ右解決ヲ拒絶スルカ如キ紛爭ノ存在シ得ヘキコトヲ信セス是ヲ否定スルカ如キハ「ソ」聯邦及ヒ日本カ共ニ調印國タル「ケロッグ・ブリアン・パクト」に反スヘシ。「ソヴィエト」政府カ不侵略條約ノ締結ヲ提議シタルハ此ノ國際的文書ノ存在ヲ何等無視シタルニアラスシテ却テ之ヲ強固ニシ擴張シ且二國間ノ協定ノ方法ニ依リ之ヲ両國間関係ノ特殊性ニ適應セシムルコトニ努力シタルナリ。「ソヴィエト」政府ノ提議ハ刻下ニ対スル考量ニ促サレタルニアラスシテ同政府カ堅実ニ追求シツツアル一般的平和政策ヨリ発セル所ナリ従テ右提議ハ將來ニ対シテモ其効力ヲ保持スヘキモノナル処他面一國カ斯ル條約ヲ拒否スルハ果シテ係爭問題及誤解ノ解決及融和ニ有益ナル空氣ノ釀成ニ資シ得ヘキヤニ付テハ疑カ許サルヘシ

「ソヴィエト」政府ハ上述口上書ニ含マレタル「日蘇両國カ互ニ愼重ニ其ノ主権ヲ尊重シテ嚴ニ相互ノ國境ヲ侵ササルヘキコト」云々ノ声明ヲ了承スルヲ欣快トス「ソヴィエト」政府ハ此ノ確言ノ嚴守カ過去ニ於テ國境ニ於ケル事件ノ発生ヲ「ソヴィエト」聯邦國境附近ニ日本軍ノ一時駐屯中モ亦防止シタルカ如ク將來モ予防スヘキコトニ付確信ヲ表示セントス然レトモ「ソヴィエト」政府ハ國境事件予防ノ爲メノ日滿「ソ」委員會設置ニ関スル日本ノ提議ヲ「ソ」聯邦ト其隣接國即チ羅馬尼、波蘭等トノ間ニ同様ノ目的ノ爲メニ既ニ存スル委員會ノ例ニ做ヒ研究及審議スルノ用意アリ

附属第三号

一九三三年二月十三日在本邦「ソ」大使□《宛カ》「ノート」

「ソ」聯邦政府ニヨリテ提議セラレタル日「ソ」間不侵略條約問題ニ関シ客年十二月十三日帝國外務大臣カ「ソ」聯邦大使ニ手交シタル「ノート」ニ対スル「ソ」聯邦政府ノ回答トシテ本年一月四日同大使カ外務大臣ニ致シタル「ノート」ハ本件ニ関スル帝國政府ノ見解ヲ誤解シテ論議シ居ル点アルノミナラス両國ノ親善関係ノ爲面白カラサル文言ヲ含ミ居ルニ依リ爾來外務次官ハ「ソ」聯邦大使トノ屢次ノ会談ニ於テ其ノ点ヲ指摘シ「ソ」聯邦政府ノ考慮ヲ促ス所アリタルカ帝國政府ハ茲ニ改メテ右ニ関シ同政府ノ再考ヲ求メサルヲ得ス

「ソ」聯邦政府ハ右一月四日附「ノート」ニ於テ日本政府ノ本件ニ関シテ採レル「見解ハ之ヲ漸次展開スルニ於テハ不侵略條約及ビ不戦條約ノ觀念ヲ滅却スル結果ニ必然到達セラルヲ得ス」トナシ又「日本政府ハ不侵略條約ノ締結ヲ以テ何等紛争ヲ有セサル國家間ニ於テノミ適当ナリトナス意見ナルコト明瞭ナリ」ト述ベタリ右ニ対シ帝國政府ハ客年十二月十三日附「ノート」中ニ開陳セル「之ヲ要スルニ日「ソ」間不侵略條約ノ締結ニ付テハ未タ商議ヲ正式ニ開始スル時期熟シ居ラサルモノノ如シ従テ差当リテハ両國間ニ横ハル諸問題ノ解決ニ努力スルコトトシ前記商議ニ関シテハ今暫ク時期ヲ待ツコトトスルヲ可ト信ス」トノ一節ヲ熟読玩味スルコトヲ慫慂セラルヲ得ス

又「ソ」聯邦政府カ其ノ「ノート」中ニ於テ「現存ノ紛争ノ解決ハ決シテ將來ニ於ケル新ナル紛争発生ノ不可能ヲ保障スルモノニアラサル処右ハ或ル國カ侵略ト其ノ勢力範囲拡張ノ方向ニ発展スル場合ニ於テ殊ニ然リ」ト述ヘ居ルハ最モ帝國政府ノ注意ヲ惹キタル点ナルカ右ニ付テハ帝國政府ハ前顕「或ル國」ナル文字ハ日本ニ「リファー」スル

モノニアラストノ「ソ」聯邦大使ノ説明ヲ了承ス帝國カ常ニ國際正義ヲ念トシ武力的侵略ノ意図ヲ包藏スルコトナキハ架設《説カ》ヲ要セサル所ナルヘク現ニ前記帝國政府ノ「ノート」ハ日「ソ」両國カ互ニ其ノ主権ヲ尊重シ嚴ニ相互ノ國境ヲ何等侵ササルヘキコトハ両國間ノ基本條約ニ鑑ミルモ將又其ノ締結以後ニ於ケル事実関係ニ鑑ミルモ明瞭ナリト声明シ居ルコトヲ指摘セサルヲ得ス

尚□ニ附言セサルヲ得サルハ「ソ」聯邦政府カ本問題ニ関スル交渉ノ経緯ヲ予メ帝國政府ノ同意ヲ得スシテ発表シタルコト之ナリ

帝國政府ハ外務次官カ「ソ」聯邦大使ニ述ベタル通リ本件発表ニ付テハ「ソ」政府カ之ヲ必要トセラルルニ於テハ主義上反対ヲ有セサリシモ其時期及方法ニ就キ両國政府ノ間ニ未タ意見ノ一致ヲ見サリシニ不拘同政府カ突如之ヲ発表シタルハ國際慣例ニ反スル措置ニシテ帝國政府ノ大ニ意外トシ且了解ニ苦シム所ナリ

ソ連と歐洲諸國との條約

(イ)不侵略條約

	（調印日）	
一九二五年（大正十四年）	十二月十七日	ソ、土
一九二六年（大正十五年）	四月二四日	ソ、獨
同　同	八月三一日	ソ、阿富汗
同　同	九月二八日	ソ、リスアニヤ
一九二七年（昭和二年）	十月一　日	ソ、波斯
一九三二年（昭和七年）	一月二一日	ソ、芬
同　同	二月五　日	ソ、ラトヴィヤ
同　同	五月四　日	ソ、エストニヤ
同　同	七月二五日	ソ、波蘭
同　同	十一月二九日	ソ、佛
一九三三年（昭和八年）	九月二　日	ソ、伊

(ロ)侵略の定義に關する條約

（調印日）

一九三三年（昭和八年）　七月三　日　八カ國條約（ソ、阿、エストニヤ、ラトヴィヤ、波斯、波蘭、羅、土）

同　同　七月二二日　芬、八カ國條約に加入

同　同　七月四　日　五カ國條約（ソ、羅、チェコ、ユーゴー、土）

同　同　七月五　日　ソ、リスアニヤ、條約

(ハ)國境紛争解決に関する條約、協定、交換公文

（調印日）

一九二三年（大正十二年）　十一月二十日　ソ、羅

一九二五年（大正十四年）　八月三　日　ソ、波蘭

一九二六年（大正十五年）　七月十九日　ソ、ラトヴィヤ

一九二七年（昭和二年）　八月八　日　ソ、エストニア

一九二七年（昭和二年）　八月十四日　ソ、波斯

一九二八年（昭和三年）　八月六　日　ソ、土

同　同　九月二四日　ソ、芬

一九三二年（昭和七年）　七月五　日　ソ、リスアニヤ

ソ連の不侵略條約提議に対する我方態度決定に至る経緯資料

一、昭和七年一月欧米局第一課（七十七巻一、）

本件提議に應ずるの可否に就き考察するに

㈠ソ連邦は帝國との間に不侵略條約の締結を見るに於ては同國に於ける本邦人の権利利益を悪辣なる手段を以つて圧迫するとも実力に依りて反撃せらるることなかるへしと思惟すへきを以て北洋に於ける我漁業権、北樺太に於ける我利権を初としソ連邦に於ける本邦人の受くる打撃は蓋し甚大なるものあるへく

㈡満洲事變の推移如何に依りては北満及蒙古に於ける日ソの利害衝突することあるやも計り難き処不侵略條約締結せらるるに於てはソ連邦は必ずや横暴なる態度に出つへきに付帝國政府としては此の際ソ連邦の本件提議に應せざるを可とすへし

右はソ連邦の提議拒絶に関する内面の理由なる処若しソ側より再應本件を提議することあらば左の趣旨に依り之に應酬すること然るへし

㈠日ソ両國共不戦條約に加入し居るに付不侵略條約の目的は既に実際上達せられ居ること

㈡日ソ両國共互に侵略の意図なきに鑑み殊更不侵略條約を締結するの必要なきこと

㈢両國間の通商上及経済上の関係が政治上の関係に及ぼす影響鮮少に非るを以て両國間に存する通商上及経済上の各種懸案を解決すること寧ろ急務なること

二、昭和七年十月欧米局第一課（七十七巻二、）

㈠甲、蘇連邦カ本條約締結方ヲ提議スル表面ノ理由

イ、外國ノ軍國主義的及冒險的分子ニ於テ日蘇関係ヲ悪化セシムル爲策動シツツアル際両國間ニ本條約ヲ締結スルトキハ右策動ヲシテ無結果ニ終ラシムヘシ

ロ、責任アル両國ノ当局者ハ日蘇親善関係ニ疑念ヲ挾マサルヘキモ一般民衆ニ於テハ時ニ危惧ノ念ニ襲ハレサルニ非ス卽各種ノ小事件ハ民心ヲ刺戟シ輿論ヲ激昂セシムルノ結果ヲ招致シ延テ國交ニ累ヲ及ホスコトアルヘキニ付民心ヲ緩和シ危惧ノ念ヲ一掃スル爲本件條約ヲ締結スルヲ可トス

ハ、本條約ヲ締結シテ民心ヲ安定セシムルニ於テハ両國間各種懸案ノ解決ニ資スル所大ナルヘシ

乙、蘇連邦提議ノ裏面ノ理由

蘇連邦政府ハ其ノ國是トシテ世界共産主義ヲ採用シ居ルニ拘ラズ其ノ目的ヲ達スルコト予期ノ如ク容易ナラサルノミナラス世界共産主義ヲ標榜スルコトニ依リ列國ノ反撃ニ逢ヒ却テ其ノ國家基礎ヲ危クスルコトアルヘキニ鑑ミ目下共産主義的社会主義的國家ハ必シモ世界的タルヲ必須條件トセス一國ノ範囲内ニ於テモ之ヲ実現シ得ヘシト稱シ蘇連邦ハ他國ノ國体及政体ニ干渉スルモノニ非ス世界平和主義ハ其ノ確定不動ノ國策ナリト高唱シツツアルモ蘇連カ主トシテ第三「インターナショナル」ヲ適シテ世界各方面ニ於テ行ヒツツアル共産宣傳乃至其ノ潜行運動ハ明ニ蘇連邦政府ノ声言ヲ裏切ルモノニシテ政府ハ世界共産主義ノ國是ヲ捨ツルモノニ非スト観察セサルヘカラス然ラハ蘇連邦ハ何故ニ各國殊ニ其ノ隣接諸國ニ向テ不侵略條約締結ヲ提議スルヤト云フニ蘇國現在ノ國力ヲ以テシテハ到底各國ノ共同反抗ニ敵対スルヲ得サルヲ以テ其ノ國力充実ノ時機卽第二、五年計畫ノ遂行（第一、五年計畫ハ予期ノ成績ヲ挙ケ得サリシカ如シ）及財政経済の《ママ》復興ヲ見

ル迄極力列國トノ衝突ヲ避ケムトスルニ在ルモノト思考セラレ（蘇連邦ノ五年計畫カ兵力ノ充實ニ重大ナル関係アルハ明ナリ）

㈡前記蘇聯邦ノ提議ニ対シ帝國政府ノ採ルヘキ態度

甲、直ニ提議ニ應スヘシトスルモノ

帝国政府ハ満蒙事變ノ窮極的処理ノ爲ニ最善ノ努力ヲ致スヲ要スル処之カ満足ナル解決ハ短時日ヲ以テ期スヘキニ非ス従テ此処数年ノ間ハ蘇聯邦ト事ヲ構フルハ啻ニ不得策ナルノミナラス國運ノ前途ニ重大ナル危険ヲ順致スルコト無シト謂フヘカラス満蒙ノ治安今尚維持セラレタルニ□リ蘇支共同ノ敵ヲ引受ケ然モ列國ノ我ニ同情セサルノミナラス寧ロ反対ノ態度ヲ持スルモノアリトセハ我國力ヲ以テシテハ如何ナル窮地ニ陥ルヘキヤ実ニ寒心ニ堪ヘサルモノアリ故ニ帝國政府ハ此ノ際蘇聯邦ノ提議ニ應シテ不侵略條約ヲ締結シ依テ以テ両國ノ関係ヲ安定セシメ其ノ間両國間ノ各種懸案ヲ解決スルヲ可トス尚不侵略條約ニ適当ノ期限ヲ附スルニ於テハ後日之ヲ更新セサルコトニ依リ帝國政府ノ対蘇政策ヲ革ムルコト必スシモ難キニ非ルヘシ

右論旨ニ対シテハ次ニ述フルカ如ク時機ニ関シ（乙）又根本論トシテ（丙）反対説アリ

乙、直ニ不侵略條約締結ヲ否トスルモノ

イ、蘇聯邦ハ帝國トノ間ニ不侵略條約ノ締結ヲ見ルニ於テハ同國ニ於ケル本邦人ノ權利利益ヲ悪辣ナル手段ヲ以テ圧迫スルトモ実力ニ依リテ反撃セラルルコトナカルヘシト思惟スヘキヲ以テ北洋ニ於ケル我漁業、北樺太ニ於ケル我利權ヲ始トシ蘇聯邦ニ於ケル本邦人ノ受クル打擊ハ蓋シ甚大ナルモノアルヘシ

ロ、満洲事變ノ推移如何ニ依リテハ北満及蒙古ニ於ケル日蘇ノ利害衝突スルコトアルヤモ計リ難キ処不侵略條約締結セラルルニ於テハ蘇聯邦ハ必スヤ横暴ナル態度ニ出テ北満ニ於ケル我軍事行動乃至各般ノ施設ハ多大

ノ障碍ヲ蒙ルコトアルヘシ

ハ、故帝國政府ニ於テ結局蘇聯邦政府ト不侵略條約ヲ締結スルトスルモ先第一段トシテ漁業問題、利□問題等ニ関シ満足ナル解決ヲ遂ケ且北満ニ於ケル日蘇間ノ利害問題ヲ調整シタル上始メテ不侵略條約ヲ締結シ得ヘシト思考ス

ニ、不侵略條約締結ノ前提條件トシテ各種懸案ノ解決及北満ニ於ケル日蘇関係ノ調整ヲ主張スルニ於テハ蘇聯邦政府ハ先ツ不侵略條約ヲ締結スルコトニ依リ両國間ノ根本的親善関係ヲ樹立シテ始メテ各種懸案ヲ平和的ニ解決スルノ雰囲氣ヲ醸成シ得ヘク北満ニ於ケル両國ノ関係モ容易ニ之ヲ調整シ得ヘシト反駁スヘシト思考セラルル処右ニ対シテハ右ノ通主張シ得ヘシ

日蘇両國間ニ紛議ノ原因存在スルニ於テハ先ツ以テ之カ解決ヲ爲ササル限リ百ノ不侵略條約ヲ締結スルトモ畢竟一片ノ氣息メ文句タルニ留リ両國間永遠ノ平和関係ヲ樹立スル所以ニ非ス之ヲ換言スレハ実際上ノ親善関係タ《ママ》ニアラハ両國ノ関スル限リ不侵略條約ノ如キ無用ノ長物ニシテ偶幾分ノ効用アリトセハ之カ発表ニ依リ第三國ノ悪意ノ策動ヲ予防シ得ルニ過キス

（註。本項主張ハ結果ニ於テ次項丙ト異ラスト思惟セラル）

丙、不侵略條約締結ヲ拒否スルモノ

イ、不侵略條約ハ乙ノ(イ)及(ロ)ニ於テ述ヘタルカ如キ不利益アルノミナラス蘇聯邦ニ於テ世界的共産主義実現ノ國是ヲ棄ツル能ハサルモノトセハ帝國政府ハ早晩蘇國ト衝突セサルヲ得サルニ鑑ミ出來得ル限リ之ヲ避クルヲ要ス殊ニ帝國カ満蒙ニ於テ特殊ノ地歩ヲ占ムル結果ソ聯邦トノ衝突ノ素因多分ニ存スルモノアルニ於テ然リトス但シ満洲事變ノ善後措置ニ関シ帝國政府カ最大ノ努力ヲ傾注スヘキ重大時機ニ於テハ出來得ル限リ蘇

國トノ関係ノ紛糾ヲ回避スヘキハ論ヲ待タス

ロ、今直ニ蘇聯邦ト事ヲ構フルモノニ非ストセハ期限附ノ不侵略條約ヲ締結スルモ不可ナキニ非スヤト論スルモノアルヘキモ一度條約ヲ締結シタル以上重大ナル理由ナリシヲ其ノ更新ヲ拒ムコト甚困難ニシテ漫然更新ヲ拒ムハ却テ侵略ノ意思表示トナリ甚危險ナルヲ以テ將來衝突ヲ予期スル以上不侵略條約ハ之ヲ締結セサルヲ可トス

ハ、本件條約締結ヲ回避スヘシトセハ如何ナル理由ヲ掲クヘキヤ

(1)蘇聯邦カ既ニ締結シ若ハ仮調印ヲ了シタル不侵略條約ノ條項ヲ見ルニ其ノ目的ノ大部分ハ両國カ共ニ加盟シ居ル巴里不戦條約ノ規定及日蘇ノ関係ヲ律スル基本法則ニ関スル條約第五條ニ依リ略達セラレ居レリ

(2)不戦条約ノ嚴存スルニ拘ラス今又更ニ不侵略條約ヲ締結スルハ不戦条約ノ効力ヲ軽視スルノ結果トナルノミナラス不侵略條約ヲ締結シタル國ト締結セサル國トノ間ニ親疎ノ別アルカ如キ疑念ヲ生セシムルノ虞アリ

(3)万一蘇聯邦カ第三國ト交戦スル場合ニ於テ蘇聯邦カ侵略國タラサル限リ世界平和ヲ以テ其ノ國策トスル日本國カ中立ヲ守ルヘキハ勿論ニシテ之ヲ一九二九年蘇支衝突ノ際ニ於ケル帝國政府ノ態度ニ徴スルモ明ナリ

(4)蘇国カ既ニ締結シタル不侵略條約中ノ紛争解決方法ニ関スル規定ヲ見ルニ第三者ノ調停乃至仲裁ヲ排除シ単ニ両当事國間ノ和解委員会ノ構成ヲ予見シ居ル処第三者ノ仲介ナキ和解委員会ハ外交交渉ト差シタル相異ナキモノト認メラル

(5)前記ノ理由ニ依リ本件不侵略條約ハ屋上屋ヲ重ヌルノ[redacted]ニシテ不必要ナルノミナラス我法制上（枢密院関

係）多少ノ困難ヲシトセス《ママ》

(6)外國ノ軍國主義的及冒險的分子ノ日蘇関係ヲ悪化セシメムトスル策動ノ如キハ両國政府ニ於テ親善政策ヲ確保スルトキハ毫モ意トスルニ足ラス□一般民衆ニ於テ両國関係ニ関シ危惧スルモノアリトセハ当局ハ之ヲ指導シテ事態ヲ正シク認識セシムレハ足ルヘキコトト思考ス

外務本省				重要事件			在ソ大使館				
外相	次官	欧米(亜)局長	欧一課長				大使	参事官	一等書記官	二等書記官	三等書記官
幣原	出渕			大正							
13-6-11	13-12-18			13			佐藤(臨代)				
				14		↑	14-3-23		酒匂		西　加瀬
						日	田中		14-5-□		14-8-□　14-8-□
						ソ	14-7-14				
田中		堀田	宮崎	15		不					14-12-□
[2]15-4-20		15-11-22	15-11-□			可					
				昭和		侵					2-4-□
				2		條				宮川	
						約				2-3-□	
						↓				佐々木	
	吉田			3			酒匂(臨代)			2-11-□	
	3-7-24						3-10-19				
幣原				4			田中	酒匂	天羽		安東
4-7-2							4-6-14	4-4-□	4-1-□		4-6-□
								天羽			
	永井			5			天羽(臨代)	4-12-□	佐々木		5-4-□
	5-12-6						5-8-14		5-6-□		
							広田				
犬養		松島		6			5-12-3				
6-12-13		6-1-17				↑					
芳沢				7		日					
7-1-4						ソ	天羽(臨代)				
斎藤				〃		不	7-9-25				
7-5-[26]6						可	太田				
内田			杉下	〃	↑	侵	7-12-23			島田	
7-7-6			7-8-□		北	條				7-11-□	
広田	有田	東郷	西	8	鉄	約		酒匂			
8-9-14	[7]8-5-10	8-2-[1]□	8-3-□		買	↓		8-2-			
	重光			9	収		酒匂(臨代)			9-1-□	
	[8]9-5-16				問		9-11-22			加瀬	
					題					9-2-□	
			加瀬	10	↓		太田		10-2-25	亀山	
			10-12-□				10-4-28			10-11-□　10-5-□	
有田	堀内			11	×		酒匂(臨代)		島田		久保田
11-4-2	11-4-10				防共協定調印		11-7-28		11-12-□		11-1-□
林				12	11-11-25		重光		富川		武内
12-2-2					×		11-11-25		12-1-□		12-1-□

佐藤				〃	乾岔子事件		西			広瀬
12-3-3					12-6-□[19]		12-3-□	12-5-9	久保田	12-7-□
広田		井上		〃	×				12-7-□	太田
12-6-4		12-10-□[27]			蘆《ママ》溝橋事件				12-11-□	12-12-□
宇垣				13	12-7-□[7]	西(臨代)				
13-5-26					-8-□	13-10-19			13-6-□	13-9-□
近衛				〃		東郷				
13-9-30						13-10-29				
有田	沢田		安東	〃						
13-10-29	13-10-15		13-10-□							
阿部		西		14	×			14-5-□	斎藤	14-3-□
14-8-30		14-6-□[6]			ノモンハン		14-[redacted]-□	塚本	14-12-□	
野村	谷			〃	事件		[redacted]	14-5-□		
14-9-25	14-9-26						14-4-□			
有田				15		塚本(臨代)		斎藤		
15-1-16						15-10-20		15-6-□		
松岡	松宮(心得)			〃		建川　西				
15-7-22	15-7-25					15-10-23 15-10-□				
	大橋	阪本	成田	〃			宮川			15-11-□
	15-8-19	15-9-□[12]	15-9-□				15-10-□			
豊田	山本(心得)			16	×			16-2-□		
16-7-18	16-7-21				中立條約調印					
東郷	天羽			〃	16-4-□[13]					
16-10-15[8]	16-8-25[1]				×	16-10-□				
	西			17	太平洋戦争	宮川(臨代)	17-9-□	武内	河崎	
	16-10-20[1]					17-3-25	亀山	17-4-□ 17-4-6	17-4-□	
谷		上村	久保田	〃		佐藤　守島	17-12-□			
17-10-□[9,17]	松本	17-10-□[11,1]	17-10-□			17-4-□[3] 17-4-□[28]				
重光	17-10-□[11,1]			18	18-9-□				下田	
18-4-20					↑				18-7-□	
	沢田		武内	19	×　特			19-4-□		
			19-4-□		利権解消　使			松平		
					19-3-□　↓			19-8-□		
					19-9-□					
東郷	松本	安東		20	×		川[redacted]			
20-4-7[9]	20-4-□[5,13]	20-4-□[4,23]			中立條約廃棄		20-3-□		20-2-20	
					20-4-□[5]					
					× 宣戦 20-8-8					

○次官。御挨拶申上げます。先般先輩から種々有益なお話を伺ひまして大変参考となりました。今日は芳澤大使から御話を伺ふことになりました。斯うして段々と回を重ねて参ります裡に記録が整備されまして吾々として好都合になります。よろしくお願いたします。

○石射。ソ連による不侵略條約提議について先づお願いたします。

○芳澤。日ソ不侵略條約締結に関する経過につきましては、私の関係した事柄はたゞ一回で、従ってこれをお話しても頗る簡単であります。

私は、一九三一年の十二月十日であったと記憶しますが、犬養内閣が成立致しまして直ちに帰朝を命ぜられたのであります。そして確か十二月二十七日と思ひますが、巴里を出発してシベリヤ鉄道で日本に帰ったのであります。十二月三十日の朝モスコーに到着し、その日の夕方同地を出発したのでありますが、外務人民委員のリトヴイノフ氏から晝食に招かれ、廣田大使同伴で午餐會に出席したのであります。その席にはリトヴイノフ夫人を始めロシヤ外務省の人が大勢出席して居りました。

午餐會が済みますとリトヴイノフ氏は私に別室に来て呉れんかと言ひますので廣田大使を同伴して参りましたところ、先方はリトヴイノフと次官のカラハンの二人きりでした。其処で先づリトヴイノフから斯ういうことを言ひ出した。外國の軍國主義者などが日ソ両國間の関係を悪化させたいというような考だろうと思うが、種々な策動をやって居るが、これらの策動を封ずる為には日ソ両國間に不侵略條約を締結した方がよいと思う。これと同様にこの不侵略條約というものをロシヤは既に隣接國家のうちで数ヶ國との間にこの條約を締結して居る、従って日本との間に締結することは極めて意義あることゝ思う。斯ういう話であります。

私は実は、不侵略條約を日ソ両國の間で締結する提議につきましてはその時まで何等知識を持って居らず、又聞込みも持って居らず、全く初耳の話と驚いたのでありますが、兎に角これはなかなか重大な問題である、私は今新しく出来た政府の命によって歸朝の途にあるのだ、あなたからそう言はれたからと言って即答は出来ない、何れ東京に帰ってから政府とよく相談の上何分の御返事を致しますと答えて、何等その他のリマークをしなかったのであります。

それで、その儘日本に帰ったのでありますが、実は自分だけの考としては、この問題はなかなか重大であって、且つ假りにロシヤとの間に不侵略條約を締結するということにしても、交渉を進めることが出来ても、なかなか困難であると考へたのであります。主義上不侵略條約を締結することの善悪は別として、締結するまでの経緯、交渉というものはなかなか困難である。しかし、兎に角これは一應相談した方がよいという考へを以て、犬養總理にこの問題について相談いたしました。私はその頃には既に夛少この問題についての従来からの経緯を聴いて居ったので、日本政府のこれに對する態度を當時は知って居った。此処に居られる松島前大使からも聴いたと思うのでありますが、大正十五年頃から東京に於て、或はモスコーにおいて、或は寿府においてロシヤ側から日本の代表者に對して屡々オーバーチェアーをやって来た。これに對して日本側からは種々な理由や考へを述べられたのであります。不侵略條約というような政治的條約を締結する前に、具体的の問題について両國間の紛争を調整した方がよい、そうでないと徒らに政治的協約を締結しただけでは両國間の善隣関係は樹立されない。ロシヤの方ではこれに對してその都度、どちらかというと失望の色を以て日本の答辯を聴いて居った。要するに日本側の態度というものは、一言にして申せば時期尚早ということでありました。ロシヤの方では時期尚早ではない、今直ちに締結した方がよいという言い分であったのであります。私は犬養總理にこれを話した時に、總理もその時はまだ一向にこの問題に関する知識を持って居らない。私の説明を聴いて、どうも今すぐにこの交渉を始めるということは餘り気乗りしないなァと言って居った。又荒木陸相とも私的會談の時にこの問題に言及したように記憶して居るが、荒木も一向気乗りがないような返事をしたように記憶して居ります。実は、申すまでもなく、満洲事変以来日本の陸軍というものは單に國防機関であったばかりでなく、日本の最強最大の政党であった。この政党が頭を横に振れば何事も出来ない。反對に頭を縦に振れば何事でも出来たという時代でありました。陸軍大臣の勢力というものは、その政党の總裁と見られる人でありますから、この人の態度によって話を進められるかどうかも大体判断がつくのであります。実は、陸軍は當時満洲事変中であったし、又北満には日本の大軍が駐屯して居ります。昔から日本の陸軍は南守北進、海軍は北守南進というスローガンを持って居ったし、世間一般でもそう信じて居った。そういう勢力のある陸軍が不侵略條約の締結について極めて冷淡だということは私も豫ねて豫期して居った。陸相との話はそういう具合に一寸した折に話をしただけでありますが、荒木は今日においては、恐らく記憶していないと思います。しかし荒木陸相ばかりでなく、當時の陸軍當局者は大体不侵略條約締結などは餘り念頭に置いて居なかった。それも無理はない、今申上げたように北満には非常な大軍を置いてある。満洲事変は非常な、暴風雨のような格好で進んで居るのです。

私は一月の十四日に東京に到着し、直ちに外務大臣に任命されたのでありますが、議會演説などを拵えて居る間に一月下旬から上海事件が発生した。これが又非常な、第二の暴風雨を起し、上海では毎日激戰が行はれたのでありあます。ある晩大角海相が私のところに来られ、上海にある陸戰隊が全滅になりそうだから是非陸軍の出兵に同意して呉れと言うて来た。私は驚いて、そりや困る。今陸軍を出したら大変な事態になってしまう、自分は今直ぐには同意し兼ねると断ると、海相は、陸戰隊の全滅は時間の問題だ、なんとかして同意して呉れと勢ひ込んで居る。併し、陸軍を出せば、必ず戰局は拡大する。當時上海及びその周辺に居った十九路軍は非常な勢力を持って居ったが、若し陸軍を出して撃退すれば彼等は必ず蘇州まで退却するだろう。日本軍が蘇州へ進撃すれば南京まで退がる、南京へ進撃すれば彼等は更に奥地へ遁走するだろう、そうなって来ては果しがない。上海事件は出来るだけ局地的に纏めた方がよい、支那全土を戦乱に導くということは大変危険なことであると言って話したのでありますが、大角海相は海軍陸軍戦隊が全滅に瀕して居るので之を救ふ為め陸軍の出兵は絶對に必要であると主張するので仕方なく大角海相と同道で荒木陸相を夜中に訪問し、その話をしたところ荒木は出兵に同意した。で私は荒木と大角に向って、陸軍を出すのもよいが、必ず戦局は拡大すると思うが、どうするかと質問したところ、荒木は、日本の陸軍は、上海附近のようなクリークや河のない満洲の平野で訓練を積んで居るので、上海のような処には適さない。だから上海に出兵しても、そんな大きな戦闘をやることは出来ない。ましてや、あなたの言うように蘇州に行く、南京に行くという心配はない、と言うのです。そこで戦局擴大の惧れがないという陸軍大臣の證言を得たので私も同意し、その結果翌日の閣議で、白川大將を司会官とする陸軍出兵ということが決定したのであります。これは不侵略條約の話とは別問題ですが、兎に角陸軍は非常な力を持って居ったのであります。着任匆々の際に上海事件というものが足下から鳥が立つように発生し、私のところには殆ど連日英米佛の大使がやって来る。アメリカのフォーブス大使など極く正直な人ではあるが、私のところへ来て非常に皮肉なことを屡々言った。尤も、後に私が昭和十一年にワシントンを訪問した時にはフォーブス氏は態々ボストンから會ひに来て呉れたこともあって、なかなか立派な人でしたが……。あの頃（昭和七年の一月下旬）から、上海事件が始ってからは非常にエクサイトして居たのである。それは無理もない。上海では毎日激しい市街戦が行はれて居った。日本の居留民からは悲壮な電信が来るという騒ぎでした。又國際連盟に於ては満洲事変の交渉は前年末から續いて居るという時でした。

其処で私は、これは不侵略條約の交渉どころではないと考えた。併し自分の肚の中では、私は國際連盟において日本が孤立の立場にあって、殆ど全世界を敵として居る光景を自ら体験した関係上、兎に角、ロシヤのような大國と、それも向ふから誘ひ水をかけて来たのだから、これは一ツ日本も受けて、不侵略條約締結の交渉をやったらどうかしらんという考へを持ったのであります。

実は在職五ヶ月弱でありましたので、何等見るべき成績を上げることが出来なかったのでありますが、自分の考としては、貿易を一ツ旺んにしなければならぬ。只今は、日本と南洋との貿易はバランスシートがどうなって居るか詳しい事は知らんが、その頃の調査によると日本としては一ヶ年一億の輸出超過となって居た。日本にとって有利な処でありまして非常に大切な地方でありますので、是非南洋貿易を旺んにしたいという野心を私は持って居ったのであります。それには先づ佛印問題については佛蘭西、蘭印の貿易については和蘭、馬來、ビルマ、印度については英國との交渉、若し幸ひに自分の在職が長く續くならばこれは是非やりたいという考を持って居ったのであります。

第二に、不侵略條約を締結する相手はロシヤである。なかなか難しいことであることは分って居る。殊に日本の國内の情勢から申せばなかなか軍部は不侵略條約締結の交渉に賛成するかどうかということは極めて望み乏しい。しかし段々とそういうような反響を作って、一國でも日本の味方に——なるかどうか確信はないが、それもこちらから持出すことは面白くないが、先方から幸ひ申出て来たのだから、それを無碍に断はることは、餘り冷淡な態度でこれに接するということはカーテシイの点から言っても面白くない。出来るかどうか知らんが交渉を早くやって見たいという自分だけの考へを持って居ったのであります。勿論この不侵略條約締結については日本にとって不利益の惧れも多分にある。併し又同時に當時の國際情勢から考へて見て、ロシヤをこちらに引付けて置くということは或は得策ではないかと思はれるような考へも持って居りました。何事でも、國際間の條約、或は何等か外交上の措置を採る場合、「プロ」と「コン」があるのは當り前であります。併しよくそこは周囲の條件、又利害得失を篤と研究した上で不侵略條約締結の交渉を試るということは満更ら悪いことでもないというような考を持って居ったのであります。

ところが只今申上げましたように、上海事件という大きな激戦が毎日繰返されて居る。天皇陛下におかれても、上海事件については、非常に御軫念遊ばされ、私も日本の軍関係の異常な発展については種々な角度から心配して居ったのでありますが、四月に停戦協定が出来ましてホッと一息したような次第であります。それまでは、とても日本の朝野ともに深刻な心配を持って居ったのであります。そんな関係で、不侵略條約締結というような比較的閑事業のように思はれて居ることを當時政府に持出しても認められる譯がない、そこで私はベターコンヂションを見出すまでは持出せないと思って居ったのであります。即ち不侵略條約締結の交渉につきましてはまだ日本政府の議を纒めるまでに段階が達しなかったのであります。で私は五、一五事件のために五月下旬に辞職したのでありますが、不侵略條約締結の交渉もその後あまり進展しなかったようでありますが、要するに、私の不侵略條約締結に関する交渉に関係したのは、今申上げただけのことでありまして、その時代を私の記憶を辿って見ても、その他にはあるような氣が致しません。それだけの経験談を御参考に申上げる次第であります。

○石射。リトヴィノフに對しては、あなたがお帰りになってから何等か挨拶をなさいましたか。

○芳澤。私の記憶して居る限りは、リトヴィノフに對してはなにもしなかった。断はるのも具合が悪く、いわんや交渉を進めるといふことも出来ない状態であったから、その儘にして置きました。私の在職中は、要するになにもしなかったのであります。

○石射。昭和七年三月十六日の外務省の記録によるとリトヴィノフより松平大使にこの問題を持出したということが書いてあるが、「現下の状況において却って面白からずと考う」と應酬して居られるが、これは別に本省の訓令によってのことではないでせうね。

○芳澤。本省の訓令によって松平大使が交渉したとは思はない。即座の松平君の思い付きで答辯されたものだと思ってます。

○石射。松島大使は恰度欧米局長をおやりになって居ったのですから、その頃の話を一つお願いしたい。

○芳澤。なにか御記憶がございますか。

○松島。欧米局長の時代であったかどうか判っきりしないが、頂戴した参考資料の中に、不侵略條約をこの際結ぶが善いか悪いかの點について意見を書いて見たらと言はれたことの覚があるが、それは松平さんが欧米局長をやって居ったこともありますので、その當時だと思ひますが、私は當時別に軍の人とも相談しないで、私の意見として、不侵略條約を締結する暁には、今迠のソヴィエットロシヤの外交のやり方から考えて見ると、一旦不侵略條約を締結した後は各種の日ソ間の懸案の解決に努めないばかりか、場合によっては横車を押す場合があるから餘程愼重に考へなければならんという意見を書いた記憶がございますが、たしかこれは松平さんが欧米局長をやって居った時代だと思うのです。

私が欧米局長になってから、今芳澤さんの御話のあった以外に――これは芳澤さんは御記憶があると思うのですが――こういう問題があったのです。それは藤原銀次郎氏が東部シベリヤの森林の問題についてトロヤノフスキーと交渉があった時でありますが、藤原が私のところに来て、なにか利権問題をきっかけにソヴィエットと懸案の解決に努めたらどうかと思うと言う。そこで藤原の意見はどうかと聴いたら、色々の話をして、その揚句に藤原氏が言うのに、どうですか一ツ東支鉄道の買収問題を採上げて見たらという話があった。それにひっかけて北樺太を買うとか買わんとか話がありましたが、東支鉄道買収問題で話をしたらといふ話があったので、芳澤さんが大臣に就任されると同時に申上げたところが、外務省が表向きの問題とせずに、裏から廻ってソ連側の話を聴いたらどうかというので藤原氏と僕とで内々に話をつけて、藤原氏の手を通じてトロヤノフスキーに連絡したらというので話をしたことがある。で暫らくその話を續けて居ったが、目鼻がつかなかったが、この藤原銀次郎からトロヤノフスキーに東支鉄道の買収問題を持出したのが、後日太《大》田大使がモスコーにおいて北鉄買収問題を解決する緒口《ママ》になったんではないかと思います。それだけが芳澤さんのお話以外に私の記憶にあります。

○芳澤。今の、松島君の話で思い出したが、たしかにそういうことがありましたね。沿海州の森林の話があって、後からその報告を受けたことがあります。あなたの言はれた程詳しく記憶して居ないが、大体今お話の通りであります。

○有田。私の記憶して居る點をお話したいと思います。その前にこの頂いた表の日附のところが少し違って居るように思う。田中外務大臣の大正十五年四月二十日とあるが、これは昭和二年の四月二十日。それから私の外務次官に就任が昭和八年五月十日とあるが、これは昭和七年の誤り。重光君の昭和九年五月十六日は昭和八年の誤り。つまり芳澤外務大臣の時に私は次官をして居ったことになります。

いま松島君の話にあったトロヤノフスキーの件であるが、外務大臣に報告したというか、それは内田外務大臣の時まで續いて居ったと思う。藤原銀次郎の買収の話は……。この時は小磯君が陸軍次官であって、小磯が藤原に交渉をして見て呉れないかという話で、藤原君が私の処に来て、斯ういうことであるからというので、交渉の経過をその都度報告することになって、これは餘程具体的に話が進んでいた。内田さんが外務大臣の時は日ソの國交を調整するということは必要ではないかというので、つまり日本がソ連の領内若くは勢力範囲内に持って居る権益はこれを引揚げる。反對にソ連は日本の勢力範囲内にある権益を引揚げる、つまり一國が他國の領土若くは利益範囲の内に権利を持つということは微妙な関係を起す原因であるから、お互の中に入って居るものを引揚げるということは自分の考へである。具体的に言へば、東支鉄道は向うが引っこ抜き、漁業権、森林等は日本側が引揚げるということを意味する。當時より東支鉄道をソ連は賣ってもよいという考へ方は事実あったのでありますが、漁業権を放棄するということはなかなか當時としては難しい問題であったと思います。そういう風に色々話をしたが、結局値段の問題になった。ハッキリ記憶はないが、たしか四項目に分けて、一部は現金、一部はクレヂット、一部は物資という風で、その割合も三割とか四割とかときめて、現金は五百萬円位ではなかったかと思ふ。で大体北鉄はどれ位の値段で賣ろうという考を持って居ることが分った。全部で二億か二億何千万円位になるのではないかと思う。

実は、そういう風に話がまだ進まない中に小磯君はそういう風に話をして見て呉れということであったが、陸軍、殊に荒木陸軍大臣は――一日荒木を官邸に訪問したが――當時陸軍の内部には東支鉄道を金を出して買うなんて馬鹿げて居る、あれは放って置けば自然に日本の手に入るものだ、一億でも二億でも金を出すのはつまらんという説があったので――荒木は、金を出して買うことには異存はない、日本の財政さえ許せば幾らでも出してよいという。それで段々話をして居るうちに、具体的に値段も決って、二億だったか、二億五千万円であったかに決ったのであります。でその話の途中頃にモスコーの廣田大使から電報が来たのです。こちらとしては非常な極秘にして居ったのだが……。そこで廣田大使に對して訓電を出したが、極めてぼかして――なんと書いたかはっきり記憶しないが、未だその時期ではないとか消極的なことを言ってやった。藤原君も正式に任命して貰ってやりたいと言って居るうちに斉藤内閣が潰れた為にその話は中絶してしまひ、その後廣田が外務大臣になるに及んで再燃し、満洲國が買うということになったのであります。私の外務次官在職中の記憶ではそうなって居ります。

○杉下。廣田大使に對する北鉄買収についての経緯の電信は私が書いたのですが、複雑な関係があるから餘り深入りしないようにという簡単なものでした。不侵略條約についての一つの懸案を先きに解決するということがあって、それがモスコーに傳って居ったかどうか記憶がないか、カラハンが廣田大使に不侵略條約の話をした時に、廣田大使が不侵略條約を結ぶには根拠を捕へなければならない。言葉を換へて言えば平和を作るというのです。カラハン曰く然らば懸案解決は如何なることであるかとの問に廣田大使は例えば北鉄買収の問題の如きものであると申したところ、カラハンはこれは自分としては即答が出来ん、政府部内で相談してから御返事致します、という電報があったと記憶する。次でカラハンが代はる時に、ソ連政府としては北鉄を賣渡すことについて主義上異論がないということの電報を寄越して居ります。

○有田。いつ頃のことですか。

○杉下。松島局長がやめて、あなた（有田氏）が局長を兼任して居る時だと思いますね。

○有田。不侵略條約を締結するに先って、今杉下君の言はれたように、具体的問題について――懸案を解決すべきだということであるが、日本政府のソ連政府に對するこの回答の中に、そういう風なことが書いてあったのですか。

○杉下。回答案を幾つか作った記憶がありますがね。

○有田。芳澤外務大臣が辞めて、斉藤さんが一寸兼任されて、内田さんになって、内田さんになってから返事を出された。特別議會の時か、議會演説の中にその抱負がたしかしてあると思う。それには今のように書いてあったかと思う。問題が先きに行ったが……。日本政府の回答要旨はありますか。

○芳澤。それはあると思いますね。

○石射。不侵略條約の方に話を戻して見たいと思います。記憶によりますと芳澤さんが大臣になられる前から話がある。殊に田中内閣の時、田中兼任外相の時堀田さんは欧米局長であったのですから、何か御記憶はありませんか。

○堀田。ありますが、お話する程のことはないのです。ソ側は當時ベセドフスキーが在京代理大使として居ったが、由来ソ連の大使はなかなか愼重で、又すぐにとりかゝらないし、自由に饒舌らない形の者が夛かったが、このベセドフスキーという代理大使はよく饒舌り、おまけになかなか実行力のあった人で、成績を上げるという不思議な存在であった。で當時通商局において領海についてさかんに議論をやって居つた時分ですが――日本の船がソ連の軍艦に追っ駈けられたというて始終問題を起した。不侵略條約締結なぞ勿論正式に申入れてない。兎に角日本とソ連の間に何か作らなければならないということを旺んに言う。そういう話がある度びに不侵略條約を持ち出すのであります。それがその時分の不侵略條約の問題ですね。これは出渕《淵》君に相談したのだが、當時の田中内閣はコミンテルン防壓時代であったので、斯ういう状況であるから直ぐ締結しようと言っても出来るものではない。現在はそういう空氣を作るより仕方がない。だから領海問題にしろ他の問題にしろ適當に解決しろということであった。これが僕の欧米局長時代の不侵略條約の經緯の概略ですがね。

防井協定に関して、先走りをしたような話がある。それは何日だったか日附は忘れたが、アロイジイが田中大臣に會った時に――新任の挨拶ではなかったが、新任早々だった――防共協定を結ぼうと申出たことがあった。勿論、防共協定という名前ではなかつたが、そういう意味のことであった。要するに、當時イタリーとしては孤軍奮闘して居る時であったので、友達が欲しい。日本も相當困難な地位にあったので、お互に援け合う。それには、その要点となるべきものとしてコミンテルンに對する防衛ということが面白い。そういう協約をやらないかと田中さんに言った。田中さんは反共の眞最中であったので、面白いという返事をしたらしい。僕を呼んで、斯ういう話があるという。ところが、あの田中という人の話は、判るようで判らんようで、本當の趣旨があまりはっきり判らなかった。それだから、その話に對して、なんとも返事をすることが出来ない。そこで田中さんに國際條約や他の関係もあるし、又イタリーの地位も大したものではないし、それに向うの言った趣旨もよく判らない、私が行って聽いて来るから、その上にして下さいと断って置いて、他日アロイジイに會つて聽いて見たら矢張りその趣旨は防共協定であった。その時には、私自身のパーソナルな意見は、日本としては防共協定は出来にくいと思うが、折角あなたが言うのだし、大臣も興味を惹いて居るようだから一應相談してみましようと言って置いた。それから田中大臣には、この話は到底駄目です、今國際会議やなにかの関係で、イタリーと政治條約を結んで、イギリス、フランス、ロシヤを相手にして、待峙《対カ》するような地位に入ることは――イタリーと國際会議で力を組んで進んで見ても、どれだけ世界を抑へられるかどうか疑問だからやらない方がよいでしようと言うと、田中大臣も納得したので、然るべく断わり、一般的政治協約は結ばなかった。

しかし個々別々に國際會議があった場合には――相談があつた場合には大いに力を合せませう、そうして行くうちに両國の感情が親善になると思う、そうすれば将来政治協約を結ぶことが出来ると思うと、斯ういう返事をしたことがあるのです。

○武者小路。ポリチスが起案した不侵略の定義というのがあってね。その定義には正當防衛の定義がなくって、斯ういう場合が――侵略とは斯うであると書いてあるのだね。満洲事変の時の日本のやったことが皆侵略の定義になって居るのだ。そこで私はポリチスに、君は國際法學者ではないか、これを見ると疑問に思うが、君はリトヴィノフの手先になって満洲事変を不當なものと認めて居るが、且つ正當防衛はどんなものでも認めらるべきであるが、それを認めないのはどういう譯であるかと言うと、自分は國際法學者としては気が付いて居るが、政治家としてこれを無視して居るのだと言ってましたがね。その後ロンドン協約が生れて、バルカンの諸國がみなモデルにしてロンドン協定をやった。そこでソ連の不可侵協定が――問題が起って来た。あれは三三年だったし、堀田君の言うアロイジイの話は二六年。つまり日ソ不可侵條約は満洲事変の後で、北鉄買収事件はその時の――つまり不可侵条約の一ツの……。

○山川。民間の中に居って聽いて見ると色々なものがある。

○有田。提案者がね……。

○山川。不侵略條約はある程度――國境内に武装解除というか、そういう地域を設けるかということをその中に折込んで居るかどうか、時によって色々違うだろうが、内容がどういうものであるか、政府と向うと話合をした内容がどういうものであるか、記憶が残って居ると思うが……。

○有田。芳澤さんがモスコーにお立寄の時に、多少具体的な案があったんですか、不可侵條約をやろうという話でもあったのですか。

○芳澤。一九三一年の十二月三十一日に僕がモスコーを通過した時にはリトヴィノフから條約の内容については一言も觸れて居らない。僕は一月の十四日に東京に着いたが、その二、三日前にトロヤノフスキー大使が犬養總理にあってこの話を持出したのだそうであるが、その時は勿論條約の内容は持出さなかった。だから山川君の質問されたようなことはない。但し隣接諸國とロシヤが不侵略條約を締結して居る、その記憶はあるが、ソ連から日本に條約案なるものは示して居らない。

○堀田。廣田君が帰って来る時もその話を持って来て居りますね。

○武者小路。一九三五年に僕が土耳其に居る時に、カラハンが来て数日経ってケマルパシヤの夜會があった。その時にカラハンとパシヤ、それに後でイタリー大使になったテーフィンク外務大臣がしきりに立話をして居ったが、その三人が僕の処に来て、何故日本は不侵略條約を締結しないのかという、もうその時はこちらは馴れたもので、バルカンのような國で喧嘩をしないと決めた時は不侵略協定を結ぶが、誠意ある解決を示さないものと不侵略協定は結べないのだと言って、笑話をしたことがある。

○石射。不侵略條約についてはそれ位にして……。

○酒勾《匂》。田中大使の居られた時分――大正十五年に久原ミッションというのがある、伊藤文吉君がついて居った。ある晩日露同盟はどうかという話を持出して、翌晩久原さんが田中大使に、日露同盟はどうですかと言ったら一言の下にはねつけてしまった。僕は仲裁役に入ったが、その時久原さんが、なんでもスターリンに三十分會はれたとか、恐らくそういう話をされて、けられたんだと思うが……。それで、その後不侵略條約の話をロシヤ側から田中大使にされた時に、日本の情勢はまだ許さない――漁業條約は急げ急げということであったが……。太《大》田大使の時は、私は後から参事官として行ったが、不侵略條約の話を出しては駄目です、通商取極なり、漁業問題なり、北鉄問題なり具体的な問題でなければ駄目ですと言ったことがある。メーデーの日に観兵式があって、その席上でカラハンが太《大》田大使に北鉄買収の話をしたいが、来て呉れというので、それがそもそも北鉄買収の口火を切ったもので、不侵略條約の話は起らなかった。

○石射。不侵略條約についてお伺ひ致したい。モスコーに御立寄になった時に、リトヴィノフから提議した時には既に満洲事変が起きて居ったが、満洲國に對するソ連側の意見というようなものは何も言はなかったですか、リトヴィノフから……。

○芳澤。満洲事変についてはリトヴィノフから別段發言した記憶は今日ありません。

○石射。全然満洲事変には觸れずに……。

○芳澤。突然持出したのであります。別室に来て呉れんかというから、満洲事変について言うのか知らんと思ったら、出し抜けに不侵略條約を一ッ締結しないかという話であったので、全く僕にとっては意外な話であります。その話が終った後も満洲事変について先方から發言しなかったようです。若し發言するなら答辯するつもりであったが、先方から何も言はなかったから、こちらも何も言はなかった。

○曽野。先方が不侵略條約を出す以上、事実上承認してもよいという気分があったんではないでせうか。なにか當時そういう話はありませんでしようか。

○芳澤。ロシヤ側としては、満洲國の成立に對しては英米等とは違う考を持って居ったらしいが、僕自身の関する感じは、ロシヤ側でとった措置は記憶して居らない。ロシヤ側は満洲國の樹立に對してそう反對しないという感じを持って居った。

○有田。當時の情勢から感じて居ったことはソ連が満洲を承認する用意があったかどうかは別問題だが《ママ》、ソ連は非常に危惧した。北満のソ連の勢力範囲迠も犯して来て居る。この次は國境を越えるというところ迠来そうである。その惧れは相當ソ連側にあるかと思う。なる程そういう風に惧れるのも必ずしも理由のないことではなかったので、陸軍にしたって、御承知の通りに色々な考え方を持って居る連中が居るからね。支那班から言へば――ロシヤ班はそうでもなかったかも知れないが――満洲の事件で一應かたがつけば、一應自重すべきであるという考え方もあるし、又その當時の言葉で刷毛ついでにやってしまへという空気もあったし……。それから、調査局の人に調べて貰いたいと思うことだが、内田外務大臣の焦土外交という演説、當時私は次官をして居ったので記憶にあるのだが、その記憶が果して外交演説の中に――連盟脱退であったか、満洲國承認だったかの点に觸れて居ることもあるが、それに陸軍側の意見も取入れて居った譯であるが。當時、書記官長をやめてからの森恪君とか、白鳥その他の連中は初めは早く満洲國を承認しろということであったが――政府の意見もそうであったが――ところが、そうこうして居るうちに、陸軍部内に極く極端な右の思想を持って居る連中が一刷毛にやってしまえ、今、なまなか満洲を承認して外國との摩擦を激しくするということは得策でないから、承認は第二段の問題にして、それよりもシベリヤ迠出てしまえという意見が擡頭した。それで内田さんの演説に對して森恪君が質問をして、一体政府は満洲國を承認すれば相當外國との間に摩擦を生ずると思うが、政府はそれに對する用意があるかどうかという質問をした。内田外務大臣としては意外な質問であったと思う。満洲國承認はして居ったのに、そういう質問をしたのが夛少あったのではないかと思うが、其処で内田さんは、日本が正しいと思うことをやる場合に外國が無理に抑へ付けようとするならば日本は敢然として闘うべきである、たとえ國は焦土となるとも、という形容詞を使った。これは外交演説の中には焦土ということはないが、森君の質問に對する答辯の中に焦土云々が使はれたと思う。焦土外交焦土《マ》外《マ》交という、外交方針を持って居られたかの如く思はれた、この点は内田外務大臣の為にも調べて貰いたいと思います。

でそんな譯で、刷毛ついでにやろうという気分が小数ではあったかも知れないが――有力な内の小数にあったかも知れない。それから、これは表面には出ないが、不侵略協定をこの際ソ連とすることはいかんという見方の一つには、陸軍の士官學校の教育にはソ連と近く一戰を交えるのだということを信條として教育して居るのだから、それが若し、ソ連と戰争がないということになると士気が立たない、教育の方針が立たないということであったから、そういうことが反映して一層不可侵條約云々が言はれたのだろうと思う。

○酒勾《匂》。國境確定問題がその前に出たのですか。

○石射。いつの話ですか。

○有田。返答の中にある譯だよ。國境確定委員會と紛争平和的處理委員會がある。その方が寧ろ実際的だという話で……。

○芳澤。その外に、漁業の問題も決定したいとか、色々こちらから言って居る……。

○石射。リトヴィノフからの話を、結局あなた（芳澤氏）と犬養総理との間に、又當時の陸軍大臣との間の話で、結局呑み込んでしまって、この問題は閣議等で問題になったことはないですか。

○芳澤。閣議にこの問題を持出して、閣僚との間に相談したことはなかった。それは今お話したように、上海事件は非常に進展して居るから、どちらかというと、不侵略條約は急ぐ問題ぢやないというので、僕は持出さなかったのです。

○石射。有田さんにお伺いたしたいと思いますが、あなたが次官時代にロシヤ側にハッキリ回答して居る譯なんですね。その回答の態度決定に至る迠の経緯お《ママ》願いたいと思います。

○有田。一言にして言えば、當時既に回答をいかにするかということは前から大体空気は一定して居った。たゞどういう理窟をつけるかということと、時期ということが残って居ったように思う。その時の局長は松島君だったかね。

○松島。僕の時に話があったが、決定は僕がイタリーへ發ってからだから東郷君の時だ。八年の二月……。

○有田。東郷君の時かね、回答は何時でしたか。

○石射。一九三二年十二月十三日、つまり昭和七年の十二月。

○松島。僕が出發して、東郷君が着任しないので、事務取扱の時です。
○有田。それは、それ迠に大体空気が決って居ったのを、事務的に集めたのを拵へたものだね。
○石射。軍の方で時期尚早だとか、なんとかいう……。
○有田。時期尚早ということは口實で、実は先刻話したように、軍の一部に強硬な反對があったと思はれる。
○石射。外務省としての特殊な意見はなかったのですか。
○有田。省議決定したかどうかは知らないが、外務省の次官とか局長とか――大臣もそうであったと思うが――は、これはやった方がよいという考のあることは勿論であったと思いますが、たゞその當時の空氣は、満洲事変の直後で、軍の意見が非常に強かった當時であるから、その時には、相當な理窟をつけて一應消極的な返事をして置こう、それにはたゞではいけないから、國境確定委員会、平和的處理委員でやろうではないか、國境の衝突を避ける、不幸にして衝突が起きたら、斯ういう委員會でやろうということであった。
○石射。次に芳澤さんにお伺ひいたしたいのですが、御在任中の満洲問題に對する軍側との應酬について。
○芳澤。満洲事変につきましては、外國との折衝、交渉については、私はジュネーブの連盟の會議以来色々自分で親しく体験して来て居るので、これについて色々お話申上げる材料は持って居るのでありますが、それは他日の機會に譲ることにして、國内における、殊に軍側との満洲問題についての折衝というか、交渉というかについて特に申上げて見たいと思う。これは記録には残って居らんと思うので尋少御参考になるかも知れないと思う事柄だけを簡単に申上げたいと思う。
それは、私は実は巴里に居りました時には満洲事変の本質をよく知って居らなかった。ところが帰朝の途次、たしか十二月の二十八日の朝だったと思いますが、伯林に着いた。小幡大使が出迎に来て呉れてましたが、小幡君の処に行って色々話をして居ると――小幡君は私より満洲事変の本質についての知識を持って居った。で小幡大使の話によりますと、満洲事変は板垣という大佐と石原という中佐が中心でやったのだという。私は石原中佐については知らないが、板垣大佐は私が北京に在任中本庄少將の下で補佐官をして居った、その頃は中佐であったが、その時分から知って居る。あの人がやったのかということで、初めて知ったのであります。それからモスコーに立寄った時廣田大使からも聴き、又満洲に入った時は態々坪上大使が迎えに来られたが、其処で又知識を得た。それから段々と満洲事変の本質に関する知識を得た。其処で、東京に着きましてから、私は、一方では上海事件というような厄介な事件が起きたが、満洲問題も亦なかなか厄介なもので、リットン、コンミッションも日本にやって来ましたし、陸軍側との折觸《ママ》は非常に――上海事変と竝行して満洲事変についての折衝が行はれた。その中で、満洲國を三月一日から独立させるということで、私は実は、満洲國の独立などと言って非常に厄介である。満洲事変そのもので辛い経験を嘗めて居る、この為に英米佛の大國を相手に日本は非常に危険な立場に餘儀なくされる。満洲國を建てゝ、独立させるということになれば必ずやこれは重大なる國際問題になるに相違ないという懸念を持って居りましたから、出来るだけこの独立を延ばして貰ひたいという考えを抱きまして、當時新聞で見ると石原中佐が東京にやって来たということが出て居った。其処で秘書官に言って、陸軍の方に――参謀本部であったかに電話して、石原中佐を外務省に寄越して呉れないかと申入れた。たしか二月の下旬だったと思う、たしかな日附ははっきりしないが、石原中佐が私の処に来た。其処で私は石原中佐に向って、満洲國の独立ということが近く実現するそうだが、これが実現することになると非常な國際紛糾が更に結果して来るに相違ないから、なんとか一ツ延ばして呉れないかと頼んで見た。そして詳しく國際情勢を話して、満洲問題の原動力の一人であるという石原中佐の行動に重きを置いて、特に頼んだのでありますが、これに對して石原中佐の言はれたのは、それは困る、既に現地においてすべての準備が完成して居る、今更らこれを止めるということは出来ません。併し、若し政府において是非これを延ばしたいという考であるならば出先に對して命令して貰いたい、それでないと食い止めることは出来ないという話であった。それで、それは困ったことだと言って石原中佐との話は打切ってしまったのであります。

其処でそのことを私は總理大臣にも報告した。ところで政府がこれを命令するということになると、第一に陸軍との話が整はなければ命令が出来ない。しかし陸軍との間に話をつけるということは殆ど不可能である。陸軍も参謀本部も一体となって満洲國の独立に邁進して居る時であるから、命令することは到底望みのないことである。併し外交を預って居る私としては出来るだけなんとかして延ばしたいという考を捨てなかった。犬養総理も、その以前に、一体、満洲國の独立ということは随分無理な話だという根本的の考を持って居った。その以前に、支那という國の歴史を見ると、支那の民族を二つに分けて見ても、又何年か経つと一つに纏まる、これは歴史が証明する。今満洲國だけを支那から引離して独立させても又他日一緒になるから、独立は長い目で見れば実現しないのだという。私も勿論その説に同感であった。併ながら日本の國内の情勢、殊に陸軍側のこの問題に對する考え、方針や態度というものは非常に強硬で、到底吾々の意見が容れられそうもない。だから私は特に石原中佐に頼んで見たのですが、石原中佐のこれに對する返答は今申上げたような通りであるとすれば、これは出来ない。併ながら自分の考を変えることも出来ない。其処で一ツ、これも二月中旬だったと思うが、陸軍の方から五、六ヶ條の一ツ書にしたメモランダムを寄越した。それには一ツ何々と書いてあって、その中の一ヶ條は、満洲國の独立を速かに実現するということであった。そこで私は、これはいかん自分が陸軍に行って直接に交渉しようと思った。

その時の次官は永井君であったが、永井君はアジア局長を連れて行かれてはどうですかという。実は荒木陸相と膝を交えて懇談したい、相手一人、こちら一人で話をしたいというつもりだと永井君に答へたことがある。で私は陸軍省に行って、荒木陸相に會って見ると、先方は陸相の他に杉山次官、小磯軍務局長、それに當時誰であったか軍務課長が出席して居った。其の他に参謀本部から眞崎次長と参謀が二三人来て居った。要するに陸軍側は七、八人がテーブルを囲んで待って居った。こんなことならアジア局長を同行すればよかったと思った。

其処で、第一日は数ヶ條の覚書について、第一から段々と意見を交換して、さて満洲國の独立を速かに実現するという一項については、これは到底同意出来ない、私としては出来るだけ延ばして貰いたい。私は中止して呉れとは言はない、言っても意見の纏まる筈はないから……。延ばして貰いたいと言ったが、なかなか陸軍では承知しない。でその日は話を打切って、又翌日行って、前日と同様な顔の人達に會って、又問答を繰返したが、私の方でもどうしても譲歩しない。陸軍側でも堅くとって動かない。結局他の項目については私は同意しましたが、独立促進という一点については到頭話が纏まらずにしまったのであります。そういう経緯がありました。

それから、その頃、毎月一回次官の官舎で陸軍の人達や大蔵省の人達、それに海軍の連中などが集って、晩めしを食べながら話をする會合があった。でその會合の際に、食後小磯軍務局長、森書記官長の二人が私を別室に呼んで、独立促進の話を持出した。その時も私はなかなか同意しなかった。その後ある日陸軍から関東軍司令官宛の電信案を提示して来たことがある。その中に外務大臣は独立に同意せりということがあった。僕は同意したことはないから、外務大臣は同意せずと貼り紙をして返したことがある。私も出来るだけは陸軍側と協調して行きたいという精神であったが、大問題については譲歩の出来ない——同調の出来ない事柄については譲ることは出来ないから、満州國の独立を速く実現するということになると國際連盟における議論が一層喧しくなるし、日本にとって不利の國際情勢が起るだろうからという考えから同意しなかった。たブン《ママ》陸軍省に行った日時とか、電信案に貼り紙をした日附などは今は記憶して居らないが、そういう事柄があったということは事実である。で私は、その都度総理だけには口頭で報告して置いたが、総理も大体は私と同感で、そうかそうかと言って居った。犬養総理は五月十五日に暗殺されましたが、それより何日か前に――一ヶ月位前かも知れない――私が総理官邸を訪問した時に、斯ういうことを言った。どうも満洲事変以来の情勢を段々と見てると、要するに陸軍の統制が乱れて居る。それは昨年来陸軍部内に党派が出来て、青年将校の間に党を作って、陸軍の首脳部を引摺って居る。これは甚だよろしくないことで、その青年将校達は要するに三十人位の数である。これを馘るんでないと陸軍の統制は回復出来ない。これは大変なことだから、私は一つ決心して、参謀総長宮殿下に申上げて、その御同意を得た上で、陛下に直訴して、陛下の御裁可を得て、この三十人を免職させたいという総理の言葉であった。で私は、陸軍部内の統制の乱れて居ることは総理の言う通りでありますが、その統制を回復する為に、今あなたの言うような措置をとることは不可能である、何故かというに、陸軍の人事は陸軍大臣が握って居る、あなたが陸軍大臣に話をしたって駄目だ、と言うと、それでは天皇陛下に直接奏上するという。統師部は参謀本部であるが、人事は陸軍大臣が握って居る。然るに三十人の青年将校を免職するとすれば、これは人事問題だから陸相の手を通さずに、総理大臣だからと言って陛下に奏上なさっても、陛下は陸軍大臣の同意しないものを制裁可になることはない。あなたはそういうことを言うが、私は不可能だと思う、これは成功なさらんでせうと言ったら、犬養総理は、そうかなァと言って、躊躇の色を示した。私は犬養総理の、陸軍の統制を回復とするという着想は結構だと思うが、手段に無理なことを通そうとしたので注意したことがあります。

ところが五月十五日に暗殺されたが、その翌日森書記官長が私に、どうも總理は随分無理なことを考えたものだという。私は森とは屡々口論した仲でありますが、それは君どういうことを言うのだと反問したら、總理は僕に斯ういうことを言った。陸軍の統制を回復する為に青年將校三十人を、陛下に直訴して免職しようといふのだと。私はこの話を聴いてヒヤリとした。総理はとんでもないことを森などに言ったものだと思ってソウカとその場限りの話にしたが……。でこの満洲事変は実に非常な大事件で、今度の太平洋戰争の先づ序幕と言ってもよい事件であったが、その裏面には斯ういう話もあったということを御参考迄に申上げた次第であります。

○有田。今の芳澤さんの話の裏書をしたいと思います。犬養總理がその時に話されたことを私も聴いたことがある。五月の初旬の晩に総理官邸に来いというのでお伺いしたところが、色々な話があったが、その中に、三十人ほど断乎たる處置を取りたいということであった。私は次官に就任したのが五月の十日であったと思いますが、暗殺された時は永井氏がまだ官邸に居られたから、五月の一日か二日頃だったと思いますね。私も非常に賛成だったが、斯ういう風なことが漏れて、あんなことになった一つの原因ではないかと思いますね。

○芳澤。そういう重大なことを、有田君とか僕に話すのは結構だが、人を見ずして話したことはまづかったと思いますね。

○石射。先程お話しの、陸軍側から廻って来た書き物の中、満洲國の建設を促進するとかいう書き物、それはどういうものですか。

○芳澤。それは関東軍司令官にやる電報なんです。

○石射。そうするとあなたが反対された拘《ママ》らず、そういう指令をあとで関東軍にやってしまったわけですね。

○芳沢。そうです。僕は同意せずと言ってやったのだから、その点はどういうことになったか――そういう電信案をよこしたわけなんです。

○石射。陸軍省へ押しかけて行ったときに、その書き物というのは、箇條書にしたオフイシャルなものですか。

○芳沢。それはオフィシャルなものですね。つまり外務省と陸軍省との間に、方針について、協定に到達したいという考からそういうものを準備したのです。これは陸軍省と参謀本部と相談の上でできているのですから、空襲のために書類が焼けなければ残っていると思う。僕が話して来たことも、何か書入れて外務省に残した筈だと思っているのです。

○日高。溥儀を引っぱり出すというのは、お話し合いになったようなことはなかったのですか。軍の中だけで勝手にやってしまったのですか。

○芳沢。それは実際のところは、陸軍では満洲國を自分の息子のように考えて、創立のときからやって来ている。私が一月十日頃奉天に着いたとき、その晩本庄司令官と晩飯を一緒にやった。食後本庄司令官から満洲問題の当時までの経緯についての話があった。それからいろいろ話はあったけれども、今記憶しているのは満洲國の首都を長春に移すのだという話です。その他の点については僕は記憶しておらない。たまたま今年の三月でしたか、片倉少将が市ヶ谷の國際裁判所で証人としていろいろ陳述されたことが当時の新聞に出ておった。その中に僕の名前が屡々ある。それで、或は僕も証人として呼出されるかしらんと思っておった。ところが証人としては呼出されなかったが、三月何日でしたか、或る日國際検事団から外務省を通して私を呼びに来た。それで市ヶ谷の検事団に出頭したところが、初めタベナーという検事に紹介され、タベナーからサットン検事に紹介されて、サットンが自分の部屋に来てくれと言うので、その部屋に行った。すると片倉少将の行った証言はこの通りであると言って、立派な、タイプライティングしたものを見せた。それを読んでみると、一月十日晩飯の後、本庄司令官が僕にこういうことを言った、それに対して僕がこう言った。それから僕がこういう質問をしたに対して、本庄司令官はこういう答弁をしたというやうに、その問答が出ている。ところが僕は一向そういうことは記憶しておらないので、サットン検事に、僕は一向気憶《ママ》しておらない、殊に僕が最後に本庄司令官に言ったという『[redacted]によく分りました、日本に帰ってから只今の司令官のお話を実現するように努力します』ということが書いてあるが、そういうことを言った覚えはない、片倉少将の記憶力のいゝのに敬服すると言ったが、そこでサットン検事は大いに噴き出した。それで本庄司令官との話の内容は要するに、首都を長春に定めることにしているということは記憶しているが、そういうことは又片倉少将の証言にはない。

○日高。世の中では犬養さんは支那の宗主権を認めて独立ということは反対の立場を持っておられたのだという人があるが。

○芳沢。それはそういったようなこともある。リットンコミッションでもそうです。――その後昭和八年に僕は支那を漫遊したときに、天津で曹汝林《霖カ》に會ったのです。曹汝林は昭和六年に、[redacted]《爾後カ》國際連盟交渉の際に日本から五つの條件を出した。僕は今その五つの條件をよく記憶しておらんけれども、その五つの條件を支那側がアクセプトすれば、満洲問題というものはあの時に解決した、そうやれば支那のために非常によかった、満洲國の独立なんということを見ずにやれたが惜しいことをした、あれは支那の外交上の大失敗だということを曹汝林が言ったが……。

○石射。昭和八年というと、私が上海総領事時代で、あなたが北から来てお廻りになった時代ですね。

○芳沢。そうです。

○有田。不可侵條約について、この表を見ると大正十三年に遡っている。それから日「ソ」基本條約は、あれは……。

○芳沢。大正十四年一月二十日です。

○有田。そうすると、丁度これが日「ソ」不可侵條約が遡っている時代と合致するのです。カラハンが支那に来ている頃日「ソ」基本條約の交渉の頃、不可侵條約の問題を何等かの機會に話し出されたことがありますか。――その頃はソヴィエトとの関係をできるだけよくしようということに、日本の方針が民政党の内閣がなっておったが、いわゆる協和外交をやったときだと思うのです。殊にソヴィエトとの関係においてはそうです。だからもし不可侵條約の提議があったとして、それに対して返事したのか、或は返事せずに済ましたのか。假にあったとすれば、それが実を結ばなかったのは、どういう事情があったのか、そういう点について御記憶ないですか。

○芳沢。カラハンが北京に着任したのは大正十二年の秋だったでしょう。そして大正十三年二月に僕に會いたいと言って来たのです。それで面会すると、要するに、日ソ間には條約がないから一つ條約を作ろうじゃないかという話であった。それから日本政府に請訓した。それは確か大正十三年の二月だったと思います。それから一月か一月半たって――四月か五月に返事が来て、やってみろということだった。そこで交渉に入ったのだが、基本條約の交渉を始めたけれども、その際に不侵略條約についても相談しようじゃないかということは言わなかったようです。

○有田。そして調印してから後で何かそういう話はなかったですか。

○芳沢。調印は翌大正十四年の一月二十日だったが、その後日「ソ」の國交が樹立され非常な親交時代に入ったのですが、不侵略條約を締結しようじゃないかという申入を受けたことは記憶しておらない。

○有田。僕の知りたいと思うことは、当時政友会内閣になる前だったので、日「ソ」基本條約は締結する、ソヴィエトとの親善関係を厚くしようという気持をもっていたのだろうと思うが、ベセドウフスキーから假り提案があったとして、それを好意的に考えてみようという気持はなかったのであろうか、或はその暇なくすぐそうなったのであろうか――枢密院で蹴ったのは……。

○堀田。それは昭和二年三月頃だった。

○有田。そうすると今のが十五年の八月だから約半年後だね。その間その案をどういうやうにしておったかというだが《ママ》。

○西。あれは年末ぢゃなかったですか。

○有田。何だか年末のごく押迫ったときのように思うね。枢密院本会議で否決と同時に総辞職したのだから……。

○日高。日本ではこういうことに積極的に賛成な人は相当あったのですか。

○芳沢。以前から日本とロシヤとは親善関係に行った方がい、というアイディアは日本の一部の人には非常に強かった。それは桂さんから来ている。桂さんが生きているときにそれは非常に熱心だった。その遺髪を継いだのは後藤さんです。後藤さんは日露親交増進についてはずいぶん熱心であった。ヨッフェが来たときに自分で個人的資格でずいぶん交渉をやったのです。そういう具合に桂さん、後藤さんの系統を継いでいる人達は、日ソ間に何とか親交増進の交渉をやった方がい、という声はあった。しかし軍部が――海軍は聞いたことはないが、陸軍などはあまり賛成しない。殊に参謀總長の鈴木大将も僕はよく知っておった人だが、シベリヤにロシヤの大軍がおる、日本もそれに対するために満洲の國境に大軍を置かなければならんということを頻りに提唱しておった。しかしそういうことになればこれは不侵略條約を締結するアイディアとは一致しない。陸軍側ではそういう考の方が強かった。

○西。大橋忠一君が交渉をやりに来たときに、自分も不侵略條約締結論者だと言うのです。そして石原莞爾、あの人達もやっておったのですが。

○芳沢。石原はそうです。しかし陸軍のほかの人達は必ずしもそうぢゃなかった。

○西。今裁判所に出ている書類で、一九三五年だったか、はっきり知りませんが、その頃四相会議決定というのがあって、対露華英米の方針が書いてあるのです。それに驚いたことには、ロシヤと不侵略条約を結んでいゝというようなことがある。これは、あっち（満洲？）における日ソの兵力を適宜調整して不侵略條約を結んだらいゝ、というのです。ところがその同じ決議の中に、華北は日本で大いに固める、そして反共の基礎を作るということで……。

○石射。あれは恐らく一九三六年の夏の四相会議ぢゃないかと思います。私がシャムに行く前に公使をしておって、そのときに大公使室というのに屯しておった。安東義良氏が次官秘書官で、大公使室に来たときに安東氏に見せて貰ったのがそれです。昭和十一年です。

○西。太田一郎氏がよく知っているという話で、聞こうと思っているが、暇がないで……。

○有田。昭和十一年ならば僕が外務大臣のときだったが、そういうものがあったかどうかはっきり記憶しないけれども、陸軍の方でもソヴィエトをやっつけようという考方と、ソヴィエトとは当分の間平和を維持して行くべしという二つあって、ソヴィエトをやっつけるという議論の中にも二つある。一つは、何も不可侵條約を結んだっていゝぢゃないか、二年ぐらいの年限にすれば二年たったら自由なんだから、何も永久に束縛されるわけぢゃないからいゝぢゃないかという議論があったのです。

○松下。その議論は、小磯関東軍参謀長が来まして、あなたのお部屋で、関東軍の幕僚が賛否なかなかきまらない、しかし結局参謀長として自分が裁断を下した、それによれば、できるだけ期限を短かくして不侵略條約を結ぶべしということに結着したというのです。それは、期限が切れたときは戦争するという意味にもなるが……。

○武者小路。ところがそれに関連して、防共協定ができたその直後に、谷と重光がベルリンに来て、あの條文を一條から研究して、その翌る朝だったか谷がとんで来て、俺は君達と意見が違うか知らないが、あの條約があってもソヴィエトと不可侵協定はやれるものと思うが、どうか、とこう言うのです。僕は黙って居たら、重光が、俺はロシヤに居るけれども、これをやって不可侵協定を結ぶということはないよという話をした。そうすると谷が、これから行って白鳥に會ってくるということだったが、白鳥に會っての結果は聞かなかったが、そういうわけで僕等は不可侵協定はできないものと思っていたが――ところが面白いことには、それからそう長くたゝないうちに東京から来た人が近衛と話をしたら、近衛は、これがあっても不可侵協定はできるぞ、やらなくちゃいけないという意見を述べたということを僕の所に傳えて来た。その時の近衛は……。

○石射。一九三七年の六月に組閣している。

○有田。それはドイツとの関係においてはできないわけだね。

○武者小路。谷はそれでも、ソヴィエトとの不可侵協定を結んでいゝのぢゃないかという説をなしていた。

○有田。それはドイツの同意を得ればいゝが……。

○武者小路。いや、得ないで。――ところが一方左近司がいろいろな協定のためにモスコーに来ていた。それで僕のところに来ると言っていたが、そのとき偶々都合が悪くて代理の人をよこした。こっちの事情を探りによこしたのだが、それがポーランドの上空で飛行機が落ちて死んでしまった。もしその時来ておれば一緒に死んでいたのだが。

○石射。それではこれで閉會致します。今日はお暑いところ、どうも有難うございました。尚芳沢さん、その他の方々にもお伺いしたいことがあるので、第二回を催したいと思います。その節は又お出で願いたいと思います。

（1）昭和戦前期の日ソ関係については、外務省欧亜局第一課『日「ソ」交渉史』（巌南堂書店、一九四二年）、エリ・エヌ・クタコフ／ソビエト外交研究会訳『日ソ外交関係史』全三巻（刀江書院、一九六五、一九六七、一九六九年）、小林幸男『日ソ政治外交史』（有斐閣、一九八五年）、工藤美知尋『日ソ中立条約の研究』（南窓社、一九八五年）、佐藤元英「斎藤実内閣における対ソ政策――日ソ不侵略条約問題と五相会議を中心に」（『中央史学』第九号、一九八六年）八三―一〇四頁、寺山恭輔「不可侵条約をめぐる満州事変前後のソ日関係」（『史林』第七四巻第四号、一九九一年）、六二―九五頁、酒井哲哉『大正デモクラシー体制の崩壊　内政と外交』（東京大学出版会、一九九二年）一四七―二〇五頁、平井友義『三〇年代ソビエト外交の研究』（有斐閣、一九九三年）一五四―一七六頁、富田武『戦間期の日ソ関係――一九一七―一九三七』（岩波書店、二〇一〇年）などがある。

日独（伊）防共協定と強化問題に関しては、大畑篤四郎「日独防共協定・同強化問題」（日本国際政治学会太平洋戦争原因研究部編『太平洋戦争への道　開戦外交史』第五巻、朝日新聞社、一九六三年）一―一五五頁、三宅正樹『日独伊三国同盟の研究』（南窓社、一九七五年）、同『スターリン、ヒトラーと日ソ独伊連合構想』（朝日新聞社、二〇〇七年）、加藤陽子『模索する一九三〇年代　日米関係と陸軍中堅層』（山川出版社、一九九三年）八一―一二二頁、井上寿一『危機のなかの協調外交――日中戦争に至る対外政策の形成と展開』（山川出版社、一九九四年）二七二―二七七頁、岩村正史『戦前日本人の対ドイツ意識』（慶應義塾大学出版会、二〇〇五年）一六一―七〇、二五〇―二五三頁、田嶋信雄『ナチズム極東戦略』（講談社、一九九七年）、石田憲「同床異夢の枢軸形成――一九三七年のイタリアを中心に」（工藤章・田嶋信雄編『日独関係史　一八九〇―一九四五　Ⅱ　枢軸形成の多元的力学』東京大学出版会、二〇〇八年）八九―一四三頁、茶谷誠一『昭和戦前期の宮中勢力と政治』（吉川弘文館、二〇〇九年）二七六―二九三頁などがある。

当時外相だった有田八郎については、ゲイロード窪田／片桐康夫訳「有田八郎――日独防共協定における薄墨色外交の展開」（『国際政治』第五六号、一九七六年）四六―六四頁、井上勇一「有田の『広域経済圏』構想と対英交渉」（『国際政治』第五六号、一九七六年）六五―八四頁、服部聡「有田八郎外相と『東亜新秩序』」（服部龍二・土田哲夫・後藤春美編『戦間期の東アジア国際政治』中央大学出版部、二〇〇七年）五〇一―五五二頁も参照。

（2）外務省欧亜局第一課『日「ソ」交渉史』二八二―二八六頁。
（3）拙著『東アジア国際環境の変動と日本外交 一九一八―一九三一』（有斐閣、二〇〇一年）二二九―二三四頁。
（4）外務省編『日本外交年表竝主要文書』下巻（原書房、一九六五年）三〇三―三〇四頁。
（5）日独（伊）防共協定とその強化問題の記述は、大畑篤四郎「日独防共協定・同強化問題」一一―一五五頁に負うところが大きい。
（6）東郷茂徳『時代の一面』（原書房、一九八五年）一〇九頁。
（7）拙著『広田弘毅』（中公新書、二〇〇八年）一四〇―一四一頁。
（8）大畑篤四郎「日独防共協定・同強化問題」三四頁。
（9）外務省『外務省公表集』第一五輯（外務省、一九三六年）九一―一〇五頁。
（10）西春彦『わが外交と随想』（サザンクロスアソシエイツ、一九八五年）三九頁。
（11）先行研究については、注（1）を参照。
（12）『東京朝日新聞』一九三二年一〇月一五日、森島守人『陰謀・暗殺・軍刀』（岩波新書、一九五〇年）一〇一―一〇四頁、佐藤元英「斎藤実内閣における対ソ政策」八九、九一、一〇三頁、富田武「荒木貞夫のソ連観とソ連の対日政策」六〇頁、モロジャコフ・ワシーリー「白鳥敏夫と日ソ関係――危機の時代」（『ロシア史研究』第八三号、二〇〇八年）五六頁。
（13）エソ・エヌ・クタコフ『日ソ外交関係史』第一巻、一七八頁、三輪公忠「井口武夫『開戦神話』」（『軍事史学』第四四巻第三号、二〇〇八年）一二四頁、白石仁章「服部龍二『広田弘毅――「悲劇の宰相」の実像』」（同前）一三一頁、同『諜報の天才　杉原千畝』（新潮社、二〇一一年）四五―四八頁。
（14）「紹介『日本外交文書　昭和期I第二部第三巻』」（『外交史料館報』第二号、一九八九年）一六九頁。
（15）防共協定の消失記録については、外務省外交史料館編『外交史料館所蔵 外務省記録総目録〔戦前期〕』別巻（原書房、一九九三年）九三頁。
（16）三宅正樹『日独伊三国同盟の研究』三五―三九頁。

（17）井上寿一『危機のなかの協調外交』二七二―二七七頁、戸部良一・服部龍二・冨塚一彦「論評『日本外交文書』昭和期Ⅱ第一部第五巻所収『川越・張群会談』関係文書について」（『外交史料館報』第二二号、二〇〇八年）五三―八〇頁。

（18）田嶋信雄「東アジア国際関係の中の日独関係――外交と戦略」（工藤章・田嶋信雄編『日独関係史　一八九〇―一九四五　Ⅰ総説／東アジアにおける邂逅』東京大学出版会、二〇〇八年）三九頁。

（19）石田憲「同床異夢の枢軸形成」九七、一〇〇頁。

（20）拙稿「顧維鈞とブリュッセル会議――『条約の神聖』を求めて」（中央大学人文科学研究所編『中華民国の模索と苦境（一九二八―一九四九）』中央大学出版部、二〇一〇年）一六六頁。

（21）拙著『広田弘毅』一七二―一七三頁。

（22）外務省編『日本外交文書』昭和期Ⅱ第二部第五巻（外務省、二〇〇七年）四七四頁。ただし、同書、四二〇―四二四、四三五―四三九、四五一―四五二、四六二―四六四、四七〇―四七一頁は、ドイツ側の意向を見極めようとする武者小路駐独大使宛て有田外相電報、日独防共協定と同様の協定を日伊間に成立させるべきとのイタリア外相チァーノの発言を伝える杉村陽太郎駐伊大使電報など関連文書をいくつか収録している。

（23）「『日本外交文書』概要「昭和期Ⅱ第二部第五巻（昭和十一年対欧米・国際関係）」」（『外交史料館報』第二一号、二〇〇七年）一三八、一四二頁。

（24）「日ソ不可侵条約問題一件」全一巻（B.1.0.0.J/R5, 外務省外交史料館所蔵）、「日独伊防共協定関係一件　防共協定ヲ中心トシタ日独関係座談会記録」全一巻（B.1.0.0.J/X2-6, 外務省外交史料館所蔵）。

外務省記録「日独伊防共協定関係一件　防共協定ヲ中心トシタ日独関係座談会記録」所収の座談会記録を先駆的に用いたのは大畑篤四郎氏であり、読売新聞社編『昭和史の天皇』（読売新聞社、一九八二、一九八四年）第二〇、二三、二四巻にも座談会記録は頻出する。

大畑篤四郎「日独防共協定・同強化問題」二一、四九―五〇、七四、九二頁、読売新聞社編『昭和史の天皇』第二〇巻、八六―九〇、九一―九二、一一二―一一三、一四一―一四二、一六一、一六三―一六四、一六八―一七三、

一七六、一七八、一七九、一八一、一八三―一八四、一八五―一八六、二二四―二二六、二四四―二四五、二七五―二七七、二八四、二八七―二八八、二九七―二九八、二九九―三〇〇、三〇三、三〇八、三四〇、三四五―三四六、三七八―三七九頁、第二三巻、七八―七九、八一―八二、一三一―一三二頁、第二四巻、二二、三一二頁。

日独伊防共協定を中心とする座談会は、一九四九年四月四日、四月一五日、五月一一日、五月一九日に開催され、外務省編『日本外交文書 第二次欧州対戦と日本 第一冊 日独伊三国同盟・日ソ中立条約』（外務省、二〇一二年）五七三―六六六頁に収録された。有田八郎・武者小路公共・林茂座談会「日本の外交――三国軍事同盟秘史」（『世界』一九五三年二月号）七二―八七、一九二頁も参照。

(25) 「日本外交の過誤」一九五一年四月一〇日（『外交史料館報』第一七号、二〇〇三年）五〇、五二頁。細谷千博・臼井勝美・濱口學・波多野澄雄「論評『日本外交の過誤』について」（同前）二六―四七頁、小倉和夫編『吉田茂の自問――敗戦、そして報告書「日本外交の過誤」』（藤原書店、二〇〇三年）一〇二、一四一―一四二頁も参照。

そのほかにも占領下では、幣原内閣が敗戦の原因を調査するため大東亜戦争調査会を設置した（拙著『幣原喜重郎と二十世紀の日本――外交と民主主義』有斐閣、二〇〇六年、二一七―二一九頁）。

海軍では太平洋戦争の調査に加えて、座談会、聞き取り、「海軍反省会」などが行われた。新名丈夫編『海軍戦争検討会議記録』（毎日新聞社、一九七六年）、戸高一成編『証言録 海軍反省会』（PHP研究所、二〇〇九年）参照。

(26) 「芳沢外相の日ソ不可侵条約・満州事変に関する回想談」（『国際政治』第三三号、一九六七年）一〇三―一一八頁。

(27) 法華津については、法華津孝太「私の履歴書」（日本経済新聞社編『私の履歴書』第三一巻、日本経済新聞社、一九六七年）一六五―二二六頁があり、広田弘毅駐ソ大使や大島浩駐独大使のほか、アメリカに対する暗号解読などについても触れられている。

(28) 『東京朝日新聞』一九三二年一〇月一五日。

(29) 中野敬止編『芳沢謙吉自伝』（時事通信社、一九六四年）一四一―一四三、一四九―一五一頁、芳澤謙吉『外交六十年』（中公文庫、一九九〇年）一一八―一二〇、一二六―一二八頁も参照。

第四章　日独伊三国同盟と日ソ中立条約の過誤
――記録された条約締結過程と効力の実態――

佐藤元英

はじめに

一九三九年一月五日に組閣した平沼騏一郎は、防共協定強化問題をめぐって、関係閣僚と会議を重ねること六〇数回、なお意見がまとまらず混迷を極めた。その間、五月一一日、ソ満国境のノモンハンで日ソ両軍が衝突、六月独断で関東軍の攻撃機がタムスク飛行場を急襲したことから大規模の戦闘となり、八月末にはジューコフ司令官の指揮するソ連軍に、日本軍は壊滅的打撃を受けた。そうした日ソ両軍が死闘を繰り広げている最中の八月二三日、突如独ソ不可侵条約が調印されるという新事態が起きた。

平沼首相は、「従来の既定方針堅持の一本槍で進み得るや否やについて慎重考慮を加へ、場合によっては対欧根本方針の再検討を必要とする」(1)との考えを示し、この情勢一変に際し、「一は以て陸軍に対して反省を求めるといふか、範を示し、他は以て陛下に対して申訳ないからお詫びのために辞める」(2)決意を固め、また、「元来日独伊の問題は、陛下が御進みにならぬのを、自分が国内の情勢を申し上げ、無理にお願いして御許しをえたのである。今度のことが出来て、再三上奏を変更するということは恐懼に堪えぬ」(3)として、八月二八日、辞表を奉呈し、「今回締結せられたる独ソ不可侵条約により、欧州の天地は複雑怪奇なる新情勢を生じたので、わが方はこれに鑑み、従来準備し来った政策はこれを打ち切り、さらに別途の政策樹立を必要とするに至りました。これは明らかに不肖が屢次奏聞したるところを変更し、再び聖慮を煩わし奉ることとなりましたので、（中略――筆者）臣子の分としてこのうえ現職に留ることは、聖恩に狎れるの惧があります」(4)と、記者会見で内閣総辞職の声明をした。

平沼内閣の後を受けて阿部信行内閣が成立すると早々、九月三日、欧州戦争が勃発した。日本政府は、「今次欧州戦争勃発ニ際シテハ帝国ハ之ニ介入セス専ラ支那事変ノ解決ニ邁進セントス」(5)と声明し、「自主外交」の推進を標榜し、さらに、九月一三日、「新政綱」(6)として、㈠日中戦争の処理を最優先させること、㈡自主外交のもと外交調整と国防強化をはかること、㈢日満支経済体制・貿易体制を強化整備すること、㈣国家総動員体制の整備強化をはかること、などを政府の基本方針とすることを声明した。

これまで日独伊提携強化＝三国同盟を積極的に主張した陸軍・右翼政治家・革新官僚・ジャーナリストらは、その主張を沈静化させた。その一方で、ノモンハン事件で最大の危機にあった日ソ関係は、九月一六日、東郷茂徳駐ソ大使とモロトフ外務委員との間で、停戦協定が成立し、さらにソ連側から提案された不可侵条約や中立条約に対して、日本側の有力指導者から積極的にこれに応じようとする機運が高まった。ソ連は、九月一八日、ドイツとの間でポーランド分割協定を成立させ、一一月三〇日にはフィンランドと開戦して西方に勢力拡大を狙い、一二月一四日、国際連盟から除名されるなど国際的孤立状態になり、米ソ関係も悪化していた。

しかし、日独提携論の底流は依然として存続し、一九四〇年一月の米内光政内閣の頃より再燃し、四月西部戦線電撃戦によってノルウェー、デンマークを占領、五月以降オランダ、ベルギー、そして六月一七日にはフランスを占領したドイツの圧倒的勝利は、日本の枢軸派を活気づけるとともに、ヨーロッパ列強が東南アジアから撤退するにともなって、南進論を高揚させた。日独軍事同盟と南進策に反対の立場をとった米内内閣は、畑俊六陸相の辞任によって総辞職を余儀なくされた。欧州戦争で圧倒的優位に立ったドイツではあったが、イギリスの海軍力を牽制するためにも、さらにアメリカの参戦を防止するためにも、日本との一層の提携強化を望んだ。

日本はイギリスとアメリカに対して、蔣介石政権を経済的軍事的に支援していたことや、対日経済制裁に不満を募らせていた。アメリカ国務省は、一九三八年の春から夏にかけて、対日経済制裁の研究を進め、一九三九年に入ると「道義的輸出禁止」（モラル・エンバーゴ）を実施させ、さらに、六月一四日の日本軍による天津租界封鎖によって一気にアメリカ世論を硬化させ、七月二六日、日米通商航海条約の廃棄通告をした。また、九月三日の欧州戦争勃発は、日本が日中戦争遂行のために必要とした重要な、武器、機械、原料資材等を欧州から輸入することを困難に陥れ、とくにイギリス本国・属領・植民地の輸出入制限および為替管理により大打撃を受けた。イギリスは対ドイツ戦の報復の権利として、フランスとの共同作戦として、広範囲にわたる「戦時禁制品目表」、「中立国船に対する臨検措置」を実施したのである。(7) そこで、一九四〇年五月以降、重光葵駐英大使および岡本季正参事官とクロス経済戦争相およびリース・ロス次官との間で日英通商関係の諸懸案解決のための交渉がおこなわれたが、満一年にして断絶のやむなきに至り、日独伊「防共強化」との駆け引きにおいて、イギリス本国はもとより、自治領および植民地政府による厳重な貿易管理（輸出入制限・為替管理）によって、日本は海路によるドイツからの重要物資の輸入を完全に断たれることになった。そして、日本は年間約二億円にのぼる欧州輸出を失い、(8) それに加えて、日中戦争遂行のために必要な武器および重要資源の確保に重大な支障を来たすこととなった。そのため、日本はシベリア経由の欧州貿易を計画するとともに、日米国交調整による新通商航海条約の必要にせまられたが、アメリカ議会は、「大統領に軍需資材輸出を禁止又は制限する権限を付与する法案」を可決すると、一九四〇年七月二日、ローズヴェルト大統領は、軍需関係物資の輸出統制条項を含む国防強化促進法を裁可した[9]。いよいよ東亜新秩序建設のための南進が、経済政策の打開策としても、現実の方策として採択されることとなる。

一九四〇年七月二二日、近衛文麿内閣が成立し、外相に就任した松岡洋右は、九月二七日、「日本国、独逸国及伊太利国間条約」を締結すると、ほぼ同時に日本軍は北部仏印に進駐した。近衛内閣は、日独伊三国同盟によって対米関係に有利な地歩を占めようとした。そして、「独ソ不侵略条約成立後の独ソ親善関係を更に日ソ関係に拡大して、日ソ国交調整を図り、出来得れば進んで日独ソの連携に持つていき、之によつて英米に対する日本の地歩を強固ならしめ、以て支那事変の処理に資せんとする[10]」にあったが、三国同盟の締結および日本軍の北部仏印進駐は、日米関係を一段と悪化させた。

さらに松岡外相は、日ソ国交調整に意欲を燃やし、日ソ不可侵協定をドイツに打診すると、リッベントロップ外相もまた、対イギリスおよび対アメリカ四ヵ国ブロックを構築することの意思を日本に示した。いわゆる「リッベントロップ腹案[11]」である。しかし、独ソの関係は、バルカンの問題をめぐって利害衝突が深刻になり、冷却の一途をたどっていた。そうした中で、松岡外相は、一九四一年四月一三日、「大日本帝国及『ソヴィエト』社会主義共和国連邦間中立条約」を成立させて、日米国交調整に乗り出した。

戦後、一九五一年一月、講和条約の交渉方針を練っていた吉田茂首相は、外務省政務局政務課長斎藤鎮男に、満州事変以来の日本外交の歩みを検証し、どこに誤りがあったのかについて研究報告を作成するよう指示した。斎藤は同僚課長間で研究を重ね、約三ヵ月を費やして五〇頁ほどの「日本外交の過誤」と題する「調書」にまとめた[12]。

それによれば、「日独伊三国条約締結」について、次のような二つの指摘をしている。「第一に、この条約の締結は、少しでも米国の参戦を牽制する効果があったであろうか。結果から見れば、少くとも、米国は、この条約の締結後、対英援助を控え目にしたというような事実はない」。「次に、日本の立場からして、どんな利益があったか。この条約の締結は、もともと、ドイツの戦果の華々しさに幻惑されたことが直接の原因であったと思われる。従つて、あまり具体的な目的もなかつたかも知れない」。そして、「要するに、三国条約の締結も、百害あつて一利なき業であった」と結論づけている。

それならば、三国条約締結の反対論はなぜ敗れ去り、近衛内閣の瓦解以降、平沼・阿部・米内の歴代内閣が短期間に倒壊したのか。最終的に第二次近衛内閣の松岡が条約締結を断行した目的はどこにあったのか、を改めて検証したい。また、「日本国、独逸国及伊太利国間三国条約」は、けして「共産インターナショナルに対する協定」（一九三六年一一月二五日調印）からの、「防共協定強化」という一連の発展段階として成立したものではなかった。従って、その変質の実態をも分析したい。

一九四一年の日米間の国交調整交渉（日米交渉）において、最終的に問題としてクローズアップされたのが、㈠中国および仏印からの撤兵・駐兵問題、㈡通商の無差別問題、㈢「日独伊三国同盟」撤廃問題であった。日本側は㈠および㈡については妥協案を提示したが、㈢については条約内容の解釈、履行義務の説明に努め、自動的参戦義務を負うものではないとの文書を提示することを拒み、まして廃棄の意志を伝えることもなかった。このことがアメリカの猜疑心を深め、交渉決裂の大きな原因になったことは否めない[13]。その意味においても、本稿では枢軸強化の呪縛にとりつかれた、条約締結過程を明らかにしたい。

一方、「日本外交の過誤」による「日ソ中立条約締結」の議論は、次の通りである。先ず、松岡外相とローズヴェルト大統領は共に「野心的な性格から構想の大きいことに自負を感じていたこと、ソ連抱込みをその一つの重要な支柱としていたこと、客観情勢のいかんはお構いなしにその偉大なる構想の実現を追求したこと、そして、この実現無視から結局大きな破綻を来したことに共通したところがある」と指摘したうえで、松岡外相は、「すでにドイツの対ソ攻撃企図をほぼ承知していた。しかし、彼は、これを止めさせることに最後まで望みをかけ、既定方針通り、中立条約を締結した。この条約の締結によって、彼が近く開始するつもりであつた対米交渉を有利にしようという腹であった」、との松岡構想を述べ、「北樺太の利権の解消をコミットしてまで作られたこの条約は、軍部の対米態度を硬化せしめ、従って、結局、むしろ日米交渉の成立を困難にした位のものであった」と批判している。もともと松岡外相にとっての日独軍事同盟の締結は、アメリカの参戦防止の目的にあったが、松岡の描いた構想に、日独伊三国同盟と日ソ中立条約の関係はどのように位置づけられていたのか、改めて問い直したい。

そして、独ソ開戦によって「松岡外相の日独伊ソ四国協商の夢もついえていたわけであるから、この四国協商の一支柱としての意味をもたない日ソ中立条約の存在が、米国にとつて対日関係上何等の重圧でありうるはずはなかった。又、中立条約の本来の目的について見ても、この条約の存在がソ連の対日宣戦をいくらかでも控えさせ、遅らせたとも考えることはできない」、との結論を下している。それならば、米英のソ連への接近工作に対処するために、日本外交路線においてどのような対ソ外交の選択肢が存在していたのであろうか。

また、「ノモンハン事件以来の日ソ関係においては、外交のイニシアティヴは常にソ連の手中にあつたといえる」とし、その理由に、「日本の米英との関係が悪化の一途をたどつていたことにあつたと思われる。ソ連にしてやられるのは、米英との対立関係に入つた日本の宿命であったといえよう」と述べ、ソ連による中立条約廃棄通告の問題にも言及している。しかし、不可侵条約あるいは中立条約の要望は、常に日本側から求められた訳ではなく、ソ連の国内事情、日本に対する脅威、米英との対立など複雑な要素が絡み合っていたわけで、改めて日ソ両国の中立条約要望ベクトルを検証したい。

日本の日中戦争遂行のための軍需物資をいかに確保するか、日中戦争の終結をいかに図るか、また、世界の経済ブロック化に対処しながら、あるいは列国の対日経済制裁を打開し、国家の自存自衛のための資源確保、貿易通商をいかに継続させるか、こうした日本の対外的諸問題に対して採られた外交戦略の帰結が、松岡洋右によって締結された日独伊三国同盟と日ソ中立条約であった。

松岡外相自身は、近衛首相の「日米交渉」方針と対立し、一九四一年七月一八日に辞任するが、この二つの条約は、日本の開戦の決断、終戦の決断に大きく影響することになったことをふまえて、「大東亜戦争」にもたらした条約規定の影響をも検討する。

そもそも松岡はこの二つの条約を相互作用的関係に位置付けて締結したが、独ソ戦争によって別々の機能として日本外交に活用せざるを得なくなったこと、日米開戦によってその後の日ソ交渉の立場が逆転したことなどによって、条約そのものの意義、評価の変容が起こった。つまり、松岡洋右外相時代と豊田貞次郎外相以降歴代外相の時代では、二つの条約に対する考え方の違いがあり、また、条約相手国のドイツとソ連の意識に急変が起こったこと、などを改めて問い直したい。

一　日独伊三国同盟条約の締結過程

(一)　日独伊防共協定強化問題

盧溝橋事件が勃発した後、日本軍の軍事行動が拡大すると、日本政府は、ドイツの仲介あるいは圧力が日中戦争での中国の譲歩をもたらすものと期待した。トラウトマン駐華ドイツ大使による和平工作が、一九三八年初頭までに挫折し消え去ったとき、日本は、この時点で中国の最も有力な同盟国であったソ連に対抗する軍事同盟を、日独の間に締結したいと考えるようになった。日本側は、日中戦争に対するソ連の干渉を抑止し、場合によっては、ソ連の対中国援助そのものをやめさせる効果をあげることができるとの観測を持ったのである。従って、日独伊三国同盟問題をめぐる日本陸軍の発想の中には、日中戦争へのソ連の介入を阻止することが主要な目標の一つとされた。そして、一九三八年五月初旬頃から、陸・海・外の各省の事務当局において、日独伊三国間の政治的提携強化について、それぞれ別個に研究が進められ、七月頃からドイツに対する三国同盟締結の陸軍の働きかけが活発化した。その背景には、この時期ソ連の対中国支援策が積極的に展開されていたという事情があった(14)。

板垣征四郎は陸相就任（六月三日）後間もなく、近衛文麿首相の求めに応じて「支那事変指導ニ関スル説明(15)」という文書を提出し、対中国積極作戦を主張するとともに、日中戦争が長期化すれば必然的に「在極東ソ英勢力に対する抗争調整に進まざるべからず」との意見を述べた。さらにその具体策として、「時局外交ニ関スル陸軍ノ希望(16)」（七月三日付）と題する陸軍省試案を作成した。その中で、外交上の努力を、㈠反共枢軸を強化すること、㈡ソ連の日中戦争介入を阻止すること、㈢アメリカに対して親蔣援中政策を放棄させること、㈣ソ連に対して少なくとも中立的態度を維持させ、出来得れば親日的に誘致し経済的友好関係を強化させること、の四点に集中させることが強調されている。また、陸軍の防共協定強化の意図は、日中戦争の収拾を目途とした対ソ戦略に加えて、イギリスの援蔣政策抑止をも目論んでいた。

一九三八年七月一九日の五相会議（近衛首相、宇垣外相、板垣陸相、米内海相、池田蔵相）では、陸軍の希望を容れて、「独逸ニ対シテハ防共協定ノ精神ヲ拡充シテ之ヲ対『ソ』軍事同盟ニ導キ、伊太利ニ対シテハ主トシテ対英牽制ニ利用シ得ル如ク秘密協定ヲ締結ス」(17)という方針が決定された。しかし、外務省は依然として慎重な態度をとった。

参謀本部の態度も、日独伊の提携強化には賛成としながらも、提携の対象をソ連に限定しようとするものであった。大島武官を通じてドイツに日本側の反応が伝えられていたが、これを不満としたリッベントロップは、改めて日独提携の具体案を七月大島に示した。秘密保持のため電報往復を避け、「リッベントロップ案」は笠原幸雄少将により東京へと携行された(18)。笠原は当時駐独武官後任の含みで、ベルリンに滞在していた。八月初旬東京にもたらされた「リッベントロップ案」は、三国間の協力を軍事的な相互援助にまで緊密化するとともに、同盟の対象国をソ連に特定せず一般的に第三国とするものであった。この案をめぐり日本政府内部において激しい論議が展開されることとなる。当時それは「防共協定強化問題」として、外部的には説明されていた。そして、ドイツ側の要望は外務省ルートではなく、駐在武官から参謀本部へというルートで推進されてきたのである。

笠原少将は、八月七日の陸海軍首脳の会議に携行した「リッベントロップ案」を披露したが、海軍側の要望によって、八月一二日、五相会議で議論された。宇垣一成外相は、対ソ戦を想定してのドイツとの攻守同盟には難色を示し、七月一九日の五相会議決定の線にそって作成した外務省案を提示した。それは、ドイツがソ連以外の欧州諸国との関係において戦争を起こす場合にでも、ソ連がその戦争に加入しない限り、日本は「自由に態度を決定し得る裕りを取り置く」とともに、ソ連の戦争加入を牽制するために、「協定の内容については攻守同盟を避け、防御的なる相互援助条約を可とす」との前書きを記したうえで、「日独政治提携強化方針要領」と「日伊政治的提携強化方針要領」の二文書から成り、公表することを建前としていた[19]。外務省の防共協定強化＝日独伊三国同盟の締結案について、日独間と日伊間に、それぞれ別個に協定を結ぶという二本立ての考えがあったことは注目すべきである。外務省の提案は、日独軍事同盟の実現を求める陸軍と、イタリアの対英戦によりイギリスを敵にまわすことを危惧する海軍に配慮した、いわば折衷案のようなものであった。しかし、ドイツは、一九三八年夏以降三九年四月頃まで、日独伊の一本化した三国同盟の対象（主敵）として、ソ連のみならずイギリス、フランス両国を加えるよう要求した[20]。

ベルリンの大島浩駐在武官は三国同盟締結に積極的であったが、東郷茂徳大使はそれを制止していた。一九三八年八月中旬、東郷大使は宇垣外相に対し、日独伊三国同盟は日本のために貢献するものではなく、かえって日本の前途に大きな不利をもたらす危険があると認められるため、同盟交渉はこれを取り止めるべきであると進言している[21]。それにもかかわらず、八月二六日の五相会議において、「リッベントロップ案」に対する日本側回答としての「日独関係強化」の協定案文を決定した。陸軍は「リッベントロップ案」への同調に傾き、他方外務省内では同盟の対象範囲をソ連以外に拡大することには疑問視する空気が強く、そのような意見の対立は、協定案文とその執行の訓電の上に反映していた[22]。

東條英機陸軍次官より大島武官宛へ宛てられた訓電では、とくに次のような説明がなされている。「（前文案）」について、「本協定カ現存防共協定ノ延長ニシテ主トシテ蘇連ヲ目標トスル趣旨ヲ明確ナラシメントシタル一案ニシテ英米等ヲ正面ノ敵トスルカ如キ印象ヲ与ヘサル様用語上ニ注意セルモノナリ」、本文案の第三条「締約国ノ一カ締約国以外ノ第三国ヨリ挑発ニヨラサル攻撃ヲ受ケタル場合ニ於テハ他ノ締約国ハ之ニ対シ武力援助ニ就キ直チニ協議ニ入ル」

については、「武力的援助ノ義務ヲ即時無条件ナラシメス又我方ノ意ニ反シテ純然タル欧州問題ニ捲キ込マルル如キ危険ナカラシムル為兵力的援助ニ入ルニ先チ協議ヲ行フヲ建前トシタルモノナリ」。そして、この協定の趣旨について、「防御的性質ヲ有セシムル為脅威及攻撃ハ挑発ニヨラサル場合ニ限ル」(23)とされている。自動的参戦の義務を避けることを明らかにしていた。

宇垣外相は五相会議決定の内容を東郷駐独大使に伝達したが、東郷大使からは再び日独関係を推進することの危険と、軍武官による外交への不当な容喙を排除するよう進言があった(24)。

参謀本部の大島武官への訓令では、同盟の対象としてソ連が主とされるものの、イギリス、アメリカなど第三国も対象から必ずしも除外されないと解釈される余地をも残しており、事実大島はそのように理解してリッベントロップとの話合いに入ったことで、東京とベルリン間にはコミュニケーション・ギャップが生れ、三国同盟問題をめぐる日独交渉は紛糾する様相を呈した。

一九三八年一〇月、外務省内に大幅な人事の異動があり、日独関係にたずさわる日本側の交渉担当者に変更があった。陸軍の策動により、東郷大使は一〇月駐ソ大使に転ぜられ、大島武官が駐独大使に昇格された。外相は宇垣から有田八郎に、同時に駐イタリー大使には外務省内の急進派であり、いわゆる枢軸派の巨頭と目されていた白鳥敏夫が任命された。

有田外相の就任（一〇月二九日）直後、ドイツの再修正案が大島大使から送られてきた(25)。それを受けて、一一月一一日開催の五相会議では、同盟の対象国について討議の末、協定案文中の第三国の解釈について、ソ連を主とし英、仏などがソ連側に参加する場合においては対象となるが、英、仏のみでは対象となるものではない、もちろんフランスが赤化した場合は対象となるという有田外相の了解に、陸軍側が譲歩した形で、全閣僚の合意が成立した(26)。有田外相としては、日中戦争が長期化したこの際、ソ連を日本の直接の敵としないよう、ドイツとの同盟を日中戦争に対する側面援助とすること、ソ連に対する防衛措置として利用することが日本にとって一番望ましく、他方で、対独同盟によって英、仏と事を構えるのは何としても回避したかったのである。

これについてベルリンの大島大使は、八月末の五相会議の決定よりも消極的であり、ドイツ側の到底容認しえないものであると激しく抗議、その結果、板垣征四郎陸相も前言を翻して、大島と同様に「対象に英仏両国を含むものと了解す」との主張を、その後の会議では固執するようになる。(27)かくして政府内部の意見不一致は深刻化し、一九三九年一月三日、近衛文麿内閣は総辞職した。

(二) 秘密了解事項の設定

「防共協定強化問題」の矛盾を解決することなく退陣した近衛内閣に代って、一九三九年一月五日、後継の平沼騏一郎内閣が成立した。有田外相、板垣陸相、米内海相を留任させ、局面の打開に努めることとなる。

一月六日、ドイツ外務省は具体的な三国同盟案を改めて平沼内閣に提議してきた。(28)ドイツ案を受けて、新内閣は一月一七日、一九日の両日にわたって五相会議を開催し、激論の末、有田外相の提案した妥協案を採択することになった。その基本方針は、(一)ソ連をあくまで主要の対象国とするが、「状況」により第三国すなわち英仏をも対象とすることもある。第三国を対象とするとき、武力援助を与えるか否か、またその程度は「情況」による、(二)外部に対しては、本協定はあくまでも防共協定の延長として説明する、といった折衷的な形のものにまとめている。軍の意向も取り入れ、英仏対象の武力援助を実施する可能性を認めながら、事実上は参戦義務を回避しようとする苦心の妥協案であった。(29)

一月二二日、有田外相は「日独伊防共協定強化ノ問題」について、五相会議の決定を天皇に内奏した。その際に、前回の五相会議（一九三八年八月二六日）での決定主旨を貫徹しようとすれば日本に対する独伊の不信をかい、親交関係にも悪影響を及ぼしかねなく、そこで、独伊案の主旨を取り入れたとのことを説明した。この内奏で最も重要なことは、天皇に対して「蘇連以外ノ第三国ト『コミンテルン』ノ破壊工作ニ対スル以外ノ理由ニテ独伊カ交戦スル場合ニ於テハ現在ハ勿論近キ将来ニ於テモ武力的援助ハ実際ニ於テ之レヲ与ヘサル方針ナリ(30)」と言明したことである。その後も、歴代外相は天皇に対して自動的参戦義務を否定する説明をおこない、天皇はそのことを信用して、ついに三国同盟に同意することになったのである。

日本政府は、日独伊三国同盟について「防共協定強化問題」という呼び方を使い、同盟構想の内容をカモフラージュし、一九三九年に入っても、国内的にも国際的にも三国同盟は、一九三六年一一月二五日に締結された日独防共協定の延長であると言い続けていた。

一月二五日の五相会議は、伊藤述史公使を長とする使節団が日本案を携行してドイツに赴くことになっていたが、その使節団に与える「協議及び相互援助に関する日独伊間協定締結方に関する訓令(31)」を決定した。

伊藤使節団は政府案の「日独伊三国協定方針」、「協議及び相互援助に関する日本国、イタリア国及びドイツ国間協定（案）」、「帝国政府案に関する説明書」を携行し、二月下旬ベルリンに到着して、大島、白鳥に訓令を手交するとともに、政府の意向などを説明した。とくに「協議及び相互援助に関する日本国、イタリア国及びドイツ国間協定（案）」に含まれている「秘密了解事項」には、「兵力的援助はソビエト社会主義共和国連邦が単独にまたは第三国と共同して締約国の一を攻撃したる場合に行なわるるものとす。前項の規定はソビエト社会主義共和国連邦の参加せざる攻撃の場合においても締約国が情況により兵力援助に関し協議決定することあるべきを防ぐるものにあらず」と記されていたが、それについて、「帝国政府案に関する説明書」では、「協定第一条、第二条はいずれも英仏等を対象とする場合にも適用ある次第なるが、第三条の助力及び援助の中兵力的援助の義務に関しては、我が方はソ連またはソ連の参加ある場合に留保しおかんとするものなり」との内意が示されていた。大島は、日本政府案ではドイツ側が受諾しないとみて、訓令の執行を見合わせ、三月四日、大島・白鳥連名で条約案文中、政府の最も重視していた「秘密了解事項」を削除するよう、有田外相へ要請した(32)。

結局、伊藤使節団はドイツ説得の目的を果たせず、また現地の大島浩駐独大使、白鳥敏夫駐伊大使らは、政府訓令の執行を拒否する反発的態度をとった。

外務省では再考の余地はなく、改変不可能なばかりでなく、先の訓令で独伊に受諾させ得るとして、その執行を求める訓令案を三月一三日の五相会議に提出した。しかし、陸相、海相より、独伊側が日本案に応じない場合も考慮して、妥協案をもあわせて訓令すべきであるとの発言があり、三月二二日午後八時から翌日午前零時半までおこなわれた五相会議で、陸海軍の提出してきた妥協案を中心に論議を繰り返し、伊藤使節団が携行した「協議及び相互援助に関する日本国、イタリア国及びドイツ国間協定」、「署名議定書」、「秘密付属議定書」、「秘密了解事項」が、独伊に受け入れられない場合の妥協案を決定した。それは、「秘密了解事項」に多少譲歩的修正を示した「外務大臣回電案」である。

三月二二日　五相会議決定（三月二五日訓令電報）

1、秘密了解事項第一項について

第一案

秘密了解事項を一応左のとおり改む。

「協定第三条協定三条および秘密付属議定書第一項に関し、兵力的援助はソビエト社会主義共和国連邦が単独にまたは第三国と共同して締約国の一を攻撃したる場合に行なわるるものとす。但伊太利国はソヴィエト社会主義共和国連邦が単独に他の締

約国を攻撃したる場合における自国の兵力的援助義務に付ては、之を保留す
前項の規定はソヴィエト社会主義共和国連邦の参加せざる攻撃の場合においても、締約国が情況により兵力的援助に関し協議決定することあるべきを防ぐるものにあらず。」
第二案
秘密了解事項第一項はこれを撤回す。しかして左記精神に基づき細目協定を作成す。即ち
（イ）「ソ」を対象とする場合は武力援助を行なうこともちろんなり
（ロ）其の他の第三国を対象とする場合は条約文の趣旨は武力援助を行ふを原則とするも帝国諸般の情勢に鑑み現在および近き将来においてこれを有効に実施し得ず
2、秘密了解事項第二項の件に関しては之を秘密了解事項より削除し左記二案中何れかに依る
第一案　締結は成るべく之を速やかならしむるも条約全部を秘密とす
第二案　条約は公表することとし次の如く説明することに関し予め独伊の了解を求め置くものとす
「条約は条約文通りなるも現在の世界情勢に於て帝国に実際脅威を与えつつあるものは共産インターナショナルの破壊工作なるを以て帝国に関する限り右以外は協定の対象として念頭に置き居らず」
3、左記両事項は条約とせざるも協定の成立迄の間、何等かの文書の形式に於て相互の間に之を明にし置くこと
一、1の第二案を採用したる場合は
（イ）「ソ」を対象とする場合は武力援助を行ふこと勿論なり
（ロ）其の他の第三国案を対象とする場合は条約文の趣旨は武力援助を行ふを原則とするも帝国諸般の情勢に鑑み現在及近き将来に於てこれを有効に実施し得ず
二、2の第二案を採用したる場合は
其の第二項即ち条約は条約文通り……として念頭に置き居らざること(33)

この妥協案の内奏の際、平沼首相は天皇より、㈠防共協定強化問題で大島、白鳥が政府の訓令に従わないときはどうするか、㈡これ以上協定の内容を変えることはないか、と下問されると、平沼は、もし両大使が政府の訓令を奉じない場合は召還またはしかるべき処置をする、これ以上さらに変更するようなことがあれば交渉打切りもやむをえないが、「さらに有効な武力援助」はできないという趣旨で細目協定を決する、と奉答した。天皇は、「さらに有効な武力援助」とは何かとの質問を浴びせた。平沼は、「独伊と協定を結んでいる以上、この両国と第三国との戦争のある場合、局外中立ということはできません。然る以上、武力以外の援助は与えねばなりません。また武力にしても戦闘行為はできませんが、軍艦を出して独伊の便宜を図る、即ち牽制する意味において示威運動をするという如きことは、しなければならないと存じます。しかしシンガポールを攻めたり、欧州を攻撃するようなことは絶対にできません」と奉答した。それでも天皇は、㈠、㈡の質問について文書にして差出すよう命じたので、回答の内奏要旨を外相が作り、それに五相会議に列した五大臣がすべて署名して奉呈した。(34)天皇が関係大臣の署名した念書の提出を求めたことは、極めて異例のことである。

昭和十四年三月二十八日

平沼首相（花押）、板垣陸相（花押）、米内海相（花押）、有田外相（花押）、石渡蔵相（花押）

一、防共協定ニ関スル大島白鳥両大使宛昭和十四年三月二十五日付外務大臣訓令ハ両大使具申ノ次第ニモ顧ミ、前回ノ訓令執行前ナルニ拘ラズ、特ニ考慮ヲ加エ新タニ妥協案ヲ添エテ再ビ訓令スルニ至リタルモノナルヲ以テ、万一両大使ニ於テ今次ノ訓令ニ兎角ノ意見ヲ鋏ミ、其ノ執行ヲ肯ゼザルガ如キコトアルニオイテハ、政府ハ両大使ヲ召還シ、余人ヲシテ代ッテ交渉ニ当ラシムルナド適当措置ヲ講ジ交渉ニ支障無カラシムベシ

二、昭和十四年一月二十六日付及ビ同三月二十五日付外務大臣訓令ノ範囲内ニオイテ交渉ヲ重ヌルモ、我ガ方針ヲ変改セザル限

リ独伊側トノ間ニ本件妥結ノ見込ミ無キニ至リタル場合ハ、結局本交渉ハコレヲ打切ルノ外ナシ[35]

政府の妥協案が三月二五日付で大島大使に訓令されると、大島はローマに白鳥大使を訪れて協議した結果、新訓令（三月二二日五相会議決定）は伊藤特使携行案（一月二五日五相会議決定）に根本的変更を加えたものであり、条約の成立のために譲歩したものと新訓令を解し、交渉の順序、方法は出先に一任されたいと有田外相へ電報するとともに、伊藤特使携行案を執行することなく、四月二日、日本側条約文を妥協案によって独伊側に提示した。携行案および妥協案を通じて「秘密了解事項」こそ政府の最も重視したものであったが、両大使は始めからこれを提出せず、明らかに訓令に違反していた。しかも、「現地ノ情況ニ鑑ミ第二案ニヨルコトニ決シ[36]」た。

独伊側は「秘密了解事項」の存在を知り、リッベントロップはイタリア大使同席のもとで大島に対して、種々不満があるがヒトラーの決断により、日本側の「条約本文」「署名議定書」「秘密付属議定書」を受諾することを伝えたが、「秘密了解事項」については削除を要求した。

大島大使、白鳥大使はそれぞれ独伊両国の外相に対し、独伊が英仏と戦う場合、または独伊がソ連以外の国から攻撃された場合、日本も独伊側に立って参戦するとまで言明するようになった。両大使の参戦義務発言について、有田外相が「本省ノ訓令ヲ勝手ニ曲解シ、ソノ執行ヲ独断専行シタ[37]」と批判したように、国内に大きな波乱をまき起こすことになった。四月八日、天皇から有田に、両大使の言明は大権無視ではないかと注意を喚起されているが[38]、両大使の言明を間接的に取り消すようなあいまいな訓令を出すに止めた。一方、大島、白鳥は「参戦ノ義務ヲ負ウコトト参戦スルコトトハ別、義務ヲ負ワズニ条約ヲ作ラントスルハ矛盾ナリ[39]」と主張していた。

先に述べたように、天皇に奉呈した五閣僚の花押入り念書がありながら、両大使の更迭もできず、また、交渉打切りも板垣陸相の強硬な反対により実行できず、政府の不決断の状況が続いた。

あくまでも英仏を対象に含め、戦争の場合の日本の武力援助の約束をとりつけようとするドイツ側の主張と、これを原則的に支持する陸軍の立場、これに対して、同盟を結ぶことでドイツの対英仏戦の場合、英仏（さらにアメリカ）との戦争に入ることを望まない外務省と海軍の立場は容易に相容れず、平沼首相のあいまいな態度はさらに問題をこじらせ、その後も「防共協定強化問題」は五相会議で十数回もくり返され、席上陸軍の強硬論と外務省を中心とする反対論の果てしない応酬がおこなわれた。

その間、ヨーロッパの情勢は緊張を増し、ドイツはチェコスロヴァキアを併合させ（三月一四日）、ポーランド内の侵略の脅威が増大した。また、イタリアはアルバニアを併合（四月七日）するなど、独伊はヨーロッパにおける領土的野心を露骨にし、次いでドイツはイギリスとの海軍協定破棄を宣言するに至り（四月二八日）、英独間の対立は鮮明となった。四月二〇日、リッベントロップ外相は、大島、白鳥両大使に対し、日独交渉があまり長引く場合には、ドイツはソ連と手を握る必要に迫られるかも知れないともらし、そのことを大島大使は有田外相に上申した。[40]事実ドイツではすでにソ連と交渉しており、一方ソ連は英国に接近する動きを示していた。そして、日本の態度に業を煮やしたドイツは、五月二二日、イタリアとの間に軍事同盟条約を締結させた。

陸軍側は独伊との軍事的提携の強化を執拗に政府に迫るが、政府のコンセンサスを得るにいたらず、六月中旬、日本軍の天津租界封鎖問題が起り、そのため有田外相と英国大使クレーギーの間に会談が七月半ばから開かれたが、この日英会談は八月半ば決裂した。また、五月一一日に発生したノモンハン事件の対処をめぐって七月以降対ソ外交交渉を開始していた（九月一五日停戦協定成立）。

以上のように日本外務省が日中戦争、ノモンハン事件に苦慮を重ねていたが、ドイツは八月二三日、突如として独ソ不可侵条約の締結を発表した。ドイツの対ソ接近は、日本との交渉がはかどらなかったからではなく、英仏ソが同盟を結んでドイツを包囲することへの牽制がその根本的な理由であった。一方ソ連の対独接近は、一九三八年九月のミュンヘン会談で、英仏がドイツのチェコ侵略を容認し、ドイツの目を東方に向けさせたことに対し、英仏に不信感を持ったこと、またソ連はノモンハン事件のように東アジアで対日戦争を抱える二正面作戦を回避しようと考え、対日関係の改善にドイツの仲介を期待したのがその理由であった。(41)

日本では防共＝反ソを基礎として日独関係が成立しているという立場をとっていたため、ドイツの行動は大きな衝撃であった。とくに陸軍は、「驚天し狼狽し憤慨し怨恨するなどとりどりの形相」(42)という状態であった。しかし、前述のとおり、ドイツが対ソ接近を試みているとの最初の情報は、一九三九年四月二一日付の大島浩駐独大使発有田八郎外相宛電報による。(43)このときベルリンに居合わせた有末精三駐伊大使館付武官の証言によっても裏付けられる。(44)ベルリンの日本大使館は、独ソ接近の動きをかなり的確に把握していたように思われるが、日本政府がドイツの政策転換を無視して、対ソ同盟のための「防共協定強化」に固執し続けたのは、日本にとっての最優先処理問題が日中戦争の終結にあったためであり、中国と不可侵条約を結んでいるソ連が、アメリカ、イギリスとともに重慶政権を支援しているため、蔣介石の継戦能力を維持させているとみなしていたことによるものであろう。

八月一五日、昭和天皇は、「米国の日米通商条約破棄通告が如何に我戦争指導に影響するや」、参謀本部に下問していたが、その奉答の上奏について、畑俊六侍従武官長は、「大体本案にはあまり御納得の行かせられぬ様拝察せり。陸軍の信用のなき処誠に困った次第なり」との感想を洩らし、天皇が三国同盟締結に納得していない点について、「独伊と軍事協定を結ばざる時独伊は既存の防共協定を廃棄せんとする陸の見解なりや。然らずとせば独は我と軍事協定を結び一方独ソの接近をなすべしと考へられざるにあらず」との天皇の指摘を日記に記録している。(45)天皇が、ドイツの対ソ連接近について、その可能性を示唆していることは注目に値する。

天皇は日独伊三国同盟の締結に反対の考えを明確に示していた[46]。そして、独ソ不可侵条約が締結されると、天皇は、「これで陸軍が目ざめることとなれば却て仕合せなるべし」[47]と、枢軸強化に盲進する陸軍の態度を痛烈に皮肉った。独ソ不可侵条約締結の事態に対処するため、八月二五日、閣議において三国同盟の交渉打切りを決定し、防共協定付属秘密協定（一九三六年）に違反したことをドイツ側に抗議するよう、大島大使に対して訓電した（九月一八日執行）。

約一年間続いた「防共協定強化問題」は、近衛内閣および平沼内閣を通じて政界をゆさぶる大問題であったが、一九三八年夏とちょうど一年後の三九年夏とでは三国同盟の意義を大きく変化させていた。一九三八年の夏は、日本側の大島浩ドイツ駐在武官―参謀本部からの働きかけであり、日中戦争の終結をはかるため、ソ連を主要な対象（主敵）とするドイツとの軍事同盟を求めたが、一九三九年夏はドイツ側からの働きかけで、欧州新秩序建設の目的のため、英仏を主要な対象とする日本との同盟を求めたのである[48]。

(三) 時局処理要綱の策定

阿部・米内内閣期の日独関係は消極的であった。ドイツにとっては対英牽制上日本との提携は依然として必要であったことから、反共に変えて、英、仏を代表とする現状維持国家群に対する日、独、ソといった現状変革を求める国家の提携を唱え、日本の東亜における新秩序建設事業の妨害者こそ英、仏、蘭といった国であるとして、日本の対独協力を呼びかけた。また、日独提携は日ソ和解にもつながるとしたのである。しかし、大島駐独大使の更迭に見られるように、日本政府の対独提携への意欲は薄弱であった。

その間、ヨーロッパの戦況はドイツの優勢のうちに進められていった。一九四〇年四月九日、突如ドイツはデンマーク、ノルウェー方面で攻勢を開始、次いで五月一日、ヒトラーは西部戦線攻撃開始を指令し、五月一〇日からオランダ、ベルギー、ルクセンブルクにおいて電撃作戦に着手、ドイツ軍はたちまちにして英仏の防御戦線を大混乱に陥れ、ブリュッセルを占領、ついに五月末にはイギリス軍がダンケルクから撤退した。さらに六月一〇日、イタリアが英仏に宣戦を布告し、六月一四日にはパリが陥落、六月二二日ついにフランスの対独降伏となる。このようなドイツ軍のめざましい西部戦場での勝利と、フランス、オランダがドイツの支配下に入ったことは、日本国内の親独勢力に再び力を与えると同時に、フランス、オランダの植民地、仏印、蘭印への進出、いわゆる南進論が台頭することになった。

「バスに乗りおくれるな」が時代のスローガンとなり、仏領インドシナと蘭領東インドの存在が、アメリカと通商無条約時代に入った日本の指導者の目にクローズアップされてくる。米内内閣の末期、七月一二日、陸海外三省事務当局の間に協議がおこなわれ、再び日独伊提携強化策が研究された。それは、日本として参戦を義務づけられない限度において、日独間に最大限の提携を計ろうというものであった。

外務省では、有田外相が、四月一五日、新聞記者団の質問に答えて、日本は南洋諸地方就中蘭印と経済的に有無相通の緊密な関係があり、「帝国政府ハ欧州戦争ノ激化ニ伴ヒ蘭印ノ現状ニ何等カノ変更ヲ来スカ如キ事態ノ発生ニ就テハ深甚ナル関心ヲ有スルモノテアル」と述べた。さらには、六月二九日、「国際情勢と帝国の立場」(49)と題する放送で、東亜諸国と南洋諸地方とは地理的にも、歴史的にも、民族的にも、経済的にも極めて密接な関係にあり、相互に共存共栄の実を挙げ、平和と繁栄を増進すべき自然の運命を有し、「之等ノ地域ヲ一括シテ共存ノ関係ニ立ツ一分野ト為シ、ソノ安定ヲ図ルコトカ当然ノ帰結」であり、欧米諸国が東亜方面の安定を乱すことを欲せず、南洋を含む東亜の諸地域の安定は日本の使命と責任であると、東亜新秩序建設に邁進することを公言した。

参謀本部では六月にはいると作戦および情報関係者が、対南方作戦を考慮して、一般商社員を装ってフィリピン・

マラレー・仏印・タイ・スマトラ・ジャワ・ニューギニア方面へ、続々と偵察旅行に派遣させられるようになったという。「南方は、この時になってはじめて、正式に参謀本部の研究対象となった」[50]。そうした雰囲気に包まれた時期から種村佐考が「大本営機密日誌」を書いた。その日誌によれば、六月二二日、参謀本部において、南方問題に関し、陸軍省・参謀本部の主要課長および主任者が合同討議したことが述べられている。「いままで支那の兵力を減らすことばかり算盤をはじいて支那逐次撤兵まで決めていた陸軍省軍事課が、すっかり大転回して対南方強硬論をとなえた。これからすぐシンガポール奇襲作戦をやれ、というのである。作戦的にもとんでもないこんな不可能案を出して、参謀本部を驚かしたものであった。集ったものは、陸軍省から岩畔軍事課長、河村参郎軍務課長、西浦中佐、永井八津次中佐、参謀本部から岡田重一作戦課長、臼井第八課長、高月保中佐、武田功中佐、櫛田中佐等であった。つづいて二十三、四の両日も終日、南方問題を中心とする時局処理方策を協議した」[51]。六月二五日には「欧州情勢ニ伴フ時局処理要綱」の第一案が省部課長間にまとまり、七月二日、省部の部長会議を開催し課長案を無修正で可決した。三日には参謀本部で省部首脳会議を開催し、「世界情勢ノ推移ニ伴フ時局処理要綱」[52]を決定した。七月四日には「世界情勢ノ推移ニ伴フ時局処理要綱」を海軍側に説明した。海軍では根本的に陸軍案に対して反論はなく、若干の修文に止まるようなものであった。

「支那事変」処理のため援蔣行為を絶滅させ、独伊との政治的結束を強化し、さらにソ連と国交については飛躍的調整をはかり、対英一戦の覚悟のもとに南方への武力進出を試み、そのための戦争準備を概ね八月末を目途として促進させることが、陸軍の総意として決断された。

その後、陸海外の三省事務当局間において、日独伊提携強化問題について協議会が開かれた。七月一二日の第一回協議で、安東義良欧亜局第一課長は外務省を代表して提携強化案を提案しているが、この案の骨子は、ヨーロッパおよびアフリカをドイツの生活圏として、経済・政治面におけるその指導的地位を認める一方、南洋地方は日本の生活圏として、経済・政治面におけるその指導的地位をドイツに認めさせようとすることにあることを説明した。安東課長は革新派（＝枢軸派）外務官僚であり、南進論者でもあり、ドイツに先手を打って早急に新秩序の相互承認をおこない、南方地域における日本の政治的指導権をドイツに認めさせる必要性を主張したわけである。そして、新秩序の相互承認のために日本がドイツに提供する代償として考慮されたのが、ドイツの対英作戦遂行を容易にするために、東亜で適当な対英牽制素地、例えばイギリスの極東権益の圧迫、あるいはビルマ、インドでの独立運動の援助などをすることであった。ただし、参戦に巻き込まれない限度における最大限の提携というのが、外務省の提示した日独伊提携策であった(53)。

七月一六日の第二回協議では、海軍側から種々意見が出されたが、陸軍案に根本的趣旨において賛成し、若干の修正が加えられただけで、外務省も陸軍案を認め、三省事務当局間に「日独伊提携強化案」についての了解が成立した。しかし、これはあくまで事務レベルの合意であり、かつ、同日、米内首相が辞表を奉呈しており、政府首脳レベルでの枢軸提携強化問題の討議は、次期政権に引き継がれた。

さて、欧州西部戦線でのドイツの圧倒的優勢によって、フランス、オランダなどの本国が南洋植民地に対する管理能力を喪失し、南方の真空化が進むと、日本国内の枢軸派が勢力を盛り返し、「大東亜共栄圏」建設とそのための「国内強力体制」樹立の運動を展開させた。四月前後に聖戦貫徹議員連盟が結成され、久原房之助（政友会正統派総裁）、風見章、有馬頼寧らによって、「近衛新党」構想が起こり、「一、高度国防国家の建設　二、支那問題の解決―外交の刷新伸張　三、そのため新党結成による国民政治力の結集」をスローガンとした(54)。近衛は当初、在野の身で新党運動を指導し、産業組合・産業報国会・壮年団などを通じて、下からの国民再組織をめざそうとしたが、陸軍をはじめ近衛登場の動きに熱烈な歓迎をあらわす諸勢力は、米内内閣倒閣運動へ向かった。また、六月一八日、時局国民懇談会が、「国内政治体制整備強化」と「強力外交樹立」を政治目標に掲げて発足するなど、米内内閣の退陣を求める動きが高まった。

急進的な南進政策と枢軸提携強化とを主張する陸軍は、世論の政府批判を背景に、七月一六日、畑陸相が辞表を提出することによって米内内閣を崩壊させ、新内閣は再び近衛文麿が率いることとなった。

近衛首相は組閣前の一九四〇年七月一九日、陸海外三相の予定者、東条英機中将、吉田善吾中将、松岡洋右の三者を私邸荻外荘に招いていわゆる「荻窪会談」をおこない、ここで㈠日独伊枢軸強化、㈡ソ連と日満蒙国境不可侵協定の締結、㈢東亜新秩序建設に対するアメリカの実力干渉の排除、㈣南方施策、など新内閣の推進すべき重要国策について意見を交換し、合意に達していた(55)。そこで、組閣後の七月二六日、「基本国策要綱(56)」を閣議決定し、翌二七日には大本営政府連絡会議を開き、ここで「世界情勢ノ推移ニ伴フ時局処理要綱(57)」を決定する。この新内閣の根本施策を定めた「基本国策要綱」では、「世界ハ、今ヤ歴史的一大転機ニ際会シ、数個ノ国家群ノ生成発展ヲ基調トスル新ナル政治経済文化ノ創成ヲ見ントシ、皇国亦有史以来ノ大試練ニ直面ス、コノ秋ニ当り真ニ肇国ノ大精神ニ基ク皇国ノ国是ヲ完遂セントセハ、速ニ根本的刷新ヲ加ヘ、万難ヲ排シテ国防国家体制ノ完成ニ邁進スルコトヲ以テ、刻下緊喫要務トス」ことが謳われ、「世界情勢ノ推移ニ伴フ時局処理要綱」では、「帝国ハ世界情勢ノ変局ニ対処シ内外ノ情勢ヲ改善シ速ニ支那事変ノ解決ヲ促進スルト共ニ好機ヲ捕捉シ対南方問題ヲ解決ス。支那事変ノ処理未ダ終ラザル場合ニ於テ対南方施策ヲ重点トスル態勢転換ニ関シテハ内外諸般ノ情勢ヲ考慮シ之ヲ定ム」とされ、「対外施策ニ関シテハ支那事変処理ヲ推進スルト共ニ対南方問題ノ解決ヲ目途トシ概ネ左記ニ拠ル」として、「先ヅ独伊蘇施策ヲ重点トシ特ニ速ニ独伊トノ政治的結束ヲ強化シ対蘇国交ノ飛躍的調整ヲ図ル」ことが挙げられている。

「世界情勢ノ推移ニ伴フ時局処理要綱」についての大本営陸軍部および海軍部の説明によれば、世界変局に対処する「支那事変」処理と「対南方問題」解決との関連を明記したもので、対南方問題の解決のための施策中には、外交施策によるものと武力行使によるものとがあることを明確にしている。七月二七日の大本営政府連絡会議での質疑応答において、海軍は南方問題解決に対する熱意について他に優るとも劣ることはないとしながらも、武力行使の決意については極めて慎重におこなわれなければならないと認め、政治的結束の程度を軍事同盟にまでに高めるかどうかについて、海軍はなお難色を示し、政府としての態度決定も保留されている。しかし、日独伊提携強化の流の勢いが増していることは事実であった。

昭和天皇は、七月二九日、参謀総長、軍令部総長を呼び、「世界情勢ノ推移ニ伴フ時局処理要綱」について下問した。提案理由にインド以東豪州、ニュージーランド以北云々とあるが、インド、豪州等を占領する考えなのか。仏印国境には六個師団の中国軍があると聞くが、対仏印交渉が順調に進捗し、日本軍が仏印内に侵入すれば中国軍もまた仏印に侵入するのではないか、その時中国軍の処理は仏印軍にさせる考えなのか、日本軍によって処理する考えなのか。対米海戦においては日本海海戦のような大戦果を挙げることができるのか。アメリカが石油、鉄屑を禁輸しようとしている報告があるが、石油は他に求めることができるとしても屑鉄は困らないのか。対ソ不侵略条約成立し南方作戦をおこなうこととなれば勢い海軍が主体となるが、その際は陸軍は縮小する考えなのか。今後におけるドイツの国力判断はどうか。独ソ共に不信の国であり、我が国が対米戦争のため国力を疲弊するに乗じ、我が国に対し不信行為に出る時は困らないのか。この案を見ると多少の危険あるが、目下南方問題解決の好機であるため、これを敢行したいと欲しているように考えるがどうか。

天皇は矢継ぎ早に鋭い疑問を投げかけ、最後に「色々聞イタカ要スルニ多少ノ危険ハアルモ此ノ好機ニ於テ南方問題ヲ解決スル決心ト解シテ可ナリヤ」と質したのに対して、軍令部次長からは、「海軍ニ於キマシテハ只今カ南方問題解決ノ非常ノ好機ト考ヘマス之レカ遂行ニハ充分ナル軍備ヲ整ヘルコトカ必要テアリマシテ本案ハ此ノ準備ノ完整ト云フ事ヲ重点ニ置イテ御座リマス」との奉答があり、軍令部総長は、「次長ノ申シマシタ如ク我国ハ速戦即決ノ際ハ勝算アリマスルカ持久戦ニ於テハ種々困難ナル点カ御座リマスノテ国内ノ準備特ニ資材ノ準備ヲ完成致シマセント仮令好機カアリマシテモ軽々ニ開戦スヘキテハナイト存シマス」と補足した。参謀次長は「左様ニ参謀総長ハ御座リマス」と奉答し、そして、参謀総長が、「支那事変ヲ速決致シマス事カ南方問題解決ヲ容易ナラシメマスノテ支那事変速決ヲ進メタイト存シマス」と奉答すると、天皇はすかさず「何カ見透シカアリマスカ」と質問し、それに参謀総長は、「対手ノアリマス事故自分独リテハ決メルコトハ出来マセヌカ蔣介石ヨリ和平ノ申出アレハ好都合ト存シテ居リマス」と述べただけで、何ら具体的に奉答することができなかった。(58)

日独伊提携案については、すでに陸海外の三省の事務レベルで検討が進められていたが、結束の強化を一段と進める方針から、外務省内では「日独伊提携強化ニ関スル件」(59)(七月三〇日)という文書を作成していた。松岡外相の考えを反映したものであろうが、「独伊側ヨリ対英軍事的協力ニ関シ希望シ来タル場合ニ於テハ、帝国トシテハ原則トシテ之ニ応ズルノ同意アル」ことを述べ、さらにアメリカを対象とする提携関係についてもふれ、「一方ガ米国ト戦争状態ニ入ル危険アル場合ニハ、両者ハトルベキ措置ニ関シ協議スルコトトス」と、米国と対抗する性格を、三国同盟にもたせる方針をも明らかにしていた。

(四) 松岡・スターマー交渉

日独伊提携強化案をまとめて、松岡外相は改めてドイツ側の内情をさぐるべく、一九四〇年八月一日、オット大使との会談をおこなった。また、ベルリンの来栖三郎駐独大使に対しても、日独接近の働きかけを指示した。しかし、ドイツ側は戦局の優位に立っている現状において、日本との軍事同盟にあまり多くの期待をかけていなかったようであり、アメリカを不必要に刺激することへの配慮から反応は消極的であった。一九四〇年の夏は、再び日本側からのイニシアティブによって交渉が始まった。しかもそれは、東京において外務省の主導の下で進められた。しかし、ドイツはイギリスを屈服させる見通しに自信を深め、日本の海軍力を利用して東亜におけるイギリス勢力を牽制させる軍事的必要性は減退していた。しかも、リッベントロップ外相ら対日提携論者は、日本と軍事的提携を結ぶことによって、アメリカを刺激することに配慮した。

しかし、八月二三日、来栖大使は、突如スターマー公使訪日の連絡を受けた。ドイツが再び対日接近を試みようとしたのである。その理由は、㈠イギリスがドイツの講和呼びかけを拒否し、イギリス侵攻も可能性が少なくなり、しかもイギリスの強硬態度は米ソ、特にソ連を頼りにしていると判断し、対ソ牽制の必要ありと考えたこと、㈡アメリカが参戦することへの危惧が増大し、その防止のため急遽日本との同盟が必要になったこと、㈢日本の対米接近を警戒し、それを阻止する必要があると考えたこと、などが想像される。

日本政府は独伊との政治的結束の強化の方針を決めてはいたものの、政治的提携をどの程度まで強化するかという点になると、必ずしも内部の意思統一がおこなわれていなかった。とくに三国同盟に対し、「対米軍事同盟」的な性格をもたせることには、吉田善吾海相をはじめ海軍首脳部の間には強い反論があった。岡田啓介、米内光政ら海軍長老たちが、あくまでも反対論を貫くよう海相の背後にあって士気を鼓舞していた。日独伊三国同盟締結の交渉を本格的に進めるためには、海軍の反論を克服して、交渉に臨む政府の方針を一本化することが急務であった。

九月一日、松岡外相、白鳥敏夫、斉藤良衛両外務省顧問、大橋忠一外務次官、西春彦欧亜局長らが参集し、すでに陸海軍事務当局の合意を得ていた「日独伊提携強化ニ関スル件」に再検討を加え、「軍事同盟交渉ニ関スル方針案」(60)を作成し、それを九月四日の四相（首外陸海）会議に提出した。内容は、まず東亜およびヨーロッパ、アフリカにおける日独伊の生存権を分割し、この他に将来の世界にソ連圏、アメリカ圏が残されることを予想する、このうちソ連に対しては平和政策をとり、ソ連を日独の立場にならわせるよう誘導してむしろペルシャ方面に進出させるが、アメリカに対しては西半球およびアメリカ領地以外の方面に容喙させず、日独提携によってアメリカに圧迫を加える体制をつくる、さらに日本は東亜新秩序建設に邁進し、独伊の対英戦協力のため南方を含む東亜におけるイギリス諸権益の排除に努め、対英（米）武力行使は日華事変処理と関連して「内外諸般の情勢」を考慮しておこなう、というものであった。

スターマーの東京到着の前日、九月六日、さらに日独交渉の基本方針を決定するため、四相会議が開かれたが、この会議の直前、病気理由で吉田海相が辞任し、代って及川古志郎大将が海相に就任した。吉田に比べ及川は同盟問題について、陸軍に協力的と見られていた。しかし、海軍側はこのときにおいても、三国同盟締結について依然として留保的態度を維持しており、とりわけ自動的参戦義務を負う点については反対態度を維持していた。ともあれ、海軍は松岡外相がスターマーと正式交渉に入ることを承認した。

来栖駐独大使は、スターマー渡日に関連してリッベントロップ外相と会談した際、もし日独伊三国同盟が結ばれるようなことになれば、説明の如何に拘わらず、アメリカは必ずこの同盟はアメリカを威嚇するものであると解釈して、日独の対米関係は一層悪化するに違いない、ドイツのために考えてみても、同盟には賛成できないと述べていた。(61)

スターマー特使は九月七日に東京に着き、九日から一二日まで、千駄ヶ谷の松岡の私邸を主な舞台として、第一次松岡・スターマー会談がおこなわれ、(62)これにはオット大使も加わる。会談初日に松岡は、四相会議決定の「日独伊枢軸強化ニ関スル件」を基礎に、三国の提携強化の望ましいことを説明した。第二日目の一〇日には、松岡は試案にすぎないと断りながらも、次のような三国条約案を交渉の基礎として提示した。

㈠日本はヨーロッパにおける新秩序建設に関し、ドイツおよびイタリアの指導的地位を認め、かつこれを尊重する。

㈡ドイツおよびイタリアは大東亜における新秩序建設に関し、日本の指導的地位を認め、かつこれを尊重する。

㈢日本、ドイツおよびイタリアは前述の趣旨に基づく努力について相互協力し、かつ各自の目的達成に対するすべての障害を除去克復するため適切有効な方法について相互に協議すべきことを約束する。

㈣日本、ドイツおよびイタリアは相互相倚り、現に変化しまた変化しつつある世界情勢に適応すべき世界秩序の建設によってのみ平和にとっての公正で恒久的な基礎を造りうるものであることを信じ、その実現に関して各自の努力を整合することを約束する。(63)

この日の会談で、松岡は海軍側の要望に基づき、太平洋上の旧独領委任統治諸島問題を取り上げ、日本の統治地域は無償で日本領土として認め、その他の諸島は有償で日本に譲渡してほしいとの意向を明らかにした。

第三日目の九月一一日、前日の松岡試案に対して、スターマー、オットは第三条を修正して、提携の性格について、「対米軍事同盟」である点を明確にすることを求めた。松岡はこの修正に同意した。

㈢日本、ドイツおよびイタリアは前述の趣旨に基づく努力について相互協力し、かつ協議すること、並びに右三国のうち一国が現在のヨーロッパ戦争または日支紛争に参入していない一国によって攻撃された場合には、あらゆる政治的、経済的および軍事的方法によって相互に援助すべきことを約束する。

この会談で同盟の性格を「対米軍事同盟」とし、アメリカのヨーロッパ大戦参加を抑止することに主眼がある点について、松岡・スターマー間に同意がえられたが、海軍の留保的態度に問題が残っていた。九月一二日の四相会議において、松岡は会談の経過を報告し、アメリカを主要の対象とした相互援助条約案、すなわちスターマー案の「対米軍事同盟」に日本政府は同意すべきであるとの見解を表明した。しかし、及川海相は態度を保留した。(64)

海軍側は依然として、軍事同盟締結の前提として、少なくとも参戦については日本の自主的決定をドイツが認めること、また旧独領委任統治諸島についてのドイツの譲歩、さらに三国とソ連との提携にドイツが協力するとの保障が必要であるとの立場をとっていた。しかし頑強にこの立場を固持することは「国内の政治事情」が許さないとの海軍首脳部の判断によって、九月一三日、海軍側と松岡との間で意見の調整が成立した。それは条約の本文の他に、新たに付属議定書と交換公文を設けて、その中で各国は事実上参戦の自主的判断をもつ趣旨を規定し、さらに旧独領委任統治諸島問題、対ソ国交調整問題にもふれることで、海軍側の納得をとりつけたものであった。(65) 九月一三日夜の四相会談、一四日の大本営政府連絡会議において、及川海相から正式に同盟への海軍の同意が表明された。海軍省内では、阿部軍務局長以下、事務当局の中堅層では南進論と結びついた三国同盟賛成論が、七月段階から有力になっていたが、吉田前海相、岡田、米内がこれを押さえていた。しかし、ついに及川海相、豊田貞次郎次官ら首脳は、海軍中堅層に同調した形となった。

三国同盟条約について、政府、統帥部の調整が成立したが、九月一四日夜、スターマーとオットはベルリンからの訓令として、新しい条約案を手交した。それは、スターマー案の第三項について、「攻撃された場合には、……」の前に「公然または隠密な形で」の言葉を挿入し、さらに以下の二項目を追加したものであった。

(五)日本、ドイツおよびイタリアは前記条項が日独伊三国とソ連邦との間の現在の政治的関係にいかなる影響をも及ぼさざるべきことを約す。

(六)日本、ドイツおよびイタリアは遅滞なく前記条項の適用に関する細目を規定する条約を締結すべし。(66)

日本側は第三項の「公然または隠密な形で」攻撃云々を問題視した。字句の挿入のドイツ側の意図は、「攻撃」の概念を拡張解釈し、相互援助義務の発生機会を広げておくことにあったわけだが、日本側にとっては欧州戦争への介入の危険を増大させることになると判断し、また、攻撃有無の事実を各国政府の自主的判断にゆだねることを付属議定書で規定しようとした日本の方針、海軍を説得した条件に背馳するともみられた。そこで、松岡は第三項の「公然または隠密な形で」の削除を要求し、追加第六項の運用に関する細目の規定は議定書に移すこととして削除し、また、日本案で存在していた第四項、世界新秩序建設について三国は努力の整合を約すことも削除して、その趣旨を条約前文に敷衍した対案をドイツ側に提示した。また、一九日に議定書案もドイツ側に手交された。

㈤　御前会議と三国同盟条約の調印

昭和天皇は、日独伊三国同盟の締結は、日米開戦に繋がりかねないことに憂慮していた。九月一六日、臨時閣議を開き松岡外相提案の三国軍事同盟案が承認された。その後に近衛文麿首相が宮中に参内し経過を上奏した時、天皇は次のように述べている。「アメリカに対して、もう打つ手がないといふならば致し方あるまい。しかしながら、万一アメリカと事を構へる場合には海軍はどうだろうか。よく自分は、海軍大学の図上作戦では、いつも対米戦争は負けるのが常である、といふことを聞いたが、大丈夫だろうか。……自分は、この時局がまことに心配であるが、万一日本が敗戦国となった時に、一体どうだらうか。かくの如き場合が到来した時には、総理も、自分と苦労を共にしてくれるだろうか」。そして、天皇は近衛に具体的な焦眉の問題として、アメリカの対日経済制裁について質した。「この条約は、非常に重大な条約で、このためアメリカは日本に対してすぐにも石油や屑鉄の輸出を停止するだろう。そうなったら、日本の自立はどうなるか。こののち長年月にわたって、たいへんな苦境と暗黒のうちにおかれることになるかもしれない。その覚悟がお前にはあるか」。近衛は畏れ入って、これからさきの粉骨砕身努力することを誓ったという。[67]天皇が予測したように、アメリカは直ちに石油・屑鉄のモーラル・エンバーゴーを実施した。このことを、政府、軍首脳は織り込み済みのこととして、三国同盟締結、南部仏印進駐を決断したのであろうか。天皇の憂慮は的中した。

九月一九日、三国同盟条約締結についての国家意思を最終的に確定するための御前会議が開かれた。[68]席上松岡外相は、同盟の目的がアメリカに対する日本の力の立場を強化し、アメリカの対日圧迫の企図を挫折させ、両国の破局を未然に防止する点にあることを強調し、これに対し、原嘉道枢密院議長、伏見宮軍令部総長よりの質問を主に、アメリカの経済圧迫が強化されることはないか、ことに石油をめぐる不安はないか、また対ソ関係に及ぼす影響如何といった点をめぐって質疑応答がなされたが、結局三国軍事同盟締結についての決定が下された。

松岡外相は御前会議において、条約本文の中では形式的に日本も「自動的参戦義務」を負うことになるが、参戦の時期、方法については日本は「自主的」に決定しうるものになるという、付属議定書、交換公文の作成を念頭においた説明をおこなっていた。しかし、この後の松岡・スターマー交渉は思わぬ障害で難航することとなる。それはベルリンからの訓令が、条約本文中に、三締約国中いずれかの一国が現に欧州戦争または日中戦争に参入していない一国によって攻撃をされた場合は、他の締結国は「宣戦、相互援助」の義務を負うとの規定を明記することで、三国の軍事的結合を一層高めることを求め、さらに、日本案では付属議定書に規定していた「軍事混合委員会設置」を、条約本文の第四条に加えるよう要請してきたことによる。[69]そこで、参戦の自主的決定の保持を図る日本側の主張との開きが再び大きくなったためであった。さらにドイツ側は、議定書と交換公文をすべて除くよう要求した。交渉はいったんは暗礁に乗り上げたかに見えたが、二四日夜の松岡・スターマー会談で事態は急転直下、ドイツ側の譲歩によって最終的に妥結する。すなわち交換公文の中で、「締約国ガ条約第三条ノ意義ニ於テ攻撃セラリタリヤ否ヤハ、三締約国間ノ協議ニ依リ決定セラルベキコト勿論トス」との字句によって、自主的参戦決定についての日本側の強硬な主張がともかく容認された形となった(70)。しかし、このドイツの譲歩が、ベルリンからの訓令にそったものであったかどうかについては多分に疑問が残る。

スターマーは一〇月上旬帰国の途につくが、その際、リッベントロップと直接会って交換公文についての了解を求めることをオットに約束したが、実際はその約束を履行せず、ドイツ政府は長くその存在を知らなかったようである(71)。しかし、駐日大使オットはなぜ自ら電報で報告しなかったのであろうか。この結果、日本側では自主的参戦についてドイツの了解を得られたものと理解し、ドイツ政府は日本側の自動的参戦義務を条約に規定されたと認識した。後の日米交渉をめぐって、アメリカ側が三国同盟の廃棄を求めたのに対して、日本側は自主的参戦の決定権は日本の判断にあり、自動的参戦義務を負うものではないことを説明したが、国務省はそれを文書で示せとの要求に日本は誠実に対応しなかった。

天皇は、九月一九日、木戸幸一内府を召して、松岡外相が三国同盟の条約案を枢密院に諮詢を奏請せずに、日英同盟・日韓合併などの場合の先例に従って、詔書によって説明しようとしているが、枢密院に諮詢する方が宜しいと思うと伝え、「急ぐと云ふのなれば、二・二六事件の際の戒厳令の例もあり、徹夜にて審議せしむるも可なるべし」との厳しい発言があった。木戸は、三国同盟の締結は、結局は英米と対抗することとなるのは明白であるから、一日も早く中国との国交調整をおこなう必要があり、「蔣を対手とせず」にこだわることなく、至急対策樹立の必要があると天皇に言上した。いよいよ三国同盟の締結に当たって天皇は、再び「此の同盟を締結すると云ふことは結局日米戦争を予想しなければなりはせぬか」との宸念を強くされたが、近衛首相、松岡外相、ともに「此の同盟は日米戦争を避くるが為めであって此の同盟を結ばざれば日米戦争の危険はより大なる旨奏上(72)」した。

天皇は「今度（独伊との同盟締結）の場合は日英同盟の時の様に只慶ぶと云ふのではなく、万一情勢の推移によっては重大な危局に直面するのであるから親しく賢所に参拝して報告すると共に、神様の御加護を祈りたい」[73]と言われ、日独伊三国同盟締結による英米との対立に不安の色を隠せなかった。

御前会議を経て閣議決定された「日本国・独逸国及伊太利国間三国条約」は、九月二六日、枢密院の審査委員会、本会議に諮詢され可決された。[74]翌九月二七日、ベルリンのヒトラー総統邸において三国の全権代表、来栖三郎駐独大使、リッベントロップ独外相、チアノ伊外相の三者によって、三国軍事同盟の調印がおこなわれ、同時に東京では、松岡外相とオット大使との間に、㈠自主的な参戦決定、㈡日英間に武力紛争が発生した場合のドイツの援助義務、㈢旧独領南洋委任統治領が引続き日本の属地承認、に関する三つの往復書簡が交換された。[75]この交換公文がなぜベルリンにおいておこなわれなかったのか疑問である。また、天皇が枢密院へ諮詢するよう強く求めたにもかかわらず、批准交換の手続きを経なかったのはいかなる理由からなのか不明である。

「日本国、独逸国及伊太利国間三国条約」成立に際しての詔書は、外務省で起案された。当然、松岡外相の指導の下で作成されたものといえるが、条約締結に関わった外務省内の担当の人事をみると、まさしく革新派＝枢軸派の部局長、課長によって占められていた。

条約局の職掌事務は、「条約、渉外法律事項及他局部ノ主管ニ属セサル国際会議ニ関係スル事務ヲ掌ル」と外務省官制に定められており、局内に三課が置かれ、第一課において「条約ノ締結、批准、公布、解釈、廃棄及編纂ニ関スル事務ヲ掌る」とされているが、「日独伊防共協定強化問題」の対応、三国同盟締結交渉の政策立案を、条約局で推進されたのではない。それに直接関わったのは、外務本省において外務大臣松岡洋右・次官澤田廉造・外交顧問斉藤良衛・欧亜局長・欧亜局第二課長以下・調査部長松宮順以下、出先において駐独大使大島浩、駐伊大使白鳥敏夫ということになるが、注意すべきは一九三九年九月四日、欧州戦争が勃発した翌日、外務本省幹部会の決定に基づき、調査部第一課に「欧州戦対策審議委員会」(76)が設置されたことである。委員長松宮順＊部長、委員栗原正＊東亜局長・芳澤謙吉亜米利加局長・三谷条約局長・松島鹿夫通商局長・河村達夫＊情報部長、幹事長高瀬眞一＊調一課長。委員長をはじめ半数以上の幹部委員が革新官僚＝枢軸派（＊印）ということである。

九月二七日午後八時、外務省によって「日本国、独逸国及伊太利国間三国条約要旨」が発表され、続いて午後一〇時、「日独伊三国条約締結ニ関スル松岡外務大臣謹話」が放送され、「近衛総理大臣ノ独『ヒトラー』総統並伊『ムソリーニ』首相宛松岡外相ノ独『リッベントロップ』外相並伊『チアノ』外相宛祝電発表」、天皇の『詔書』、近衛首相の「日独伊三国条約締結ニ関スル『告諭』」が発表された。

条約本文の要点は、㈠日本はヨーロッパにおけるドイツ、イタリアの、またドイツ、イタリアは大東亜における日本の指導的地位を認めて尊重する、㈡三締約国中の一国が現在戦争に参加していない国から攻撃を受けた時は、政治、経済、軍事的方法により相互に援助する、㈢三締約国とソ連との関係には何ら影響を及ぼさない、というものであった。また、この条約には、松岡・オット大使間の秘密交換文書の形でドイツは日ソ関係を親密にするために努力を払うという了解事項がつけられており、日本はドイツの斡旋に大きな期待をかけていたのであった。しかし、スターマーが述べた対ソの「正直な仲介人」というドイツに対する日本の期待は、この時点ですでに空虚なものであった。なぜならば、ヒトラーはすでにこの年の三月末の秘密会談の席上、対ソ攻撃を対英上陸作戦より先におこなうことを決定し、その開始の時期を一九四一年春と決意していたからである。昭和天皇ひとりが「独ソ共に不信の国」であると警戒していた。

来栖駐独大使が離任挨拶のためヒトラー総統を訪れた際（一九四一年一月）、「ヒ総統が独ソの関係は表面上は友好的であるが何時悪化するか判らないということをほのめかし、私（来栖）及び随行の神田一等書記官を驚かした」[77]という。そして、来栖の観察によれば、ドイツ首脳部の間に、アメリカの参戦を避けるべしという点では意見が一致しているものとみられるが、ただその方法としてリッベントロップ外相のように三国同盟を結んで、いわゆる毅然とした態度をとっておればアメリカの参戦を防止し得ると考えている一派と、それでは逆効果を来たすと考えている一派があったようである。

松岡にいわせれば、「三国同盟は、東南アジアと南洋へ軍事的に進出するために、日本の準備における必要な一歩として結ばれた」わけで、松岡外相もまた、日本の力の立場を強化し、毅然たる態度、すなわち対米戦争をもあえて辞さないとする覚悟を表示する、「瀬戸際外交」をとってこそ対米交渉を有利に進めることができ、日本の南方政策へのアメリカの干渉を防止することができるという見解をもっており、近衛首相にしても松岡の考え方に同調していたといえる。しかし、昭和天皇の松岡に対する評価は、「松岡が外交の一元化に努力し、又、孤立外交に陥るを極力避くると云ふ考は可なるが、米国に対する見透しの充分に立ち居らざるは遺憾なり」[78]というものであった。

少なくとも当時の日本の政治指導者の主観的意図においては、三国同盟が対米戦争の準備措置としては位置づけられておらず、アメリカの欧州戦争への介入を抑止する機能が期待されていた。しかし、日本側の指導者の期待に反して、日独伊三国同盟の締結が、日米関係の悪化に一段と拍車をかける結果となったことは否めない。

三国軍事同盟の締結に反撥したアメリカ政府の閣僚は、日本の恫喝に一歩も退くべきではないというアメリカの意志を明白な行動で示すべきだという点で意見を一致させ、ノックス海軍長官が「三国同盟はアメリカを目標とするものと認め、挑戦に応ずる用意がある」との声明を発し、一〇月一二日には、ローズヴェルト大統領も、脅迫や威嚇に屈して独裁者たちの指示する道を進む意図は毛頭ないと、決然たる態度を内外に表示する演説をおこなった。そして枢軸国の結束強化に対抗する具体的措置も着々ととられる。蔣介石政権への援助強化の方針から、一〇月三〇日には新たに一億ドルの借款供与を発表、また東南アジアの共同防衛に関する英米間の緊密な協議体制もつくられ、日本の南進行動に対するＡＢＣＤ包囲陣結成への布石が対日経済制裁という形で進められていった。一方、軍事行動の面でも、ハワイ基地への米艦隊の停泊の継続、また、若干の艦船のフィリピンへの前進といった具合に、アメリカは対日戦略態勢を固める。そして、日本の対仏印交渉に対してすでに抗議をしていたが、日仏印の軍事協定が成立すると仏印の現状変更不承認を声明し（九月二三日）、さらに経済圧力手段として、日本軍の仏印進駐に抗議する実力行使として屑鉄輸出禁止を発表、その後も対日輸出禁止品目の範囲が拡大された[79]（一二月）。このようにして日米関係の悪化は三国同盟によって促進され、破局への道は拡大していった。

また、イギリスは日本に対する宥和政策から一時蔣介石援助のビルマ・ルートを封鎖していたが、三国同盟の締結により、ルートを再開し、対蔣援助物資の輸送を開始するにいたった。このようにして、三国同盟のもう一つの目的であったアメリカに対する牽制という松岡構想も後退してゆかざるを得なかった。

一九四一年春より日米間の国交調整を図るため、「日米交渉」が政府間でおこなわれるが、交渉の進展に最後まで阻害要因として作用したのが、中国大陸からの日本軍の撤兵問題、通商の無差別問題、そして、この三国同盟の問題であった。

「日米交渉」はワシントンを舞台に進められたが、三国同盟締結交渉は、駐独大使である来栖を無視して、東京において松岡外相とスターマーとの交渉によって成立した。この関係にいかなる意味合いがあろうか。東京での三国同盟の交渉では、重要な細部の取極めを三件の秘密「交換公文」に規定したが、ドイツ本国政府はこれを関知していなかったようである。一方、ワシントンでの「日米交渉」では、アメリカが最も重視し交渉の前提とした国際原則の要求を提示していたが、これが正確に日本本国政府には伝わらなかった。共に起こるべくして起こった東京本省と出先大使館のコミュニケーション・ギャップである。三国間条約調印直後、来栖は辞意を表明したが、その理由について、「この同盟に不同意である関係と自分の頭上を飛び越えて、自分にも秘密の間に同盟が締結された経緯に鑑みれば、私は職に止まるべきではない」[80]と、判断したことを述べている。

二　日ソ中立条約の締結過程

(一)　阿部内閣および米内内閣期の日ソ国交調整

独ソ不可侵条約締結を契機として、一九三九年八月三〇日、平沼騏一郎内閣が総辞職し、阿部信行内閣が成立した。同内閣は施政の根本を「支那事変」の処理、東亜新秩序の建設に置き、その実現に向けて、自主的かつ積極的に第三国との関係を調整する姿勢を表明した[81]。九月三日、欧州戦争が勃発すると、日本政府は、欧州戦争に対する不介入の方針を採ることを内外に声明するとともに[82]、対ソ関係においては、「欧州ノ新情勢ニ対応」する意味合いから、日ソ国交の調整をおこなうこととし、その一環としてノモンハン事件の解決を図る方針を決定した。九月九日、東郷茂徳駐ソ大使はモロトフ外務人民委員に対し、「我新内閣ハ日『ソ』国交を全面的に調整センガタメニ相互善意ヲ以テ懸案ヲ解決シ度キ希望ヲ有スル」[83]と述べ、満ソ満蒙国境画定および紛争処理委員会の設置を提議するとともに、通商交渉にも応ずる用意があることを伝えた。対ソ関係の総合的国交調整を求め、さらに「全般的国境画定及紛争処理委員会」の設置交渉、「通商予備交渉」などを進めようとしたのである。モロトフは日本側の要望を受け入れ、九月一五日、東郷とモロトフの間に、ノモンハン事件停戦協定が成立した。

こうした中で、東郷大使は野村吉三郎外相へ、日ソ不侵略条約締結交渉開始の希望を進言したが、阿部内閣末期の一二月二八日、野村外相、畑陸相、吉田海相間で「対外施策方針要綱」[84]を決定し、日ソ国交改善の目標を、国境の画定、通商条約、長期漁業条約の締結といった懸案の解決による日ソ関係の平静化に置いたため、東郷大使の提案した不可侵条約の締結による国交の安定化を求めるような交渉は開始されなかった。阿部内閣は国内の軍需経済優先による電力不足、食糧不足に悩み、物価抑制にも失敗し、官吏身分保障制度撤廃案、貿易省設置問題などについて議会を通すことができず、総辞職した[85]。

一九四〇年一月一六日、米内光政内閣が成立し、外相に有田八郎が就任した。同内閣は日中戦争の収拾を促進させ、日米関係の尖鋭化に備えるとともに、世界情勢の大変局に対処するため、日ソ間に政治的取極めを結ぶことによって「安固ナル国交関係ヲ保持[86]」しようとした。その具体策として、㈠日本の欧州戦争不介入方針を変更して、枢軸国と手を結ぶという印象を与えることは対米英関係に支障を来たす虞があるから、これを避けること、㈡ソ連をして「援蔣行為」を中止させること、を二大根本方針としたことから、日ソ不可侵条約締結の提議が浮上してきた。しかし、有田外相は日ソ不可侵条約の締結に難色を示していた。五月一二日、有田は原田熊雄に、次のように述べている。

近来、日ソ不可侵条約を結べという議論が盛んである。この議論の根拠には二三種類ある。その一つは、実際北支、中支ではだんだん軍隊の数が足りなくなってきたので、それを補充するため、日ソ国境問題の方は外交的に充分手を打っておいて、実力を南支、中支、北支に回し、そして早く日支事変を片付けようという議論である。また他の一つは、どこまでも日独伊の関係を軍事同盟にまで進めるために、まず最初ソヴィエトと不可侵条約を結び、そうしてドイツと接近してやろうと言うのである。いずれにしても、英米関係はこれ以上に悪くならないようにしたいから、その意味で考えてみたいと自分は思っている。だからつまり日ソ不可侵条約をやって、これ以上英米との関係が悪くなるというなら、日ソ不可侵条約はやらない方がいいと思う[87]。

一九四〇年四月下旬、有田外相は日ソ国交改善の打診を試みるため東郷大使に、重慶政権への援助中止と汪兆銘政権への協力を求めるよう訓令したが、東郷大使は、国境確定、漁業問題などに対するソ連の態度を今少し見極めてから、適当な時期におこないたいと述べ、対蔣援助の放棄、新支那政府との協力を求める点については、ソ連が無条件に応諾するとは考えられず、従って日ソ国交調整の限界に関する日本政府の見解を成るべく詳細に承知しておきたく、政府の意向を内示願いたいと返電した。(88) 外相はじめ外務省の首脳部は、日ソの政治的接近に慎重な姿勢を示し、陸軍が重慶作戦の戦略的思考から対ソ不侵略条約の締結を希望していることと、意見の大きな食い違いを見せていた。そこで、外務省と陸軍との間で事務当局の話合がもたれた結果、五月一一日、日ソ中立条約の草案が作成された。

第一条　日本国政府及ビ「ソビエト」社会主義共和国連邦政府ハ千九百二十五年一月二十日署名セラレタル日本国「ソビエト」社会主義共和国連邦間ノ関係ヲ律スル基本的法則ニ関スル条約ヲ両国間関係ノ基礎トシテ茲ニ確認ス

第二条　締約国ノ一方ガ其ノ平和的態度ニ拘ラズ一又ハ二以上ノ第三国ヨリ攻撃ヲ受クル場合ハ他方ノ締約国ハ紛争ノ継続中終始中立ヲ維持スベシ

第三条　締約国ノ一方ハ他方ノ特殊緊密ナル関係ヲ有スル地域ニ於ケル平和及ビ安寧ヲ尊重スベシ

第四条　本協定ハ署名ノ日ヨリ実施セラルベク且ツ五年間引続キ効力ヲ有スベシ
締約国ハ右期間満了前適当ノ時期ニ於テ爾後ニ於ケル両国協力ノ関係ニ付キ了解ヲ遂グベシ(89)

五月一二日、関係者会議にかけられ、第三条の削除、その他字句に若干の修正が加えられた協定案が承認された。東郷大使は、この「日ソ中立条約案」について、「相互不侵略に関する条項挿入を避け、主として第三国との関係を云々するに止めんとするのは、現下の情勢ならびに本件交渉の真義に副わない印象がする」と述べ、さらに「最近の国際情勢に適応しないのみならず、ソ連邦側を誘導する確信を得ることが出来ない」と反論し、中立方式のような軽度の政治的結合ではソ連との妥結の可能性はないと意見具申した。[90]

東郷の反論にもかかわらず、有田外相は日本政府の方針に基づき、重ねてソ連への中立条約の提議を訓令した。これを受けて東郷大使は、七月二日、モロトフ委員に対し口頭で、次のように中立条約締結の提案をおこなった。

㈠両締約国ハ「『ソ』連邦及日本国間ノ関係ヲ律スル基本的法則ニ関スル条約」ヲ以テ両国間相互関係ノ基礎ト為スコトヲ確認ス

双方ハ平和的親善関係ヲ維持スベク又互ニ領土的保全ヲ尊重スベキコトヲ言明ス

㈡若シ締約国ノ一方ガ行為ノ平和的ナルニ不拘第三国若クハ他ノ数国ヨリ攻撃セラルルニ於テハ締約国ノ他ノ一方ハ全紛争ノ継続中中立ヲ守ルベシ

㈢本協定ハ五年間締結セラル[91]

これに対してモロトフ委員は原則的に同意を表明したが、日ソ間政治諒解の成立は米ソおよび中ソ関係を悪化させる結果となり、ソ連にとって何等得る所なく、これに反して日本側は日中戦争の処理を促進させ南方への積極行動も可能となり、日本側に著しく有利である、と主張しながら、代償として北樺太利権解消を求めた。ソ連側の要求は、八月一四日付の公文で明らかにされた。

㈠「ソ」側ノ利益モ考慮サルルニ於テハ日本側提案ノ趣旨ニ賛同ス

㈡「ポーツマス」条約ハ日本側ノ重大ナル違反ニ依リ全的ニ有効ナルモノト認ムルヲ得ズ如何ナル程度ニ「ポーツマス」条約

ハ其ノ効力ヲ保持シ得ルヤハ審議ニ依リ決定シ得ベシ

㈢日「ソ」基本条約ハ若干ノ部分ニ於テ明カニ時代遅レトナレリ「ソ」連政府ハ北樺太利権ノ無活動ニ鑑ミ利権者ノ投資ニ対スル正当ナル賠償ヲ条件トシテ北樺太ニ於ケル石炭竝ニ石油利権ヲ清算スベキモノト認ム

但シ「ソ」連政府ハ日本政府ニ対シ五年間十万噸北樺太原油ヲ提供スベシ

㈣依テ「ソ」連政府ハ東郷案第一条前段ノ「ポーツマス」条約ニ立脚スル北京条約ヲ無条件ニ日「ソ」間ノ相互関係ノ基礎トシテ受諾スルコトヲ得ズ

㈤東郷案第一条後段、第二条及第三条ヲ受諾スル用意アリ

㈥「ソ」連政府ハ日本政府ヨリ中立協定ヲ締結スルニ先立チ「ソ」連邦ノ蒙ルコトアルベキ「ソ」連邦ノ利益ニ対スル毀損ヲ最小限度ニ減ジ得べキ措置問題ニ関スル日本政府ノ態度ニ付説明ヲ求ム(92)

日本側では、直ちにこれに応ずることは困難であった。さらに、米内内閣が総辞職し、一九四〇年七月二二日、近衛文麿第二次内閣に代わり、交渉は出直しとなった。

㈡　日ソ国交調整と日独伊三国同盟

近衛は組閣に先立ち、一九四〇年七月一九日、私邸の荻外荘に海相留任の吉田善吾、陸相推薦者東條英樹、外相として近衛が選んだ松岡洋右ら三人を集め、根本的な国策について話し合いをおこなった。この会議について、松岡は「組閣中四柱会議（荻外会談）決定」(93)という文書をまとめているが、その決定事項は第二次近衛内閣の基本政策に関わるものであった。

一　支那事変ノ処理及世界情勢ニ対応スヘキ我カ方施策ヲ展開スル為我カ戦時経済政策ノ強化確立ヲ以テ内外政策ノ根基トス之カ為我カ経済活動ハ作戦軍カ軍ノ生存上自ラ処理指導スルコトヲ絶対必要トスルモノヲ除キ一切政府ニ於テ一元的ニ指導シ極力之ヲ振作ス

二　対世界政策

㈠　世界情勢ノ急変ニ対応シ且速カニ東亜新秩序ヲ建設スル為日独伊枢軸ノ強化ヲ図リ東西互ニ策応シテ諸般ノ重要政策ヲ遂行ス但シ右枢軸強化ノ方法及之カ実現ノ時期等ニ就テハ世界情勢ニ即応シテ機宜ヲ失ハサルコトヲ期ス

㈡　対蘇関係ハ之ト日満蒙間国境不可侵協定（有効期間五年乃至十年）ヲ締結シ且懸案ノ急速解決ヲ図ルト共ニ右不可侵協定有効期間内ニ対蘇不敗ノ軍備ヲ充実ス

㈢　東亜及隣接島嶼ニ於ケル英仏蘭葡植民地ヲ東亜新秩序ノ内容ニ包含セシムル為積極的ノ処理ヲ行フ但シ右ニ関シ列国会議ヲ排除スルニ力ム

㈣　米国ニ対シテハ無用ノ衝突ヲ避クルモ東亜新秩序ノ建設ニ関スル限リ彼ノ実力干渉ヲモ排除スルノ堅キ決意ヲ以テ我カ方針ノ実現ヲ期ス

三　支那事変処理（省略）

四　国内体制ノ整備（省略）

近衛内閣も前内閣と同様の目的をもって、日ソ国交調整をおこなうことになる。七月二六日閣議決定された「基本国策要綱」(94)の対外施策では、「支那事変処理」を推進するとともに、対南方問題の解決を目途として、先ず対独伊ソ施策を重点におき、とくに速やかに独伊との政治的結束を強化し、対ソ国交の飛躍的調整を図る、と述べられている。また、松岡外相の意を受けて作成された「日独伊提携強化ニ関スル件」(95)（七月三〇日）では、さらに具体策が示されており、ソ連を欧亜両方面より牽制し、かつこれを日独伊共通の立場に添うように指導して、その勢力圏の進出方面を日独伊三国の利害関係に直接影響の少ない方面、たとえば波斯湾に向かう方面に指向せしむるよう努める、と記されている。そして、九月一日、「日独伊提携強化ニ関スル件」に再検討を加え、「軍事同盟交渉ニ関スル方針案」(96)を作成し、それを九月四日の四相（首・外・陸・海）会議に提出された。

その後、松岡外相とスターマー特使の交渉を経て、九月一九日の御前会議において日独伊三国同盟を締結することに決定された。三国同盟の締結と日ソ国交調整との関連について、松岡外相は、対米英に「明確ナル態度ト毅然タル決意ヲ以テ日ソ関係ノ飛躍的調整ニ邁進シ併セテ為シ得レバ『ソ』連ヲシテ日独伊ノ立場ニ同調セシメン」(97)、と説明している。また、伏見宮博恭軍令部総長が、「本同盟ノ成立ニヨリ日蘇国交調整ニ寄与スル程度如何」と質し、「石油問題ニツキテハ大体確カナル取得ノ見込ナシト解シテ可ナリヤ尚一言スヘキハ『ソ』連ノ供給ヲ待ツコトハ大ナル期待ヲ持チ得ス結局蘭印ヨリ取ルコトトナリコレニハ平和的ト武力的トノ二方法アルモ海軍ハ極力平和的方法ヲ認ム」と発言したのに対して、松岡外相は、次のように答弁している(98)。

〔日ソ国交調整について〕

日ソ国交ノ調整ニハ独逸ヲ仲介ト致シ度ク日ソ国交ノ調整ハ又独逸ノ利益トナルヲ以テ彼ハ此ノ仲介ヲナスヲ希望シテ居リマススターマー公使ハ本件ニ関シテハ未タ「ソ」側ト一切話シ合ヒヲシタ事ハナイト申シテ居リマス且昨年独「ソ」不可侵条約締結ノ際「リ」外相カ「スターリン」ニ対シ日「ソ」国交ヲ将来如何ニスヘキヤヲ尋ネマシタ時スターリンハ日本ニシテ和ヲ欲スレハ我モ和ヲ欲シ日本戦ヲ欲セハ我モ亦戦フヘシト答ヘタコトニヨリマシテモ「ソ」側ハ日「ソ」国交ノ調整ニ十分意志アリト判断セラレ独逸側ハ何等ノ障碍ナク極メテ手軽ニ此ノ調整カ出来ル様ニ考ヘテ居リマス又スターマー公使カソ聯ヲ通過スルコトハ「ソ」側ニ秘スルコトハ不可能テアリ何等カモスコーニ於テ「ソ」側ト話シ合ヲ致シタノテハナイカト疑ツテ居リマス何レニシマシテモ日「ソ」国交調整ニハ独逸ニ斡旋セシムルコトニ相当ノ希望ヲ繋キテ可ナリト考ヘマス

〔ソ連の石油供給について〕

本協約ノ交渉ニ当リテモ油ノ獲得ハ最モ留意シタル所ニシテ英米ノ資本ナルモ和蘭ノ所有ニ属スル蘭印ノ石油獲得並ニ将来日本ニ対スル企業ノ許可等ニツキ和蘭本国ヲ押ヘアル独乙トシテ何ヲナシ得ルヤヲオツト、スターマーニ質シタル所相当ノ骨折ヲナスヘシトノコトナリ又スターマーノ言ニヨレハ独乙カ今回仏国ニ於テ獲得セシ油ノ量ハ昨年九月ヨリ現在迄消費セシ油ノ量ニ勝ルトノコトナリ又「ソ」聯ハ忠実ニ対独経済契約ヲ履行シアリテ英国ノ喧伝ニ拘ラス「ソ」聯ヨリハ相当ノ油カ独乙ニ送ラレツ、アリ又ルーマニアヨリモ多量ノ油ヲ得ツ、アリテ独乙ハ油ノ心配ナシトノコト故実ハ本協約ノ結果米国ノ禁輸ヲ受クルハ日本ノ最モ苦痛トスル所ナルニヨリ独乙ノ油ノ半分位ヲ日本ニ割譲スル様申込ミ置キタル所、彼等ハ極力努力スヘシト云ヘリ又北樺太ノ石油モ大部分ハ一部ヲ日本ニ分譲シ又日本ノ同地ノ企業ヲ妨害セサル如ク「ソ」聯ヘ斡旋方依頼シ置キタル処日「ソ」国交調整后ハ其問題ハ容易ナルヘシト述ヘ居タリ

松岡外相は、九月二七日、ベルリンにおいて来栖三郎駐独大使をして、日独伊三国同盟に調印させた。その一方で、東京においては、松岡外相・オット駐日独大使の間に秘密交換公文が結ばれた。

(三)　日独ソ三国間の不侵略および中立条約案

松岡外相による外務省の大改造人事の一環として、八月二九日、東郷大使の召還命令が発せられ、建川美次陸軍中将が新駐ソ大使に任命された。建川大使がモスクワへ到着した直後、一〇月三〇日、松岡外相の訓令に基づきモロトフ委員に不侵略条約案を提示した。なお、この条約案は「独ソ不可侵条約」に倣う形で作成されたものである。

不侵略条約案

大日本帝国政府及「ソヴィエト」社会主義共和国連邦政府ハ両国間ノ平和及友好ノ関係ヲ一層鞏固ナラシムルノ希望ニ促サレ左ノ通協定セリ

第一条　両締約国ハ相互ニ其ノ領土権ヲ尊重シ他ノ一方ニ対シ単独ニテ又ハ一若ハ二以上ノ第三国ト共同シテ一切ノ侵略行為ヲ為サザルコトヲ約ス

第二条　締約国ノ一方ガ一又ハ二以上ノ第三国ヨリ軍事行動ノ対象トナル場合ニハ他ノ一方ハ如何ナル形式ニ於テモ右第三国ヲ支持セザルベシ

第三条　両締約国政府ハ両国政府ニ共通ナル利害ニ関スル問題ニ付情報ヲ交換シ又ハ協議スル為将来相互ニ緊密ナル接触ヲ維持スベシ

第四条　両締約国ノ何レノ一方モ他ノ一方ニ直接又ハ間接ニ対抗スル如何ナル国家群ニモ参加セザルベシ

第五条　両締約国間ニ何等カノ問題ニ関シ紛議又ハ紛争ヲ生ズルトキハ右紛議又ハ紛争ハ友好的意見ノ交換又ハ必要ナル場合ニハ紛争処理委員会ノ設置ニヨリ専ラ平和的ニ解決セラルベシ

第六条　本協定ハ署名ノ日ヨリ実施セラルベク且十年間効力ヲ有スベク締約国ノ何レノ一方モ右期間ノ満了一年前ニ本協定ノ廃棄通告ヲ為サザルトキハ本協定ハ次ノ五年間自動的ニ効力延長セラルルモノト認メラルベシ

右証拠トシテ下名ハ各其ノ本国政府ヨリ正当ノ委任ヲ受ケ本協定ニ署名セリ

昭和十五年　月　日即チ千九百四十年　月　日「モスコー」市ニ於テ日本語及露西亜語ヲ以テセル本書各二通ヲ作成ス

〔交換公文省略〕(99)

一方、松岡外相は、一一月中旬、リッベントロップ外相要請に応じて、三国同盟とソ連の関係（四国間の利益の境界の画定問題）、バルカン・東欧地域における独ソ両国の利害関係を話し合う目的として、モロトフが訪独するのに先んじ、来栖三郎駐独大使を通じて、リッベントロップ外相へ日ソ不可侵条約案を内示するとともに、その成立についてドイツ政府の斡旋を求め、また、独ソ共同もしくは各別に、蔣政権に対し日本と和平するよう勧告を与えることについて、ソ連政府を説得してほしいと申し入れた。[100]そしてさらに、日ソ国交改善され日中戦争が解決されれば、日本はイギリス打倒について独伊と協力し得ると、あわせて説明させた。

これに対してリッベントロップ外相は、㈠ソ連は戦争拡大を防止し、平和の迅速克服の意味において日独伊三国同盟条約の趣旨に同調することを表明する、㈡ソ連は欧亜の新秩序についてそれぞれ独伊および日本の指導的地位を承認し、日独伊三国側はソ連の領土を尊重することを約束する、㈢日独伊三国およびソ連は、各々他方を敵とする国家を援助しまたはそうした国家群に加わらざることを約束する、などを主内容とした、いわゆる「リッベントロップ腹案」（ヒットラーとの見解の相違）を示し、モロトフ委員との協議の基礎とすることを伝えた。それは、モロトフが一一月一〇日より一四日までベルリン滞在中に、リッベントロップ外相より日ソ間の斡旋を申し出るというかたちで話し合われたが、具体的成果はなかった。[101]

建川大使はモロトフ委員の帰国を待って、一一月一八日会談したが、ソ連側は北樺太利権の日本側譲歩を求め、「失地回復ヲ伴ハザル付侵略条約ヲ想像スル能ハズサリトテ『ソ』側ガ南樺太、千島等ヲ問題トスルニ於テハ日本側ハ適当ト思考セザルベキニ依リ此ノ際ハ中立条約ニ付交渉スルヲ妥当トスベク中立条約ナラバ利権ニ関シ話合ハバ足ル次第ナリ」と主張して、左記ソ連の中立条約案および議定書案を提示した。[102]

ソ連提示の中立条約案

「ソヴィエト」社会主義共和国連邦政府及日本国政府ハ両国間ノ平和及友好関係ヲ鞏固ナラシムル希望ニ促サレ左ノ通協定セリ

第一条　両締約国ハ平和及友好関係ヲ維持シ且相互ニ領土保全ヲ尊重スベキコトヲ声明ス
第二条　締約国ノ一方ガ一又ハ二以上ノ第三国ヨリ軍事行動ノ対象トナル場合ニハ他ノ一方ハ全紛争ノ期間中中立ヲ守ルベシ
第三条　本中立条約ハ署名ノ日ヨリ直チニ実施セラルベク且五年間効力ヲ有スベシ
締約国ノ何レノ一方モ右期間満了ノ一年前ニ廃棄通告ヲ為サザル時ハ本協定ハ次ノ五年間自動的ニ延長セラレタルモノト認メラルベシ
第四条　本条約ハ成ルベク短期間ニ批准セラルベシ批准書ノ交換ハ……ニ於テ行ハルベシ条約ハ署名後直チニ実施セラルベシ
千九百四十年……露西亜語及日本語ヲ以テセル本書弐通ヲ作成ス

議定書案

本日「ソヴィエト」社会主義共和国連邦及日本国間ニ中立条約署名セラレタルニ関連シ両締約国ハ左ノ通協定セリ
一、北樺太ニ於ケル日本石油及石炭利権ハ解消セラレ（「リクヴィディルユッツア」）一九二五年十二月十四日「モスコー」ニ於テ「ソヴィエト」社会主義共和国連邦及日本国間ニ締結セラレタル当該利権契約ハ廃棄セラル前記利権ニ属スル企業及財産ハ其ノ現在ノ状況ニ於テ「ソヴィエト」社会主義講和国連邦ノ所有ニ帰スルモノトス
二、「ソヴィエト」社会主義共和国連邦政府ハ利権企業ノ所有者ノ為シタル投資（「ウロジェニヤ」）ニ対シ公平ナル代償ヲ右所有者ニ交付スルコトニ同意ス其ノ額ハ双方代表者ヨリ成ル委員会ニ於テ決定セラルベシ
三、「ソヴィエト」社会主義共和国連邦政府ハ五年間ニ亘リ通常ノ商業条件ヲ以テ毎年約十万噸ノ範囲ニ於テ「サガレン」石油ノ供給ヲ日本政府ニ保障スルコトニ同意ス
四、本議定書第一項ニ準拠シ石油及石炭利権者ニ属スル総テノ企業及財産ノ「ソヴィエト」社会主義共和国連邦ニ対スル引渡ハ本議定書署名ノ日ヨリ一ケ月ノ機関内ニ行ハルベキモノトス
五、本議定書ハ署名ノ日ヨリ実施セラルベシ

ソ連側の提案について、松岡外相はソ連の態度に不満足の意を示し、利権解消は考慮しがたく、逆に北樺太買収を提議するよう建川大使に訓令し、その意向をモロトフ委員に伝えたが、ソ連側はこれを問題とせず交渉は頓挫した。[103] リッベントロップ情報はソ連の情報を正確に伝えていなかったことになる。しかも、日本の期待した独ソ交渉は何等進展するどころか、独ソ関係は悪化の一途をたどっていった。

(四)　利権未解消の条約締結

松岡外相は、リッベントロップ外相およびチアノ外相より渡欧の勧告を受け、政戦両略一致のもとに、ベルリン、ローマを訪問したいとして、一九四一年一月六日、「対独、伊、蘇交渉案要綱」[104]を作成し、陸海軍側の意向を打診した。この案は、「リッベントロップ服案」に基づき、ソ連をしてイギリス打倒について日独伊三国と同調させることを主眼とするもので、依然としてドイツの斡旋により、日ソ関係の改善を期待するものであった。そして、二月三日、大本営政府連絡懇談会において、同交渉案要綱が審議された。

対独、伊、蘇交渉案要綱

一、蘇連ヲシテ所謂「リッベントロップ」腹案ヲ受諾セシメ右ニ依リ同国ヲシテ英国打倒ニツキ日、独、伊ノ政策ニ同調セシメルト共ニ日、蘇国交ノ調整ヲ期ス

二、日、蘇国交調整条件ハ大体左記ニ拠ル

(一)独逸ノ仲介ニ依リ北樺太ヲ売却セシム

若シ蘇連カ右ニ不同意ノ際ハ北樺太利権ヲ有償放棄スル代リニ向フ五ヶ年間二五〇万噸ノ石油供給ヲ約束セシム尤モ之カ為要スレハ我方ニ於テ北樺太ニ於ケル原油増産ヲ援助スルモノトス

㈡帝国ハ蘇連ノ新疆外蒙ニ於ケル地位ヲ了承シ蘇連ハ帝国ノ北支蒙疆ニ於ケル地位ヲに了承ス新疆外蒙ト蘇連トノ関係ハ蘇、支間ニ於テ取極メシムルモノトス
㈢蘇連ヲシテ援蔣行為ヲ放棄セシム
㈣満、蘇、外蒙間ニ速カニ国境画定及紛争処理委員会ヲ設置ス
㈤漁業交渉ハ建川提案（委員会案）ニ依リ妥結ニ導ク尤モ漁業権ハ日、蘇国交調整上必要ナレハ抛棄シテ差支ナシ
㈥日、蘇通商ノ為相当数量ノ貨物輸送ニ必要ナル配車ヲ為シ且運賃ノ割引ヲ約セシム
三、帝国ハ大東亜共栄圏地帯ニ対シ政治的指導者ノ地位ヲ占メ秩序維持ノ責任ヲ負フ
右地帯居住民族ハ独立ヲ維持セシメ又ハ独立セシムルヲ原則トスルモ現ニ英、仏、蘭、葡等ノ属領タル地方ニシテ独立ノ能力ナキ民族ニ付テハ各其能力ニ応シ出来得ル限リノ自治ヲ許与シ我ニ於テ其統治指導ノ責ニ任ス
経済的ニハ帝国ハ右地帯内ニ於ケル国防資源ニ付優先的地位ヲ留保スルモ其他ノ一般的通商企業ニ付テハ他ノ経済圏ト相互的ニ門戸開放機会均等主義ヲ適用ス
四、世界ヲ大東亜圏、欧州圏（「アフリカ」ヲ含ム）、米洲圏、蘇連圏（印度、「イラン」ヲ含ム）ノ四大圏トシ（英国ニハ豪洲及「ニュージーランド」ヲ残シ概ネ和蘭待遇トス）帝国ハ戦後ノ講和会議ニ於テ之カ実現ヲ主張ス
五、日本ハ極力米国ノ参戦ヲ不可能ナラシムル趣旨ヲ以テスル行動施策ニ付独逸当局ト諒解ヲ遂ケ置クコトトス
六、独、伊特ニ独ハ蘇連ヲ牽制シ万一日満両国ヲ攻撃スルカ如キ場合ニハ独、伊直チニ蘇連ヲ攻撃ス
七、日本カ欧州戦争ニ参加スル場合ニハ独、伊等味方諸国間ニ単独不講和協定ヲ締結ス
八、支那全面和平ノ促進ニ就キテハ尚独ト懇談ヲ遂ク
九、松岡外相ハ渡欧ノ上独、伊、蘇各国政府ト交渉シ前記要領ノ貫徹ニ努力シ要スレハ条約ヲ締結ス

松岡外相は、ドイツ、イタリアの渡欧要請の真意に疑問があり、また、民間にはイギリス、アメリカを刺戟しかねないとの非難もあるが、「強イ意志ヲ以テ進ム必要アリ」と主張した。陸海軍より、渡欧時期を対仏印基礎交渉成立後

にすべきであるとの意見があったが、松岡の渡欧に依存なしとの返答がなされた。松岡外相は「六」について、スターマーが来朝の際、ソ連を日本とともに挟撃するか同盟に引き入れるか、リッベントロップに研究を要請したところ、リッベントロップとオットは即座に同盟は不可で挟撃を要すると答えたので、本件については、ドイツと慎重に話し合う必要がある説明している。また、「八」についての議論が最も長く時間を費やしたが、問題となったのは、松岡外相の「南方ニ根ヲ下サナケレハ支那事変ハ解決セヌ根ヲ下ス為ニハ国力ヲ要ス之カ為支那戦線ハ縮少スルヲ可トス」という発言である。これに対して、杉山元陸軍総長および岡敬純海軍省軍務局長より、戦線を縮小すれば事変解決は不可能であり、戦線縮小南方進出案には絶対反対であるとの反論があり、また、及川古志郎海相より、南方に出るとするならば「支那事変をやり直した後」でなければならないということになる、との発言があった。戦線縮小案は否決されて、「支那全面和平ノ促進ニ就テハ尚独ト懇談ヲ遂ク」(105)と修正された。

木戸幸一内大臣は、昭和天皇および近衛文麿首相に、松岡の渡欧については慎重に考慮する必要があると進言したのに対して、天皇は来栖大使の電報にヒトラー総統が将来ソ連との戦争の可能性を述べていたことに憂慮し、近き将来独ソ戦となれば、「わが国は同盟国上の義務もあり、南方に手を伸ばしたる上に、また、北の方にても事を構うる如き事となりては由々しき問題となるをもって、南方施策については充分慎重に考うるの要あるべしとのご感想をお漏らし」(107)になったという。松岡外相の側近の一人である斎藤良衛外務省顧問もまた、松岡の渡欧に反対したが、これに対して松岡は、「今度の旅行はリッベントロップとチアノとのかねての約束を実行することを表向きの建前にしているが、本当は同盟条約に対して新しい態度を考えなければならない重大事態に直面したのである。日ソ国交調整がどうもうまく行きそうもないこの頃の雲行きに鑑み、僕自身でヨーロッパの実情を視察し、調整に幾分でも望みがあると見たならば、直接ヒトラーやスターリンと話し合って、問題を一日でも早く解決するつもりでいる。もしも調整が不可能で、同盟がアメリカの参戦防止の役に立たないと見たら、外交政策の修正を考えねばならぬ[107]」と述べた。松岡は、日独伊ソ四国協商案にドイツが反対であり、むしろドイツとしては、対英戦争のために日本のシンガポール進攻を望み、また、近い将来のソ連への独日よる挟撃を主張していることを重々承知の上で、日ソ国交調整に重きを置いていたと言える。その理由は、欧州戦争の勃発によって日本の対欧州貿易は大打撃を受け、「日独間の運輸交通にソ連が便宜を与えず、日独の密着実現を遮断している。何とかこれを解決する必要がある[108]」。そのためにスターリンとの会見を試みたいというのが、松岡の渡欧の真の目的であったと推測される。

松岡一行は、三月一四日、下関から連絡船「金剛丸」で釜山に渡り、大邱まで列車、それから新京、ハルビンへと飛行機を乗り継ぎ、ハルビンから列車でモスクワへと向かい、三月二三日到着した。二四日にはクレムリンにスターリン書記長およびモロトフ外相を訪問し、約一時間の会談で、新秩序建設のための日ソ両国民の親善達成の可能性と必然性をアピールした。二四日のうちに一行はモスクワを発ち、二六日ベルリンに到着した。三月二九日の松岡・リッベントロップ会談では、ソ連がもし日本を攻撃するようなことがあれば、ドイツは即座にソ連に一撃を加えることを確約するので、日本は対ソ紛争に不安なくシンガポールに南進することができるだろう、とのドイツ側の発言があった。四月一日のローマにおける松岡・ムッソリーニおよびチアノ会談を終えて、四日に松岡・ヒトラー会談、五日に松岡・リッベントロップ会談がおこなわれたが、ドイツ側は「リッベントロップ腹案」に基づいて作成されたとする松岡の「対独、伊、蘇交渉案要綱」に全く興味を示さなかった。

松岡一行は、すでに独ソ関係は機微を極めているとの認識を新にし、日ソ国交調整についてドイツの斡旋を期待し難い状況はもちろんのこと、むしろ独ソの確執が早晩激化するのではないかとの事態の憂慮を深めた。ところが、松岡はこの独ソ間の情勢を利用することによって、ソ連をして日本に接近させる動機となり得る、つまり日ソ政治協定締結の可能性ありと判断した。そこで、ベルリンからの帰途、四月七日、モスクワに立ち寄り、七日および八日の両日それぞれ三時間半にわたるモロトフ委員との会談で、北樺太の譲渡、不侵略条約の締結を主張した。しかし、これに同意を得られず、松岡は昨年一一月一八日にソ連の提示した中立条約案（但し議定書を削除したもの）の調印に譲歩する提案を示したが、モロトフはあくまで議定書の不可を強硬に主張して譲らず交渉は停滞した。

松岡外相は帰国を延期して、いったんレニングラードを訪問した後、四月一一日、一二日、モロトフとの四度の会談を重ねたが、新たに中立条約第一条中に満州国および蒙古人民共和国の領土保全、不可侵を加え、譲歩の態度を示さず、交渉は決裂した。松岡外相はスターリン書記長からの連絡で、一二日午後五時、最後の試みとして会見に臨んだが、正味わずか二五分という短時間で急遽日ソ中立条約の妥結にいたった。

ただし、この日、モスクワのクリップス英国大使は、チャーチルの書簡を松岡外相に手交し、ドイツの戦力評価について注意を喚起した重要な情報を提供していた。それは、一九四一年の夏あるいは秋において、ドイツは対英戦で制海権を失い、イギリスを征服することは不可能となる予測を伝えていた(109)。

松岡は独ソ対立の状況を認識しながらも、三国同盟にソ連を加えた四国協商が成立すれば、シベリア鉄道経由の欧州貿易が可能となること、日米国交調整の交渉に優位な牽制になり得ることを想定し、あるいは独ソ対立状況にあってもドイツの優勢下であれば、日ソ中立条約を結んでおくことは、北守南進による日中戦争終結促進、蘭印の石油をはじめ南方資源の確保、樺太からの石油供給確保なども可能になる、と期待したにちがいない。

四月一三日午後三時、クレムリンにおいて松岡外相・建川大使とモロトフの間に中立条約および声明書が調印され、半公信のかたちで通商協定・漁業条約についての松岡外相からモロトフ委員に宛て機密書簡が手交された。さらに、松岡外相はモロトフに、ソ連の要望に応じ北樺太利権を数ヵ月以内に解消するための和解に努力することを約束し、条約調印後、直ちに帰国の途についた。従って、中立条約の効力に関する問題とともに、利権解消問題が以後数年にわたり、日ソ交渉の中心課題となった。

(五) 独ソ戦争がもたらした日ソ中立への影響

一九四一年四月一六日、ワシントンの野村吉三郎駐米大使より「日米両国諒解案」[111]が東京に届いた。近衛首相は大本営政府連絡会議に提議し、「日米両国諒解案」を些少の修正をして受け入れることに決定した。しかし、松岡の帰国を待って開催された、四月二二日の大本営政府連絡会議では、松岡は「日米両国諒解案」について、「自分の考ヘトハ大分異フ故慎重ニ考フル必要アリ」[112]と発言したため、「日米両国諒解案」による国交調整交渉は保留された。

日ソ中立条約の批准交換は、一九四一年四月二五日、東京においておこなわれ、同日以降五年間の条約効力を発生させた。その後、状況は急変した。六月一一日、日ソ通商交渉の仮調印をおこなったが、この日、独ソ戦が勃発して実施不可能となり、国内手続きを停止させた。また、進行中の「全般的国境確定及紛争処理委員会」の設置に関する交渉、漁業条約交渉も中止された。この予期せぬ事態は、ソ連を枢軸国側に引き込み、四国協商グループの形成による「毅然たる態度」をアメリカに示すことによって、日米交渉を優位に進めようと目論んでいた松岡外交に、多大の影響をもたらした。

一方、アメリカ議会は、一九四一年三月一一日、武器貸与法を採択し、イギリスなどアメリカの安全保障に必要とみなされる諸国への武器輸出を認めた。この間、アメリカ政府は欧州戦争の進展と極東の変動を注意深く日本の政策を見守っていた。日ソ中立条約締結の報に接したアメリカ政府は、日本が北辺をかためて南進すれば、もたらす結果は、日米の正面衝突であるのは明らかであるとしながらも、むしろこの条約でソ連が二正面の戦争で敗北するのが避けられたことに安堵した。アメリカはソ連を将来の重要な同盟国と位置づけ、独ソ戦争におけるソ連の勝利を援助する軍事政策を闡明にし、武器貸与法のソ連への適用を決定したのである。このことは、アメリカが欧州戦争に直接介入する以前に、すでにアメリカ・イギリス・ソ連の連携の枠組みが創設されたということになる。

六月二二日の独ソ戦開始は、日本にとっては、北へ侵攻しドイツと協力してソ連に戦争をしかけるか、それとも南に侵攻してアメリカとの戦争に備えるかの二者択一に迫られることになるが、ここに不安定な日ソ中立条約の存在と、不確実な援蔣ルート遮断による日中戦争終結、さらに欧州戦争でのドイツの優勢に連動して発生した仏印・蘭印の南方の空白化に誘惑され、自主的確乎たる国策に基づくものではない、まさに「世界情勢ノ推移ニ伴フ時局処理」として、南進を決意することとなる。六月二四日、陸海軍は、「情勢ノ推移ニ伴フ帝国国策要綱」を採択し、「独ソ戦ニ対シテハ……暫クコレニ介入スルコトナク密カニ対ソ武力的準備ヲ整ヘ自主的ニ対処ス」ること、また、「独ソ戦争ノ推移ハ帝国ノタメ極メテ有利ニ進展セバ武力ヲ行使シテ北方問題ヲ解決シ北辺ノ安定ヲ確保ス」ることを決定した[113]。

独ソ開戦後から太平洋戦争勃発に至るまでの間の日ソ交渉は、独ソ戦の進展、とくにモスクワ陥落の危機と関連して、日本側の優位な立場で展開され、ソ連側は飽く迄日本の中立条約遵守を求める態度に終始した。

ソ連側の動きを見ると、六月二四日、スメターニン駐日ソ連大使は松岡外相へ、独ソ戦争が勃発したが日ソ中立条約は遵守されるや否やの質問をおこなったが、松岡外相は、「日『ソ』中立条約ハ日独伊三国同盟ニ対シ些カモ影響スル所ナカルベキモノニシテ帝国トシテハ三国同盟ニ影響ヲ及ボス如キ如何ナル条約モ締結シ得ザル次第ハ『スターリン』、『モロトフ』両氏共勿論承知セラレ居ル筈ナリ而シテ現実ノ事態ニ則スル帝国ノ態度如何ニ付テハ唯今ノ処申述ブルコト不可能ニシテ三国同盟ヲ以テ外交ノ枢軸ト思考シ居レル帝国政府トシテハ独伊トモ相談ノ上政府ノ意向ヲ表明スベシ」[114]と返答している。松岡は、日ソ中立条約は三国同盟に影響を及ぼさざることを前提にしており、このことはスターリンも諒解しているはずであると強調し、もし三国同盟条約中に抵触するような規定が日ソ中立条約中に存在するとすれば、その点において中立条約は停止されるものと考えると明言した。さらに、アメリカによる対ソ援助物資のウラジオ経由輸送問題をとりあげ、ソ連の態度如何が日本の政策を左右するとの高圧的姿勢を示した。松岡外相の態度は、ソ連政府に多大の不信を与えたことは否定できず、日ソ中立条約による日ソ相互の信頼感を、日本側みずから損ねたことになった。このことは、終戦間際の日ソ交渉の立場に逆転現象がみられ、ソ連側の優位な立場で展開され、日本側は飽く迄ソ連の中立条約遵守を求める態度に終始したことを想起させる。

松岡外相は、大本営政府連絡会議において、日本は南進を一時取り止めて、直ちにソ連との戦争を開始すべきだと主張し（天皇への上奏も同様におこなった）、これに対して杉山元陸軍参謀総長の主張は、独ソ戦の成り行きが決定的に日本に有利になるまで事態を静観すべきで、「南方作戦を速やかに完結させ、その後に北方に対処する」というものであった。[115]

七月二日に開催された御前会議においては、「情勢ノ推移ニ伴フ帝国国策要綱」を決定し、独ソ戦の経緯を注視しながら南進するという折衷的な消極的対応方針が採られた。[116] しかし、この決定はソ連との戦争を放棄したわけではなく、機が熟せばソ連を攻撃する態勢をとったわけで、「熟柿作戦」ということで、関東軍の特別演習という名目で、ソ連攻撃の準備のための演習が実施され、満州に駐屯する関東軍の兵力を四〇万から七〇万に増強させた。

七月二日、松岡外相はスメターニン大使を招致して、日本政府の独ソ戦に対する根本方針について、三国同盟を遵守する義務は中立条約よりも優先されることを伝え、「日本政府ノ衷心ヨリノ希望ハ自国ノ利益ヲ擁護スルト共ニ同盟国間ニ相互信頼ノ精神ヲ保持シツツ『ソ』連ト良好ナル関係ヲ維持スルガ如ク周到ニ考慮セラレタル政策ヲ執ルコトノ可能ナランコトノ一事デアリマス」と述べ、日本が政策を矛盾なく遵守し得るか否かは「将来ニ於ケル事態ノ発展如何ニ係ル」と強調し、日本は独ソ両国間の紛争解決の斡旋の労をいとわないとも述べた[117]。

その後、松岡外相がアメリカ、イギリスの両国大使に日ソ中立条約は法律的効力を有せず日本はこれを履行する義務がないと述べたことに対して、七月一三日、スメターニン大使がその真偽の質問のため来訪した際、松岡外相は「日『ソ』中立条約ハ現戦争ニハ適用ナシトノ『クレーギー』英国大使ニ対スル陳述」を認め、「日本ハ日『ソ』中立条約、日独伊三国同盟条約ノ孰レニモ拘束セラレズ日本独自ノ政策ニ依リ現下ノ政局ニ処シ行ク意向ナルガ唯三国同盟条約ハ帝国外交ノ基調ナルヲ以テ日本トシテハ其ノ目的及精神ハ之ヲ守ル要アルハ勿論ナリ」と日本の態度を改めて表明し、「目下ノ処現戦争ニ関スル限リ中立条約ハ適用ナシ[118]」と述べた。

近衛首相は、日米交渉への障害、日ソ関係の混乱をもたらした松岡外相を解任させるため、いったん内閣を総辞職させ、第三次内閣を組閣して外相に豊田貞次郎を就任させた。七月二五日、スメターニン大使は、豊田新外相に対し松岡前外相の声明（中立条約は有効であると称しつつ、三国同盟条約の関係上、今次の独ソ戦争に関しては適用なし）の矛盾を指摘して中立条約の効力を質問したが、豊田外相は委細は研究の上返答するが、「松岡前大臣モ述ベタル通リ帝国ハ独『ソ』戦争ニ依リ困惑セル立場ニ立ツモノナレバ之以上日本ノ立場ヲ微妙ナラシメザル様『ソ』連政府ニ於テモ充分注意アリ度ク例ヘバ極東ニ於テ第三国ニ軍事基地ヲ与フルガ如キコトナカランコトヲ要望スル[119]」と述べた。

スメターニン大使への豊田外相の回答は、八月五日になされた。独ソ戦争と日ソ中立条約との関係、あるいは日独伊三国同盟と中立条紀との関係については、種々法律論も立ち得るが、日本は中立条約の各条項の義務を誠実に履行する意向であると言明するとともに、ソ連においても中立条約を厳守すべきは勿論、中立条約の根本精神に反するが如き行為、例えば東亜においてソ連が日本を刺戟したり脅威を与えるような行為をおこなわないことを期待すると述べ、さらに次のように日本外交姿勢を伝えるとともに、豊田は対米軍事基地提供問題、ウラジオ経由アメリカの援ソ物資輸送問題、援蔣問題にも言及した。

元来帝国外交ハ三国同盟条約ヲ以テ根本義ト為シ居リ日「ソ」中立条約モ右三国同盟条約ノ目的トスル所ヲ更ニ拡充スル為締結セラレタルモノナル次第ニテ従テ独「ソ」開戦ハ帝国ノ立場ヲ著シク困難且機微ナラシメタル処帝国政府トシテハ飽ク迄日「ソ」友好関係ノ維持ヲ切望シ又独「ソ」戦争ニ関シテモ中立条約ヲ遵守スル意向ナルガ「ソ」側ニ於テモ右帝国政府ノ意向ニ対応スル態度ヲ執ルベキヲ要望ストテ、㈠東亜ニ於ケル「ソ」連領土ヲ第三国ニ割譲、売却又ハ租貸シ或ハ此処ニ軍事的拠点ヲ提供スルガ如キコト、㈡「ソ」連ト第三国トノ軍事同盟ノ適用範囲ヲ東亜ニ及ボスコト及第三国トノ間ニ帝国ヲ目標トスル同盟等ヲ締結スルコトノ如キハ直ニ帝国ニ脅威ヲ与ヘ中立条約存立ノ根底ヲ覆スコトトナルベキヲ以テ帝国トシテハ絶対ニ黙過シ得ザル所以ヲ指摘シタル上此等ノ点ニ関スル「ソ」連政府ノ確乎タル保障ヲ要望スルト共ニ蔣政権ヲ直接又ハ間接ニ援助スルガ如キハ今後絶対ニ之ヲ行ハザル旨ノ約束ヲ求メ又且日「ソ」両国間ノ各懸案ニ付テモ右見地ヨリ速ニ解決スルヲ要スル旨強調シ（北樺太利権圧迫問題、「ソ」連側ニ依ル危険水域設定問題ニ言及）結語トシテ「ソ」連側ガ中立条約ノ精神ニ悖ルガ如キ措置ハ絶対ニ之ヲ避クベキハ勿論日「ソ」間友好関係ノ維持及増進ノ障碍トナルガ如キ事柄ノ除去乃至調整ニ協力スベキヲ要望セリ[120]

同八月五日、スターリンへアメリカ大統領親書が届き、その中でローズヴェルトは、日本政府は現時点でソ連に対する攻撃はおこなわないことを決めたことの情報を提供し、自らの判断として、日本はシベリア攻撃を来春まで延期したと理解すると述べていた[121]。

豊田外相は、八月一三日、スメターニン大使より関東軍特別演習の説明を求められ、「隣国ガ戦争ニ参加セル関係上万一ニ備フル為ノ已ムヲ得ザル措置[122]」と返答したが、関特演がソ連の対日態度に及ぼした影響は、松岡の対ソ声明とも関連して、少なからざるものがあったといえる。

日本はソ連に中立的態度を維持させることこそ対米英関係処理の前提なりと位置づけ、日米関係の緊迫感の度合いが高まるにつれ、日本にとってはソ連の中立条約遵守を期待するところが増大した。一方、ソ連においては、日本側に対しソ連の中立的態度を印象付け、日本をして対米強硬外交に向かわせ、日米間に戦端を開かせることがソ連の利益に合致することであった。そのため、東條内閣期の東郷外相が、一一月二二日、スムターニン大使に、中立条約に対するソ連政府の態度を確かめたところ、ソ連政府のスメターニン大使を通じた回答（一二月一日）は、相互条件の下にソ連は中立条約を侵犯する考えはないとの簡単な返答であった。(123)

さて、近衛は第三次内閣を成立させる条件として、陸軍の南部仏印への進駐（南インドシナへの侵攻）を認めた。日本の南部仏印進駐は、アメリカの日本資産凍結を決意させ、さらには対日石油全面禁輸処置をもたらした。アメリカはフィリピンに極東軍司令部を新設し、元参謀総長のマッカーサー将軍を引退の身から引き戻して司令長官に任命した。八月になって、ローズヴェルト大統領とチャーチル首相は、カナダのニューファンドランド沖の巡洋艦オーガスタの艦上で大西洋憲章に署名し、領土拡大の否定、他国の侵略によって侵害された主権と自治権の復活などを含む、連合国の戦争目的を明らかにした。大西洋憲章に含まれた諸原則はあきらかにヨーロッパに対して向けられていたが、アジアにおいても十分適用できるものであり、とくにソ連への援助、中国への支援をも協議されていた。(124)

軍部による対米戦争が準備されつつある最中、近衛首相は戦争回避のため残された最後の手段として、ローズヴェルトとの首脳会談を提案する「近衛メッセージ」(125)を、八月二八日、野村大使を通じてハル国務長官に手交したが、九月三日のアメリカの回答は、基本原則の主張を繰り返し伝えるに止まり、八月になると山本五十六連合艦隊司令官は、真珠湾に結集しているアメリカの太平洋艦隊を襲撃する計画を完成させた。

九月六日の御前会議は、アメリカとの外交交渉が一〇月上旬までにまとまらない場合には、直ちに開戦を決意し、一〇月下旬を目途として戦争準備を完整させる「帝国国策遂行要綱」[126]を決定した。その際、ソ連が日本の態度に関して質疑した場合には、ソ連に対して「日ソ中立条約ヲ遵守シ且日満ニ対シ脅威ヲ与フル等同条約ノ精神ニ反スルカ如キ行動無キ限リ我ヨリシテ進ンテ武力行動ニ出ツルコトナキ旨応酬ス」との対処を考えていた。

日米交渉は中国からの日本軍の撤退、満州国の承認、汪兆銘政権の承認、三国同盟の廃棄をめぐって紛糾し、ハル国務長官の強硬な四原則の主張によって決裂し、近衛・ローズヴェルト首脳会談は結局実現されることはなかった。

三　大東亜戦争中の日独ソ関係

㈠　三国同盟の変容と日ソ中立問題

一〇月一八日、近衛内閣が総辞職し東条内閣が成立した。昭和天皇の意思によって「帝国国策遂行要領」を再検討するよう、「白紙還元の優諚」が東條首相に伝えられると、一〇月二三日から一一月一日の結論が出されるまで、ほぼ連日のように大本営政府連絡会議で具体的実行の研究がおこなわれた。その結論は、一一月五日の御前会議において決定された「帝国国策遂行要領」[127]である。武力発動の時機を一二月初頭と定め、陸海軍はそれまで作戦準備を完整させること、対米交渉が一二月一日午前零時までに成立すれば武力発動を中止する。対米交渉は、「甲案」「乙案」によることが決定された。来栖三郎特派大使派遣によって、野村大使とともに、一一月一七日から二二日にわたって、ローズヴェルト大統領、ハル国務長官との交渉が展開されたが、一一月二六日、ハル国務長官は対日最後通牒ともいえるいわゆる「ハル・ノート」[128]をつきつけ、日米の外交交渉に終止符をつけた。野村吉三郎大使から「ハル・ノート」を接受した東郷外相は、ベルリンの大島浩大使に打電し、ヒトラー総統とリッベントロップ外相に、「日本はソ連攻撃を行わないと報告せよ」と訓令した。（この情報も暗号解読によってか、アメリカからソ連に流され）、この情報を手にしたスターリンは、このとき初めて極東から精鋭の師団をモスクワ防衛のために移動させたのである[129]。

東郷外相は、一一月二二日および二八日、スメターニン大使と会見し、日ソ中立条約の遵守を確認して、ソ連は第三国との間に日本に対抗する結果となるような協定を締結しないこと、かつ第三国に軍事基地等の利用を許与しないことに、変更はないものと考えると発言し、スメターニン大使もこれを認めたが、本国へ照会のうえさらに権威あるソ連政府の回答をしたいと応酬した。スメターニン大使は本国政府の委任によるとして、一二月一日、「『ソ』連ハ日『ソ』中立条約ヲ侵犯セント考ヘ居ラズ且八月一三日ノ本使言明ハ効力ヲ保有スルモノナルコトヲ言明ス勿論右ハ日本ガ中立条約ノ義務ヲ遵守スルコトヲ条件トスルモノナリ[130]」と、東郷外相に正式回答をした。

日本はアメリカに感知されることなく、一二月七日（ハワイ時間）に真珠湾の太平洋艦隊を攻撃、大打撃を与えることに成功した。ローズヴェルト大統領はただちに日本に対して宣戦を布告した。ヒトラー総統はこれに続いてアメリカに宣戦布告、ここにいたってアメリカはヨーロッパでも太平洋でも戦争状態に突入したのである。「こうした事態の進展をスターリンは喜んだに違いない。それは、アメリカの参戦によって日本のソ連攻撃が遠のくことを意味していたからである[131]」。

一二月八日、東郷外相はスメターニン大使に、対米英宣戦を通告するとともに、ソ連の中立条約遵守の態度につき念を押し、翌日、ヴィシンスキー代理は建川大使へ、日本が中立条約を守る限りはソ連もこれを守ると言明した[132]。日本は表面上日ソ中立条約関係を維持したまま、太平洋戦争に突入した。

アメリカが日本に宣戦布告した翌日、一二月八日、ローズヴェルト大統領とハル国務長官は、新任のリトヴィーノフ駐米ソ連大使に、ソ連の対日参戦を要請した。モロトフソ連外務人民委員は、ソ連は今ドイツとの戦争に全精力を集中しなければならないときであり、また、日本との間の中立条約に拘束されているため、ただちにアメリカの要請に応ずることはできないと回答するようリトヴィーノフに訓令した。しかし、一方ではその一〇日後、スターリンはソ連を訪問したイーデン英外相との会談で、ソ連は将来日本に対する戦争に参加するであろうと述べている。さらに、そのためにヨーロッパから極東に兵力を移動させるには四ヵ月が必要であると具体的な説明をしたうえで、ソ連が対日戦争に参加するためには、日本に中立条約を破棄させるようにもっていくことが得策であるとも述べたのである。[133]

一二月末には、外務副人民委員のロゾフスキーが、スターリンとモロトフに対して、戦後のソ連外交方針についての報告を送ったが、この報告は、第一に、戦後の世界の根本的な対立はソ連と資本主義諸国との間の対立であり、第二に、ソ連にとって最も重要な課題は安全保障であるとした。日本に関しては、ソ連の安全保障の観点から、宗谷海峡、クリール諸島（千島列島）、津軽海峡を自由に航行することによって、太平洋への出口を確保することが最も重要であると指摘していた。ドイツ軍がモスクワ郊外にまで迫って、モスクワの運命すら危機的状況と思われていたこの時期に、スターリンと外務人民委員部の高官は、戦後ソ連の安全保障の観点から対日政策を構想し、スターリン自身は日本を攻撃することを念頭においていた。[134]

枢軸国側は、開戦と同時に日本政府の働きかけにより、「対米英戦共同遂行、単独不講和及び新秩序建設に関する日独伊三国同協定」を調印し（一九四一年一二月一六日公布）、「共同の戦争カ完遂セラルル迄ハ干戈ヲ収メサルノ確乎不動ノ決意」[135]を確認しあった。しかし、日独間には、ドイツは日本に対ソ戦を呼びかけ、日本は独ソ和平を働きかけるという、捩れが存在していた。

独ソ和平工作については、一九四一年一一月一五日の「対米英蘭蔣戦争終末促進ニ関スル腹案」[136]において、独ソ和平を斡旋し、さらに日独ソの提携を実現し、北方の政戦略態勢を優位にしようとの構想が立てられた。しかし、開戦後の完遂しない段階の情勢では、「現情勢ニ於テハ独『ソ』間ノ和平斡旋ハ之ヲ行ハス」とせざるを得なかったが、東郷外相は、独ソ和平が戦争終結の決め手として、外交上の手段による唯一の方法であると固く信じていた[137]。

一九四二年一月一八日、ベルリンにおいて「日独伊新軍事協定」が調印され、枢軸国の共通の戦争指導要綱を取りまとめ結束の強化を図った。ヒットラー総統は政権獲得第九周年記念日の一月三〇日、「日本の大戦参加を感謝すると共に、大東亜に於ける日本の戦果を称揚し、大戦は必ずや枢軸側の勝利に終わるであろう[138]」と述べた。

この協定の発表について、日本はソ連を刺激しないよう配慮するために、米英に対する軍事協定であることをとくに明確にするように、ドイツ駐在武官に発表方法を訓令していたが、ドイツ側では日本の意図に関係なく無断で発表してしまい、日本政府もやむを得ずこれに追随することになった。この協定の成立に当って、ドイツ側は日独の作戦地域の協定にソ連領ウラル山脈を加えることを要求してきたが、日本側は、海軍はもちろん参謀本部もこれに反対して、ソ連を対象としたものではないことを明確にしたうえで、インドおよびインド洋の大半を日本側の担任に含む、東経七〇度の線が日独の作戦境界線ということにして、日本としてはドイツの潜水艦を少しでも多くインド洋方面に進出させることを狙ったものであった[139]。ここにも日本とドイツの利害の食い違いがみられる。

日米戦争回避の努力がおこなわれた日米交渉では、日独伊三国同盟条約が大きな障害となり、野村、来栖両大使はローズヴェルト大統領、ハル国務長官に対して、自動的参戦義務を負うものではないとの説明を繰り返した。アメリカ側はその根拠について文書を以て示すよう求めたが、日本側は日独間の往復書簡の存在をアメリカに明らかにすることはなかった。日米交渉が決裂すれば、日本は日独伊三国同盟の強化に回帰する必要があったからである。開戦後の「対米英戦共同遂行、単独不講和及び新秩序建設に関する日独伊三国同協定」と「日独伊新軍事協定[140]」のさらなる締結は、日本にとってまさにドイツへの依存度を高めた戦争遂行計画にならざるを得ない姿であった。

(二) 戦争指導大綱（第一回）の対独ソ方策

南方作戦が、参謀本部の作戦関係者の予期した以上の戦果を挙げる中で、開戦以来の戦局を検討し、一九四二年三月七日、大本営政府連絡会議において「今後採ルヘキ戦争指導ノ大綱」(141)（第一回）および「世界情勢判断」(142)が決定された。

大本営政府連絡会議では、戦争指導大綱の説明をめぐって議論があり、海軍の主張する第一項、イギリスを屈伏してアメリカの戦意を喪失させるために、引き続き「既得ノ戦果ヲ拡充シテ」、長期不敗の政戦態勢を整えつつ「機ヲ見テ積極的ノ方策ヲ講ス」ることと、陸軍の主張する第三項、「一層積極的ナル戦争指導ノ具体的方途ハ我ガ国力、作戦ノ推移、独『ソ』戦況、米『ソ』関係、重慶ノ動向等諸情勢ヲ勘案シテ之ヲ定ム」との関係について、東條首相および賀屋蔵相より、陸海軍の基本構想の調整が欠落しており意味が通じないとの指摘がなされた。また、東郷外相は、重慶政権屈伏策が諜報機関の設定だけで片付けられていることに不満を述べ、軍事的に解決の見通しがないのならば、外交的措置を講ずるべきであるとの意見を提示した。また、第四項の対ソ方策については、「但シ現情勢ニ於テハ独『ソ』間ノ和平斡旋ハ之ヲ行ハス」(143)とされた。

この「今後採ルヘキ戦争指導ノ大綱」は、三月一三日、東條首相、永野軍令部総長、杉山参謀総長の列立の拝謁によって、陸海軍間の未調整を表面上とりつくろった形で昭和天皇に上奏され裁可された(144)。以後、「今後採ルヘキ戦争指導ノ大綱」および「世界情勢判断」は数回にわたり変更されていくが、「世界情勢判断」については、軍部と外務省との調整を欠き、軍部の独断によるものであった。

一九四二年に入っても、ソ連はドイツ軍のウクライナ、沿ヴォルガ、北コーカサス進攻にともない、依然として対独戦に全力を傾倒する必要に迫られた。一方、日本は対米英戦完遂に邁進するため、北辺の静謐を必要とした。そこで、中立条約は日ソ両国に必要とする安定基盤の維持に寄与していたが、日本としては、ソ連の米英接近について多大の関心を払わざるを得ない結果、ソ連の意向を打診する必要から日本側の対ソ態度に弱味を示すこととなった。

ソ連の対米軍事基地提供問題については、一月一七日、東郷外相よりスメターニン大使へ注意を喚起し、四月六日、佐藤大使はモロトフ委員へ同様の問題を伝えると、モロトフは現実の問題ではないと応え、中立条約厳守の意向を表明した。四月一八日、アメリカ軍用機一機が日本本土を空襲した後、沿海州に着陸した事件についても、ヴィシンスキー代理は佐藤尚武大使へ、ソ連側は中立条約の義務は厳守するも、ソ連領に不時着したアメリカ軍用機が搭乗者とともにソ連官憲により抑留されたことにつき、ソ連は国際法の原則に基づき行動すべきことを言明した(145)。また、六月一九日、モロトフは佐藤の日ソ関係の質問に対して、英ソ条約および米ソ協定はいずれも日本に無関係にして、中立条約についてのソ連の態度には変化はないことを述べた。このように一九四二年中は日ソ双方とも中立条約遵守の意向を表明し、両国関係は一応均衡を保っていたが、北樺太利権解消問題に関する日本の義務履行や、漁業条約の妥結も成立させることができなかったこともあり、中立関係維持については、日本側よりソ連に働きかける立場に移行しつつあった(146)。

さて、一九四二年初頭、イギリス艦隊はインド洋に戦艦三隻、空母二隻、甲巡二隻、乙巡一一隻を基幹として配備されており、近く戦艦六隻、空母二隻が増強され、戦力を保持しようとしていた。これに対し、日本側南方海軍部隊は航空母艦五隻を主力として、二月一五日、シンガポールを占領、さらにコロンボ軍港を空襲するなど、四月一一日には作戦を完遂して、東インド洋の制海権を掌握した。陸軍内の一部にはこの機会をとらえて、独ソ和平工作による対米工作の議論が起こった。しかし、大島浩駐独大使による、独ソ和平の実現性なしとの情報や、田中参謀本部第一部長による、南方作戦遂行の間は北方を安固ならしめる意味で独ソ戦は都合よく、もし和平が成立すればかえって北方が不安定になるとの意見もあり、参謀総長はじめ、首相、外相らは、東インド洋の制海権掌握という戦局を外交政策に利用しようとはしなかった[147]。

また、この海軍作戦に続き、「対米英蘭蔣戦争終末促進ニ関スル腹案」の中での構想、「西亜打通作戦」が俎上にのぼってきた。この作戦は、日本がセイロン島・カルカッタを占領し、ドイツ軍が北アフリカ・スエズ・中近東を攻略し、日独伊が南方において、政治・軍事・経済の直接提携をおこない政戦略態勢の優位を獲得し、イギリス屈伏を計ろうとする目的であり、直接的にはインドを制圧し、イギリス軍の増強を阻止することにあった。この作戦準備要綱は、六月一二日に参謀総長杉山元、軍令部総長永野修身が上奏し裁可を得た[148]。使用兵力は陸軍一、二箇師団、海軍連合艦隊の大部とし、作戦時期はドイツの北アフリカ作戦の進捗と歩調を合わせることとした。しかも第三十八、第四十八師団に、スマトラ・ジャワで上陸作戦の訓練を命じている。

一九四二年五月一日、山岡道武大佐駐ソ陸軍武官が帰朝し、その報告の結論として、「独ソ和平によりソ連を日独伊の枢軸陣営に引入れるか、或は日独・ソ連戦によりソ連の徹底的覆滅を見るか、両者の何れかが実現しなければ、ソ連は日本にとって今次戦争に於ける最大の癌となるであろう」[149]との発言をした。この発言を契機とし、陸軍部内に独ソ和平論が定着し、外務省との協力態勢ができた。七月二〇日、八月五日と、大島駐独大使より、独ソ戦の推移にともない日本の対ソ参戦を要望するリッベントロップ外相の申し入れがあったが、参謀本部はこれに不同意の態度を示し続けた。陸軍省軍務課長の佐藤賢了中将は、「熟柿はいまだに落ちていない」[150]と述べた。一方、ドイツは日本の独ソ和平の仲介斡旋に関して、「甚だ迷惑」との態度をとった[151]。

九月から一二月にかけて、参謀本部を中心に陸・海・外三省の事務当局者の間で活発に論議された。一〇月三日には、大本営政府連絡会議において「遣独伊連絡使派遣ニ関スル件」[152]が決定され、連絡使に岡本清福陸軍少将、甲谷悦雄陸軍中佐、小野田捨次郎海軍大佐、与謝野秀外務省書記官が選ばれた。一二月末には、「日独伊蘇国交調整方針」[153]が起案されたが、東條首相および大島浩駐独大使は、ドイツが一貫して日本の対ソ参戦を要請してきていることへの配慮から、独ソ和平論議に積極的に動かなかった。

参謀本部作戦課の瀬島龍三は、「一八年度計画作戦」において、北方方面、対ソ情勢判断について「出来ルダケ準備ハヤツテ之ガ日『ソ』戦防止ノ鍵トナル。『ソ』ノ対日関係ハ十七年ヨリ十八年ハ悪クナルガ、開戦ハ十八年ハ避ケラレルト考ヘルガ、十九年乃至二十年ニハ発生ヲ予期セネバナラヌ」(154)と述べているが、これは陸軍の共通の認識といえる。

一九四三年二月二日の大本営政府連絡会議において、ようやく派遣連絡使に対する訓令が決定され、また同月二六日、「三国共同の対米英戦争完遂に関する相互協力強化の方策に関する件」(155)が決定され、先の訓令に補足されることになった。その内容は、㈠三国共同戦争指導の根本方針は、なし得る限り速やかに英を屈服せしめ、米をしてその戦争意志を放棄せしむるにあること、㈡三国は速やかにインド洋および東亜を通ずる軍事的経済的提携を強化する、㈢独伊は、なし得る限り対米英戦争に徹底するに努め、ソ連との間に休戦もしくは講和する場合は予め日本と了解の下におこなうこと、というものであった。陸・海・外の派遣連絡使一行は、四月一三日にベルリンに到着し、世界情勢とくに東亜情勢、日本の戦争遂行状況、日独伊三国の戦争指導上の協力（独ソ和平を含む）および、「西亜打通作戦」についても協議をおこなった。しかし、派遣連絡使は大島大使に感化されドイツへの同調者となり、任期五ヵ月が満了したとの理由で、岡本少将以下現地にて解散させられた(156)。その後、日独伊三国はそれぞれ戦局が悪化し、この雄大な作戦計画も画餅に帰してしまった。

㈢　劣勢に転じた日本の対ソ交渉

一九四三年度に入り日ソ関係は表面上平静を維持していたが、裏面においては漸次困難を加えていく要素が出現してきた。それは、太平洋戦局のガダルカナルの日本軍の撤退および欧州戦争のドイツ軍が劣勢に転じたことにある。スターリングラードでのドイツ軍の敗北が明らかになると、新しく駐ソ大使に任命された佐藤尚武大使は、北サハリンの石油採掘にともなう利権を放棄し、漁業条約を締結することによって日ソ関係を改善する政策を採るよう政府に上申した[157]。

一九四三年四月二〇日、外相に就任した重光葵は、佐藤大使と同様の考えから、この上申を受け入れ、独ソ間の戦争を終息させるとともに日ソ関係の根本的調整を図るため、佐藤大使にソ連への交渉の申入れを訓令した。重光外相の登場は、日本の終戦工作に大きな意味を持っていた。天皇の「常時輔弼」である内大臣に就任していた木戸幸一は、重光と逸早くいかに戦争を終結させるかについて密かに相談を始めていたのである[158]。

一九四三年五月、アメリカがアッツ島奪還作戦を敢行すると、米ソ間に対米軍事基地提供交渉がおこなわれるのではないかとの情報に日本は憂慮した。五月一七日、佐藤大使はロゾフスキー代理にその確認を求めたが、ソ連は日本に一応誠意ある中立条約遵守義務の意向を示した。しかし、その後もアメリカ軍用機が北千島爆撃（八月一二日、九月一二日）後に、カムチャッカに着陸するなどの事態が起こった。また、太平洋戦争開始後にアメリカよりソ連へ転籍された船舶四隻が、四月以降、それぞれ宗谷海峡付近において日本海軍に臨検抑留されるという事件が発生した。カメネツ・ボドルスク号（四月二八日）、イングル号（四月二九日）、ノギン号（六月二五日）、ドヴィナ号（七月二〇日）である。ソ連は日本側に対して条約違反であるとの異議を申し立てて、強引にその釈放を要求し、日本側としてはソ連側の対日友好関係維持および中立条約尊重の意向を重視して釈放した。ソ連の態度は「中立条約ノ無効ヲ主張スル必要生ジタル場合ニ対スル伏線ナリトモ解セラレタル程強硬ナルモノ」[159]であった。

一九四三年六月一九日、大本営政府連絡会議において、「当面ノ対『ソ』施策ニ関スル件」[160]が決定され、「帝国ハ日『ソ』

間ノ静謐ヲ保持シ『ソ』連ヲシテ日『ソ』中立条約ヲ厳守セシメル」ことを基本方針とし、とくに懸案となっていた北樺太の石油・石炭の日本権益（尼港事件で獲得）をソ連に売却することを決定した。これは独ソ和平斡旋の呼び水として画策されたものであった。松岡が中立条約調印のときに約束していたことだが、いまだに履行されていなかったわけで、六月になって、この件に関する日ソ交渉が開始された。日本の目的は、ソ連に最小限中立を維持させることであり、可能ならば、より緊密な協力、友好関係にまで改善することにあった。日本の外交、軍事政策にとってソ連は中心的位置を占めることとなったのである。

九月一〇日、重光外相の訓令にもとづき、佐藤大使はモロトフ委員に対し、「日本政府ニ於テハ其ノ在『ソ』大使ノ努力ヲ強化シ且日『ソ』関係ニ関シ『ソ』連政府ニ対シ正確ナル意向ヲ伝達スル目的ヲ以テ日本政府ヲ直接代表スル重要人物ヲ派遣シ度キ意向」[161]を伝えた。そして、この特使の目的は日ソ友好関係増進に資せんとするもので、モスクワにおいてソ連政府との意見交換をおこなった後、さらにトルコ経由で西欧に赴き事情視察および通過各国の重要人物と会見する予定であり、帰国の際に再びソ連政府との会議を希望するもので、特使の旅行に対するソ連政府の便宜供与を申し入れた。モロトフ委員は特使派遣の具体的目的、特使の性質などについて質問しながら、日本側の申し出には具体案が含まれていないことを指摘し、さらに特使がソ連の交戦国（ドイツ、イタリヤはすでに崩壊）に赴くのかとの質問を投げかけ、佐藤大使が交戦国が日本の同盟国である以上同国に赴くことは大いにあり得ると述べたことにモロトフ委員は難色を示し、日本側の申し入れに即答を避けた。

ソ連側の正式回答は、九月一三日付「覚書」でなされたが、特使の派遣の目的について、「『ソ』連ト其ノ交戦国トノ間ニ休戦若クハ講和ノ素地準備ノ為ノ仲介ヲナサントスル試ト看做スヨリ外ナキコトヲ疑ハズ」との理由から、日本政府の提議を受諾することはできないと通告してきた。[162]こうしたソ連側の対応は、佐藤大使が予見していた通りのことであった。ソ連は日本の特派派遣の目的を独ソ戦の休戦あるいは講和の斡旋にあることを見抜き、また、日本はソ連が対独休戦あるいは講和を結ぶ意図は皆無であるとの確信を得たことになる。

九月二五日の大本営政府連絡会議に提議された「今後採ルヘキ戦争指導ノ大綱」は、三〇日の御前会議で無修正のまま決定され、対米英戦継続の必須の前提条件として、対ソ関係の好転を図ることをあげている。具体的には、ソ連に対し「極力日『ソ』戦ノ惹起ヲ防止、進ンデ日『ソ』国交ノ好転ヲ図ルト共ニ機ヲ見テ独『ソ』間ノ和平ヲ斡旋スルニ努[163]」めることが決定された。しかし、先述のごとく独ソ間の和平は不可能であったことは、すでに外務省は認識していたはずである。

それにしても日本の外交は一貫性を欠いていた。日本の海軍が、アメリカの武器貸与法にもとづいて武器を輸送していると疑ってソ連の船舶を三隻拿捕したとき、ソ連政府は、サハリンの石油採掘権と漁業条約に関する交渉を中止した。政府も外務省も、武器の輸送は、ソ連に中立を維持させるという大きな目標に比べれば些細な問題であることを承知していたが、軍令部の強い反対を抑えることができなかった。一一月にやっとのことで拿捕したソ連船を解放して日ソ交渉が再開されたときには、すでにモスクワ外相会議とテヘラン会談を終了しており、ソ連政府は連合国との関係をより一段と緊密なものにしていた。一九四三年三月二五日、漁業条約効力の五年延長に関する議定書を結ぶことができたが、同時に北樺太利権は完全にソ連側に移譲された。日本が中立条約遵守継続を熱望したことから、ソ連の強硬態度を受け入れざるを得ない弱点を露呈したかたちとなった。この間、日本は貴重な九ヵ月を浪費したのである。

一一月一〇日、佐藤大使はモロトフ委員に、共同宣言（四国、重慶）と日ソ中立条約の関係について説明を求めたが、モロトフは日ソ関係に依然変更なく中立条約は従来通り遵守されると答え、逆に佐藤大使へ「日独伊三国条約確認ニ言及シ同条約中ニハ『ソ』連ニ関スル条項モ存スル処其ノ締結当時ニ於テハ『ソ』独戦争存在セザリシモ今日ニ於テハ両国関係ハ別ノ事態ニ在ル次第ナルニ今日日独間ニ於テ右三国条約ヲ確認スルコトハ之ヲ如何ニ解釈スベキヤ」と質問した。モロトフは説明を求める理由として、「三国条約中ニハ欧州新秩序ニ関シ日本ハ独逸ヲ援助シ東亜新秩序ニ関シ独逸ハ日本ヲ援助スル規定アル処右ハ他ノ規定ニ依リ『ソ』独及『ソ』日関係ニ対シ関係ナキヤノ如クナルモ今日日本ハ『ソ』独戦争ノ事実及独逸ガ『ソ』連領土ニ対シ要求ヲ提示シ居ルコトヲ承知ノ上ニテ三国条約ヲ確認セルモノナリ」[164]と述べた。

日独伊三国条約確認問題に関する日本政府の回答は、一二月九日、佐藤大使からモロトフ委員に、次のように伝えられた。

三国条約ノ確認ハ伊国ノ政変ニ依リ三国条約ガ何等影響ヲ受クルモノニアラザルコトヲ表示セルモノニテ条約成立当時ノ事態ヲ毫モ変更スルモノニアラズ即チ元来三国条約ハ東亜及欧州ノ制覇ヲ企図シ居ル英米ノ野望ニ対抗シ日独伊三国ノ協力ヲ約シタルモノニシテ何等「ソ」連ヲ目的トスル意向アリタルモノニアラザルコトハ同条約第五条ニ依ルモ明カナリ独「ソ」戦ガ不幸継続中ナル今日ト雖モ日「ソ」間ニ於テハ中立条約厳存スル次第ニシテ帝国政府ハ「ソ」連政府ニ於テ同条約ヲ守ル限リ同様之ヲ守ルノ用意アルコトハ既ニ説明セル通リナリ[165]

一九四四年に入っても、日本は日中戦争を終息できずに大東亜戦争に苦戦を強いられ、ソ連はなお独ソ戦争を継続中であり、そうした中で日ソ中立条約と日独伊三国条約の関連をめぐっての議論が、日ソ間で繰り返された。日本本土を爆撃したアメリカ軍用機がソ連領内に遁入する事件に対し、日本側は中立違反と抗議すれば、これに対しソ連は、発動機故障のための着陸であり、国際法に準拠して措置していると応酬し、逆に日本側が独逸に軍事的支援をしていると非難する。これに対し日本は、三国条約の締約国であるが、ソ連に不利益になるような武器供給などの支援はおこなっておらず、日ソ中立条約を遵守する意思を伝え、ソ連に同様な中立条約義務を求める、といった議論の繰り返しである。

アメリカ軍用機のソ連領着陸[166]

着陸日	ソ連側発表	日本側申入日	ソ連側回答日
昭和一七、四、一八	四、二四（四、二三付）	四、二四	四、二四及四、三〇
昭和一八、八、一二	八、三〇（八、二八付）	八、二四	八、二四
昭和一八、九、一二	九、二五（九、二三付）	九、二〇	九、二四
昭和一九、六、一五	不発表	六、二四	七、八
昭和一九、六、二〇	不発表	セズ	七、八
昭和一九、八、二〇	不発表	八、二九	ナシ
昭和一九、一一、一八	不発表	一二、一三	ナシ

一九四四年二月二日の大本営政府連絡会議では、さらにソ連に対する譲歩的姿勢を示す「当面ノ対ソ施策ニ関スル件」が決定され、漁業権の面でも妥協を図り、日満ソ間の交易、満ソ国境問題を解決しようとした。こうした重光外相の対ソ静謐を築こうとする基本方針は、首相も統帥部も積極的に支持し、参謀本部としてはこれをきっかけに日ソ関係の全面的調整に乗り出そうとする希望を抱いていた。しかし、ソ連は拒否回答したのである。

一九四四年九月八日、マリク大使の一時帰国の挨拶のため重光外相を訪れた機会に、重光外相は改めて日本からの特派使節派遣の計画を伝えた。その目的は佐藤大使と共に日ソ関係の意向を徹底させるためであると説明した。モスクワでは佐藤大使が、九月一六日、モロトフ委員に面会のうえ日本政府の訓令に基づく正式な特使派遣問題を申入れ、今回の特使は前回の計画と異なりモスクワにのみ派遣されることを強調した。しかし、モロトフ委員は最近の日ソ間は友好関係を維持しており、双方満足の状態にも関わらず日本の申し出は何を意味するのか理解できず、特使の使命が不明確であり、またもや独ソ和平についてと受け取らざるを得ず、ソ連にとっては目下その時期ではないと主張した。これに対して佐藤大使は、日本の目的とするところは、とくに日ソ関係親善の増進にあると応酬したが、モロトフ委員は、「両国間ニハ新問題ナク又実際的ニ新問題ヲ提起スル要ナシ」と突き放し、「特使派遣ハ国ノ内外ニ於テ特殊ノ意味ヲ以テ解釈セラルル惧アルガ故ニ之ヲ不適当ナリト考フルモノナリ」と述べ、特派使節の受け入れを拒否した[167]。重光外相のソ連への特派使節派遣は失敗に終わり、ソ連の態度はもはや連合国側の立場を意識しているかのようであった。

(四)　戦争指導大綱（第二回）と一九四四年の危機予測

参謀本部では一九四三年七月初旬より、新たな戦争指導計画の検討を開始した。従来のイギリスを屈伏した後アメリカの戦争意志を喪失させようとする戦争指導方針を改め、アメリカの精神的破綻を促進させる施策に集中する方針が確認され、戦争指導課において「絶対国防圏」構想が練られた。一九四三年七月一日付第十五課「長期戦争指導要領（案）[168]」によれば、一九四一年一一月一五日決定の「対米英蘭蔣戦争終末促進ニ関スル腹案」および一九四二年三月七日決定の「今後採ルヘキ戦争指導ノ大綱」を修正し、一九四四年末を目途として「大東亜ノ人的物的資源ヲ結集活用シテ国家戦力ヲ急速拡充シ逐次決戦準備態勢ヲ整」え、そして、「『ソ』及重慶ノ枢軸側導入ヲ策シツツ遅クモ昭和

二十二、三年頃ヲ目途トシ世界戦争指導ノ主導権ヲ獲得」し、さらに、「帝国ハ独伊ト提携ヲ密ニシツツ機ヲ見テ一挙対反枢軸決戦ニ転移シ戦争終結ヲ図ル」という戦争計画であった。また、対ソ戦の可能性も視野に入れていることも注目されるが、依然戦争終結構想については具体策がなく、「突然欧州和平成立スル場合ニ於テハ大局的見地ニ立チテ機ヲ失セス世界終戦ニ利導スル如ク努ム、不幸ニシテ独伊ノ崩壊ヲ見ルカ欧州和平成立シ帝国ノミ戦争終末ヲ求メ得サル場合ニ於テハ愈々大東亜諸国家諸民族ノ結集ヲ鞏固ニシ戦争完遂ニ邁進ス」と述べられている。その一環として、一九四三年八月一日、ビルマ政府はイギリスより独立を宣言し、英米に宣戦布告するとともに、日本との同盟条約をラングーンにおいて調印した[169]。

一方、ヨーロッパ戦線においても大きな変化がみられた。緒戦目覚しい戦果を収めたドイツ軍の進撃は鈍り、一九四二年秋からは北アフリカにおいてイギリス軍がドイツ軍を圧勝し、また東部戦線においても、一九四三年一月二一日、スターリングラードにおいてソ連軍の反撃により大敗北を喫したドイツ軍は、その後総崩れとなって敗退しつつあり、ヨーロッパの戦局はすでに極まったの感があった。一月のカサブランカ会議において決定されたシシリー島上陸が七月挙行され、同月二四日ムッソリーニは失脚、バドリオ政権が成立した。八月中旬には米英両巨頭のケベック会議が開かれ、これに宋子文が参加して対日統合戦略を協議し、マウントバッテンを指揮官とする東南アジア連合軍の創立を決定した。そして、九月八日にはイタリアが無条件降伏した。

戦況悪化を憂慮した昭和天皇は、八月五日、杉山参謀総長に対し独ソ妥協問題について下問したが、杉山参謀総長は、「最モ重要ト存シマスコトハ戦局不利トナリシ時、独英和平ト云フ事態ニ逢着ノ場合統帥トシテ如何ニ導カルヘキヤ、事ハ極メテ重大ト相成リマスノテ研究ノ上更メテ御答ヘ申上ケマス[170]」と奉答している。すなわち、この研究が「絶対国防圏」の設定へと発展する。また、作戦指導課作成の一九四三年九月一六日付「大東亜戦争終末方策[171]」には、「欧州局部和平」の成立によって対英米戦を単独で戦うことを強いられた場合、その降伏条件は日米交渉におけるハル四原則の確認、三国同盟の廃棄、中国政策の「支那事変」以前の状態への復帰、南方政策の仏印進駐以前の状態への復帰、といった苛酷なものとなることが予想されていた。

世界終戦ノ為不利ナル妥協ヲスルヲ得サル場合ノ媾和条件
一、対米英
イ　無併合、無賠償
ロ　米ノ四原則ノ承認
ハ　三国同盟ノ廃棄
ニ　支那ニ関シテハ日支事変以前ヘノ復帰
ホ　仏印以南ノ東亜細亜南太平洋地域ノ昭和十五年九月以前状態ヘノ復帰
ヘ　内太平洋ノ非武装
ト　日米通商関係ノ資金凍結前ヘノ復帰
二、対米英交渉ニ関連シ対「ソ」開戦ヲ回避スル為対「ソ」譲歩ヲ必要トスル場合
イ　満州国ノ非武装
ロ　北樺太利権及漁業権ノ返還
ハ　亜欧連絡ノ打通

一九四三年九月三〇日午後一時より三時三〇分まで、宮中東一の間において御前会議が開催され、「今後採ルヘキ戦争指導ノ大綱」(172)（第二回）および「『今後採ルヘキ戦争指導ノ大綱』ニ基ク当面ノ緊急措置ニ関スル件」(173)が決定された。

前者は、「帝国戦争遂行上太平洋及印度洋方面ニ於テ絶対確保スヘキ要域ヲ千島、小笠原、内南洋（中西部）及西部『ニューギニア』『スンダ』『ビルマ』ヲ含ム圏域トス」ることによって、ラバウル方面、中東部ニューギニア方面、外南洋方面は戦略的に放棄することに定められた。また、対ソ関係については極力日ソ戦の惹起を防止し、かつ国交の好転を図ると共に機を見て独ソ間の和平斡旋に努めるという程度にやや消極的になり、重慶政権に対しては「不断ノ強圧ヲ継続シ特ニ支那大陸ヨリスル我本土空襲並海上交通ノ妨害ヲ制扼シツツ機ヲ見テ速カニ支那問題ノ解決ヲ図ル」(174)と述べられ、日中戦争の劣勢に転じた日本の苦況を露呈している。日本は、日ソ国交調整と独ソ和平の促進、対重慶和平の具現という方策によって終戦講和を見いだしていこうとしていた。

また、絶対国防圏を構成するために緊急措置として後者が決定されたが、陸海軍は一〇月上旬二五万総噸を増徴するなど、絶対国防圏の維持と船舶損耗対策の徹底を、大本営は誓約したのである。航空機についても陸海軍計四万機の生産を努力目標とした(175)。

この会議に「世界情勢判断(176)」も提示されたが、新構想として「絶対国防圏」を一挙にバンダ海方面より、東西カロリン諸島およびマリアナ諸島の線に後退させ、同線において反撃戦力とくに航空戦力を整備し、来攻する敵を撃破する計画を立てたが、その後も国防圏前衛線は逐次崩壊していった(177)。

一九四三年一一月二二日、ローズヴェルト、チャーチル、蔣介石の三国首脳はカイロにおいて会談し、二七日カイロ宣言に署名した。この宣言によって、英米中は初めて日本に対する戦争目的を明らかにし、㈠対日戦争は侵略阻止と懲罰が目的で領土の拡張等は求めない、㈡第一次大戦以来日本が奪取した一切の島嶼を剥奪し、また満州、台湾および澎湖島を中国に返還させる、㈢日本が暴力や貪欲から奪った他の一切の地域より駆逐する、㈣朝鮮は独立させる、ことを声明した(178)。会談後ローズヴェルトとチャーチルはただちにテヘランにおもむき、スターリンとの間で三国首脳会談を開いた。いわゆるテヘラン会談で、ソ連はドイツ降伏後数カ月以内に対日参戦をおこなうことを確約した。対日戦争を早く収拾することを熱望していたローズヴェルトは、このとき対日参戦の代償をスターリンに約束したのであり[179]、それが後のヤルタ秘密協定でも再確認された。

ときを同じくして日本では、一一月五日および六日、「大東亜会議」が開催され、「大東亜共同宣言」がなされたが、一連の連合国首脳会談による結束と対独戦略の完成は、次の対日戦略の段階が間近に迫っているという危機感を、日本政府および軍部の上層部に認識させた。

一九四三年一〇月一五日、参謀本部戦争指導課（第十五課）は戦争指導班（第二十班）となり、それまでの作戦部所管から参謀次長直轄となった。その戦争指導班において、一九四四年一月四日、「昭和十九年度ニ於ケル危機克服ノ為採ルヘキ戦争指導方策ニ関スル説明[180]」という文書がまとめられた。それによれば、日本の戦争指導上に至大の影響を与える決定的要因は、ソ連の対日動向如何にあると指摘したうえで、最悪の場合においてもソ連の対日戦を昭和二〇年春以降に遷延させることが絶対必要であり、そのためには最小限ドイツを昭和一九年末まで健在させる援護策を要するが、日本としては自主的に対ソ戦を実施し得ない情勢にあり、東亜の戦場になるべく多くの米英勢力を牽制吸引してドイツの負担を軽減する以外に方法がなく、「而シテ戦略指導ノ観念徹底ノ為ニハ相矛盾スル二要求即チ対米英戦勢ノ徹底的打開ノ方策ト対『ソ』準備トヲ如何ナル限度ニ調和セシムルヤニ存スルモ帝国ノ現在ノ国力戦力並ニ前述セル当面ノ要請ヨリセハ昭和十九年度ニ於テハ好ムト好マサルトニ拘ラス対米英戦ニ専念セサルヲ得サルヘシ、昭和十九年中ニ万一『ソ』ノ対日参戦アル場合ニ於テハ国力戦力的ニ観察シ最早必勝ヲ確算シ自主的戦争終末ヲ獲得スルコト至難ナルヘシ」との見通しが述べられ、一九四四年中期以降には日本本土に対する大規模空襲が必至の情勢となり、南東および中部太平洋方面における不可避的戦況不振に陥り、国民の戦意弛緩、輿論指導の困難が増大し、延いては国力の低下を招来するなど、物心両面にわたり憂慮すべき事態が予想されることも合わせて述べられている。

木戸内大臣は、年頭において一九四四年を予測し、次のように日記に記している。木戸も戦争指導班と同様に、ドイツの劣勢を占い、ドイツが無条件降伏した場合、日本も同時に戦争終結に導く手を打つべきや否やについては、独自の判断により行動するのはもちろんであるが、国内においてもいわゆる「バドリオの輩続出」することが予測され、この対策に最も警戒を要する。また、今後日本が遂行すべき外交方針を重臣会議で決定し、その実施の任に当るべき内閣を奏請するのも一策である。こうした事態になった場合には、相当大幅に譲歩しなければ講和の成立は見込みがない。大東亜戦争の開始の目的は、いわゆるＡＢＣＤの包囲大勢の打破であったが、そのことは宣戦の詔書にも明らかなところであり、この目的が達成されれば一応の結末に到達したものということができる。この観点から、次のような講和条項案を掲げ、提案の時期、方法について慎重に研究すべきであるが、時期はドイツの崩壊と同時にせず、しかも英米ソが一致して日本に当る態勢が整う前に提案すべきであり、方法はソ連をして仲介せしむべきであるとしている。

一、太平洋の問題は太平洋に臨める主要国に於て之を処理す。
一、日蘇支米英を以て委員会を組織す。
一、我国の占領せる地域及太平洋にある諸島は非武装地帯とす。
一、此地域に存在する主要国以外の独立国（満州を除く）は瑞西の如き永世中立国とす。其他の占領地は右主要国の混合委員会にて処理することとす。
一、此地域の経済政策は原則として自由、互恵、機会均等とす。

最後に木戸は、日本が孤立し、有色人種として世界より総攻撃されることを最も避けなければならないとして、「アングロサクソンたる米英に対するに、東洋的なる蘇支と提携し、臨機応変の態勢を整へ、ひそかに内に実力を蓄ふるを最も策の得たるものなりと信ず」と結んでいる(181)。

(五)　戦争指導大綱（第三回）と終戦条件

一九四四年二月一七日、アメリカ軍機動部隊が突如、「絶対国防圏」内にある内南洋のトラック島に大空襲をかけてきた。これは、ミッドウェー（一九四二年六月五日）、ガダルカナル（八月七日～翌年二月七日）の敗北に次ぐ、戦局上重大転機と判断すべき事件であった。この攻撃で日本海軍は艦隊随行用の輸送船舶二〇万頓（保有船腹の四パーセント）を喪失したため、以後の連合艦隊の作戦展開は大きな制約を受けることとなり、連合艦隊主力をパラオへ後退させたが、三月末、パラオも大空襲の標的となり、再び在泊艦船が壊滅的打撃を受けた。これを契機として、参謀本部戦争指導班では早期終戦方策案、およびその理由の起案を急いだ。三月中旬頃、その案文が纏められたが、骨子は次の通りである。

ドイツが崩壊したときには日本も終戦を図らねばならぬ。終戦の条件としては、妥協和平の場合と屈伏和平の場合とに区分し、戦況最悪の場合には国体護持だけに止むべきである。対ソ外交を促進して、欧州情勢の変化に応じて対処すべき準備をし、ソ連を通ずる対英米外交の基礎をつくらねばならぬ。これがため特派使節を派遣すべし(182)

この早期終戦方策案を松谷誠戦争指導班長が、真田穣一郎参謀本部第一部長、秦彦三郎参謀本部次長に報告したところ、趣旨には同意であるが、後宮淳高級参謀、東条英機参謀総長へは提出しないこと、印刷しないことなどの注意があった。しかし、松谷は、軍令部高松宮宣仁および海軍の主任者にもこの案文を渡したという(183)。そして、六月一〇日頃、松谷は参謀次長および参謀総長への説明にあたり、海軍部内の空気は戦争の前途に悲観論が多く、何等かの機会に妥協和平を企画しようとする空気が充満していること、重臣層もこの海軍部内の空気に同調、接近していることを付言した(184)。

さらに、戦争指導班において、三月一五日、「昭和十九年末を目途とする戦争指導に関する観察」(185)という文書がまとめられているが、これによると、前年九月三〇日御前会議決定の戦争指導方針を堅持し、日本が自主的に希望を以て戦争を継続し得るためには、次の六条件を具備することが絶対必要であるとされている。

一、昭和十九年中期ヲ目途トスル絶対国防圏ノ確立並ニ敵反攻戦力ノ捕捉破摧（絶対国防圏ノ確保）
二、右国防圏確保ノ為ノ消耗戦力ヲ補充シツツ爾後ノ攻勢、反撃戦略ヲ蓄積シ得ヘキ国力ノ維持、培養
三、国民ノ継戦意志確保
四、我カ威令下諸邦ノ戦争協力確保
五、独逸ノ健在
六、対蘇国交絶対保全

そして、対米「決戦ノ時機如何」については「本年夏秋ノ候」とし、それに合わせて「戦争終末方途」については、「戦争終末方途ヲ大本営政府首脳部間ニ於テ切リ出ス時機ハ六、七月以降ノ戦争指導方策決定ノ際トシ、和平ノ条件、和平端緒ノ大要ハ両総長（大臣）、外務大臣位ニ於テ腹ヲ決定シ置キ予メ　御上　ニモ申上置クヲ要ス」と記され、「船

腹ノ推移ヲ基礎トスル国力戦力ノ見透、海軍ヲ主体トスル決戦遂行力ノ見透、対『ソ』政略攻勢ノ見透」の判断の下に、一九四四年秋の対米決戦構想が立てられた。

参謀本部内における戦争指導研究の中心的立場にいた松谷誠大佐は、種村佐孝大佐、橋本正勝少佐とともに、一九四四年七月二日、現下の情勢に処して、一九四五年春を目途とする戦争指導に関する研究をまとめあげた。それは、参謀本部内の最初の終戦企画ともいうべきもので、その中で、ドイツ崩壊と同時に日本は戦争終結を図らねばならず、戦況の悪化次第では終戦の条件を国体護持だけに止むべき事態もあり得ると予測し、「今後帝国は作戦的に大勢挽回の目途なく、しかもドイツの様相も概ね帝国と同じく今後ジリ貧に陥るべきをもって、速やかに、戦争終結を企画するを可とする」(186)と述べていた。これに対して、木戸はソ連を終戦の仲介役とすることから、ドイツ崩壊と同時ではなく、しかも英米ソの態勢が整う前に講和を提案すべきであるとした(187)。

マリアナ失陥以後、「絶対国防圏」の修正の必要から、陸海軍の作戦当局は、本土（沖縄、小笠原を含む）、台湾、フィリピンを防備の第一線とみなす戦略構想をまとめ、一九四四年七月二四日には「本年後期米軍主力の進攻に対し決戦を指導す」という、いわゆる「捷号」作戦計画が裁可された(188)。

また、対米決戦に呼応する独ソ和平斡旋と対重慶工作の促進は、依然として重要な対外施策として継続されるべきであるとの認識から、八月八日省部主務者案として、「今後採ルヘキ戦争指導ノ大綱ニ基ク対外政略指導要領（案）」(189)が作成された。本年秋頃までにソ連をして日本と重慶政権との終戦を斡旋させ、かつ独ソ国交回復を勧奨するというもので、そのために日本使節を八月下旬にソ連に派遣して、日ソ経済提携を折衝する過程の中でこれらの目的を達成させることが新企図とされた。

独ソ和平のために譲歩すべき条件は、ソ連の関心を欧州に繋ぎ止めておくことからも、バルト三国およびポーランドはソ連の「絶対勢力下タルコトヲ認ム（要スレハ『ソ』領）」[190]、北欧、バルカン、トルコ、イタリアにおいてもソ連の優先的勢力を認めるとした。また、日本と蔣政権の和平斡旋、および独ソ和平のための対ソ交渉に用意した日本自身が譲歩すべき条件は、次のようなものである。そこには、参謀本部が抗日戦体制における中国共産党の影響力増大を認識して、「容共政策」「延安政権との妥協策」を採用しようとする方向転換が見られる。[191]

対「ソ」交渉ノ為帝国ノ譲歩スヘキ条件

日「蔣」和平ノ仲介若クハ独「ソ」和平斡旋ノ為左記条件ヲ以テ日「ソ」国交ヲ調整ス（本密約ハ独「ソ」不調ニ終ル場合ニ於テモ日「ソ」国交保全ノ保證タラシム）

左記

一　防共協定廃棄ノ用意アルコトヲ確約ス

二　南樺太ヲ「ソ」ニ譲渡ス

三　満州ヲ「ソ」ニ対シテ非武装地帯トスルカ満州北半部（概ネ賓綏、賓州線以北）ヲ「ソ」ニ譲渡ス

四　重慶地区ハ全面的ニ「ソ」ノ勢力圏トシ爾他ノ支那ニ於ケル我カ占領地域（現国民政府治下ノ地域）ハ日「ソ」勢力ノ混淆地帯トス

此ノ際汪、蔣、共合作促進ニ努メ蔣応セサル場合ニ於テハ中共ヲ支援シテ重慶ニ代位セシムルコトヲ認ム

五　戦争間及戦後ヲ通シ日「ソ」間特恵的経済交易提携ヲ促進ス[192]

八月一二日より一四日、一五日、一六日と四日間にわたり、最高戦争指導会議を開催し、「今後採ルヘキ戦争指導ノ大綱」を討議し、その上で、八月一九日午前一〇時より、天皇の親臨による最高戦争指導会議が開催され、「世界情勢

判断」[193]とともに「今後採ルヘキ戦争指導ノ大綱」[194]（第三回）が決定された。会議冒頭、小磯首相は前年九月三〇日御前会議決定の戦争指導大綱が具体的に実現されなかったことを天皇に詫び、戦局は正に重大段階に突入しており、「帝国ト致シマシテハ新タニ戦争指導大綱ノ変更確立ニ関シ御決定ヲ仰ギ決戦的努力ヲ傾倒シテ此ノ重大時局ヲ克服突破スルノ必要ヲ認ムルノデアリマス」と述べ、陸海両総長より、「今後ニ於ケル帝国軍ノ採ルヘキ戦略方策」が説明された。この会議で最も議論になったのは、対ソ、対中政策であり、重光外相の発言によれば、日ソ間の中立関係を維持し、さらに国交の好転を図り、なお速やかに独ソ間の和平実現に努力すること、重慶に対しては統制ある政治工作を発動し、中国問題の解決を図り、そのために極力ソ連の利導に努めるというものであった[195]。

独ソ和平の実現は、「日本がもっとも有利なかたちで戦争終結を図り得る方策として、また陸海軍と外務省が一致して推進できる数少ない施策分野として、開戦以来、その可能性が一貫して追求され」[196]たが、重慶工作については、重光と軍部の間には異なる意図が存在していた。軍部の重慶工作に期待する狙いは、重慶政権側の対日抗戦を終止させることであり、中国側をして在中国英米軍を撤退させ英米依存を一掃し、対英米戦の巻き返しを図ろうとするものであった。これに対し、重光は、国民政権を通じて重慶政権に働き掛け、中国全体と日本との関係について、過去の不平等を清算する「対支新政策」によって、対等な日中関係を築き、それをもって対英米戦争の終結を図ろうとするものであった。

八月三〇日の最高戦争指導会議では、「対重慶政治工作実施要綱」が決定された。この問題措置については、小磯首相が重光外相と連絡をとりつつ、「国民政府ヲ通シ其自発的形式ニ於テ之ヲ実施ス（所要ニ応シ顧問其ノ他ヲ招致ス）本工作ハ右系統以外ニ於テ一切之を実施セシメサルモノトス」ること、また、谷正之駐華大使および陸海軍最高指揮官に通報して、国民政府と密接に連携しながら同工作を支援することなどが取り決められた[197]。従来の方針を確認したものであったが、九月初旬大東亜省参事官から南京の総軍司令部に赴任した今井武夫は、畑俊六司令官に対して、今回の対重慶工作は全く総理の発案であり、その根源は緒方竹虎国務相（朝日新聞副社長より入閣）の意見に基づくところがあり、組閣当時より主張していたものであると報告している。[198]緒方が対ソ工作よりも対重慶工作に期待をかけた理由は、ソ連が対独戦争に優位な状況では対日妥協はありえず、一方、蔣介石は大陸を舞台に展開される日米戦による中国の焦土化と、過度な対米従属を避けようとすることから、対日和平締結の可能性があると判断したことによるものと思われる。[199]

しかし、重光外相は対中国政策について独自の見解を持ち、けして小磯首相の「対重慶政治工作」に協力的ではなかった。重光は前東條内閣の一九四二年一二月二一日御前会議で決定をみた「対支処理根本方針」（「対支新政策」）、いわば不平等条約の清算による和平締結の推進を重視しており、一九四三年九月一八日の連絡会議で、日華同盟条約の締結を主張したことも同様の理由によるものであった。そのため、日華同盟条約の締結相手国である中華民国国民政府（汪兆銘政権）を無視することにもなりかねない小磯の「対重慶政治工作」に、重光は警戒をしていた。[200]

また、重光は、日華の正常関係を回復しようとする誠意を明らかにすることからも、和平条件を明確に示す必要があると主張していた。[201]そこで、一九四四年九月五日の最高戦争指導会議において、「対重慶政治工作実施ニ関スル件」[202]が決定された。種村佐孝参謀本部戦争指導班長はこれについて、画期的な和平条件であると評価した。[203]

対重慶政治工作実施ニ関スル件　　昭和十九年九月五日

一　方針

対重慶政治工作ハ大東亜戦争完遂ノ為速カニ重慶政権ノ対日抗戦ヲ終止セシムルヲ主眼トス之レカ為先ツ彼我ノ間ニ直接会談

ノ機ヲ作ルヲ以テ第一目標トス

二　要領

㈠　当面工作ノ目標

国民政府ヲシテ彼我ノ間ニ直接会談ノ機ヲ作ル如ク工作セシム之レカ為成シ得レハ国民政府ヲシテ適当ナル人物ヲ重慶ニ派遣セシム

㈡　和平条件ノ腹案

和平条件ハ完全ナル平等条件ニ據ルコトヲ建前トシ概ネ左記ノ如ク概定スルモノトス

和平条件提示ノ範囲及方法ニ関シテハ別ニ定ム

イ　全面和平後ニ於ケル中国ト米英トノ関係

支那ノ好意的中立ヲ以テ満足ス

尚支那側ヲシテ在支米英軍ヲ自発的ニ撤退セシム

ロ　汪蔣関係

蔣介石ノ南京帰還、統一政府ノ樹立ヲ認ム

但シ両者間ノ調整ハ支那ノ国内問題トシテ両者ノ直接交渉ニ委ス

ハ　日華条約ノ取扱

日華同盟条約ヲ廃棄シ新ニ全面和平後日支永遠ノ平和ヲ律スヘキ友好条約ヲ締結ス

此際支那内政問題ニハ一切干渉セサルモノトス

延安政権及共産軍ノ取扱モ右ニ準ス

ニ　撤兵問題

在支米英軍撤兵セハ帝国モ完全ニ撤兵ス

其ノ実施方法ニ関シテハ停戦協定ニ據ル

ホ　満州国問題
満州国ニ関シテハ現状ヲ変更セサルモノトス
ヘ　蒙疆ノ取扱
支那ノ内政問題トシテ取扱ハシム
ト　香港其ノ他南方地域ノ処置
香港ハ支那ニ譲渡ス
南方権益ニ関シテハ別ニ考慮ス
チ　将来ノ保証
支那側ノ帝国ニ対スル保障要求ニ付テハ成シ得ル限リ其ノ要求ニ応ス
帝国ノ支那ニ対スル保障要求ハ再ヒ支那ニ侵入スル米英軍ニ対スル為必要ノ派兵ヲ容認セシム

㈢　蘇連ノ利用
イ　速カナル日「ソ」国交ノ好転ニ依ル政治的迫力ヲ活用シ本工作ノ促進ヲ図ル
ロ　日「ソ」交渉ノ進展ニ伴ヒ要スレハ「ソ」ヲシテ本工作ノ仲介ヲ為サシムルコトアリ

㈣　本工作ニ並行シテ日支和平思想ヲ助長シ且重慶ノ米英依存カ究極ニ於テ支那民族ノ奴隷化、東亜ノ滅亡ヲ招来スル所以ヲ徹底スル如ク凡有手段ヲ講ス

㈤　本工作実施上留意スヘキ事項
イ　和平条件提示ノ範囲及方法ニ関シテハ別ニ定ム
ロ　本工作ハ凡有手段ヲ盡シ執拗ニ之ヲ行フ
ハ　本工作実施ニ方リ対「ソ」関係ニ及ホス影響ニ付テハ特ニ慎重ナルヲ要シ又米英ニ日「ソ」離間ノ具ヲ供スルカ如キコト無キ様厳ニ注意ス

(六) 対中・対ソ交渉の日本側譲歩案をめぐって

一九四四年九月六日、首相、両総長列立で「重慶工作」実施に関し上奏をおこなったが、天皇より、「種々御下問があり、こんどの決定があまりにも飛躍しているのでかえって支那側にわが弱味を見せるのではないか、との御懸念の方がお強いらしく総理より席上奉答したけれども御不満の態に拝せられた」[204]という。この日、小磯首相の依頼を受けて、宇垣一成（坂西利八郎、渡辺渡同行）が朝鮮・満州・中国へ出張することとなった。目的は明らかにされなかったが、日本側の意向を中国側（主として国民政府）に伝え、反応を探ろうという含みがあった。また、同日、赤松貞雄軍務課長、大西一軍務課高級課員大佐、加藤中佐、種村佐孝戦争指導班長の間で、「対重慶政治工作実施ノ為国民政府へ伝達要領」ならびに「対ソ施策」について、研究がなされた[205]。

その後、九月九日には最高戦争指導会議の申し合わせとして、「対重慶政治工作実施ニ関シ国民政府ニ対スル伝達要領」[206]がまとめられた。それによれば、先ず日本から使節を派遣し現地機関と共同して国民政府に伝達する。伝達に際しては、㈠日華の緊密なる提携こそが日華両民族の生存および繁栄のための絶対要件であり、日華民族の協力こそ亜細亜の復興と興隆を招来する唯一の前提条件であることを確信すること、㈡日本は情勢如何に拘わらず、飽くまで日本の自存自衛と東亜解放のため戦争を継続すること、㈢重慶政権が現状のまま推移すれば米英の武力的経済的圧力はさらに加速し、英米の野望により中国は永遠に独立を失うこと、などを説得して日本の真意を明らかにする。そして、和平条約として示す範囲を、次のとおりとした。

イ　和平は完全なる平等の立場でおこなう。

ロ　和平に伴う重慶と米英との関係には、できる限り中国側の意向を尊重する。

ハ　汪蒋の関係は国内問題として取扱い、両者の話合に一任する。
ニ　米英が撤兵すれば、日本も速やかに完全に撤兵する。
ホ　将来の保証については、重慶側の希望を承知のうえ決定する。
ヘ　その他の問題に関しても、可能な限り中国側の意向を尊重して協議する。

この日午後二時、天皇は小磯首相、梅津参謀総長、及川軍令部総長を宮中に呼び、「曩ニ対重慶工作ニ関シ上奏アリシカ本件ハ極テ重大ナルヲ以テ単ナル謀略ニ終ルコトナク飽クマテ正道ヲ以テ進ミ帝国ノ真義ヲ先方ニ徹底セシムルヲ主トシ一時的効果ヲ以テ満足スルコトナク永遠ノ成果ヲ収ムル如ク十分慎重ナランコトヲ望ム」(207)と伝えた。

しかし、外務省事務当局者の構想は、九月六日の外務省案「対『ソ』施策要綱」(208)にみられるごとく、基本方針としては「大東亜戦争遂行ノ為『ソ』連の中立的態度を確保シ更ニ進ンテ日『ソ』友好関係を増進シ『ソ』ト米英トヲ離間スルヲ以テ主眼」するもので、軍部の構想しているソ連をして日本と重慶との終戦を斡旋せしめる、あるいは日本の独ソ和平斡旋からソ連を枢軸側に引き込むという積極的なものではなかった。またソ連に提供すべき代償についても、先述の参謀本部案と外務省案には大きな隔たりがあり、外務省は日本が置かれている状況の厳しさを認識し、予想されるソ連の代償要求が苛酷なものとなることを自覚していた。中立条約に代わるもの、あるいは中立条約と並立して、①中立条約中の不可侵条項の再確認、②不侵略条約、③善隣友好条約、④戦争の平和的解決協定（武力手段の放棄）、⑤経済協力協定、などの諸取極めの締結を提議し、その対ソ交渉のため特使を速やかに派遣し、「機ヲ失セス急速妥結ヲ図ル要アルニ付右特使ニ対シ本決定ノ範囲内ニ於テ交渉ヲ妥結スルノ全権ヲ賦与スル」として、ソ連に与える代償として以下の条件を掲げている。もはやソ連の関心を欧州に定着させておくどころではなく、緊迫した危機打開のための極東における対ソ全面譲歩である。

(1) 津軽海峡ノ通航容認
(2) 日「ソ」基本条約ノ廃棄改定（漁業権放棄ヲ含ム）
(3) 北満鉄道ノ譲渡
(4) 満州、内蒙古、支那其ノ他大東亜圏内ニ於ケル「ソ」連ノ平和的活動ノ容認
(5) 満州ニ於ケル「ソ」連勢力範囲ノ承認
(6) 内蒙古ニ於ケル「ソ」連勢力範囲ノ承認
(7) 防共協定ノ廃棄
(8) 三国条約及三国協定ノ廃棄
(9) 南樺太ノ譲渡
(10) 北千島ノ譲渡

この外務省案を受けても、陸海軍の省部主任者案では、日ソ交渉特派使節に内示すべき譲歩案を、独ソ和平の斡旋、日蔣和平の仲介、ドイツの崩壊または単独和平の場合のソ連の態度打診の見返りとした。そして、外務省の挙げた譲歩条件の(1)、(6)および(7)以外には「触レス」として、譲歩条件を抑制した。[209]

対ソ政策について、最終的に九月一二日、陸海軍省部と外務省の主任者協議で調整を試みられたが、結局陸軍案が優先され、「対ソ外交施策に関する件（案）」として決定された。その要領はソ連に特使を派遣し、中立条約の継続または強化、独ソ和平の斡旋、必要に応じ日蔣和平の斡旋を交渉の目標とするものであり、陸海軍省部主任者案に修正

はみられず、同月一五日の最高戦争指導会議において審議された。しかし、その席で重光外相より急遽、「従来研究セル対『ソ』交渉ノ件ハ全部中止シ今後ハ日『ソ』間ノ共通問題ニ関シ、理念的ノモノヲ研究シ度トノ発言アリ（太平洋憲章的ノモノ）」[210]、今後は特使派遣をソ連が拒絶した場合の処置、あるいはドイツが英米と単独和平を締結した場合の措置を研究することとなった。重光の真意を測りかねるが、重光にとって日ソ交渉は、最悪の場合満州および南樺太の放棄にもなりかねない重大事であり、ソ連が応じそうもない陸軍の要望のために、日本側の窮状を曝け出すことになることの危険を回避しようとしたのであろう。

対ソ特使の任務や目的をめぐってその後も陸軍と外務省との間に対立が続く中、重光葵外相はドイツ側の対ソ和平の意志について、スターマー駐日ドイツ大使および大島浩駐独大使を通じて探らせたが、いずれも独ソ和解の可能性を否定していた[211]。また、重光外相は、九月四日の最高戦争指導会議で広田弘毅元首相が特使として派遣されることに内定したことを佐藤尚武駐ソ大使に内報し、帰任を間近かに控えたマリク駐日ソ連大使にもその意向を伝えた。しかし、佐藤大使を通じて伝えられたモロトフ外務委員の回答は（九月一六日モロトフ・佐藤会談により）、特使派遣を必要とするような新しい問題は存在せず、両国間の懸案は従来の外交経路により充分解決可能であり、しかも「特使派遣は国の内外に於て特殊の意味を以て解釈せらるる惧」があるとして拒否するものであった[212]。

佐藤尚武大使よりの外務本省宛て電報、守島伍郎駐ソ公使の帰任中の報告などによれば、ソ連外交の根本原則は対独打倒にあり、独ソ和平問題はスターリングラード戦までは多少の可能性もあったが現在は論外であり、むしろソ連は米英との関係を強め、国内の復興、生産増強を図るため、アメリカの経済援助を必要としていることから、ソ連を米英から離間させることは困難であるということ、また、ソ連としては西方での対独対策に多忙であるから、東方では英米の勢力をもって日本を牽制しようとしていることを伝えていたが、そうしたモスクワからの情報は陸軍にも伝えられた。[213]

(七) 重光外相の対ソ構想と佐藤駐ソ大使の反論

小磯内閣期、すなわち一九四四年の夏から翌年の早春にかけては、欧州においてもアジアにおいても重要な意味をもっていた。それは一九四四年の半ば、連合国側がドイツと日本に対し絶対的な優勢に転じ、それと同時に連合国相互間の調整が重要問題として顕著になったからであり、各国とも勝利後の戦後構想を次第に明確化、具現化しようという動きが見られるようになったからである。米英ソ中の四大国相互間、あるいは米英ソ三大国間の関係も大きな転換期にさしかかり、戦後世界の体制に大きく影響すると考えられるまでに増大し、各国に深刻な危機感を与えるようになった。

ノルマンディーにおける第二戦線の結成、連合軍によるパリ奪回といった状況とともに、東部戦線では、ソ連がルーマニア、ユーゴ、ブルガリアへと進出し、バルカン方面におけるソ連の勢力は英米を凌ぐに至っていた。重光外相は、特にバルカンをめぐる利害対立に着目し、英米ソ三国関係を破綻させる要因が秘められており、そこに日本の乗ずる余地もあり、その意味において日本が独ソ和平斡旋に動くことは重要であるとの認識を持っていた。[214] しかし、モスクワにおいてソ連の動向を観察していた佐藤尚武大使は、この重光の認識に反論し、第二戦線がテヘラン会談で約束された期日に実現したことは、三国間の相互依存関係は増強されていると見做すべきで、ソ連のバルカン進出問題は少なくとも対独戦の遂行中は三国関係の破綻の原因とはなり得ないと判断していた。[215] 八月にワルシャワ人民の蜂起に対するソ連の支援拒否、同時に東部ポーランドにおける共産党政権の樹立が相次ぎ、ブルガリアへの宣戦布告と占領、ルーマニアおよびユーゴスラヴィアの一部占領と続いていく。こうしたソ連の東欧およびバルカン半島への勢力圏の発展は、以前から予想されていたこととはいえ、それが現実化されて、ソ連の軍事的政治的優位な地域から排除された英米は非常な衝撃を受ける。(216)

日本では、こうした国際情勢を睨んで、日本の戦況が悪化すればするほど、連合国間の諸種の問題や相違の存在を利用して、戦争を有利に導こうという試みがなされたが、有利な早期終戦のシナリオに役立てようとするものではなかった。対重慶工作や対ソ施策も、あくまで対米英戦争完遂のためという認識であった。

対独戦争の最終段階が各国で認識され始めたとき、ドイツへの侵攻と占領下ドイツの管理において、果たして米英ソ間の協調が維持できるものかどうか、深刻な問題として浮上してきた。そこで三大国間関係を規定すべき枠組みを構築しようとする努力が払われ、ヤルタ会談が開催されることとなる。しかし、ローズヴェルト大統領は、それまでは既存の米英ソ関係の枠組みを維持していこうと慎重姿勢をとり、結果的にいってソ連の東欧支配を黙認し、原子兵器（九月三〇日マンハッタン計画は一九四五年八月一日までに原子爆弾の実用テスト可能という結論に達していた）についての米英独占を持続させることになったが、とくにソ連を刺戟したくなかった理由は、対日戦略のためであった。

九月一一日から一六日に亘って開催された第二次ケベック会議において、ローズヴェルト大統領とチャーチル首相は日本を屈服させるための最終案を検討したが、従来通り連合国は日本を空と海から封鎖し、究極的に本土に上陸を敢行すること、そしてソ連軍の対日戦参加を期待することが再認識された。(217)また、一〇月九日から二〇日に亘ってのチャーチル、スターリン、ハリマンのモスクワ会談では、スターリンはドイツ敗戦から約三ヵ月後に、ソ連が対日戦を開始する用意のあることを明らかにしており、英米はこれを歓迎した。(218)

こうした情況にあって、小磯内閣が米ソ離隔のための対ソ施策を試みようしたことは、極めて無意味なものであったというほかない。広田弘毅特派使節問題は行き詰まりとなり、九月二八日の最高戦争指導会議において、重光葵外相が提案した、「日ソの中立的態度を維持し、進んで日ソ国交の好転を図る方針の下に、ソ連に東亜の安定に関する日本の意図を理解せしめ、ソ連の日本に対する意向を打診しつつ、独の崩壊又は単独講和の場合はソ連の対日好意的態度を確保するに努める」[219]という方針を、佐藤尚武駐ソ大使に通報したが、佐藤は、日ソ間は中立関係の維持が精一杯であり、それさえ次第に困難であり、今多大の代償を払ってソ連を米英から引き離そうと試みても徒労に終るであろうと意見を上申した[220]。その後も重光外相は佐藤大使に、我方の狙いは日ソ中立関係の維持および強化と、ソ連と英米の妥協を妨害することにあると伝え続けた。

一一月六日の革命記念日に際しておこなわれたスターリン演説では、大東亜戦争における日本を侵略国と非難し、米英を平和愛好国と表明した。これは日本にとって意外の一撃ということになるが、ソ連の去就がどちらに傾いているのかを明白にした瞬間でもあろう。それでも、重光は積極的に対ソ施策を継続しようとした。一一月二四日および一二月一二日付佐藤大使宛て訓電によれば、重光は、日ソ中立関係の維持発達は必ずしも不可能ではないとする根拠について、「蘇連ノ東亜ニ於ケル権益ノ擁護ガ米英ニ依ルヨリモ日本トノ妥協ニ依リテ成シ遂ゲ得ト思フニ至レバ蘇連ノ意必ズシモ動カザルニ非ザルベシ」と述べており、日ソ妥協の第一要素は、日本が中国において防共の看板を下ろし民主主義を容認することにあり、対共産軍態度を変更し延安政権と呼ぶのがその例で、防共の字句を漸次削除する。第二要素は、東亜民族の解放と独立を目的とする日本の政策は、ソ連の民族政策と一致するものである。以上をソ連に対して強調する必要があるとした。また、「独ノ脅威減退ト共ニ反枢軸側陣営特ニ蘇ト英米ノ利害相違ハ表面化スル傾向ヲ示シ特ニ蘇ノ支持スル共産党ト米英ノ支援スル民主派トノ相克軋轢ハ各地ニ於テ激化シツツアリ」、東欧バルカン方面に止まらず、小亜細亜、イラン、イラク、中国などいずれも然り、「蘇ハ目下ノ所努メテ対米関係ヲ良好ニ繋ギ以テ英ニ当ラントスル状況ナルモ英米対蘇ノ関係ハ戦局ノ進展ト共ニ今後益々紛糾スルコト必至ト観察セラル」。日本としては「此上共ノ蘇ト英米トノ妥協ヲ妨害スル狙ヒヲ以テ進ミ度ク」、日独蘇三国の政策を同調的方向に誘導させるよう努めるべきである、と指示していた。[221] 重光の対ソ施策は、極端な願望的思考と言わざるを得なかった。

重光の考えに反対したのは、モスクワの佐藤尚武駐ソ大使だけではなかった。ストックホルムの岡本季正公使も、戦後の復興に英米等の援助を必要とするソ連が、対米英関係の悪化をまねいてまでも、枢軸側と妥協することは考えられない、と重光外相に数回に亘り進言した。[222] マドリッドの須磨八吉郎大使や各在外公館からも、同様の情報が東京霞ヶ関に寄せられていた。しかし、重光はドイツの屈服が間近に迫っているとすれば、ソ連をアジアの一員に組み入れて、日本、満州国、中国、ソ連、さらに東南アジア諸国による、アジアの国際体制を作り上げていく構想によって、大東亜戦争の目標、東亜新秩序の建設を達成しようとしたのであろう。それが重光特有の対中国新外交であり、ソ連をも含むアジア外交といえよう。

(八) 外務省のヤルタ会談情報

ソ連の態度は、一九四五年二月四日より一一日まで、クルミア半島のヤルタにおいて開催され開催された、アメリカ・ローズヴェルト大統領、イギリス・チャーチル首相、ソ連・スターリン元帥の三国巨頭会談、いわゆるヤルタ会談によって明白となった。

戦後のドイツ処理方針、対独賠償問題、解放諸国の処置、国際連合の問題についての協議がその主な議題とされたが、二月一〇日、モロトフがハリマン大使に極東問題についてのスターリン提案の原案を提出した。ハリマンはこのときの交渉を詳細に記録した覚書を残しているが（アメリカ議会図書館ハリマン文書）、その覚書によれば、ハリマンはスターリン原案に二点の修正を提案した。第一に、スターリン原案では大連・旅順を租借することになっているのを、この二港を国際港にすること、第二に、スターリン原案では東清鉄道と南満州鉄道におけるロシアの権利が回復するとされていたが、ハリマンは、この二つの鉄道は中国とソ連の共同管理の下に置かれることを提案した。ハリマンからの報告を受けて、翌一一日、スターリンとの非公式会談に臨んだローズヴェルトは、極東問題がとりあげられる中で、ソ連側の条件を全面的に受け入れ、秘密裡に対日問題に関する合意が成立した[223]。

スターリンはドイツ降伏から二、三ヵ月後に参戦するという確約をおこない、ローズヴェルトはその代償として、㈠外蒙古の現状維持、㈡日露戦争によって侵害されたロシアの権益の回復（㋑南樺太および近接する諸島の返還、㋺旅順および大連に対する権益の回復、租借権の回復または国際管理下の自由港とすること、㋩日露戦争以前にロシアの享有した東支鉄道および南満州鉄道の中ソ共同経営）、㈢千島列島のソ連への譲渡、を認めたのである。ソ連の参戦とその条件問題について、チャーチルは全てをローズヴェルトに一任し、自ら討議に参加することはなかったが、極東問題についての発言権維持のためか、この合意文書に割り込んで署名した。しかし、チャーチルの署名は、イギリス政府の閣僚たちには秘密にされていた。

「ヤルタ」協定（一九四六年二月一一日米国国務省ヨリ発表）

三大国即「ソヴィエト」連邦、「アメリカ」合衆国及英国ノ指揮者ハ「ドイツ」国カ降伏シ且「ヨーロッパ」ニ於ケル戦争カ終了シタル後二月又ハ三月ヲ経テ「ソヴィエト」連邦カ左ノ条件ニ依リ連合国ニ与シテ日本ニ対スル戦争ニ参加スヘキコトヲ協定セリ

一、外蒙古（蒙古人民共和国）ノ現状ハ維持セラルヘシ

二、千九百四年ノ日本国ノ背信的攻撃ニ依リ侵害セラレタル「ロシア」国ノ旧権利ハ左ノ如ク回復セラルヘシ

イ　南樺太ノ南部及之ニ隣接スル一切ノ島嶼ハ「ソヴィエト」連邦ニ返還セラルヘシ
ロ　大連商港ニ於ケル「ソヴィエト」連邦ノ優先的利益ハ之ヲ擁護シ該港ハ国際化セラルヘク又「ソヴィエト」社会主義共和国連邦ノ海軍基地トシテノ旅順口ノ租借権ハ回復セラルヘシ
ハ　東清鉄道及大連ニ出口ヲ供与スル南満州鉄道ハ中「ソ」合弁会社ノ設立ニ依リ共同ニ運営セラルヘシ但シ「ソヴィエト」連邦ノ優先的利益ハ保障セラレ又中華民国ハ満州ニ於ケル完全ナル主権ヲ保有スルモノトス
三、千島列島ハ「ソヴィエト」連邦ニ引渡サルヘシ
前記ノ外蒙古並ニ港湾及鉄道ニ関スル協定ハ蔣介石総帥ノ同意ヲ要スルモノトス大統領ハ「スターリン」元帥ヨリノ通知ニ依リ右同意ヲ得ル為措置ヲ執ルモノトス
三大国ノ首班ハ「ソヴィエト」連邦ノ右要求カ日本国ノ敗北シタル後ニ於テ確実ニ満足セシメラルヘキコトヲ協定セリ
「ソヴィエト」連邦ハ中華民国ヲ日本国ノ羈絆ヨリ解放スル目的ヲ以テ自己ノ軍隊ニ依リ之ニ援助ヲ与フル為「ソヴィエト」社会主義共和国連邦中華民国間友好同盟条約ヲ中華民国国民政府ト締結スル用意アルコトヲ表明ス(224)

ヤルタ会談では、その後の事態の展開にとって重要な意味合いをもつもう一つの出来事があった。英米合同軍事会議が開かれた二月九日、チャーチルが述べた演説である。チャーチルは、米英中ソの四ヵ国が、日本に対して無条件降伏を受け入れるように四国共同の最後通牒を発するであろうと述べたが、その中で「もし多くの血と金をつぎこむ戦争が、それによって一年でも半年でも短縮されるならば、条件に何らかの緩和をなすことは意味のあることに疑いはない」(225)と付け加えた。このチャーチルの発言は、ローズヴェルトに拒否されはしたが、アメリカが無条件降伏の要求を緩和すべきだとする最初の勧告であった(226)。

日本側はもちろんヤルタ密約を関知せず、二月一五日、大本営は最高戦争指導会議に「世界情勢判断」を提出したが、そこではアメリカがイギリスと共にソ連を対日参戦に導入しようとしていることを指摘し、ソ連の動向としては、本

年春に中立条約破棄の通告をする公算が相当大であるが、依然対日中立関係は保持されるであろう。ただし、日本の対ソ弾撥力が著しく弱化せりと判断した場合、欧州情勢の如何に拘わらず、ソ連は対日武力戦を発動する可能性もあることを述べていた[227]。

さて、日本外務省政務局では、各国の新聞・雑誌・ラジオニュースや出先在外公館よりの情報をもとに、週報としてまとめた極秘扱いの「世界情勢ノ動向」を印刷していたが、ヤルタ会談に関して、あるいはその当時の国際情勢についても、かなり重要な情報をつかんでいた。クリミヤ会議の三国合意の公表文「ドイツの占領及管理」、「ドイツ国による賠償」、「連合国会議」（国際機構の設立のためのサンフランシスコ会議）、「解放せられたるヨーロッパに関する宣言」、「ポーランド」、「ユーゴスラヴィア」、「外相会議」、「平和及戦争の為の一致」、「捕虜の機関」などはもちろんのことであるが、同会議の反響ならびに観測として、例えば、ソ連が対日戦争参加をコミットしたとの観測が有力視されつつあるとして、アメリカ「上院外交委員長『コナリー』ハ蘇連ハ対日戦争ニ聴テ参加スルモノト観ル旨洩シタル由ナリ。尚紐育「タイムス」モ、華府ニ於テ蘇連ノ対日戦争参加ノ観測有力化シ居ルヲ伝へ、期日選定ガ単ナル偶然ノ一致ナリヤ疑問ナリト為シ居レリ[228]」と述べている。また、会談終了後、二月一四日、アレキサンドリアにおいてチャーチル首相、イーデン外相がローズヴェルト大統領、ステティニアス国務長官、ワイナント駐英米国大使と会談したことについても、「英国政府ハ独国ヲ撃破スルヤ直チニ日本ニ対シ、全力ヲ振リ向クル決意ヲ表明[229]」したことを伝え、三月一日、ローズヴェルト大統領が議会演説でおこなったクリミヤ会議の報告については、「太平洋方面ニ於ケル問題ニ触レザリシガ、同会議ニ先立チ『マルタ』ニ於テ米英両国ノ軍事当局ハ対日攻勢強化方策ヲ決定セシ次第ニシテ、対日問題ハ看過セラレシニアラズ[230]」と言明したことを取り上げていた。

さらに、外務省政務局の「世界情勢ノ動向」では、対日戦争に関するアメリカ側要人の言説および論評などを分析しているが、それによってもソ連の対日参戦情報は、ソ連の日ソ中立条約の廃棄通告以後、いよいよその確実性を高めている状況が窺われる。また、その間にあって、東欧問題、バルカン問題について、とくにポーランド問題をめぐって米英ソ間の対応の相違、対立の動きに関する情報が飛び交っていることも伝えていた。

日本側は勿論ヤルタ密約そのものの存在を知ることができなかった。戦後になって佐藤尚武駐ソ大使は、次のように回想しているが、世界から集まってくる東京の情報を、現地モスクワに提供していたならば、重光外相が一方的訓令のみならず、佐藤大使が現地で策動できる幅広い情報提供をしていたならば、あるいは、在外公館間のネットワーク活用を外務本省がもう少し認めていたならば、情報収集・分析・判断が変わっていたかもしれない。

日本側には終に判らず仕舞いになってしまったのですが、これは不覚でもあり、また是非もない事でもありました。不覚というのは、日本の死命を制したこの協定を、我々現地の者が嗅ぎ出し得なかったことであります。併し、現地では前に述べた通り、我々は四六時中厳重な監視の下に置かれていたのであり、また完全に統制されているソヴィエトの新聞などにその片鱗だも現われようはなし、我々の知り得なかったのも是非もないことであったと、公平な第三者は判断せられるかも知れませぬ。但しこれは、当事者の私から彼是申す筋合ではありませぬ。(231)

三月一七日付大本営陸軍部第二〇班作成文書「日『ソ』問題ヲ中心トスル帝国今後ノ対外施策ニ関スル観察」には、「欧州終戦後ニ於テハ東亜問題ニ関スル米英『ソ』ノ確執ハ激化ノ算大ナリト観察セラル(斯カル場合ニ於テハ帝国ノ対『ソ』交渉ニ一脈ノ光明ヲ発見シ得ルモノトス)」(232)と、なおも対ソ交渉に望みを賭けていた。外務省としても同様で、未だ終戦に向けての自主的外交プランがなかった。

四　終戦経緯と日ソ交渉

(一)　東郷外相の日ソ中立条約廃棄通告認識

鈴木内閣の成立直前、四月五日、ソ連モロトフ外務人民委員は佐藤尚武駐ソ大使に、「日ソ中立条約」の不延長（一九四六年四月二五日以後）の意志を伝える覚書を手交した。「調印当時と事態が根本的に変化し、日本はドイツの対ソ戦争遂行を援助しかつソ連の同盟国である米英と交戦中である。このような状態において、日ソ中立条約はその意義を失い、その存在は不可能となったので、明年四月期限満了後延長せざる意向である」(233)というのがソ連側の通告であった。なお佐藤大使の質問に対してモロトフは、これは予告であり、中立条約は満期までは有効であることを確言した。しかし、通達リミットのタイミングは、まさに小磯内閣から鈴木内閣へと内閣交代の混乱の最中であり、重光外相は十分にソ連の行動を牽制することができず、遅れて鈴木内閣の外相に就任した東郷も中立条約の破棄通告の重みを十分理解していなかったと言わざるを得ない。

日本外務省の政務局では、日ソ中立条約廃棄通告に対する国際的反応について、次のような情報をキャッチしていた。(234)まずアメリカ政府の反応であるが、国務省および上院外務委員がソ連の通告を歓迎すると述べ、上院陸軍委員長トーマスおよび上院議員タフトらが「ソ連の対日戦参加必至を意味する」と発言した。また、ニューヨークタイムス（四月六日付）は「今次ソ連の措置はサンフランシスコ会議への前途を円滑ならしめると同時に、日本側に陰影を投ずるものなる点において二重に歓迎すべきものである」と論調を加えた。

イギリス政府もまた同様に受け止め、「殊にソ連の廃棄通告の強硬調子に喜び、このような通告に接したる以上、日本政府としても、ソ連の対日非友誼的感情を観取せざるを得ず、結局スターリンはローズヴェルトおよびチャーチルに対し、対独戦後または適当な時期に対日戦に参加すべき約束を為したるべしと観測しているおもむきである」との報道があった。さらに、ロイター特派員は、「日本が独ソ戦を援助している事実に言及しているのは、ソ連が問題を形式的廃棄通告に終わらせる意図ではないことを明らかに示している。ロンドン外交界においては、現在の日本指導者が無条件降伏を受諾せざる限り、ソ連は最早中立的傍観的立場を継続しないであろうと観測し、ソ連は日本が既に過去の行為により中立条約を侵犯せりとみなしている」と論じていた。

重慶政権もまた、中央宣伝部長王世杰が声明を発し、「中国は大なる満足を以て日ソ中立条約廃棄の報を接受せり、ソ連の採りたる措置は精神的効果甚大にして、日本の完全なる崩壊を促進すべく、且これよりソ連と他の連合国間の合作の途開かれたり」と言明した。重慶のロシア語放送でも、「今後日本をして両面作戦を不可避ならしめ一大困難に陥りたりと言うべし、モロトフは日ソ中立条約はドイツがソ連を脅威せるため締結したものであると語れるも、このモロトフの言は何故中立条約を締結したのかを充分に説明している。小磯内閣の辞職は何らかの変化を惹起させるであろう。我々は士気を鼓舞して勝利獲得のため全力を尽くすべし」と述べた。

東郷茂徳外相は、早速外交団接見の際マリク大使へ、ソ連の中立義務について注意を喚起するとともに、佐藤大使へも同様にソ連に中立義務を申し入れるよう訓令したところ、四月二七日のモロトフの回答は、中立の維持に関してはソ連の態度に何ら変化なしとのことであった(235)。しかし、外務省が入手した国際情報から判断すれば、日ソ中立条約の廃棄は、もはや対日参戦の序曲と受け止められてしかるべきであり、ソ連の態度はすでに連合国側にあり、対日参戦のタイミングを狙っている段階に入った、とみなさざるを得なかったはずである。

東郷は戦後の回想録で、一九四三年一一月の革命記念日にスターリンが日本を侵略国と呼び、また日ソ中立条約廃棄通告の中で、日本がソ連の敵国であるドイツを助け、かつ同盟国米英と戦争中である理由をあげてきた点からみて、「自分は『ソ』連の素振りが如何にもあやしきやうに感じ、之に対する手当が必要と思った」と述べているが、東郷が採った対応策は、佐藤大使を通じ、あるいはマリク大使を通じて中立義務継続の注意を喚起したことにすぎない(236)。国際情報を集約できる外相の立場にありながら、テヘランおよびヤルタにおける米英ソ三巨頭会談についての分析もなく、東郷は今後約一年間の日ソ中立関係継続を信じてか、それでも対日参戦のソ連の態度を疑うことはなかった。ソ連の対日戦争参加に対する危機感については、五月のドイツ崩壊まで、極めて希薄であったと言わざるを得なかった。後述するように、参謀本部の種村佐孝や、海軍の高木惣吉の対ソ危機認識の方が優っていた。また東郷は残された一年間のソ連の中立維持を信じ切っており、佐藤大使のモスクワ情報に傾聴すべきであった。ソ連の参戦防止すら真剣に取り組まなかったと言うべきで(237)、それは政務局の国際情勢判断をどのように受け止めたのか不可解な疑問を呈し、外務省内における東郷の秘密主義、在外公館情報を軽視する本省至上主義の露骨さが見える。

さて、陸軍は九州または関東を主戦場とする本土決戦の「決号作戦」を構想していたが、その際、最も懸念される事態は、本土の包囲封鎖作戦が長期化し国力を消耗することと、ソ連の参戦であった。四月二二日、河辺虎四郎参謀次長は有末精三第二部長をともなって東郷外相を訪問し、対ソ交渉の希望を伝えたが、陸軍としては対英米「和平屈伏」を前提とした対ソ交渉論にはなお警戒的になっており(238)、あくまでも参戦防止を交渉限度とした「対米英戦争完遂の為の対『ソ』施策」でなければならなかったのである(239)。さらに、梅津参謀総長も、河辺次長と同様の申し出を行い、佐藤大使の活動振りに言及して同大使の更迭を促した。東郷外相は、これら陸海軍首脳部の申し出に対しては、ソ連は最早米英側に立ち対日戦果の分割を約している恐れがあり、すでに手遅れであると警告はしていたものの、陸海軍の要望実現は不可能であることを伝えず、東郷にしてみればそこに軍部を和平に導く日ソ交渉を見出したということになろうが、反面軍部にむしろある種の期待感を抱かせ、外相への陸海軍要請はその後も繰り返しなされた。

太平洋戦域では、六月一三日、沖縄海軍部隊が玉砕し、欧州戦域では、五月二日、ついにベルリンが陥落し、ヒットラー、ゲペルスらは自決し、八日デーニッツ政権は無条件降伏した。同日、アメリカ大統領トルーマンおよびイギリス首相チャーチルは、欧州戦争終了の声明を発した。そして翌九日、トルーマンは記者会見において、今後の対日戦について、無条件降伏の要求は日本軍に対しておこなわれ、けして日本人の絶滅あるいは奴隷化を意味するものではないと告げた。(240)

五月六日、東郷外相は新聞記者団に対して、ドイツが連合国側に単独講和を申し入れたことに関し、日本は最早三国同盟に拘束される必要がなくなったので、新たな観点に立って自由に行動することができると言明した。そして、東郷外相は、いよいよこの機会に、なお国力のあるうちに終戦工作に着手すべきであると決心し、その端緒として、今まで反対していた陸海軍の対ソ交渉要請をあえて採り上げることにした。その狙いは、陸海軍首脳者間と話し合いを進めるうちに、これら首脳者間に終戦に関する機運の醸成を計ることにあったという。(241) そして、その東郷の意図は、五月一一日から一四日に亘って開催された、鈴木首相、東郷外相、阿南陸相、米内海相、梅津参謀総長、豊田軍令部総長の六名より成る、最高戦争指導会議構成員会議において実施された。

対ソ施策について、陸軍より「ソ連の参戦防止の方策」が提案され、海軍からは「ソ連の好意的態度を誘致して石油を購入することができれば好都合である」との意見が出されたが、軍部の要望する対ソ交渉に関して東郷外相は、対ソ施策は最早手遅れで軍事的にも経済的にも殆ど利用し得る見込みはないと主張した。陸海軍側は強くこれに反発し、結局は、「参戦防止ノミナラス、進ンテハ其ノ好意的中立ヲ獲得シ、延イテハ戦争ノ終結ニ関シ我方ニ有利ナル仲介ヲ為サシムルヲ有利トスル」との、三つの目的を以て対ソ交渉を開始することに意見一致をみた。すなわち従来と同様な、㈠ソ連の参戦を防止する、㈡ソ連の好意的態度を誘致する、という目標に加えて、㈢戦争終結についてソ連をして日本に有利なる仲介をなさしめる、という新たな目標を加えることが了解されたわけで、ここに初めて、軍部の終戦を意識した対ソ交渉を認めたことになったのである。

そして、その代償として日本側からは、ポーツマス条約および日蘇基本条約を廃棄するという意味において、①南樺太の返還、②漁業権の解消、③三津軽海峡の解放、④北満における諸鉄道の譲渡、⑤内蒙におけるソ連の勢力範囲の承認、⑥旅順・大連の租借権譲与、などの提供を決定した。[242] こうした譲与条件は、すでに小磯内閣期の重光葵外相の対ソ交渉の際にすでに挙げられていたものである。また、場合によっては千島列島の北半の譲渡も已む無しとされたが、朝鮮は日本に留保する、南満州は中立地帯とするなど可能な限り満州国の独立を維持することとし、なお中国については日ソ中三国の共同体制を樹立することが最も望ましい、ということも確認された。そして、㈢の戦争終結に関するソ連の仲介ということでは、日本政府として初めて連合国に戦争終結の意思を伝えることになるわけであるが、当然講和条件を提示しなければならないわけで、この条件問題について、およびその前提となる戦局の見方について、東郷外相と阿南陸相との間になお意見の対立があり、構成員会議の結論としては、当面の対ソ交渉においては、㈠および㈡の目的によって進め、㈢の実行は暫時留保しておくことに申し合せた。[243] 和平仲介問題は当面表面化させないことにしたのである。

こうした状況において、陸軍中央ではいよいよ本土決戦が現実のものとして想定されてくる。また、日本政府は「如何なる時機にどうした条件で戦局の片をつけるか」[244] という戦争終結に向けての論議に取り組んでいくことになるが、その際議論の焦点は、対ソ交渉をいかに進めるか、すなわち和平斡旋を交渉目的に加えるか否か、その場合の譲歩条件をどうするかという問題解決が急務とされた。五月一二日の閣議、閣議後の主要閣僚の懇談では、五月中旬の最高戦争指導会議構成員会議と同様の議論が繰り返されているが、「戦争終結を考えない対ソ交渉は意味がない」[245]という認識では政府、軍部とも一致した方向にまとまった。しかし、この合意も対ソ譲歩条件をめぐって、外務省と陸軍の間に大きな隔たりがあり、議論は暗礁に乗り上げた[246]。

その後、東郷外相は、対ソ交渉は既に手遅れであるとの懸念を持ちながらも、五月中旬の六巨頭よる最高戦争指導会議構成員会議の決定に基づき交渉を開始することとし、「思い切った代償の提供」を含みとして、和平仲介に関する打診を広田弘毅元首相に依頼し、マリク駐日ソ連大使に働きかけることとした。そこで六月三日、ソ連の参戦を防止し、好意的中立態度を求める、第一回広田・マリク（駐日ソ連大使）会談がおこなわれた。一方、六月一日、東郷外相は佐藤駐ソ大使へ、東京でのマリク大使への働きかけを報告するとともに、「日ソ関係の打開は非常に困難であるが、ソ連の参戦防止と好意的態度誘致のための機運を逃さず接触するよう」[247]訓令した。

鈴木首相はじめ陸軍も期待を寄せていた対ソ交渉は、モスクワの佐藤尚武大使の観測によれば、中立態度の維持が精一杯であり、ソ連は対米関係を犠牲にしてまで対日関係の増進をはかる意志はないとの見方をしており、日本が代償提供による関係好転を希望することに危惧の念を抱いていた[248]。

㈡　戦争指導大綱（第四回）と対ソ施策

一九四四年八月の「今後採ルヘキ戦争指導ノ大綱」に変わる新たな大綱案は、一九四五年二月九日、陸軍案としてまとった[249]。その後、海軍側と研究をおこない、数か所の不一致が残ったが、二月二二日付陸海軍主務者案として「今後採ルベキ戦争指導大綱」の文書が作成された。しかし、それぞれ上層部の同意が得られず、立ち消えとなり、鈴木内閣にいたって改めて研究されることとなった。

参謀本部第二十班（戦争指導班）において種村佐孝大佐が起案し、西村俊雄少将が加筆修正した「今後採ルヘキ戦争指導ノ基本大綱」[250]を原案として、四月一八日、陸軍省との交渉を開始した。種村は四月一八日付日記に、「ソ連を通じて戦争終末を図るという文句が消えただけで、概ね第二十班案が大臣総長の了承するところとなった」[251]と述べている。また、梅津参謀総長は、対ソ施策を徹底的にやることが本案の狙いであるとしながらも、それが対北方静謐の保持なのか、ソ連を通ずる終戦企図なのか明確に態度を示さず、阿南陸相も同様に、終戦工作に踏み出す姿勢をとらなかった。

軍務局では、「本案ヲ陸軍ヨリ提案セハ十六日ノ戦争会議ニ於テ会議ノ運用ニ関シ海軍ヨリ和平云々ノ発言アリシ経緯モアリ穏カナラサルヲ以テ総理ヨリ提案スルコトトシ異存ナシ」[252]との意見もあったが、西村が省部内の取りまとめに奔走した結果、四月一九日、陸軍省部決定をみた[253]。

種村は、「今後採ルヘキ戦争指導ノ基本大綱」の起案において、戦争完遂、本土決戦準備、対ソ外交の三点を強調したが、対ソ外交をとくに重視しており、その真意について、「戦争終末期に至って徹底せる対『ソ』外交を行ふといふことは表面は戦争遂行の為の外交ですが結果的には終戦導入への発足を決めたと云ふことになるのであります。右は種村の私見でありまして誰にも話したことはありません」[254]と陳述録において述べている。このことはまさに先述の、五月一一日から一四日に亘って開催された最高戦争指導会議構成員会議において、東郷外相が軍部に終戦を意識した対ソ交渉を認めさせたことと共通する。

その後、陸軍案は五月中旬の幹事補佐の会合、六月上旬の幹事会において修正され、さらに国内事項について、秋永月三綜合計画局長官の意見を加え、対ソ外交の項に対重慶施策が加わり、「対『ソ』支外交を強力に施策す」[255]と記された。こうして「今後採ルヘキ戦争指導ノ基本大綱案」が成立し、参謀本部は六月九日に予定された臨時議会までに御前会議を奏請し、内閣案として提出することとした。

六月六日午前八時三〇分より午後六時三〇分まで長時間に亘り、宮内省舎内に置かれた作戦室において最高戦争指導会議が招集された。出席者は会議構成員五名（梅津参謀総長は欠席）と幹事三名の他に豊田貞次郎軍需相、石黒忠篤農林相、秋永月三綜合計画局長官が参加した。東郷外相は議場に行ってから初めて議案を見たという始末であった。最高戦争指導会議には幹事として、陸海軍の軍務局長、総理側近の内閣書記官長らが出席していたが、外務省は幹事を出していないため、事前に何の相談も受けることなく会議は準備されたのである。

秋永綜合計画局長官と豊田軍需相より重要物資の生産、供給状況を中心とする国力判断の説明があり、迫水書記官長より国民の士気の昂揚、日ソ関係についての発言があり、梅津参謀総長に代わって出席した河辺虎四郎参謀次長および豊田副武軍令部総長からは、戦争の見通しについての説明があった。東郷は重要物資の生産増強について全く期待できないと判断しており、河辺参謀次長が述べた戦場が日本に近くなればなるほど日本に有利であるとの「戦争の前途必しも危惧を要しないといふ説明」に対しては真っ向から反論した。(256)そして、幹事補佐らが準備した原案「今後採ルヘキ戦争指導ノ基本大綱」について審議した。

この会議の状況について、幹事として出席していた保科善四郎海軍省軍務局長の回想によれば、「大体に於いて幹事補佐の原案を鵜呑みの形で大した議論らしい議論もなく会議は進行した」と述べられており、米内海相が何等発言するところがなかったことの理由として、次のように記している。保科が幹事補佐の間で準備された文書を手にしたのは六月四日頃であり、内容は戦争一本槍で邁進することだけ書かれている、「これでは戦局の実情に合わぬ」と感じ、米内海相へ相談したところ、米内は、「これはこれで良いヨ」と言われただけであったが、保科は米内の言葉を、「終戦は早くやらなければならぬのだが、それは六巨頭以上で考える。その他の軍官民凡てのものは却て一致結束戦う態勢にして置くことが終戦をうまくやる上には大切なことだ。この幹事補佐の書いて来たものは表向きのものであるから、戦争一本のことを高唱して置くだけで宜しい」(257)という趣旨に解したという。

梅津参謀総長に代わって出席した河辺虎四郎参謀次長は、六月五、六日の日誌に、あくまで継戦の主張を貫く意志を記し、「若し仮にも政府当局諸公の口より『和平』案を聞くことあらば、直ちに参謀本部将校全員の名に於て政府に対する不信を標榜し退席(258)」するとの決意のほどを顕にしている。東郷外相の反対にかかわらず、参謀本部作成の「今後採ルヘキ戦争指導ノ基本大綱」は、六月六日最高戦争指導会議で承認された。

なお最高戦争指導会議において、鈴木首相より、明日の御前会議に重臣、牧野前内大臣らを参加させ東条を欠席させてはどうかという、平沼枢密院議長の相談があったことが披露されたが、阿南陸相および米内海相が反対し、首相の希望により結局枢密院議長だけ特旨により列席させることになった。梅津参謀総長は欠席、河辺参謀次長が代席することになった。

六月八日午前一〇時五分より一一時五五分まで、宮内省第二期庁舎表拝謁の間において御前会議を開催した。「今後採ルヘキ戦争指導ノ基本大綱」が議題であったが、その検討の前提として、秋永綜合計画局長官が「国力ノ現状」を朗読し、次に「世界情勢判断」を迫水内閣書記官長が朗読した。そして、陸海軍統帥部の今後の作戦に関して、参謀総長代理河辺参謀次長および豊田（副武）軍令部総長の所見が述べられ、続いて、豊田（貞次郎）軍需相より軍需生産に関し、石黒農商相より食料事情に関し、東郷外相より外交上の問題に関し、それぞれ順に意見の陳述があった。その後、「今後採ルヘキ戦争指導ノ基本大綱」を迫水内閣書記官長が朗読して討議に入ったが、出席者からは全く意見なく御前会議決定となった。

今後採ルベキ戦争指導ノ基本大綱

方針

七生尽忠ノ信念ヲ源力トシ地ノ利人ノ和ヲ以テ飽ク迄戦争ヲ完遂シ以テ国体ヲ護持シ皇土ヲ保衛シ征戦目的ノ達成ヲ期ス要領

一、速カニ皇土戦場態勢ヲ強化シ皇軍ノ主戦力ヲ之ニ集中ス

爾他ノ彊域ニ於ケル戦力ノ配置ハ我ガ実力ヲ勘案シ主敵米ニ対スル戦争ノ遂行ヲ主眼トシ兼ネテ北辺ノ情勢急変ヲ考慮スルモノトス

二、世界情勢変転ノ機微ニ投ジ対外諸施策特ニ対「ソ」対支施策ノ活発強力ナル実行ヲ期シ以テ戦争遂行ヲ有利ナラシム

三、国内ニ於テハ挙国一致皇土決戦ニ即応シ得ル如ク国民戦争ノ本質ニ徹スル諸般ノ態勢ヲ整備ス、就中国民義勇隊ノ組織ヲ中軸トシ益々全国民ノ団結ヲ鞏固ニシ愈々戦意ヲ昂揚シ物的国力ノ充実特ニ食糧ノ確保竝特定兵器ノ生産ニ国家施策ノ重点ヲ指向ス

四、本大綱ニ基ク実行方策ハ夫々担任ニ応ジ具体的ニ企画シ速急ニ之ガ実現ヲ期ス(259)

この日の会議において、平沼枢密院議長は「今後採ルヘキ戦争指導ノ基本大綱」を支持し、米内海相は何等発言なく、鈴木首相は、議会対策として「国民の士気を鼓舞するために、少しは強いことを決めて置く必要があると言ふ気持ち」があったようで、東郷は鈴木の終戦和平に関する真意をつかみかねたという。御前会議出席者には、それぞれの解釈と思惑があり、確固とした方針を欠き、この御前会議決定に複雑機微な当時の実態が反映されたといえる。そして、東郷にとっては、「六月六日乃至八日の最高戦争指導会議に於ては講和の問題は討議せらるる余地がなかった」(260)わけで、最高戦争指導会議構成員の六名以外に、終戦の意志を確認できるような状況では全くなかったという。(261)

六月九日より一二日まで第八七臨時帝国議会を招集し、「義勇兵役法」および「戦時緊急措置法」を可決し、戦争継続体制を固めていった。(262)なお、この臨時議会において鈴木首相がおこなった演説中にあった「日米両国が戦えば共に

天罰を受くべし」という言辞が問題となり、小山亮議員からの質問と、その後一部議員より倒閣の動きが起こり、議会は喧騒となった[263]。

朝鮮、満州、中国各地の視察旅行を終えて帰朝した梅津美治郎参謀総長は、六月九日午後三時より四時まで、天皇に拝謁し、「満支兵力及び弾薬保有量[264]」などに付いて上奏した。松平秘書官長によれば、木戸内大臣から聞いたこととして、天皇は「比較的装備も訓練も良い筈の支那派遣軍にしてなお然りとせば、本土決戦の為に俄かに整備中の軍隊の実力は余程低く見積らねばならないと考えて居られる[265]」様子であったという。木戸自身も陳述録において、天皇は「国力の現状」の内容と結論が矛盾しているという感想を抱かれ、「今後採ルヘキ戦争指導ノ大綱」に関して不可解な印象を持たれたことを鈴木首相へ伝えたと述べられている[266]。

ここに、重要な点を改めて指摘しておきたい。第一は、「今後採ルヘキ戦争指導ノ基本大綱」についてであるが、参謀本部第二十班（戦争指導班）において種村佐孝大佐が起案した「今後採ルヘキ戦争指導ノ基本大綱」（四月一八日頃作成）より、「ソ連を通じて戦争終末を図るという文句が消えた」ということである。第二は、陸軍省軍務局の要望により、和平問題にも関わることから「今後採ルヘキ戦争指導ノ基本大綱」を首相よりの提案としたことである。第三は、そのために、「国力ノ現状」および「世界情勢判断」を内閣で取り纏め、御前会議で戦争指導大綱を審議するための「前提」、すなわち判断情報としたことである。内閣の責任はいよいよ重大になった。

㈢　木戸内大臣の時局収拾対策案

六月八日の御前会議では「今後採ルヘキ戦争指導ノ基本大綱」が決定されたが、その根拠となる二つの分析結果も報告されたことは、先述のとおりである。一つは「国力の現状」であり、内閣綜合計画局長官が朗読した。その内容は、陸海交通並びに重要生産は益々阻害され、食糧の逼迫は深刻であり、近代的物的戦力の綜合発揮は極めて至難であるとしたうえで、民心の動向、人的国力、輸送力および通信、物的国力、国民生活を述べた後、「判決」(267)として、次のように記している。

判決

国力ノ現状以上ノ如ク加之敵ノ空襲激化ニ伴ヒ物的国力ノ充実極メテ困難ナル状況ニアリト雖モ之最大ノ隘路ハ生産意欲並敢闘精神ノ不足ト国力ノ戦力化ニ関スル具体的施策ノ不徹底ナルトニ存ス

之カ為国民ノ戦意特ニ皇国伝統ノ忠誠心ヲ遺憾ナク発揮セシムルト共ニ戦争遂行ニ必要ナル最少限ノ戦力維持ヲ可能ナラシムル如ク八、九月頃迄ニ完了セシムルコトヲ目途トシ強力ナル各種具体的施策ヲ講スルノ要アリ

他の一つは「世界情勢判断」であり、内閣書記官長が朗読した。その内容は、概ね昭和二〇年末を目途とする世界情勢の推移を分析し、戦争指導に資せんとするもので、敵側の情勢、ソ連の動向、東亜の情勢(太平洋方面・中国方面・南方方面・大東亜諸邦の動向)を述べた後、「判決」として、次のように記している。

判決

今ヤ戦局ハ帝国ニ取リ極メテ急迫シ欧洲盟邦モ既ニ崩壊シ「ソ」ノ対日動向亦最モ警戒ヲ要シ帝国ハ真ニ存亡ノ岐路ニ立チ居ルモ敵亦苦悩ヲ包蔵シ短期終戦ニ狂奔シツツアリ

従ツテ帝国ハ牢固タル決意ノ下必勝ノ闘魂ヲ堅持シ皇国伝統ノ忠誠心ヲ遺憾ナク発揮シ速カニ政戦略施策ヲ断行シ以テ戦勝ノ神機ヲ捕捉スルニ遺憾無カラシムルヲ要ス

軍令部第一部長直属（戦争指導）の末沢慶政は、「夫々の末尾について居る『判決』は、内閣の毛理英於兎君のところで書いたものと思います」[268]と証言している。

木戸内大臣は、六月八日の御前会議には出席しなかったが、その日の午後一時五〇分より二時二〇分まで天皇のお召しがあり、その拝謁の際に天皇から情報を得ている。また、御前会議資料は、高木少将より松平秘書官長を通じて入手しており、御前会議の詳細を知ったが、六月八日の御前会議決定について、「未だ戦争打切りと云ふが如きものではなく、国力の判断より見て戦争の継続の困難は認めつつも、尚戦争を本土決戦へと指向するものであった」と、憂慮の念を深め、「国力ノ現状」と「世界情勢判断」の二つでは、誰が考えても戦争終結を急がなければならないとの結論になるべきはずなのに、「今後採ルヘキ戦争指導ノ大綱」では方針として「七生尽忠の信念を源力とし地の利人の和を以て飽く迄戦争を完遂し以て国体を護持し皇土を保衛し征戦目的の達成を期す」とあることを深刻に受け止め、この矛盾の是正のため「時局収拾対策試案」[269]を起草した。その骨子は、沖縄の戦局すでに救い難く、本土は敵の空襲下にさらされ、このまま推移すれば、本年下半期頃から国民生活は崩壊に陥るおそれがある。そこでこの際、果断な手を打つことは今日我国における至上の要請であるとした上で、そのため天皇の御英断をお願いし、御親書を奉じた特使をソ連に派遣し、ソ連の仲介を得て、終戦の局を結びたいというものであった[270]。

木戸内府は、翌九日午後一時二五分より五五分まで拝謁し、この試案を天皇に説明し、首相、外相、陸相、海相と協議をすることについて許可を得、直ちに松平秘書官長、松谷誠首相秘書官、加瀬俊一外務次官へ連絡をとった[271]。松平を中心に松谷、加瀬、それに高木惣吉を加えた四名は、前年秋頃からそれぞれ内大臣、陸相、首相、外相、海相の連絡役として情報交換を目的とする会合を週一度平均におこない、情報交換から次第に和平促進の運動に発展していったという[272]。その後、木戸は臨時議会の閉会を待って、六月一三日鈴木首相および米内海相、一四日東郷外相および米内海相、一五日東郷外相、一六日米内と面談を重ね、「時局収拾対策試案」の推進について了解を取り付けた。難問とされた阿南陸相の説得に付いては、一八日、阿南陸相の方からの面談の申し入れがあったのを機会に、戦局収拾の必要を説いた。この時、阿南は「本土決戦一撃論」という気持ちを捨てきれず、全面的に賛成はしなかったが、ただ、「終戦施策」に着手することには同意したという(273)。

六月一二日、第八七臨時帝国議会終了後、東郷外相と米内海相は、最高戦争指導会議構成員会議の申し合わせ第三項の、ソ連への和平斡旋依頼の発動について相談した。翌一三日、木戸内大臣の取り持ちにより米内・鈴木会談がおこなわれたが、木戸は「図らずも此の両者の考への一致せることが判ったのは仕事の遂行上非常に仕合せであった」(274)と述べている。一五日の東郷・木戸会談では、五月中旬の構成員会議の模様を首相が未だ言上しておらず木戸も承知していなかったことが判明し、また東郷は米内の態度について、戦争継続不可能とはっきりと述べているにも拘らず、八日の御前会議では明確な態度を取らないとして非難した(275)。木戸は東郷へ試案の核心である対ソ交渉の実行を促した。こうして、木戸を中心に鈴木、東郷、米内の考えが即時和平終戦という方向に固められていった。

伊勢神宮参拝を終えた鈴木首相は、六月一八日夕刻、最高戦争指導構成員会議を招集した。阿南陸相、梅津参謀総長、豊田軍令部総長は本土決戦に期待をかけて、なんらかの戦果を挙げた後に和平交渉に移る可きであると主張したが、ともかく、和平への機会を得る努力をすることには異存なく、一同の意見の一致をみた(276)。こうした情況をうけて、東郷外相は広田弘毅元首相に対し、マリク駐日ソ連大使との会談の目標にソ連の和平仲介斡旋を加えるよう要請した(277)。

六月二二日午後一時より一時四〇分まで、内庭庁舎において、お召しによる最高戦争指導会議構成員会議が開かれた。それは、先述の梅津参謀総長の上奏および一二日におこなわれた長谷川大将の海軍戦備の実情の上奏、さらに豊田軍令部総長の上奏に対して抱かれた、戦争継続に対する天皇の疑問に答える形で進められた。天皇より、「六月八日の会議で本土決戦の戦争指導方針を決定したが、また一面、時局収拾策についても従来の観念にとらわれることなく、速やかに具体的に研究して、実現に努めてもらいたい」という意味のことが述べられたというが、天皇が直接、明確に終戦促進の意向を示したという点で注目すべき発言といえる。天皇が軍部はどうかと尋ねられたのに対して、梅津参謀総長は「異存はないけれども、実行には慎重を要すると存じます」と答えると、天皇から重ねて、「慎重を要するのはもちろんだが、そのために時期を失する心配がないか」と尋ねられたので、「速やかにする必要があります」[278]と梅津は答えたという。六月八日の御前会議決定を否定したわけではなかったが、ソ連を仲介とした対米英和平の、試案第三項の発動が最終的に確認されたものといえる。この御前会議の模様は外相起案の上、出席者の同意を求め花押を記した後、御手許に提出することに意見一致している[279]。秦郁彦は著書『天皇の五つの決断』において、この天皇による六月二二日の最高戦争指導会議構成員会議に着目し、この会議の重要性について、実質的終戦の決断と位置付けている[280]。なお、この六月二二日は、沖縄部隊からの通信が途絶し、完全陥落の確認された日でもあった[281]。なお、六月一三日に木戸内府は、大本営松代移転計画を上奏した。この計画は天皇にも知らせず、極秘に前年秋より進められていたのである[282]。

㈣　広田・マリク会談

一九四五年六月三日および四日、箱根強羅ホテルにおいて広田・マリク会談がおこなわれた。当初広田は、「中立条約は中立条約として更に両国関係を一層改善すべき取極を為し度き意向なるが、従来条約ありても猶種々問題を生じたることとある処茲に一切之を解消し、進んで両国の将来東『アジア』に於ける立場を調整し互に双方の為好意的態度を執り得るが如き約束をなさんと希望するものなり」と説明したが、マリク大使は、広田が述べたアジアの安全問題について、日ソ中の三国関係調整に関する「具体的形式」はどのようなものか反問した。それに対して広田は、日ソ間の従来の友好関係を一層増進して行き、中国に対しても同一の考えを有する国家として漸次参加誘導する考えであることを説明し、日ソ間に長期に亘り不安なき国交を維持する基礎を樹立したい意向、つまり中立条約存続の希望を主張した。マリクは充分研究の必要があるとして時間の猶予を求めて、会談はひとまず中断状態となったが、マリクは広田との会談自体を回避する様子を窺わせた[283]。

六月二三日、東郷外相は広田元首相に二二日に開催された御前会議での天皇の和平に関する「御思召」を伝え、マリク駐日ソ連大使との会談を督促した。そして、六月二四日におこわれた在京ソ連大使館における広田・マリク会談では、広田は前回の申し入れに対するソ連側の回答を求めるとともに、改めて日ソ国交改善の障害となる虞のある諸問題を解決したいこと、満ソ間の経済的および政治的関係に関するソ連側の希望について充分考慮する用意があること、中国に対する日ソ両国の共通する態度を定めること、南方熱帯圏に対するソ連の経済的希望を充分考慮することなどを申入れ、「東洋ニ真ノ平和ヲ樹立スル為将来『アジア』ニ於ケル日『ソ』両国ノ立場ガ相互ニ響応スルガ如キ関係ヲ設立スルコトコソ日本側の真意ナルコト[284]」を説得した。それでもマリク大使は、日本側の提案は抽象的であるから具体案を知った上で本国政府に報告したいと繰り返した。さらに広田は、ソ連側が中立条約以上に良好なる取極めをおこなう意思があるのか、一般的良好関係以上に日本の将来に対して好意をもっているのか、そうした点をソ連側が明瞭に提示することを要望するため提議したものであると力説したが、マリクの反応は「具体化」を要求するのみであった。

そこで、六月二九日、広田は再びソ連大使館にマリク大使を訪ね、速やかに日本の提案に応じられることを希望すると申し入れ、書面によって、「日『ソ』間ニ強固ナル永続的親善関係ヲ樹立シ東亜ノ恒久的平和維持ニ強力スルコトトシ之ガ為日『ソ』両国間ニ東亜ニ於ケル平和維持ニ関スル相互支持竝ニ両国間ニ於ケル不侵略関係ヲ設定スベキ協定ヲ締結スル」ことを要望するとともに、そのための譲渡的条件として、①満州国の中立化（大東亜戦争終了後日本軍が撤兵し、満州国の主権、領土の尊重、内政不干渉を約束する）、②石油提供の代償として漁業権の解消、③その他の条件についても論議の余地あり、という三点を認めることを提示した。(285) しかし、日本側の提案に対してマリク大使は本国へ伝達することを約束したが、その後具体的対応を示さず、ついには病気理由により会談を中止させた。(286) マリク駐日大使の言動から判断して、ソ連の態度は冷淡と言うほかはなく、日ソ中三国連携はもとより、現状以上の日ソ関係の緊密化をむしろ避けようとしている態度が明らかであった。

ソ連の関心はすでに、対日参戦の条件として結ばれた米英ソ三国間のヤルタ密約をいかに中国に認めさせるか、ソ米中三国間交渉にあった。中国の主権と領土保全を大幅に損なうものであったがため、アメリカは「外蒙古並ニ港湾及鉄道ニ関スル協定ハ蔣介石総帥ノ同意ヲ要スルモノトス大統領ハ『スターリン』元帥ヨリノ通知ニ依リ右同意ヲ得ル為措置ヲ執ルモノトス」との条項を、密約に挿入していた。(287) ローズヴェルトは「中国に通告することの困難の一つは、彼等に通報すると二四時間以内に全世界に知れわたる」と述べると、スターリンは「三国が合意したこれら条件を文書にしておけばそれでよい」(288) と応え、中国に膨大な犠牲を強いるヤルタ密約は、中国の同意を得ないまま、米英ソ三国首脳によって署名された。その後、六月九日、トルーマン大統領（四月一二日ローズヴェルト急死）よりハーレイ駐華大使宛て訓令に基づき、蔣介石に伝達された。

蔣介石は日記に、「宣言の中に、極東問題が何一つ明らかにされていないことに、疑惑と怖れを感じる」（二月一八日付）、「ソ連の態度には三巨頭会談のあと、われわれに対して明らかに接近の表示がある。米英もまた同じである。しかし、彼らが何を考えているのか、ほんとうのところはわからない。とまどいの疑いを持つばかりである。これこそ、わが国の外交の成敗得失の一大関鍵となるであろう」（同月二八日付反省録）と記し、ヤルタ密約の全文とスターリンの声明書を受け取った際には、「わが中華民国は万劫不復（永遠に救いようがない）の境地に置かれることとなる」（六月一五日付）と、激しい憤りと深い悲しみを書き残した。(289) しかし、重慶政権の当時の置かれていた国内的、国際的立場は脆弱にして、すでに米英が合意しているソ連の要求を拒否することは不可能であった。スターリンが声明した内容、蔣介石指導下の中国統一促進、中国の主権尊重、領土保全などの遵守に満足せざるを得なかった。(290) こうした情勢の中で、六月下旬、宋子文、蔣経国ら代表団がモスクワにおいて、中ソ友好同盟条約の交渉を開始することとなる。

モスクワの佐藤大使から直接もたらされたソ連情報を別として、それ以外の外務省出先機関および駐在武官からの海外情報を基にしたソ連分析を東郷外相はどのようにおこなっていたのか疑問が残る。新聞・雑誌・ラジオ放送その他、一般公開された世界の情報を集めて分析した外務省政務局の「世界情勢ノ動向」(291) をみるだけでも、英米ソ中の結束が判断されるにもかかわらず、七月に入ってもなお、日ソ交渉に期待をかけることの根拠を東郷外相がどこに求めていたのか不可解な判断である。

広田・マリク会談断絶後、東郷外相は、七月八日、軽井沢の近衛文麿を訪れ、モスクワへの特使を申し入れた。東郷はソ連への和平斡旋について、「無条件では困るけれども、それに近いやうなもので纏めるより外はないと思う」と述べたが、近衛は天皇からの命令があれば行く、条件については「白紙で行くことにして貰ひたい」(292) と述べたという。この背後の事情には、七月三日、天皇が木戸内大臣に対ソ交渉について下問し、さらに七月七日、鈴木首相に対し、「対蘇交渉は其後どうなって居るか、腹を探ると居ひても時期を失しては宜しくない故、此の際ざっくばらんに仲介を頼むことにしては如何、親書を持ちて特使派遣のことに取運んでは如何」(293) と言われ、鈴木首相は東郷外相が帰京次第奉答することを言上していた。

なお、七月三日、松平、松谷、高木、加瀬の四者が、加瀬の作成した「対ソ交渉案要旨」を叩き台に、近衛あるいは広田の特使派遣による対ソ交渉について討議しているが、この四者は情報交換をおこないながら、それぞれの上司の密命によって「時局収拾」の研究を進めていた。そして、最後的講和条件は「皇室の安泰と国体護持」一点を死守することで、四者の考えは一致していたという。[294]

七月一〇日午後五時、最高戦争構成員会議がおこなわれ、近衛特使派遣が決定され[295]、翌一一日午前一〇時一五分より五〇分まで、鈴木首相が拝謁してこの決定を内奏した。一二日午後二時四七分より三時二〇分まで、宮中表拝謁の間において近衛は天皇の求めに応じて戦争の見透しに対する意見と、戦争終結の必要を申し上げたところ、天皇は「蘇連に行って貰ふかも知れぬから」との御言葉があり、近衛は「御命令とあれば身命を賭して致します[296]」と奉答した。拝謁後、近衛は富田健治を介して酒井鎬次に対ソ交渉案の作成を依頼した。元来対ソ交渉に反対していた近衛、酒井は論議の末「和平交渉に関する要領」をまとめ上げたが、その方針の中に「ソ連の仲介による交渉成立に極力努力するも万一失敗に帰したるときは直ちに英米との直接交渉を開始す[297]」と付記したことは、あらかじめ対米直接交渉の移行を強く意識してのことと思われる。

一方、七月一一日夜、東郷外相は佐藤駐ソ大使に宛てて、「此ノ際戦争終結ニ関スル帝国ノ一般的態度ヲ『ソ』側ニ明白ナラシメ置クコト適当ナリト認メ『我方トシテハ東亜ノ平和維持ハ世界平和ノ一環トシテ考慮シ居リ戦争終結ニ対スル観念トシテ帝国ハ恒久平和ノ樹立及維持ヲ希念スル見地ヨリ戦争ノ結果トシテ占領地域ヲ併合又ハ領有スル考ハ毛頭無之次第』ナル旨ヲモ併セテ説明」し、モロトフよりソ連側の同意を取り付けるよう訓令した。[298]さらに一二日、東郷外相は三国会談（ポツダム会談）開始前に、近衛が天皇より親書を託されて差遣されること、そして天皇の意思内容をモロトフに伝えるよう訓令した。

天皇陛下ニ於カセラレテハ今次戦争ガ交戦各国ヲ通ジ国民ノ惨禍ト犠牲ヲ日々増大セシメツツアルヲ御心痛アラセラレ戦争ガ速カニ終結セラレムコトヲ念願セラレ居ル次第ナルガ大東亜戦争ニ於テ米英ガ無条件降伏ヲ固執スル限リ帝国ハ祖国ノ名誉ト生存ノ為一切ヲ挙ゲ戦ヒ抜ク外無ク之ガ為彼我交戦国民ノ流血ヲ大ナラシムルハ誠ニ不本意ニシテ人類ノ幸福ノ為成ルベク速ニ平和ノ克服セラレムコトヲ希望セラル(299)

(五) 佐藤駐ソ大使のモスクワ交渉

佐藤大使は翌一三日ソ連外務省を訪れたが、モロトフがスターリンとともに米英ソ三国会談出席のためベルリンに出発する日ということで、ロゾフスキー代理に近衛特使派遣の受け入れを要請し、「大御心ノ程ヲ認メタル『モロトフ』委員宛機密文書ヲ手交シ(300)」、至急ベルリンに同文書を転送するよう依頼して、至急返答を得たいと申し入れた。

国内では、七月一四日、戦争指導会議構成員会議において、改めて「和平交渉に関する要領」について議論されたが、鈴木首相は随員と講和条件について、さらに考える必要があると言い出し、阿南陸軍大臣より全般的戦局は負けているわけではなく、その建前を基本として考える必要があるとの意見があり、結果として「ソ連に対して連合国に提出する平和条件として思い切った譲歩をすると言ふことは皆が申合して居ったが、具体的には決定を見なかった。即近衛が向ふに行った上の話によって決めると言ふことに結局なって居った(301)」という。

ソ連側の返答は、七月一八日、ロゾフスキー代理より佐藤大使宛ての書簡をもっておこなわれたが、その回答の内容は、天皇のメッセージは一般的形式で何等具体的提議をしておらず、また近衛使節の目的も不明瞭であり、従ってソ連として何ら確たる回答をすることは不可能であるというものであった。

ロゾフスキー代理発佐藤大使宛親展書翰
以書翰啓上致候陳者本官ハ七月十三日附貴翰竝日本皇帝ノ「メッセージ」ヲ受領セルコトヲ茲ニ確認スルモノナリ
「ソヴィエト」政府ノ命ニ依リ本官ハ日本皇帝ノ「メッセージ」中ニ述ベラレタル思召ハ一般的形式ヲ有シ何等具体的提議ヲ包含シ居ラザルコトニ付貴大使ノ注意ヲ喚起スルノ光栄ヲ有ス「ソヴィエト」政府ニトリ特派使節近衛文麿公爵ノ使命ガ何レニアルヤモ亦不明瞭ナリ
右ニ依リ「ソヴィエト」政府ハ日本皇帝ノ「メッセージ」ニ付又七月十三日附貴翰中ニ述ベラレタル特派使節近衛公爵ニ付テモ何等確タル回答ヲナスコト不可能ナリ
本官ハ竝ニ貴大使ニ向テ敬意ヲ表シ候　敬具(302)

スターリン対日批判演説、ヤルタ会談、日ソ中立条約廃棄通告など一連の態度から、ソ連の対日政戦略は、もはや連合国側に与していることが明白になっており、日ソ交渉に対するソ連の対応は、東京においてもモスクワにおいても、日本側の提議に具体性がなく抽象的、形式的とだけ返答することを繰返し、交渉そのものを回避し、意図的な遷延策をとっていた。この間、東郷茂徳外相は、国内軍部に対する戦争終結の説得努力のみに懸命であったと言わざるを得ない。東郷は佐藤尚武駐ソ大使をはじめ、海外使臣からの情報を総合的に的確に判断し、対ソ終戦工作を明確に指揮しなければならない立場にありながら、ひたすらソ連の回答を期待の中で待ち続け、ポツダム会議前に米英へ直接和平を伝える最後の時機をも失した。天皇の戦争終結を希望するメッセージは、ソ連に依頼する和平の斡旋が明確になっているとは思えない。むしろ米英に直接伝達すべき、和平交渉ための有条件希望を示した内容である。東郷外相がスターリン、モロトフに終戦の斡旋を明確に主張しなかったことは、かつて東郷外相が対米英開戦宣言通告をローズヴェルト、ハルに手交した「対米覚書」に明確にしなかったことと共通するように思える。東郷独特の外交スタイルということであろうか。

東郷外相は、七月二一日、佐藤駐ソ大使に改めて、「帝国政府ノ意向ハ無条件降伏ハ如何ナル場合ニ於テモ受諾シ得ザルモノナルモ大御心ニ遵ヒ斯ル事態ニ立チ到ルコトヲ避クルガ為『ソ』連ノ斡旋ニ依リ此ノ際敵側ノ所謂無条件降伏ニ非ザル和平ヲ齎サントスルニ在ル(303)」と電報した。この電報はなぜか遅延し、七月二五日になってから佐藤・ロゾフスキー会見において、ソ連側へ「和平斡旋」を正式に求めることになった。

陛下ノ御趣旨ヲ奉ジ派遣セラルベキ近衛特派使節ノ使命ハ戦争終結ノ為『ソ』連政府ノ盡力斡旋ヲ同政府ニ依頼シ右ニ対スル具体的意図ヲ同政府ニ開陳セントスルモノニシテ同時ニ戦時及戦後ニ亘リ帝国外交ノ基調タルベキ日『ソ』関係ノ強化増進ニ関スル事項ニ付商議セントスルニ在ル(304)

ようやくロゾフスキーは、「日本政府ハ米英トノ戦争終結ノ為『ソ』連政府ノ斡旋ヲ求ムルモノト了解」し、ベルリン滞在中のスターリン、モロトフに報告すると答えた(305)。しかし、七月二六日、米英中によるポツダム宣言を発したのである。東郷外相は、それでも特使派遣の受入れをソ連に働き掛けるよう、佐藤大使に訓電し続けた。ソ連の関心は、要求するがままに従わせることのできる状態になった日本との交渉ではなく、中国から可能な限りの利益を引き出すための対米英中交渉にあり、それを米英に認めさせることであった。そのため、ソ連は日ソ中立条約の有効期限内の下で、対日戦争参加の機会をいかに捉えるべきか、狡猾に狙っていたのである。テヘラン会議で米英に対日参戦を確約し、ヤルタ会談でそれを再確認していたソ連に、仲介の斡旋を依頼してみたとしても、その成功する可能性は到底なかったのである。

広田・マリク会談から始まった六月以降、佐藤大使は切迫する時局を黙視するに堪えず、「国体護持の他は、無条件に近い条件」で早急講和の手を打つべきであるという意見電報を、再三東郷外相宛に送った。東郷も同様の考えを持ちながらも、国内情勢に制約され、とくに軍部を講和へ導くことのみに懸命であり、佐藤大使の意見電については、出先の自由裁量を一切許さず、本省の指示どおりにソ連側に伝えよとの態度で終始していた。正に「日米交渉」の際に執られた、野村大使、来栖大使への東郷外相の態度と同様であった。しかも、佐藤大使が、七月二〇日、対ソ交渉に関わらず講和提唱の決意を固めるべきであると、東郷外相に訴えた「終戦意見電」は、アメリカ側に暗号解読されるところとなり、また、近衛文麿らに回覧された事実もあり、日本の終戦促進に貢献することになったのは確かであろう。長文につき、その一部を引用しておきたい。

今や帝国は正に文字通り興亡の岐路に立てりこのまま交戦を続行せんか国民は尽忠報国の誠を尽し得て安んじて瞑目すべきも国そのものは滅亡に瀕すべし最後まで大東亜戦の大義名分に忠実なるは可なるも社稷を滅ぼして猶ほ名分を明かにせんとするは無意味にして国家の存立は総ゆる犠牲を忍びてもこれを護持せざるべからず

満州事変以来日本は権道を踏み来り大東亜戦に至りて遂に自己の力以上の大戦に突入せりその結果今や本州さへ蹂躪せられんとする危険に直面し最早や確たる成算なきに至れる以上早きに及んで決意し干戈を収めて国家と国民とを救ふこと為政家の責務なるを信ずもち論我に和戦を求むる以上講和条件の如何なるものなりやは独逸の例より見て略々察知せらるる所にして国民は長期に亘り敵国の重圧に喘がざるを得ず然しながら国家の命脈はこれによりて継がるべく斯くして数十年の後再び以前の繁栄を回復するを得べけん政府は正に此の道を選ぶべく斯くして一日も早く聖上御軫念を安じ奉らんことを切願して已まず（中略）

本使は最早前途目的達成の望みなく僅に過去の情勢をもつて抵抗を続け居る現状を速に終止し既に互恵の立場にあらずして無益に死地に就かんとする幾十万の人命を繋ぎもつて国家滅亡の一歩手前においてこれを喰止め七千万同胞を途端の苦しみより救い

㈥　ポツダム会議における米英ソの妥協と抗争

七月一七日より八月二日に亘り、ポツダムにおいて最後の連合国戦争指導会議を開き、ドイツ占領の基本方針、解放された東欧諸国の措置などヨーロッパの戦後処理問題を討議した。アメリカからはトルーマン大統領をはじめバーンズ国務長官、スティムソン陸軍長官、マーシャル参謀総長、アイゼンハワー欧州軍最高司令官、大統領付参謀長リーヒィ提督、デヴィス前駐ソ大使、国務省のコーエン、マシウス、ボーレンら、イギリスからはチャーチル首相、アトリー外相（総選挙の結果会議中に政変が起こり、アトリーが首相となった）、ベヴィン新外相および陸海空軍首脳ら、ソ連からはスターリン首相、モロトフ外相、ヴィシンスキー外務次官および陸海空軍首脳らが参集した。チャーチルがドイツ降伏直後アメリカ大統領に三国会談を提案したことが由来であるが、チャーチルの狙いは、アメリカをして欧洲におけるソ連の強引な勢力拡大を抑制しようとしたわけである。ソ連は東欧においても極東においても、最大限の利益を連合国から引き出そうとしていた。また、トルーマン大統領にとっては、スターリンに対日参戦を確約させることが第一目的であった。その理由について、トルーマンは次のように回想している。

日本の本土に近付けば近付くほど、敵が死に物狂いの抵抗をすることを知っていた。まだ四百万以上の日本軍隊が、本土はもとより、朝鮮、満州、北支の防衛に当たっていた。日本ではまた、最後の決戦のため国民義勇兵を組織していた。大きな損害を出しながらわが軍が太平洋を進撃するとき、ソ連の参戦を早めれば幾十万、幾百万の米国人の人命を救うことになる、と考えた。私が米国を出て、スターリンやチャーチルと会うことにした主な理由の一つはこれであった。（中略）

中国に大兵を入れて日本軍を中国本土から追っ払うよりも、私の希望は、常に十分なソ連兵力を満州に入れ日本軍を追い出すことにあった。それがこの際できる唯一の道である。中国におけるわが戦争指導方針は、中国人民を結集して対日戦を続行させることであった。[307]

七月二六日、一三条から成る「日本国ノ降伏条件ヲ定メタル宣言」、いわゆるポツダム宣言を発表したが、この共同宣言にソ連は署名せず、ソ連に代わって「中華民国政府首席蔣介石」の署名があった。日本の無条件降伏を要求、連合国側の条件を列挙していたが、日本側のもっとも注目していた国体の護持についての記述はなかった。[308]

対日宣言の原案は、すでに五月下旬に知日派のグルー国務次官によって作成されており、「日本の無条件降伏の唯一の障害となっている天皇の運命に対する懸念を取り除く」という点に最大の配慮がなされた。グルー案を基に、スティムソン陸軍長官は、原子爆弾の使用実験がまだ済んでいない時期に、日本本土侵攻をやらずに降伏を齎したいという希望から、バーンズが国務長官に就任する前に、グルー国務長官代理、フォレスタル海軍長官と協議をしながら、七月二日、ポツダム宣言の原案となる意見書を書き上げた。[309]そこにはグルーの主張した、「もし将来日本において侵略的軍国主義の成長を不可能ならしめるような平和政策を当該政府が真に決定したと平和友好国に確信せしめるにいたるならば、現行の皇室の下における立憲君主制を含みうるものとす」[310]という天皇制に関する一項が含まれていた。しかし、バーンズ国務長官をはじめ国務省幹部の大勢は、天皇制の存続に批判的であり、アメリカの対日世論も厳しいものがあり、対日宣言案は未決定のままポツダムに携行された。

トルーマン大統領は七月一五日ポツダムに到着したが、その翌日、原子爆弾実験成功の報告が届き、対日宣言発出とソ連参戦の問題に微妙な影響を与えた。バーンズ国務長官は対日宣言を発出すること自体に反対し、スティムソン陸軍長官らは、宣言に天皇制存続の明示、原子爆弾投下の警告、スターリンの署名のうちどれか一つの要素を挿入するならば、日本を降伏に導き得ることを示唆したが、トルーマン大統領はいずれも受け入れず、リーヒィ大統領付参謀長の修正案を採用して、天皇制存続の部分を削除した内容の宣言発出を決断した[311]。そして、米英軍事専門家委員会の対日軍事戦略の討議がアメリカの軍事戦略に同意するのを待って、七月二四日、対日宣言の案文はチャーチル首相および蔣介石総統の同意を得て二六日公表された[312]。

七月二四日の午後、米英の軍事首脳は初めて赤軍参謀総長アントノフ将軍らソ連軍事首脳と会談（一回のみ開催）をおこない、ソ連は八月上旬に参戦し、日本の関東軍を攻撃し遼東半島を占領することなどを決定した。

また、原子爆弾の成功についても、スティムソンからチャーチルに伝えられた。チャーチルが「瞬間思いめぐらせたことは、私がその勇気を常々感嘆している日本人が、この超自然的兵器の出現で自らの名誉を救う口実を見出し、最後まで戦って死ぬ義務から免かれる、ということだった。さらに、われわれはもうロシア軍を必要としない、ということであった[313]」という。

一方、スターリンは、七月一八日、トルーマンに近衛特派使節団による日本側の講和斡旋を打ち明け、佐藤尚武駐ソ大使の覚書と天皇のメッセージを手渡し、その対処につき意見を求めたが、トルーマンは無関心の態度を示した。スターリンは、近衛特使の性格が明確でないことを日本に指摘しているが、拒絶せずに放っておこうと述べ、トルーマンはこれに同意した。

ポツダム宣言は、外務省のモールス・キャスト（防空壕内に設置）、ヴォイス・キャスト（調布町国領のＹＭＣＡのレストハウス）、陸軍省、海軍省、同盟通信などの受信所で聴取された。外務省では七月二七日早朝、間借りしていた文部省の四階において幹部会が開かれ、松本俊一次官がこの宣言をすぐさま受諾することで戦争を終結させる以外にないと主張した。新聞にはノー・コメントで全文を発表するよう指導するのが適当であるとの意見にまとまり、東郷茂徳外相も同意見で、閣議等でもその点を力説すると述べた。東郷外相はじめ外務省首脳部は、ポツダム宣言は有条件講和を申し出てきたものと判断し[314]、戦局の悪化の実情に照らしこれを受託することで一致していたが、国内の継戦派を誘導する必要があるとして、また、特使派遣による和平斡旋依頼に対するソ連の態度を見極めようと、当分ポツダム宣言に対する態度表明は保留することにしたのである[315]。

日本政府は、和平斡旋依頼のための近衛特使派遣に関するソ連の回答を待ち望んでいたわけであるが、ポツダム宣言に対するソ連の関与問題に憂慮しつつ、この宣言が対米和平条件の基礎となり得るかという問題を廻って論議が紛糾した。

七月二七日午前、東郷外相は参内拝謁し、この宣言について詳細を天皇に説明し、日本としてはこれに意志表示せず、ソ連の態度を見極めたうえ措置することが適当であるとの対応を言上した。そして、同日の最高戦争指導会議および閣議において、東郷外相は拒絶論を抑えて、「これに意志表示をしないでしばらく成行を見る」方針を主張し同意を得た[316]。ところが、三〇日の各新聞に、鈴木首相の発表として、「この宣言は、カイロ宣言の焼直しで政府としては重大視していない。ただ黙殺するのみである。我々は戦争完遂に邁進する」[317]という記事が一斉に掲載された。この新聞記事掲載の経緯について、情報局総裁であった下村宏は、「黙殺」という言葉が「後日あんな風な悪い結果を生ずるとは気が付かなかった」[318]と述べており、豊田副武軍令部総長は、大西軍令部次長が迫水久常内閣書記官長と親しく、強硬な継戦論者であったから、大西の方から独断で迫水に何か言ってやったかも知れぬと推測し[319]、迫水自身は、陸海軍より「政府から断乎たる反駁声明を出して呉れ」と要求があり、下村情報局総裁と予め相談して、記者団の質問答弁用として「適当の文章にして首相談の中に織り込んだ」[320]と証言している。

鈴木首相は「黙殺」発言について、自署『終戦の表情』の中に、「この一言は後々に至る迄、余の誠に遺憾と思ふ点であり、この一言を余に無理強いに答弁させた所に、当時の軍部の極端な抗戦意識が、如何に冷静なる判断を欠いて居たかが判るのである」[321]と、「軍の圧力」に責任転化している如く記している。

在外公館からもポツダム宣言に関する意見電報が東郷外相に届いていた。佐藤尚武駐ソ大使は、七月三〇日、東郷外相がソ連の回答を待って共同宣言に対する対策を立てたいとする要望に返電して、特使派遣の問題はソ連より米英首脳に伝わり、これに対する米英支の態度表明がポツダム宣言であると判断し、共同宣言においては米英が日本の即時無条件降伏を強要し、且つ宣言記載の条件を緩和する意志がないことを明言したものであり、また、ソ連はすでに日本降伏後の満州・中国・朝鮮における自己の主張貫徹の見込を立てており、今好んで日本と協定をする必要は皆無と想像され、この点東京外務本省の観察とモスクワ大使館方面の実際とは甚だしく喰違いが見受けられると述べ、情勢の厳しさに対する外務本省の認識、日本政府の見通しに対する甘さを痛烈に批判した。[322]それでも東郷外相は、天皇が近衛特派問題の推移に深い御軫念を有しており、首相、軍首脳部も目下この一点に関心を繋いでいる次第であると伝えて、ソ連の再考を求めるよう努力せよとの訓令を続けた。

スイスの加瀬俊一公使も、七月三〇日付で東郷外相に「ポツダム三国宣言ニ関スル観察」という至急極秘電報を送った。加瀬の「三国宣言」に関する評価は、ドイツに対する態度との顕著な相違があるとし、㈠皇室および国体について触れていない、㈡日本主権を認めている、㈢日本主権のおこなわれる範囲である日本国土の一部を認めている、㈣無条件降伏は日本軍についてであり日本国民または政府に対してではないと判断される、㈤日本軍隊は武装解除後平和的生産的生活を送る機会を与えられたといえる、㈥一般的平和産業の保持、原料入手、世界通商参加が容認されている、など一定の保障を与えているものと観察している。そのうえで加瀬公使は、無条件降伏の看板を下げずに事実上これをやや緩和し、成るべく早めに戦争を終結したいとするアメリカの「イニシアティブ」によるものと考え、また、ソ連は予めポツダム宣言公表を承知していたことは疑いなく、ソ対米英関係の観点よりすれば、勧告宣言を拒否することによって、ソ連は日本に対して更なる過酷な内容の勧告を突きつけてくる公算があると述べている。(323)

加瀬の意見電報を転電によって知った佐藤大使は、八月四日、東郷外相に至急極秘電報を宛て、ソ連が戦争終結の斡旋を引き受けると否とにかかわらず、戦争終結のためには米英支対日宣言をその基礎としなければならないことは、最早動かし難いところであると述べた。そして、加瀬公使の「三国宣言」に関する考察は、極めて中正妥当の観察と思考されるとして、「自身も全幅的同感を表す」との強い賛同の意を告げ、「日本の平和提唱の決意が一日も早く連合国側に通達せらるれば、夫れ丈条件緩和の度を増すこととなる道理なるに反し、若し政府軍部の決意成らず荏苒日を空うするにおいては、日本全土焦土と化し帝国は滅亡の一途を辿らざるを得ざるべし(324)」と、即時ポツダム宣言受諾を進言した。

さて、鈴木首相の「黙殺」声明は、同盟通信社を通じて英語で速報され、その中で「黙殺」は ignore と訳された。同盟通信社のニュースを傍受したアメリカのＡＰ通信社とイギリスのロイター通信社は、ignore を reject「拒否」と言い換えて表現したため、アメリカ、イギリスなどの新聞に日本がポツダム宣言を拒否した如く取り上げられた(325)。例えば七月三〇日付ニューヨーク・タイムス紙は、「日本、連合国側の終戦最後通告を蹴る」の大見出しで報じた。これを見た米英の国民世論が激高し、これを受けてトルーマン大統領が原子爆弾の投下を決断したことは否めない。八月六日午前八時過ぎ、広島に史上初の原子爆弾が投下され、翌日、同盟通信社の川越受信所は、トルーマン大統領の声明を傍受した。その内容は、「七月二十六日最後通牒がポツダムに於て発せられたのは日本国民に文字通りの破壊を味はせない為だった。若し彼等が現在の我々の条件を受け入れないならば彼等は地球上に類例を見ない火熱の雨を空中からこうむることになろう」[326]という、原子爆弾投下に関するものであった。

(七) ソ連の対日宣戦布告

鈴木首相の「黙殺」発言は、原子爆弾投下とさらにソ連参戦の一つの理由となった。佐藤大使が予め会見を求めていた八月八日の佐藤・モロトフ会見は、午後八時（日本時間八月九日午前二時）に予定されていたが、ソ連側の都合により同日午後五時（日本時間八月八日午後一一時）に繰り上げられた。佐藤大使よりの用件、すなわち天皇の終戦意思を伝える親書を携えた近衛特派使節に関する回答の件の申し出を待たず、モロトフ外相は早速用意していた露文を読み上げた後、それを手交した。クレムリンではモロトフ外相が佐藤駐ソ大使に、天皇の特派使節に触れることなく、一方的に宣戦宣言を伝えたのである。

ヒットラー独逸ノ敗北及降伏後ニ於テハ日本ノミガ戦争ヲ継続スル唯一ノ大国タルニ至レリ三国即チ米合衆国、英国及中国ノ日本軍隊ノ無条件降伏ニ関スル本年七月二十六日ノ要求ハ日本ニ依リ拒否セラレタリ因テ極東戦争ニ関スル日本政府ノ「ソ」連ニ対スル調停方ノ提案ハ全ク其ノ基礎ヲ失ヒタリ日本ノ降伏拒否ニ鑑ミ連合国ハ「ソ」連政府ニ対シ同政府ガ日本ノ侵略ニ対スル戦争ニ参加シ以テ戦争ノ終了ヲ促進シ犠牲者ノ数ヲ減少シ且急速ニ一般的平和ノ恢復ニ資スベク提案セリ「ソ」連政府ハ其ノ連合国ニ対スル義務ニ遵ヒ連合国ノ右提案ヲ受諾シ本年七月二十六日ノ連合国宣言ニ参加セリ「ソ」連政府ハ斯ル同政府ノ政策ガ平和ヲ促進シ各国民ヲ此レ以上ノ犠牲ト苦難ヨリ救ヒ日本人ヲシテ独逸ガ其ノ無条件降伏拒否後嘗メタル危険ト破壊ヲ回避セシメ得ル唯一ノ手段ナリト思考ス以上ノ見地ヨリ「ソ」連政府ハ明日即チ八月九日ヨリ同政府ハ日本ト戦争状態ニアルベキ旨ヲ宣言ス[327]

佐藤大使は、この宣言についてソ連政府の採った決定を遺憾とするとともに、「日本国民ヲ犠牲ト苦難ヨリ救フト称シテ日本ニ対シ開戦スル趣旨ノ了解シ得ザル旨ヲ指摘」し、抗議した。そして、佐藤大使は、日本政府に対する「宣言」の伝達方法について質したが、モロトフ外相は、この「宣言」および会談内容の伝達のための東京宛発電には支障ないこと、暗号使用も差支えないことを答えた。そこで、佐藤大使は、「㋑モロトフ委員より開戦通告文の手交を受けたる旨及速に利益代表国を決定せられ度き旨の電報　㋺通告文全文　㋩松平書記官より武内政務三課長宛に館員一同無事にして事務上の処理万事終了の旨通告せる電報　㊁野村電信官より大江電信課長宛に電信上の処分全部終了の旨通告せる電報」の四通を、日本政府へ発電するようソ連官憲に依頼した[328]。しかし、佐藤尚武大使から東郷茂徳外相宛ての公電は到着しなかった。

八月九日午前零時すぎ、ソ連軍は満ソ国境全面で攻撃を開始した。日本側の待ちに待ったソ連の回答は、平和の斡旋ではなく、皮肉にも日本への宣戦であった。同日午前一〇時、天皇より木戸内大臣に対して「今暁以来蘇満国境にて既に交戦状態に入り居るが、如何に此の事態に対処すべきや」との下問があり、木戸内大臣は「此の際は予ての御決心の通り速にポツダム宣言を受託して戦争を終結する外なしと考ふる」と奉答した[329]。木戸内大臣は天皇の思召しを鈴木首相に伝え、予め重臣にも事態を充分説明するよう依頼した。

そして、午前一〇時三〇分より、天皇親臨による「最高戦争指導会議構成員会議」が開催された。冒頭、鈴木首相はソ連の参戦に関し、執るべき対策について協議することを告げ、東郷外相より次のような報告があった。

今朝「ソ」ノ態度ニ関スル電報ヲ受ケタルモ同政府ヨリノ正式布告通牒等ニテハナク放送ノミナリ佐藤大使ヨリノ電報モ未着又「マリック」大使ヨリモ何等ノ連絡ナシ

予テ蘇トノ話合ニ就テハ大御心ニ基キ可成早ク戦争ヲ終結ニ導ク為ニ特派使節ノ派遣ヲ申込ミタルモ「ス」「モ」当人「ポツダム」会談ニ出席不在ナリシ為返電ニ接セサリシカ「モロトフ」ハ八日午后五時佐藤大使ト会見ノ都合出来タト申来リアリタリ

従テ蘇ノ宣戦ハ全ク予期出来サリシ

「タス」ノ発表別紙ノ通リ（筆者省略）

又英外務省ノスポークスマンノ発表ニ

蘇トノ対日宣戦ハ事前ニ承知セサリキ

米政府声明

日本国民カ速カニ終戦ヲ実行セシコトヲ希望スB29ニ千機ノ破壊力ヲ有スル原子爆弾ノ使用ヲ米国ハ開始セリ其効果ニ就テハ広島ニ於ケル実際ノ結果ヲ見レハ明ナリ[330]

午前中に開催された最高戦争指導会議構成員会議において、鈴木首相は、ポツダム宣言を受諾せざるをえないと思うと発言、東郷外相も、国体護持のみを留保条件として無条件降伏すべきことを強調した。[331]しかし阿南陸相、梅津参謀総長および豊田軍令部総長は、国体護持はもちろんとして、その他に保障占領、武装解除、戦犯の諸問題についても条件を付けるべきことを主張した。[332]

臨時閣議は、午後二時三〇分より始まり、五時三〇分より一時間休憩をとり、午後一〇時まで会議が続いた。東郷外相がソ連参戦の経過と特使派遣問題を報告し、続いて阿南陸相が満州における日ソ戦の状況など戦況を報告した。米内海相が戦争継続の可否を合理的に判断すべきであるとし、国力の現状について関係者各相の報告を求めたが、これに対し豊田軍需相、石黒農相、小日山運輸相、安倍内相らが極めて悲観的な見通しをそれぞれ報告した。そして、ポツダム宣言への対応問題が論議されると、外相の一留保条件と陸相の四留保条件の意見が対立し、米内海相をはじめ閣僚の大部分は外相説に賛成したが、松阪法相、安井国務相ら二、三の閣僚は陸相説を支持した[333]。閣内一致をみることができず、結論が出ないまま休憩に入った。

午後六時三〇分から再開された閣議もまた、四条件問題をめぐって論議の蒸返しとなり、午後一〇時に至っても合意が得られず、またもや鈴木首相は閣議を一旦中断し、東郷外相と共同謁見して、これまでの審議の状況を上奏するとともに、最高戦争指導会議の御前会議を開く許可を得た[334]。

午後一一時五〇分より翌日午前二時二〇分迄、宮中地下防空壕内の御文庫付属室において最高戦争指導会議構成員会議の御前会議が再開された。出席者は最高戦争指導会議構成員の六名および平沼騏一郎枢密院議長、幹事として池田純久綜合計画局長官、迫水久常内閣書記官長、吉積正雄陸軍省軍務局長、保科善四郎海軍省軍務局長、蓮沼蕃侍従武官長らである[335]。

各出席者にはポツダム宣言の仮訳文のほか、議案（原案）として外務大臣案「天皇ノ国法上ノ地位ヲ確保スルヲ含ムトノ諒解ノ下ニ『ポツダム』宣言案ヲ受諾スル[336]」と印刷された書類が配付された。冒頭、鈴木首相は、最高戦争指導会議では阿南陸相主張の四条件による受諾案が有力であったが、閣議においては外務大臣の国体護持のみを条件とする案に賛成するもの六名、四条件を付す案に賛成するもの三名、中間に在るもの五名と意見が分かれ、賛成者の多い外務大臣案を御前会議の議題とすると述べ、続いて東郷外相がその提案理由を説明した。そして、またもや東郷外相と阿南陸相の激論が交わされた。米内海相は東郷外相を支持、平沼枢相は、「天皇ノ国法上ノ地位」の字句について、天皇の地位は憲法以前のものであるから「天皇大権ノ確保」に訂正することを要求して、東郷外相の原案に賛成した。梅津参謀総長および豊田軍令部総長は原案不同意、「戦争継続ニ進ムベキモ、万一交渉ノ余地アラバ、国体護持ノ自主的保障タル軍備ノ維持、敵駐兵権ノ拒否ヲ絶対必要トシ、戦争犯罪者ノ処分ハ、国内問題トシテ扱フベキ旨主張スル要アリ」との阿南陸相の意見を支持した[337]。こうした状況の中で鈴木首相は自身の意見を述べることなく、天皇の判断を仰いだが、天皇は外務大臣の原案に同意し、終戦を決断した[338]。

天皇の決断を受けて、八月一〇日午前六時四五分から九時にかけて、東郷茂徳外相より加瀬俊一在スイス公使および岡本季正在スウェーデン公使宛てに至急電が打たれた。スイス国政府に対しては米国政府および中国政府へ、スウェーデン国政府に対しては英国政府およびソ連政府へ、それぞれポツダム宣言を受諾することの伝達方を依頼したのである。

日本政府がソ連の開戦宣言文書を正式に受理したのは、ソ連軍が満ソ国境全面で総攻撃を開始した後の、八月一〇日、午前一一時一五分から一二時四〇分までおこなわれた、東郷外相・マリク駐日ソ連大使会談においてであった。マリク大使はソ連政府の訓令による趣旨を述べ、ソ連政府の対日開戦「宣言」（露文）を読み上げた（佐藤・モロトフ会談の際の宣言と同内容）。

東郷外相はマリク大使に対して「宣言ハ之ヲ了承スル」と述べながらも、日本はソ連との間に長期間にわたる友好関係を樹立する目的をもって、六月初め以来広田元総理を通じ話合いをおこない、七月中旬には、人類を戦争の惨禍より救うため成るべく速やかに戦争を終結させようと御祈念し給う天皇陛下の大御心に遵いソ連政府へ、日ソ関係の強化と戦争終結に関する交渉をおこなうための特使派遣を申入れてきたが未だ回答がない次第であり、我方は戦争終結斡旋に関するソ連政府の回答を待って、米英中三国共同宣言に対する我方態度を決定したい考えを有していた。ソ連政府は日本が三国共同宣言を拒否したと見做しているが、「如何ナル『ソース』ニ依リ知ラレタルモノナリヤハ承知セザルモ」、ソ連は我方に確かめるなどの方法を採ることなく拒否されたと判定されたことは軽率であり、前述の事実に鑑み日本に何等の回答をすることなく突如として国交を断絶し戦争を開始せるは不可解なるのみならず、「東洋ニ於ケル将来ノ事態ヨリ考フルモ甚ダ遺憾ナリ」と非難した。東郷外相は、「『ソ』連ノ措置ノ不可解且遺憾ナル点ハ聽テ世界歴史ガ之ヲ裁判スベキニ付只今右ニ関スル論議ハ差控フベシ」としながら、最後に、「帝国政府ニ於テハ天皇陛下ノ平和ニ対スル御祈念ニ基キ一般平和ヲ克服シ戦争ノ惨禍ヲ速ニ除去センコトヲ欲シ決定セルモノナリ」と反駁し、次のとおり述べた。

帝国政府ハ去月二十六日米英支三国首脳者ニ依リ決定セラレ其後「ソ」連政府ノ参加ヲ見タル対本邦共同宣言ニ挙ゲラレタル条件中ニハ天皇ノ統治者トシテノ大権ヲ変更セントスル要求ヲ包含シ居ラザルコトノ了解ノ下ニ右宣言ヲ受諾ス依テ帝国政府ハ「ソ」連政府ガ右了解ニ誤ナキ旨速ニ正確ナル意志ヲ表明セラレンコトヲ希望ス(339)

なお、ポツダム宣言受諾についてはソ連政府に対しても、すでにスイス国を通じて通告の手続きを執っているが、「日本ニ於ケル天皇ノ御地位ガ日本国ト不可分ノモノナルコト等皇室ノ地位ニ付テハ克ク御了解ノコトト思考ス即チ我方ノ付シタル此ノ了解ハ絶対ノモノナルニ依リ連合国政府ニ於テモ右ヲ了解セラレ右ニ同意セラルルコトヲ希望スル次第ナル處貴官ニ於テ依存ナクンバ本国政府ニ電報セラレンコトヲ希望スル」(340)と述べた。マリク大使は、日本政府の申し出を受理する権限はないが、個人的責任において本国政府に伝達することに同意した。

アメリカの原爆投下とソ連の対日宣戦は、日本の指導者たちの終戦の決意を促進させたが、八月一四日の終戦の詔勅の発布までには、なお紆余曲折があった。八月一二日午前零時三〇分過ぎ、外務省ラジオ室と同盟通信社は、バーンズ国務長官名の連合国回答文を傍受した。また、参謀本部第五課成城分室も午前零時四五分にこれを傍受した。それは日本政府の通報に答える形ではなく、連合国側の立場として、天皇および政府の権限、天皇のとるべき終戦措置、政府のなすべき措置等について述べ、また日本のとるべき政体は、最終的には国民の自由意思によって決定されると述べていた(341)。午後三時よりバーンズ回答に関する臨時閣議が開かれると、四条件の議論が蒸し返された。そうした状況下に八月一三日午前二時過ぎ、岡本季正在スウェーデン公使より東郷外相宛に、緊急電報によって重要な情報が入った。連合国の回答はアメリカがソ連の反対を押し切ったもので、実質的には日本側の意向を是認したものであることを告げていた。

第五二五号緊急　わが方のポツダム宣言受諾申出に対する先方回答に関する件

十二日当地新聞は倫敦及び華府特電として米国が四国政府を代表して対日回答をなせる経緯に付大略左の如く報道し居れり

一、日本の留保承認の可否に付米英共に政府部内に於て賛否両論あり最初の米側「テキスト」は天皇の地位を連合国の指導下に認むる旨の文句あり又英側において起草せるものには天皇の地位を認めつつも only until farther notice なる制限を附せりソ連は最も強硬に文字通り無条件降伏を主張し之が為三六時間に亘り四国間に極力折衝せる結果結局天皇の地位を認めざれば日本軍隊を有効に統御するものなく連合国は之が始末になほ犠牲を要求せらるべしとの米側意見が大勢を制して回答文の決定を見たるものにて回答文は妥協の結果なるも米側の外交的勝利たりと評し居れり

二、英国内に於ては左翼各紙は日本の留保に反対を表明し「パンシタート」も反対意見を述べたるが「デイーリー・エキスプレス」は天皇は引続き在位せらるべきなりとの好意的論説を掲げ又「タイムス」は天皇大権に対する従来の如き精神的解釈を存続せしむるは将来侵略思想の禍根となるべしとて頻に反対し日本をして人民主権説に基く西欧流の立憲君主制を受諾せしむるの要を力説し居れり

三、なほ昨日来のＢＢＣその他敵側放送は連合国は日本の申出を条件附にて受諾せるものなりと述べ「アクセプト」なる語を使ひ居れるは注意を要す(342)

八月一三日午前八時三〇分より首相官邸において、戦争指導会議構成員会議が開催された。東郷外相は前日の閣議と同様の趣旨を主張し、鈴木首相と米内海相がこれを支持した。これに反論して阿南陸相、梅津参謀総長、豊田軍令部総長が、第一項および第四項の修正と、保障占領、武装解除について追加要求することを主張した[343]。会議の結論は出ず、午後二時頃中止された。

午後四時閣議が開かれた。鈴木首相は一六名の閣僚を順次指名して、腹蔵なき意見を求めた。阿南陸相、安倍源基内相、松阪広政法相が再照会を主張し、豊田軍需相の意見は多少不明瞭であったが、他の一二名の閣僚は概ね東郷外相の即時受諾意見を支持した。しかし、全会一致の決定を得ることができず、最後に鈴木首相が、閣議のありのままを天皇に申し上げ重ねて「聖断」を仰ぎたいと述べて閉会となった[344]。

正式に天皇の臨席による最高戦争指導会議を開くことは、臨席奏請のために必要な参謀総長、軍令部総長の花押を得る見込みがなく不可能であった。そこで、鈴木首相は、迫水書記官長の進言を入れ、極めて異例であるが、六名の最高戦争指導会議構成員の他、全閣僚、枢密院議長を加え、それに最高戦争指導会議幹事を同席させて、天皇のお召しによる御前会議を開く計画を立てた。つまり、お召しによる、最高戦争指導会議を開催し、そこに全閣僚、枢密院議長を加えて、御前会議の形をとり、実質的には、最高戦争指導会議・閣議・枢密院諮詢を併存させた瞬時の最高政策決定の場を設定したことになる。

八月一四日午前一一時より一二時まで、宮中吹上付属防空室において、「お召しによる御前会議」が開かれた。鈴木首相は最高戦争指導会議構成員会議、閣議の経過を要約して言上し、「閣議には約八割五分が原案に賛成せるも全員一致を見るに至らず、ここに重ねて叡慮を煩はし奉るの罪軽からざることを陳謝し此席上にあらためて反対の意見ある者より親しく御聞取りの上重ねて何分の御聖断を仰ぎ度旨」具状して、指名により梅津参謀総長、豊田軍令部総長、次いで阿南陸相が国体護持の観点から再照会を必要とする意見を具陳した[345]。三名の言上が終わると天皇は、「内外ノ情勢、国内ノ状態彼我国力戦力ヨリ判断シテ」、かつ「国体ニ就テハ敵モ認メテ居ル[346]」ことを確信していると述べて、東郷外相の意見に同意し、大東亜戦争終局の決断をおこなった。午後七時過ぎ、終戦の詔書について閣議決定し、午後一一時、詔書は渙発された。

おわりに

一九〇七年の第一次「帝国国防方針」には、陸軍を中心とする北進の方針と海軍を中心とする南進の方針が併記され、陸軍の二個師団増設と海軍の八・八艦隊の計画が設定された。以後陸海軍は互いに牽制しあいながら、それぞれの戦略構想の具現化を進めることとなり、常に南北併進という姿を維持することになった。そうした中で、陸軍と海軍の間での政治的駆け引きがおこなわれ、激変する国際情勢の対応に迫られて、経済力的に小国である日本が、軍事的大国をめざすことになる。その後、第一次大戦後の国際的な海軍軍縮時代がおとずれ、また、一九三一年の満州事変によって、陸軍の北進に勢いを増長させることになった。一九三七年に勃発した日中戦争の長期化、張鼓峰事件やノモンハン事件などによる対ソ局地戦での劣勢などにより、陸軍は日中戦争の早期解決を優先させることになる。

一方の海軍は、一九三六年の「国防国策大綱」「帝国国防方針」によって南進方針を強化することを、陸軍に対抗する形で闡明にし、イギリスを仮想敵国の第一に挙げた。日中戦争の終結を図るための一九三九年二月の海南島進攻は、援蔣ルート遮断戦略の第一歩であると同時に、イギリス、オランダとの対決を迫ることになり、そこにアメリカの介入が想定されるようになった。海軍は、もしイギリスと戦争になった場合、アメリカが介入してくる可能性が高いという、「英米不可分論」を唱え、実際の南方進出には慎重であり、英米同時対決を回避したい考えであった。陸軍は英蘭との限定戦争は可能として、「英米可分論」を唱えていた。海軍としては、イギリスとの協調論の立場から日独伊防共協定強化に強く反対していた、というわけではなかった。海軍は伝統的に南進戦略を唱えていたわけで、そのために北守つまり対ソ不戦を基本とした。

一九三九年八月二三日、独ソ不可侵条約の締結は、ノモンハンで極東ソ連軍と死闘を繰り広げていた陸軍に大きな衝撃を与えたが、海軍は北進を回避させ国策の一元化を南進へ誘導する好機とし、さらに日独伊ソ連合の結成が日本のとるべき最も有利な政戦略であるとした。そして、海軍のソ連を加えた日独伊ソ四国連合化構想は、南進論とも合致し、その過程で日独伊三国同盟を受け入れていくことになる。

日独伊ソ四国連合を、独ソ不可侵条約が結ばれる以前に構想していたのが、外務省の松岡洋右を中心とする革新官僚たちであり、彼等は海軍の南進論とも一致していた。日独伊枢軸強化とアジア外交へ回帰を主張する外務革新官僚は、泥沼化した日中戦争を終結させるためには、蔣介石を支援しているイギリスおよびソ連に対して、イギリスとの妥協よりもソ連を枢軸国側に組み入れる、すなわち日独伊ソの四国の提携による方が断然有利であるとの見解を示し、さらに、英米の対日経済制裁を打破して、日本が自存自衛の資源を確保するためには、東南アジア・南方に進出する政策を強行すべきであると唱えたのである。

こうした背景があって、一九四〇年九月二七日、日独伊三国同盟は締結された。つまり、一九三八年夏、日本陸軍側から積極的に働きかけた三国同盟は、対ソ戦略つまり北進の目的からであったため、海軍・外務省が反対し、一九三九年夏、ドイツ側からの働きかけによる三国同盟は、欧州、東亜、それぞれの新秩序建設のための対英米戦略、つまり日本にとっては南進を目的としたが、海軍・外務省が同意、陸軍は日中戦争の早期終結をはかるためにソ連の援蔣政策を放棄させる新たな三国同盟の意義を見出した。また、海軍首脳部は三国同盟締結に同意する際、ドイツによる日ソ関係の調停斡旋を条件とするなど、同盟と南進論の整合性を確認した。陸軍は英仏の援蔣ルートを遮断するために対南方戦略強化の方針に転換し、やがて仏印進駐を実行していくことになる。

一九三九年の独ソ不可侵条約締結後、陸海外の三国同盟締結の同意は、ソ連を加えた四国連合への発展を見据えた構想に基づいていたといえる。この構想は、結果的にドイツの同意を得られず、松岡は、日独伊三国同盟プラス日ソ中立条約という形態で、疑似四国連合を完成させた。しかし、一九四一年六月の独ソ戦勃発は、日独伊三国同盟プラス日ソ中立条約という疑似四国連合形態を分断し、日本は同盟と中立を使い分けながら南進政策、対米英戦略を模索することになる。しかし、日独伊三国同盟条約の締結は、「日米交渉」の際の障害となり、アメリカの参戦に対する抑止力にはならなかった。また、日本は三国同盟を対米戦争の準備措置として位置づけておらず、「日米交渉」において、来栖大使は日米諒解が成立すれば三国同盟は「アウトシャイン（outshine）」されると発言した。他方、日ソ中立条約は、締結初期において三国同盟条約遵守優先という日本の立場から軽視されたため、ソ連との強い同盟を構築するに至らなかった。

一九四一年から一九四五年までの日本とソ連の関係は、日本は太平洋戦争を遂行するためにソ連の中立を必要とした。ソ連もドイツとの戦争に全力をあげて立ち向かうためには、日本の中立が必要であった。そのことと同時に、ソ連は日本の同盟国であるドイツと戦争状態にあり、日本はソ連の同盟国でありドイツの敵であるアメリカと戦争していた。そうした状況下で外交大権を有する昭和天皇は、「独ソ共に不信の国」であると警戒していた。

アメリカの軍用機は、しばしば日本本土を空爆した後ソ連領内に逃れ、アメリカよりソ連に転籍された商船は、武器貸与法にもとづく武器や戦争物資の輸送を太平洋経由でおこなっていた。その武器の一部は、ソ連を通じて中国に輸送された。日本がソ連船を宗谷海峡付近で臨検抑留すると、ソ連は中立条約違反と異議を唱え、日本が外交ルートを通じてドイツにソ連の軍事事情を漏らしていると抗議した。日本とソ連の間に存在した中立は、従って脆弱なものであり、それは両者の戦略的利益にかなう限りにおいて遵守されるが、その必要がなくなればただちに破棄される運命にあった。

両国にとって戦況の不利な事態が深まれば深まるほど日ソ中立条約に縋る必要性が増すということになる。ソ連の対独戦争の窮地から日本の対米戦窮地へ転換の中で、日ソ中立条約は日本にとって、一九四五年八月九日のソ連の対日参戦までは、二正面戦争を回避することに機能し続けたとの積極的な解釈はできない。ソ連は連合国側にあって、中立条約を利用しながら徐々に最大限の利益を得るための対日参戦の機会を狙っていたのである。

(1)　一九三九年八月二三日付「東京朝日新聞」。
(2)　原田熊雄『西園寺公と政局』第八巻、五五頁。
(3)　近衛文麿『近衛手記』二四〇頁。
(4)　一九三九年八月二八日付「東京朝日新聞」。
(5)　外務省編『外務省公表集』第一八輯（昭和一四年一二月）四七頁。
(6)　外務省編『外務省公表集』第一八輯（昭和一四年一二月）四七～五〇頁。
(7)　外務省編『外交資料　戦争直前ニ於ケル対英米通商交渉経緯ノ部』二九～三〇頁。
(8)　外務省通商局『昭和十四年度執務報告』四六八頁。
(9)　外務省編『外交資料　戦争直前ニ於ケル対英米通商交渉経緯ノ部』八七～八八頁。
(10)　大畑篤四朗・細谷千博『三国同盟・日ソ中立条約』（日本国際政治学会太平洋戦争原因研究部編『太平洋戦争への道』

第五巻）二六一〜二六二頁。
(11) 参謀本部編『杉山メモ―大本営・政府連絡会議等筆記―』上巻、一七七頁。
(12) 小倉和夫『吉田茂の自問―敗戦、そして報告書「日本外交の過誤」』一三二〜一四四頁。
(13) 細谷千博、佐藤元英編『日米交渉関係調書集成Ⅱ』九七九〜九九三頁。
(14) 一九三八年七月一一日張鼓峰で国境紛争、七月二九日沙草峰で日ソ軍の衝突事件が起こり、一方でこの時期、五〇〇〇万ドルの対中国第一次貿易借款をおこなった。
(15) 矢部貞治『近衛文麿』上巻五二九〜五三〇頁。板垣征四郎「一九四六年二月四日大島浩ニ対スル検察側尋問書」（『極東国際軍事裁判速記録』第二巻）一九七頁。
(16) 矢部貞治『近衛文麿』上巻、五五七頁。
(17) 原田熊雄『原田日記』第七巻、一八頁。
(18) 大畑篤四朗「日独防共協定・同強化問題」（日本国際政治学会太平洋戦争原因研究部編『太平洋戦争への道』第五巻）七三頁。
(19) 大畑篤四朗「日独防共協定・同強化問題」（日本国際政治学会太平洋戦争原因研究部編『太平洋戦争への道』第五巻）六八〜六九頁。
(20) 三宅正樹『ユーラシア外交史研究』一一〇頁、同『日独伊三国同盟の研究』一八一〜一八二頁。
(21) 外務省記録「日独伊防共協定問題一件―防共協定強化問題―」。
(22) 外務省編『日本外交年表竝主要文書』下巻、三九一〜三九二頁。
(23) 外務省編『日本外交年表竝主要文書』下巻、三九二頁。
(24) 外務省編『三国同盟交渉資料』二八頁。
(25) 大島宣誓口供書（極東国際軍事裁判公判記録第三二一号、法廷証第三五〇九号）。高木惣吉「日独伊軍事同盟成立の経緯」（『世界』一九五〇年一一月号）八二頁。

(26)　原田熊雄『原田日記』別巻、三六五頁。
(27)　有田八郎『人の眼の塵を見る』八〜一〇頁。
(28)　原田熊雄『原田日記』別巻、三六五〜三六七頁。
(29)　外務省編『日本外交年表竝主要文書』下巻、四〇八頁。
(30)　外務省編『日本外交年表竝主要文書』下巻、四〇八頁。
(31)　有田八郎『人の眼の塵を見る』一二〜一四頁。原田熊雄『原田日記』別巻、三六八〜三七七頁。
(32)　大島浩宣誓口供書（極東国際軍事裁判公判記録第三二二号、法廷証第三五〇九号）。大島浩訊問調書（同上第七四号、法廷証第四九七号）
(33)　堀内謙介監修『日独伊同盟・日ソ中立条約』（鹿島平和研究所編『日本外交史』第二一巻）一八四〜一八七頁。
(34)　原田熊雄『西園寺公と政局』第七巻、三一九頁。
(35)　外務省記録「日独伊防共協定問題一件―防共協定強化問題―」。
(36)　大畑篤四朗「日独防共協定・同強化問題」（日本国際政治学会太平洋戦争原因研究部編『太平洋戦争への道』第五巻）一一五頁。
(37)　有田八郎『人の眼の塵を見る』一六〜一八頁。
(38)　原田熊雄『西園寺公と政局』第七巻三三五〜三三六頁。
(39)　外務省記録「日独伊防共協定関係一件　防共協定強化問題」（所謂防共協定強化問題ニ関スル前有田外務大臣手記）。
(40)　角田順解説『現代史資料10　日中戦争３』二五七頁。
(41)　三宅正樹『ユーラシア外交史研究』一一九〜一二〇頁。
(42)　宇垣一成『宇垣一成日記』第三巻、一三五三頁。
(43)　角田順解説『現代史資料10　日中戦争３』二五八頁。
(44)　有末精三「三国同盟」（『語りつぐ昭和史　激動の半世紀３』九三〜九七頁。

(45) 伊藤隆・照沼康孝編『陸軍　畑俊六日記』(続・現代史資料4) 二二七〜二二九頁。
(46)『小倉庫次侍従日記』(『文藝春秋』二〇〇七年四月号) 一二三〜一二七頁。寺崎英成『昭和天皇独白録―寺崎英成・御用掛日記―』四三頁。
(47) 寺崎英成『昭和天皇独白録―寺崎英成・御用掛日記―』四二〜四三頁。
(48) 三宅正樹『ユーラシア外交史研究』一〇九〜一一〇頁。
(49) 外務省編『日本外交年表竝主要文書』下巻、四三三〜四三四頁。
(50) 種村左考『大本営機密日誌』三四頁。
(51) 種村左考『大本営機密日誌』三五頁。
(52) 細谷千博「三国同盟と日ソ中立条約」(日本国際政治学会太平洋戦争原因研究部編『太平洋戦争への道』第五巻) 一七五〜一七六頁。
(53) 外務省編『日本外交年表竝主要文書』下巻、四三四〜四三五頁。
(54) 矢部貞治編著『近衛文麿』下巻、七七頁。
(55) 外務省編『日本外交年表竝主要文書』下巻、四三五〜四三六頁。
(56) 外務省編『日本外交年表竝主要文書』下巻、四三六〜四三七頁。
(57) 外務省編『日本外交年表竝主要文書』下巻、四三七〜四三八頁。
(58)『参謀次長澤田茂回想録』一一六〜一一九頁。
(59) 外交省記録「日独伊同盟条約関係一件」。
(60) 日本国際政治学会太平洋戦争原因研究部編『太平洋戦争への道』別冊(資料編) 三二九〜三三二頁。
(61) 来栖三郎『日米外交秘話―わが外交史―』七二頁。
(62) 外務省編『日本外交年表竝主要文書』下巻、四五二〜四五三頁。
(63) 外務省調書『日独伊三国条約』三三〜三四頁。

(64) 高木惣吉「日独伊軍事同盟成立の経緯」(『世界』一九五〇年一一月号) 八六頁。
(65) 堀内謙介監修『日独伊同盟・日ソ中立条約』(鹿島平和研究所編『日本外交史』第二一巻) 二四七～二四八頁。
(66) 外務省調書『日独伊三国条約』五一～五三頁。
(67) 原田熊雄『西園寺公と政局』第八巻、三四六～三四七頁。
(68) 参謀本部編『杉山メモ―大本営・政府連絡会議等筆記―』上巻、四一～五四頁。
(69) 外務省調書『日独伊三国条約』七七～七九頁。
(70) 外務省調書『日独伊三国条約』一〇三～一〇四頁。
(71) 細谷千博「三国同盟と日ソ中立条約 (一九三九～一九四一)」(日本国際政治学会太平洋戦争原因研究部編『太平洋戦争への道』第五巻) 二一九頁。
(72) 木戸日記研究会・代表岡義武『木戸幸一関係文書』一八頁。
(73) 木戸日記研究会校訂『木戸幸一日記』下巻、八二四頁。
(74) 外務省編『日本外交年表竝主要文書』下巻、四五六～四五九頁。
(75) 外務省編『日本外交年表竝主要文書』下巻、四五九～四六二頁。
(76) 外務省編『外務省執務報告　調査部』(昭和十四年執務報告　調査部) 五頁。
(77) 来栖三郎『日米外交秘話―わが外交史―』七六～七八頁。
(78) 木戸日記研究会校訂『木戸幸一日記』下巻、八一四頁。
(79) 佐藤元英監修解説『日米関係戦時重要事項日誌』参照。
(80) 来栖三郎『日米外交秘話―わが外交史―』七四～七八頁。
(81) 昭和一四年九月九日「阿部兼摂大臣車中談資料」(「阿部信行文書」東京大学法学部近代立法過程研究会所蔵)
(82) 外務省編『外務省公表集』第一八輯 (昭和一四年一二月) 四七頁。
(83) 外務省編『日ソ交渉史』三七八～三八〇頁。

(84) 外務省編『日本外交年表竝主要文書』下巻、四二一〜四二四頁。
(85) 昭和一五年一月一一日付「東京朝日新聞」。
(86) 外務省調書『外交資料　日ソ外交交渉記録ノ部（中立条約締結交渉ヨリ終戦迄）』二四頁。
(87) 原田熊雄『原田日記』第八巻、二四四頁。
(88) 外交省記録「日ソ中立条約関係一件」。
(89) 外交省記録「日ソ中立条約関係一件」。
(90) 外交省記録「日ソ中立条約関係一件」。
(91) 外務省調書『外交資料　日ソ外交交渉記録ノ部（中立条約締結交渉ヨリ終戦迄）』二四〜二五頁。
(92) 外務省調書『外交資料　日ソ外交交渉記録ノ部（中立条約締結交渉ヨリ終戦迄）』二五〜二六頁。
(93) 日本国際政治学会太平洋戦争原因研究部編『太平洋戦争への道』別冊（資料編）三一九頁。
(94) 外務省編『日本外交年表竝主要文書』下巻、四三六〜四三七頁。
(95) 外務省記録「日独伊同盟条約関係一件」。
(96) 日本国際政治学会太平洋戦争原因研究部編『太平洋戦争への道』別冊（資料編）三二九〜三三二頁。
(97) 佐藤元英『御前会議と対外政略』第一巻、六一頁。
(98) 佐藤元英『御前会議と対外政略』第一巻、五六〜五九頁。
(99) 外務省調書『外交資料　日ソ外交交渉記録ノ部（中立条約締結交渉ヨリ終戦迄）』二六〜二八頁。
(100) 外務省調書『外交資料　日ソ外交交渉記録ノ部（中立条約締結交渉ヨリ終戦迄）』二八頁。
(101) ベルリンでの四回にわたる独ソ会談については、工藤美知尋『日ソ中立条約の虚像—終戦工作の再検証—』九九〜一〇四頁。ヒトラーは勢力範囲確定計画を断念し、バロバロッサ作戦を命令した。
(102) 外務省調書『外交資料　日ソ外交交渉記録ノ部（中立条約締結交渉ヨリ終戦迄）』二九〜三〇頁。
(103) 外務省調書『外交資料　日ソ外交交渉記録ノ部（中立条約締結交渉ヨリ終戦迄）』三〇〜三一頁。

(104) 日本国際政治学会太平洋戦争原因研究部編『太平洋戦争への道』別冊（資料編）三六四～三六五頁。
(105) 参謀本部編『杉山メモ―大本営・政府連絡会議等筆記―』上巻、一七三～一七六頁。
(106) 木戸日記研究会校訂『木戸幸一日記』下巻、八五五頁。
(107) 工藤美知尋『日ソ中立条約の虚構』一一三～一一四頁。
(108) 堀内謙介監修『日独伊同盟・日ソ中立条約』（鹿島平和研究所編『日本外交史』第二一巻）二四七～二四八頁。
(109) 外務省編『日本外交年表竝主要文書』下巻、四九〇頁。
(110) 外務省調書『外交資料　日ソ外交交渉記録ノ部（中立条約締結交渉ヨリ終戦迄）』三三～三六頁。
(112) 外務省編『日本外交年表竝主要文書』下巻、四九二～四九六頁。
(113) 参謀本部編『杉山メモ―大本営・政府連絡会議等筆記―』上巻、一九九頁。
(114) 外務省調書『外交資料　日ソ外交交渉記録ノ部（中立条約締結交渉ヨリ終戦迄）』三七頁。
(115) 参謀本部編『杉山メモ―大本営・政府連絡会議等筆記―』上巻、二四三～二四六頁。
(116) 参謀本部編『杉山メモ―大本営・政府連絡会議等筆記―』上巻、二六〇～二六一頁。
(117) 外務省調書『外交資料　日ソ外交交渉記録ノ部（中立条約締結交渉ヨリ終戦迄）』三八～三九頁。
(118) 外務省調書『外交資料　日ソ外交交渉記録ノ部（中立条約締結交渉ヨリ終戦迄）』四〇頁。
(119) 外務省調書『外交資料　日ソ外交交渉記録ノ部（中立条約締結交渉ヨリ終戦迄）』四二頁。
(120) 外務省調書『外交資料　日ソ外交交渉記録ノ部（中立条約締結交渉ヨリ終戦迄）』四二～四三頁。
(121) 工藤美知尋『日ソ中立条約の虚像―終戦工作の再検証―』一三〇頁。
(122) 外務省調書『外交資料　日ソ外交交渉記録ノ部（中立条約締結交渉ヨリ終戦迄）』七頁。
(123) 外務省調書『外交資料　日ソ外交交渉記録ノ部（中立条約締結交渉ヨリ終戦迄）』五〇頁。
(124) 外務省編『日本外交年表竝主要文書』下巻、五四〇頁。
(125) 外務省編『日本外交年表竝主要文書』下巻、五四二～五四三頁。

(126) 外務省編『日本外交年表竝主要文書』下巻、五四四～五四五頁。
(127) 参謀本部編『杉山メモ―大本営・政府連絡会議等筆記―』上巻、四一七～四一九頁。
(128) 外務省編『日本外交年表竝主要文書』下巻、五六三～五六四頁。
(129) 長谷川毅『暗闘―スターリン、トルーマンと日本降伏―』三三頁。
(130) 外務省調書『外交資料　日ソ外交交渉記録ノ部（中立条約締結交渉ヨリ終戦迄）』五〇頁。
(131) 長谷川毅『暗闘―スターリン、トルーマンと日本降伏―』三三頁。
(132) 外務省調書『外交資料　日ソ外交交渉記録ノ部（中立条約締結交渉ヨリ終戦迄）』五一頁。
(133) 長谷川毅『暗闘―スターリン、トルーマンと日本降伏―』三四頁。
(134) 横手慎二「第二次大戦期のソ連の対日政策―一九四一～一九四四―」（慶應義塾大学法学研究会『法学研究』第七一巻（一）、一九九八年）二〇六頁。
(135) 外務省編『日本外交年表竝主要文書』下巻、五七四頁。
(136) 参謀本部編『杉山メモ―大本営・政府連絡会議等筆記―』上巻、五二三～五二五頁。
(137) 東郷茂徳『時代の一面』三二八頁。
(138) 世界経済調査会『日米関係戦時重要事項日誌』三〇七頁。
(139) 種村佐孝『大本営機密日誌』一五〇～一五一頁。
(140) 日本国際政治学会太平洋戦争原因研究部編『太平洋戦争への道』別冊（資料編）六一六～六一七頁。
(141) 参謀本部編『杉山メモ―大本営・政府連絡会議等筆記―』下巻、八一～八二頁。
(142) 参謀本部編『杉山メモ―大本営・政府連絡会議等筆記―』下巻、六七～七一頁。
(143) 参謀本部編『杉山メモ―大本営・政府連絡会議等筆記―』下巻、五二～五四、八二頁。
(144) 参謀本部編『杉山メモ―大本営・政府連絡会議等筆記―』下巻、六四～六六頁。
(145) 外務省調書『外交資料　日ソ外交交渉記録ノ部（中立条約締結交渉ヨリ終戦迄）』六〇頁。

(146) 一九四二年五月五日の佐藤尚武大使の意見書では、日ソ関係の逆転を憂慮している(工藤美知尋『日ソ中立条約の虚構』一四〇～一四一頁)。
(147) 種村佐孝『大本営機密日誌』一五六～一五七頁。
(148) 西内雅『大東亜戦争の終局』一九～二〇頁。天皇はインドを侵攻することに反対していた(中尾裕次編『昭和天皇発言記録集成』下巻、一三九頁)。
(149) 西内雅『大東亜戦争の終局』二一頁。
(150) 参謀本部編『杉山メモ』下巻、四頁。林茂「対ソ工作の展開」(日本外交学会編『太平洋戦争終結論』一八九～一九六頁。
(151) 種村佐孝『大本営機密日誌』一六七～一七三頁。
(152) 参謀本部編『杉山メモ―大本営・政府連絡会議等筆記―』下巻、一五二～一五三頁。
(153) 江藤淳監修、栗原健・波多野澄雄編『終戦工作の記録』上巻、四一頁。
(154) 高松宮宣仁親王『高松宮日記』第五巻、五四六頁。
(155) 参謀本部編『杉山メモ―大本営・政府連絡会議等筆記―』下巻、三七八～三七九頁。種村佐孝『大本営機密日誌』一八八～一八九頁。
(156) 種村佐孝『大本営機密日誌』一九七頁。
(157) 守島伍郎「苦悩する駐ソ大使館」(守島康彦編『昭和の動乱と守島伍郎の生涯』一六四頁。
(158) 外務省編『終戦史録』(北洋社、一九七七・七八年)第一巻、七三～九三頁。
(159) 外務省調書『外交資料　日ソ外交交渉記録ノ部(中立条約締結交渉ヨリ終戦迄)』一〇、七五～九二頁。
(160) 参謀本部編『杉山メモ―大本営・政府連絡会議等筆記―』下巻、四三二頁。
(161) 外務省調書『外交資料　日ソ外交交渉記録ノ部(中立条約締結交渉ヨリ終戦迄)』一三九頁。
(162) 外務省調書『外交資料　日ソ外交交渉記録ノ部(中立条約締結交渉ヨリ終戦迄)』一四一頁。

(163) 参謀本部編『杉山メモ—大本営・政府連絡会議等筆記—』下巻、四七三頁。
(164) 外務省調書『外交資料　日ソ外交交渉記録ノ部（中立条約締結交渉ヨリ終戦迄）』六六～六七頁。
(165) 外務省調書『外交資料　日ソ外交交渉記録ノ部（中立条約締結交渉ヨリ終戦迄）』六七頁。
(166) 外務省調書『外交資料　日ソ外交交渉記録ノ部（中立条約締結交渉ヨリ終戦迄）』六八～七四頁。
(167) 外務省調書『外交資料　日ソ外交交渉記録ノ部（中立条約締結交渉ヨリ終戦迄）』四六頁。
(168) 江藤淳監修、栗原健・波多野澄雄編『終戦工作の記録』上巻、一三三～一三六頁。
(169) 外務省編『日本外交文書竝主要文書』下巻、五八六～五八七頁。
(170) 中尾裕次編『昭和天皇発言記録集成』（「眞田穣一郎少将日記」）下巻、一二二頁。
(171) 江藤淳監修、栗原健・波多野澄雄編『終戦工作の記録』上巻、一三七～一四七頁。
(172) 参謀本部編『杉山メモ—大本営・政府連絡会議等筆記—』下巻、四七三頁。
(173) 参謀本部編『杉山メモ—大本営・政府連絡会議等筆記—』下巻、四七三～四七四頁。
(174) 種村佐孝『大本営機密日誌』一九四頁～一九五頁。
(175) 種村佐孝『大本営機密日誌』一九五頁。
(176) 参謀本部編『杉山メモ—大本営・政府連絡会議等筆記—』下巻、四七四～四七九頁。服部卓四郎陳述録「昭和一八年九月三〇日の御前会議に関する陳述書」（佐藤元英、黒沢文貴編『GHQ歴史課陳述録—終戦史資料』下巻）七四七～七四八頁。
(177) 松谷誠陳述録「絶対国防圏に関する松谷誠の陳述」（佐藤元英、黒沢文貴編『GHQ歴史課陳述録—終戦史資料』上巻）四四五～四四七頁。
(178) 外務省編『日本外交年表竝主要文書』下巻、五九四～五九五頁。
(179) 鹿島平和研究所編『大東亜戦争・終戦外交』（『日本外交史』第二五巻）二六～二七頁。
(180) 防衛研究所図書館所蔵、参謀本部第二〇班『昭和十九年大東亜戦争戦争指導関係綴　一般之部』。

(181)　木戸日記研究会・代表岡義武『木戸幸一日記』下巻、一〇七八～一〇七九頁。
(182)　種村佐孝『大本営機密日誌』二一九頁。
(183)　松谷誠『大東亜戦争収拾の真相』八二頁。
(184)　種村佐孝『大本営機密日誌』二二〇頁。
(185)　江藤淳監修、栗原健・波多野澄雄編『終戦工作の記録』上巻、一八〇～一九三頁。
(186)　種村佐孝『大本営機密日誌』二一九頁。
(187)　木戸日記研究会・代表岡義武『木戸幸一日記』下巻、一〇八八頁。
(188)　服部卓四郎陳述録「捷一号作戦指導要領（案）について」（佐藤元英・黒沢文貴編『ＧＨＱ歴史課陳述録―終戦史資料』下巻）七八八頁。
(189)　参謀本部所蔵『敗戦の記録』三五～三八頁。
(190)　外務省記録「大東亜戦争関係一件　戦争終結ニ関スル日蘇交渉関係」。
(191)　「容共政策」「延安政権との妥協策」については、波多野澄雄『太平洋戦争とアジア外交』（二五〇～二五二頁）参照。
(192)　参謀本部所蔵『敗戦の記録』三七～三八頁。
(193)　参謀本部所蔵『敗戦の記録』四八～五五頁。
(194)　参謀本部所蔵『敗戦の記録』五五～五七頁、戦争指導班の策定過程（第一回から第四回）については、立川京一「戦争指導方針決定の構造―太平洋戦争時の日本を事例として―」（『戦史研究年報』第一三号、二〇一〇年三月）を参照。
(195)　「内閣総理大臣発言要旨」、「陸海軍両統帥部ヲ代表シ参謀総長説明」、「御前会議ニ於ケル外務大臣説明」は、参謀本部所蔵『敗戦の記録』三九～四七頁。
(196)　波多野澄雄『太平洋戦争とアジア外交』二四五頁。
(197)　伊藤隆・武田知己『重光葵最高戦争指導会議記録・手記』三五～三六頁、参謀本部所蔵『敗戦の記録』一六三頁。
(198)　伊藤隆・照沼康孝解説『陸軍　畑俊六日誌』（『続・現代史資料』第四巻）四八六頁。

(199) 波多野澄雄『太平洋戦争とアジア外交』二六三頁。東久邇宮稔彦『一皇族の戦争日記』(九月二八日記)。
(200) 参謀本部所蔵『敗戦の記録』四五頁。
(201) 外務省記録「対重慶政治工作ノ実施ニ関スル件」。
(202) 伊藤隆・武田知己『重光葵最高戦争指導会議記録・手記』五六~五八頁。参謀本部所蔵『敗戦の記録』一六三~一六四頁。
(203) 種村佐孝『大本営機密日誌』二三七~二三八頁。
(204) 種村佐孝『大本営機密日誌』二三八頁、参謀本部所蔵『敗戦の記録』一六五~一六六頁。
(205) 参謀本部所蔵『敗戦の記録』一六六~一六八頁、軍事史学会編大本営陸軍部戦争指導班『機密戦争日誌』下巻、五八〇頁。
(206) 参謀本部所蔵『敗戦の記録』一七五~一七六頁。種村佐孝『大本営機密日誌』二三八~二三九頁。
(207) 参謀本部所蔵『敗戦の記録』一七六頁。
(208) 参謀本部所蔵『敗戦の記録』一七一~一七二頁。
(209) 参謀本部所蔵『敗戦の記録』一七二~一七四頁。
(210) 軍事史学会編大本営陸軍部戦争指導班『機密戦争日誌』下巻、五八四頁。種村佐孝『大本営機密日誌』二四〇頁。
(211) 外務省記録「大東亜戦争関係一件　本邦ノ対重慶工作関係」。
(212) 外務省記録「大東亜戦争関係一件　本邦ノ対重慶工作関係」。
(213) 松本俊一・安東義良監修『大東亜戦争　終戦外交』(鹿島平和研究所編『日本外交史』第二五巻)五五~七八頁。
(214) 堀内謙介監修『日独伊同盟・日ソ中立条約』(鹿島平和研究所編『日本外交史』第二一巻)二三六頁。
(215) 外務省記録「大東亜戦争関係一件　戦争終結ニ関スル日蘇交渉関係」。
(216) 入江昭『日米戦争』二三四頁。
(217) 日本外務省では「本会談ニ於ケル蘇連ノ参加拒絶ハ対日決戦ニ於ケル其ノ積極的強力及至参戦ノ望ミ薄ナルヲ示唆ス

ルモノナリト解セラル」と受け取った（外務省政務局『世界情勢ノ動向』第二巻三七号、三七六頁）。
(218) 日本外務省では「対日参戦問題ハ、本会議ノ中心的議題ニハ非ルベシト観測」した（外務省政務局『世界情勢ノ動向』第二巻四一号、四六六頁）。
(219) 松本俊一・安東義良監修『大東亜戦争　終戦外交』（鹿島平和研究所編『日本外交史』第二五巻）六一～六三頁。
(220) 外務省記録「大東亜戦争関係一件　戦争終結ニ関スル日蘇交渉関係」。松本俊一・安東義良監修『大東亜戦争　終戦外交』（鹿島平和研究所編『日本外交史』第二五巻）六四～六六頁。
(221) 外務省記録「大東亜戦争関係一件　戦争終結ニ関スル日蘇交渉関係」。松本俊一・安東義良監修『大東亜戦争　終戦外交』（鹿島平和研究所編『日本外交史』第二五巻）六七～七八頁。
(222) 外務省記録「大東亜戦争関係一件　戦争終結ニ関スル日蘇交渉関係」。
(223) 長谷川毅『暗闘―スターリン、トルーマンと日本降伏―』五九頁。『日ソ基本文書・資料集』六四頁。
(224) 外務省編『日本外交年表竝主要文書』下巻、六〇七～六〇八頁。
(225) 長谷川毅『暗闘―スターリン、トルーマンと日本降伏―』六一頁。
(226) 五百旗頭真『米国の日本占領政策』下巻、一三一～一三三頁。ヤルタ会談の後、ワシレフスキーと参謀本部は、対日参戦の詳細な計画を立案する作業に着手した。
(227) 参謀本部所蔵『敗戦の記録』二三〇～二三二頁。
(228) 外務省政務局『世界情勢ノ動向』（第三巻第七号）一八〇頁。
(229) 外務省政務局『世界情勢ノ動向』（第三巻第九号）二四二頁。
(230) 外務省政務局『世界情勢ノ動向』（第三巻第一〇号）二六四頁。
(231) 松本俊一・安東義良監修『大東亜戦争　終戦外交』（鹿島平和研究所編『日本外交史』第二五巻）三六頁。
(232) 江藤淳監修、栗原健・波多野澄雄編『終戦工作の記録』上巻、五〇七頁。防衛省防衛研究所図書館所蔵　参謀本部第二十班「大東亜戦争戦争指導関係綴」。

(233)外務省政務局『世界情勢ノ動向』(第三巻第一三報、一九四五年四月六日)三二三頁。
(234)外務省政務局『世界情勢ノ動向』(第三巻第一四報、一九四五年四月一三日)三四四～三四六頁。
(235)堀内謙介監修『日ソ中立条約』(鹿島平和研究所編『日本外交史』第二一巻)三二九～三三〇頁。
(236)東郷茂徳「東條内閣及び鈴木内閣の講和努力などに関する一五項目質問に対する答弁―前半―」(佐藤元英・黒沢文貴編『GHQ歴史課陳述録―終戦史資料』上巻)二九〇頁。
(237)東郷茂徳『時代の一面』三二八頁。
(238)種村佐孝「今後ノ対『ソ』施策ニ対スル意見」(防衛省防衛研究所図書館所蔵 参謀本部第二十班「大東亜戦争戦争指導関係綴」)。江藤淳監修・栗原健・波多野澄雄編『終戦工作の記録』下巻、五七、六一～六六頁。
(239)江藤淳監修・栗原健・波多野澄雄編『終戦工作の記録』下巻、五八頁。
(240)外務省政務局『世界情勢ノ動向』(第三巻第一八報、一九四五年五月一一日)四五九頁。
(241)東郷茂徳「東條内閣及び鈴木内閣の講和努力などに関する一五項目質問に対する答弁―前半―」(佐藤元英・黒沢文貴編『GHQ歴史課陳述録―終戦史資料』上)二七五頁。
(242)外務省編『日本外交年表竝主要文書』下巻、六一一～六一二頁。
(243)東郷茂徳『時代の一面』三三一～三三三頁、東郷茂徳「東條内閣及び鈴木内閣の講和努力などに関する一五項目質問に対する答弁―前半―」(佐藤元英・黒沢文貴編『GHQ歴史課陳述録―終戦史資料』上巻)二七六～二七七頁。
(244)下村海南『終戦記』四四頁。
(245)江藤淳監修・栗原健・波多野澄雄編『終戦工作の記録』下巻、八七頁。これは「高木覚書」であり、及川古志郎陳述録「一九四五年五月中旬に於て最高戦争指導会議構成員だけで開いた会合について」(佐藤元英・黒沢文貴編『GHQ歴史課陳述録―終戦史資料』下巻、八七七頁)に記された米内の態度は若干異なる。
(246)米内光政陳述録「米内海軍大臣談[高木惣吉より入手資料一]」(佐藤元英・黒沢文貴編『GHQ歴史課陳述録―終戦史資料』下巻)五六四～五六五頁。

(247) 外務省編『外交資料　日ソ外交交渉記録ノ部（中立条約締結交渉ヨリ終戦迄）』一四八～一五〇頁、外務省記録「大東亜戦争関係一件　戦争終結ニ関スル日蘇交渉関係」。

(248) 外務省記録「大東亜戦争関係一件　戦争終結ニ関スル日蘇交渉関係」。佐藤尚武『回顧八十年』四七二～四七五頁、守島伍郎『苦悩する駐ソ大使館―日ソ外交の思出―』参照。

(249) 立川京一「戦争指導方針決定の構造―太平洋戦争時の日本を事例として―」（『戦史研究年報』第一三号）四〇～四二頁。

(250) 種村佐孝陳述録「一九四五、六、八決定『今後採るべき戦争指導の大綱』の起案に関する事項」（佐藤元英・黒沢文貴編『GHQ歴史課陳述録―終戦史資料』下巻、八三九～八四〇頁）によれば、次のように記載されている。

陸軍案（昭和二〇、四、一五頃内定）

方針

帝国は戦政一致飽く迄戦争を遂行し以て国体を護持し皇土を保全して民族発展の根基を確保す。

指導要領

一、陸海軍は速かに本土決戦準備を整へ来攻する敵に対し之を随所に撃滅す。

二、速かに徹底せる対「ソ」外交を行い戦争の遂行を容易ならしむ。

三、本土決戦に即応せしむる如く速かに国内態勢を強化す。

四、前諸項に伴う諸施策の実行は特に敏速確実ならしむ。

(251) 種村佐孝『大本営機密日誌』二八一頁。

(252) 軍事史学会編『大本営陸軍部戦争指導班機密戦争日誌』下巻、七〇四頁。種村も内閣案として取り纏めるよう迫水に提案した（種村佐孝『大本営機密日誌』二八六頁）。

(253) 防衛省防衛研究所図書館所蔵「参謀本部第二十班（第十五課）昭和二十年大東亜戦争戦争指導関係綴　一般之部」。

(254) 種村佐孝陳述録「一九四五、六、八決定『今後採るべき戦争指導の大綱』の起案に関する事項」（佐藤元英・黒沢文貴

編『ＧＨＱ歴史課陳述録―終戦史資料』下巻）八四三頁。

（255）迫水久常陳述録「終戦時回想雑件」（佐藤元英・黒沢文貴編『ＧＨＱ歴史課陳述録―終戦史資料』上巻、一七八頁）は、陸軍省軍務局の山田成利大佐ではなかったかとし、内閣綜合計画局の毛理英於莵が陸軍側と折衝して、その案を修正したが、全部焼けてしまったと証言している。末沢慶政陳述録「終戦時の回想」（同書下巻、六二二頁）は、「夫々の末尾について居る『判決』は、内閣の毛理英於莵君のところで書いたものと思います」と証言している。

（256）東郷茂徳陳述録「東條内閣及び鈴木内閣の講和努力などに関する一五項目質問に対する答弁―前半―」（佐藤元英・黒沢文貴編『ＧＨＱ歴史課陳述録―終戦史資料』上巻）二八〇〜二八一頁。

（257）保科善四郎陳述録「終戦時の回想、一九四五年六月六日の最高戦争指導会議」（佐藤元英・黒沢文貴編『ＧＨＱ歴史課陳述録―終戦史資料』下巻）五八五〜五八六頁。

（258）江藤淳監修・栗原健・波多野澄雄編『終戦工作の記録』（「河辺参謀次長日誌」）一四九頁。

（259）参謀本部所蔵『敗戦の記録』二六五〜二六六頁。

（260）東郷茂徳陳述録「東條内閣及び鈴木内閣の講和努力などに関する一五項目質問に対する答弁―前半―」（佐藤元英・黒沢文貴編『ＧＨＱ歴史課陳述録―終戦史資料』上巻）二八一頁。

（261）参謀本部所蔵『敗戦の記録』二五六〜二五八頁。迫水久常陳述録「鈴木内閣の終戦企画」「鈴木内閣の戦争指導政策」（佐藤元英・黒沢文貴編『ＧＨＱ歴史課陳述録―終戦史資料』上巻）一七一〜一七七頁。

（262）迫水久常「第八七議会と御前会議の関係」（佐藤元英・黒沢文貴編『ＧＨＱ歴史課陳述録―終戦史資料』上巻）一六七〜一七一頁。下村海南『終戦記』五五〜六〇頁。

（263）鈴木一「終戦と父」（一九五一年一月五日付「長崎日日新聞」）。林茂・辻清明『日本内閣史録』第四巻、四四七〜四四八頁、吉積正雄陳述録「第八七議会における陸軍の動向について」（佐藤元英・黒沢文貴編『ＧＨＱ歴史課陳述録―終戦史資料』上巻）四一六〜四一七頁。竹下正彦陳述録「梅津阿南の関係、第八七臨時議会などについて」（同書上巻）五〇二〜五〇三頁。

(264) 木戸幸一「終戦時の回想若干」（佐藤元英・黒沢文貴編『GHQ歴史課陳述録―終戦史資料』上巻）三九頁。
(265) 松平康昌陳述録「梅津参謀総長の支那派遣軍状奏上」（佐藤元英・黒沢文貴編『GHQ歴史課陳述録―終戦史資料』上巻）六八頁。中尾裕次編『昭和天皇発言記録集成』三六六頁。
(266) 松平康昌陳述録「元木戸内大臣秘書官長、現宮内府式部官長松平康昌氏に対する質問書及び答弁書」（佐藤元英・黒沢文貴編『GHQ歴史課陳述録―終戦史資料』上巻）五九頁。
(267) 参謀本部所蔵『敗戦の記録』二六八、二七〇頁。本書第一巻、五四二～五四三、五四六頁。
(268) 末沢慶政陳述録「終戦時の回想」（佐藤元英・黒沢文貴編『GHQ歴史課陳述録―終戦史資料』下巻、六二二頁）は、「夫々の末尾について居る『判決』は、内閣の毛理英於菟君のところで書いたものと思います」と証言している。
(269) 木戸日記研究会校訂『木戸幸一日記』下巻、一二〇八～一二〇九頁。
(270) 木戸幸一は、米英との直接交渉よりソ連を仲介とする途を選んだ理由について、軍部の和平交渉反対の態度が強く、またラジオその他の通信機関が軍の支配下にあり、米英との交渉が不可能であったことを主張している（木戸幸一陳述録「終戦に関する史実」〈佐藤元英・黒沢文貴編『GHQ歴史課陳述録―終戦史資料』上巻、七～八頁〉）。
(271) 木戸日記研究会・代表岡義武『木戸幸一関係文書』七七頁。
(272) 松平康昌陳述録「日本の終戦」（佐藤元英・黒沢文貴編『GHQ歴史課陳述録―終戦史資料』上巻）五五頁、松谷誠は、四人グループの活動と言ったほどではなく、木戸、米内、東郷、阿南の走り使いにすぎなかったと述べている（松谷誠陳述録「終戦当時の阿南陸相」同書上巻、四五二頁）。
(273) 木戸幸一陳述録「終戦に関する史実」（佐藤元英・黒沢文貴編『GHQ歴史課陳述録―終戦史資料』上巻）二〇頁。
(274) 木戸日記研究会・代表岡義武『木戸幸一関係文書』七八頁。
(275) 東郷茂徳陳述録「東條内閣及び鈴木内閣の講和努力などに関する一五項目質問に対する答弁―前半―」（佐藤元英・黒沢文貴編『GHQ歴史課陳述録―終戦史資料』上巻）二八一頁。
(276) 木戸日記研究会・代表岡義武『木戸幸一関係文書』七九頁。

(277) 東郷茂徳陳述録「東條内閣及び鈴木内閣の講和努力などに関する一五項目質問に対する答弁―後半―」（佐藤元英・黒沢文貴編『ＧＨＱ歴史課陳述録―終戦史資料』上巻）二九八頁。
(278) 東郷茂徳陳述録「東條内閣及び鈴木内閣の講和努力などに関する一五項目質問に対する答弁―後半―」（佐藤元英・黒沢文貴編『ＧＨＱ歴史課陳述録―終戦史資料』上巻）二九六～二九七頁。
(279) 伊藤隆編『高木惣吉　日記と情報』下巻、八九一頁。
(280) 秦郁彦『天皇の五つの決断』六〇、六九頁。
(281) 宮崎周一陳述録「天号と決号作戦に関する陳述」（佐藤元英・黒沢文貴編『ＧＨＱ歴史課陳述録―終戦史資料』下巻）六九一頁、河辺虎四郎『市ヶ谷台から市ヶ谷台へ』（二四一頁）によれば、六月一日、沖縄の軍司令官牛島満中将から参謀総長宛に、最後の訣別を告げる意の報告電信が到着したが、この日から中央部との通信が途絶えたという。
(282) 木戸日記研究会校訂『木戸幸一日記』下巻、一二一〇頁、中村勝美『松代大本営』一二五、一三六～一三七頁。
(283) 外務省編『外交資料　日「ソ」外交交渉記録ノ部（中立条約締結交渉ヨリ終戦迄）』一四八～一五四頁、外務省外交史料館所蔵「大東亜戦争関係一件　戦争終結ニ関スル日蘇交渉関係」。
(284) 外務省編『外交資料　日「ソ」外交交渉記録ノ部（中立条約締結交渉ヨリ終戦迄）』一五一頁。
(285) 外務省編『外交資料　日「ソ」外交交渉記録ノ部（中立条約締結交渉ヨリ終戦迄）』一五三頁。
(286) 外務省編『外交資料　日「ソ」外交交渉記録ノ部（中立条約締結交渉ヨリ終戦迄）』一五四頁。
(287) ヤルタ密約をめぐっての中ソ関係については、宮本信生『中ソ対立の史的構造』（五五～八四頁）、陳立文『宋子文与戦時外交』を参照。
(288) "The Acting Secretary of State to the Ambassador in China (Hurley), Washington, June 9, 1945," FRUS 1945, Vol. Ⅶ, pp. 897–898. "Roosevelt–Stalin Meeting, Feb. 8, 1945. 3: 30P. M. Livadia Palace," FRUS, The Conferences of Malta and Yalta, p. 769.
(289) サンケイ新聞社『蔣介石秘録』上巻、三八、四四頁。戦時下における海外情報に関する研究として、宮杉浩泰「『在外武官（大公使）電情報網一覧表』にみる戦時日本の情報活動」（『政経研究』四六巻二号、二〇〇九年）がある。

(290) 吉田豊子「国民政府のヤルタ『密約』への対応とモンゴル問題」（中央大学人文科学研究所編『中華民国の模索と苦悩』二五三～三〇一頁）では、アメリカによるソ連への牽制がほとんど期待できない状況下でおこなわれた「重慶中ソ交渉の過程」を論じている。
(291) 外務省政務局『世界情勢ノ動向』（第三巻第一八報）四三三～四六六頁。
(292) 東郷茂徳「東條内閣及び鈴木内閣の講和努力などに関する一五項目質問に対する答弁―後半―」（佐藤元英・黒沢文貴編『ＧＨＱ歴史課陳述録―終戦史資料』上巻）三〇三～三〇五頁。
(293) 木戸日記研究会校訂『木戸幸一日記』下巻、一二一五頁、伊藤隆編『高木惣吉　日記と情報』下巻、九〇九頁。
(294) 伊藤隆編『高木惣吉　日記と情報』下巻、九〇三頁。
(295) 江藤淳監修・栗原健・波多野澄雄編『終戦工作の記録』下巻、二二四～二二六頁。
(296) 木戸日記研究会・代表岡義武『木戸幸一日記』下巻、一二一七頁。
(297) 富田健治『敗戦日本の内側』。江藤淳監修・栗原健・波多野澄雄編『終戦工作の記録』下巻（「高木惣吉資料」二三七～二四二頁）によれば近衛特使の為に酒井鎬次、伊藤述史、富田健治らが交渉案を作成したという。
(298) 外務省編『外交資料　日ソ外交交渉記録ノ部』一五六頁。
(299) 外務省編『外交資料　日ソ外交交渉記録ノ部』一五六～一五七頁。
(300) 外務省記録「大東亜戦争関係一件　戦争終結ニ関スル日蘇交渉関係」。
(301) 東郷茂徳陳述録「東条内閣及び鈴木内閣の講和努力などに関する一五項目質問に対する答弁―後半―」（佐藤元英・黒沢文貴編『ＧＨＱ歴史課陳述録―終戦史資料』上巻）三〇五～三〇六頁。
(302) 外務省記録「大東亜戦争関係一件　戦争終結ニ関スル日蘇交渉関係」。
(303) 外務省編『外交資料　日「ソ」外交交渉記録ノ部』一五九頁。
(304) 外務省編『外交資料　日「ソ」外交交渉記録ノ部』一六〇頁。
(305) 外務省記録「大東亜戦争関係一件　戦争終結ニ関スル日蘇交渉関係」。

(306) 外務省記録「大東亜戦争関係一件　戦争終結ニ関スル日蘇交渉関係」。栗原健編『佐藤尚武の面目』一六～二二頁。
(307) 松本俊一・安東義良監修『大東亜戦争　終戦外交』(鹿島平和研究所編『日本外交史』第二五巻) 一七一頁。
(308) 外務省編『日本外交年表竝主要文書』六二六～六二七頁。
(309) 松本俊一・安東義良監修『大東亜戦争　終戦外交』(鹿島平和研究所編『日本外交史』第二五巻) 一八七頁。
(310) 江藤淳監修・栗原健・波多野澄雄編『終戦工作の記録』下巻、三一九頁。
(311) 江藤淳監修・栗原健・波多野澄雄編『終戦工作の記録』下巻、三一九頁。
(312) 松本俊一・安東義良監修『大東亜戦争　終戦外交』(鹿島平和研究所編『日本外交史』第二五巻) 一八六頁。
(313) Winston S. Churchill "*The Second World War*" vol. Ⅵ. Potsdam: The Atomic Bomb. pp. 545–556.　松本俊一・安東義良監修『大東亜戦争　終戦外交』(鹿島平和研究所編『日本外交史』第二五巻) 一八三頁。
(314) 東郷茂徳『時代の一面』三五三頁。
(315) 迫水久常陳述録「終戦時回想雑件」(佐藤元英・黒沢文貴編『GHQ歴史課陳述録―終戦史資料』上巻) 一七九～一八〇頁。
(316) 東郷茂徳陳述録「東条内閣及び鈴木内閣の講和努力などに関する一五項目質問に対する答弁―後半―」(佐藤元英・黒沢文貴編『GHQ歴史課陳述録―終戦史資料』上巻) 三〇八頁。
(317) 一九四五年七月二八日「朝日新聞」には「政府黙殺」の見出しで、「帝国政府としては米、英、重慶三国の共通声明に関しては何ら重大な価値あるものに非ずとしてこれを黙殺すると共に、断乎戦争完遂に邁進するとの決意を固めてゐる」と報じている。
(318) 下村宏陳述録「終戦時の回想」(佐藤元英・黒沢文貴編『GHQ歴史課陳述録―終戦史資料』上巻) 二二二頁。
(319) 豊田副武陳述録「終戦時の回想若干」(佐藤元英・黒沢文貴編『GHQ歴史課陳述録―終戦史資料』下巻) 八九三頁。
(320) 迫水久常陳述録「終戦時回想雑件」(佐藤元英・黒沢文貴編『GHQ歴史課陳述録―終戦史資料』上巻) 一七九～一八〇頁。

(321) 鈴木貫太郎「終戦の表情」(『労働文化』別冊　昭和二一年)。
(322) 外務省記録「大東亜戦争一件　戦争終結ニ関スル日蘇交渉関係(蘇連ノ対日宣戦ヲ含ム)」。
(323) 外務省記録「ポツダム宣言受諾関係一件」。
(324) 外務省記録「ポツダム宣言受諾関係一件」。
(325) 仲晃『黙殺—ポツダム宣言の真実と日本の運命』下巻、一二七〜一三一頁。
(326) 長谷川才次「崩壊の前夜」(『婦人公論』昭和二二年八月号)。江藤淳監修・栗原健・波多野澄雄編『終戦工作の記録』下巻、三四〇頁。
(327) 外務省記録「大東亜戦争一件　戦争終結ニ関スル日蘇交渉関係(蘇連ノ対日宣戦ヲ含ム)」。参謀本部編『敗戦の記録』二八三〜二八四頁。
(328) 外務省記録「大東亜戦争一件　戦争終結ニ関スル日蘇交渉関係(蘇連ノ対日宣戦ヲ含ム)」。
(329) 木戸日記研究会・代表岡義武『木戸幸一関係文書』八四頁。木戸日記研究会・代表岡義武『木戸幸一日記』一二二三頁。
(330) 参謀本部編『敗戦の記録』二八二〜二八三頁。
(331) 東郷茂徳陳述録「東条内閣及び鈴木内閣の講和努力などに関する一五項目質問に対する答弁—後半—」(佐藤元英・黒沢文貴編『GHQ歴史課陳述録—終戦史資料』上巻)三一六〜三一九頁。
(332) 豊田副武陳述録「日本の終戦に就いての回想」佐藤元英・黒沢文貴編『GHQ歴史課陳述録—終戦史資料』下巻)八八八頁。
(333) 下村海南『終戦記』、下村海南『終戦秘史』一四五頁。
(334) 「東郷茂徳陳述録」(江藤淳監修・栗原健・波多野澄雄編『終戦工作の記録』下巻)三七四頁。
(335) 迫水久常陳述録「終戦時の回想」(佐藤元英・黒沢文貴編『GHQ歴史課陳述録—終戦史資料』上巻)一六六頁。
(336) 参謀本部所蔵『敗戦の記録』三六〇〜三六一頁。
(337) 参謀本部所蔵『敗戦の記録』三六一頁。

（338）軍事史学会編『大本営陸軍部戦争指導班機密戦争日誌』下巻、七五六頁。
（339）外務省記録「大東亜戦争一件　戦争終結ニ関スル日蘇交渉関係（蘇連ノ対日宣戦ヲ含ム）」。
（340）外務省記録「大東亜戦争一件　戦争終結ニ関スル日蘇交渉関係（蘇連ノ対日宣戦ヲ含ム）」。
（341）江藤淳監修・栗原健・波多野澄雄編『終戦工作の記録』下巻、四二六～四二七頁。
（342）松本俊一・安東義良監修『大東亜戦争　終戦外交』（鹿島平和研究所編『日本外交史』第二五巻）二四八～二四九頁。外務省記録「ポツダム宣言受諾関係一件」。
（343）東郷茂徳『時代の一面』三六五頁。豊田副武『最後の帝国海軍』参照。豊田副武陳述録「日本の終戦に就いての回想」（佐藤元英・黒沢文貴編『ＧＨＱ歴史課陳述録―終戦史資料』下巻）八九〇頁。
（344）下村海南『終戦記』一四四～一四五頁。
（345）河辺虎四郎『市ヶ谷台から市ヶ谷台へ』二六九頁。
（346）下村海南『終戦記』一四五頁。この「御諚」の下村のメモは、左近司政三国務相、太田文相の手記とも照らし合せ、さらに鈴木首相の校閲を経たものであるという。

付録「条約書目録（日本外務省）」

――アメリカ国務省・議会図書館作成マイクロフィルム――

武山眞行・佐藤元英　校訂

はじめに

一九四四年一月、いよいよ日本本土の空襲による被害が発生すると、外務省記録・図書・調書等の疎開がおこなわれ、三月には、条約・協定・議定書等の原本を、日本銀行本店地下室金庫内に保管することに決定し、六月実施された。

一九四五年五月二五日より二六日にかけての空襲によって、外務省庁舎の火災が発生し、対爆ビル・耐火金庫（記録書庫）、ラジオプレス室、耐火倉庫（情報部資料室倉庫）、その他の倉庫四棟を残して全焼する被害に見舞われた。

終戦後の一九四五年一二月、外務省庁舎は、港区田村町にある日産館ビル（現三井物産本社建物）に移転し、翌年一月になって疎開または残留の記録・文書・図書・調書を回収整理することに着手した。そして、六月には疎開記録・文書等を外務省庁舎焼け跡の耐火文書庫内に搬入し終えた。

外務省記録・文書等の整理は、一九四六年の初頭になってから本格的におこなわれたが、それと同時に一月から三月にかけて、ＷＤＣ（Washington Document Center）によって外務省に残存するすべての文書類についての検閲がおこなわれ、あるものは接収された。さらにＧＨＱ（General Head Quarters）による外務省記録および文書の押収もあった。一九四六年四月より一九四八年一一月まで極東国際軍事裁判がおこなわれた後、一九四九年より一九五一年にかけて、アメリカ国務省・議会図書館（写真複写部）は、共同作業によって外務省記録・文書・調書のマイクロフィルム撮影をおこなった（全二一一六リール、約二〇〇万頁、Compiled by CECIL H. UYEHARA"*Checklist of Archives in the Japanese Ministry of Foreign Affairs Tokyo, Japan, 1868–1945*"）。ここに掲載した「条約書目録」も、そのマイクロフィルム撮影された調書類に含まれていたものである。条約名称の表記は必ずしも条約書原本と一致していないが、手書きによる台帳という性質を活かすために原文のままとした。

条約書目録

（1）特種（他官庁関係）（一）
（2）支那國［中国］（六五）
（3）韓國（三二）

TR60　明治四年七月ヨリ昭和二十年八月マデ　條約書目録　278p　REEL　TR13
自幕末　至昭和二十年八月十五日（終戦まで）　◎終戦後の分は第二巻にあり
條約書総数表　大正二年末現在　一、〇一九部　大正十年末現在　一、一二七部
昭和五年末現在　一、六二二部

(4)満洲國(一六)
(5)比律賓[フィリピン](一)
(6)英國[英吉利　イギリス](三一)
(7)佛國[仏蘭西　フランス](二五)
(8)獨國[独逸　ドイツ](一九)
(9)伊國[伊太利　イタリア](一〇)
(10)蘭國[和蘭　阿蘭陀　オランダ](一二)
(11)白國[白耳義　ベルギー](六)
(12)缺
(13)西國[西班牙　スペイン](七)
(14)葡國[葡萄牙　ポルトガル](六)
(15)「エストニア」國(一)
(16)瑞西國[スイス](六)
(17)丁抹國[デンマーク](六)
(18)瑞典、諾威[スウェーデン、ノルウェー](七)
(19)希國[希臘　ギリシャ](一)
(20)「チェッコ、スロヴァキア」國(二)
(21)「エチオピア」國(二)
(22)「アルバニア」國(一)
(23)「ラトヴィア」國(一)
(24)波蘭國[ポーランド](一)
(25)芬蘭國[フィンランド](一)

(26)「リスアニア」國
(27)「セルブ、クロアツ、スロヴェヌ」王國（一）
(28)墺、洪國「墺太利、洪牙利　オーストリア、ハンガリー」（三）
(29)暹羅國「シャム　泰国　タイ」（一二）
(30)土耳古國「トルコ」（二）
(31)阿富汗國「亜富汗斯坦　アフガニスタン」（二）
(32)波斯國「ペルシア」（三）
(33)「リベリア」國（一）
(34)勃牙利國「ブルガリア」（二）
(35)羅馬尼國「羅馬尼亜　ルーマニア」（一）
(36)緬甸國「ビルマ」（二）
(37)露國「露西亜　ロシア、ソ連」（三七）
(38)南阿連邦「南アフリカ連邦」（一）
(39)公果國「コスタリカ」（一）
(40)米國「亜米利加　アメリカ」（二七）
(41)布哇國「ハワイ」（二）
(42)伯國「伯剌西爾　ブラジル」（二）
(43)墨國「墨西哥　メキシコ」（三）
(44)秘露國「ペルー」（三）
(45)智利國「チリ」（一）
(46)亜國「亜爾然丁　アルゼンチン」（一）
(47)哥倫比亜國「コロンビア」（一）

(48)暮利比亜國[ボリヴィア](一)
(49)「エクアドル」國(一)
(50)「ウルグアイ」國(一)
(51)「パラグアイ」國(一)
(52)「パナマ」國(一)
(53)玖瑪國[キューバ](一)
(54)萬國連合(二〇〇)
(55)琉球國(一)
(56)仲裁裁判所議定書 (一)
(57)約定書(一七)
(58)雇入約定(二四)
(59)決議書(一)
(60)雜(一)
写真版リスト(四件)

(1)特種(他官庁関係)(一)

(大東亜省ヨリ保管方依頼)昭和十九年度日、佛印間米及同副産物協定書(大東亜省南方第二四〇號(昭和一九、二、一〇付)附属)
自昭和十九年二月

號	條約名及内訳	調印年(西暦)	調印年(和暦)	月	日	調印場所	語名	(冊)数
(2)支那國 (六五)								
第壹號	明治四年締結日清修好條規	一八七一年	明治 四年	七月	二十九日		和・漢文	二

第貳號	明治十八年締結天津條約					
	一、調印書	一八八五年	明治十八年四月十八日			一
	二、批准書		明治十八年五月二十一日		※日本ノ分交換未済ニ止ミシモノ	一
第參號	長崎ニ於テ清國水兵ト本邦巡査トノ爭鬪事件ニ関スル約定	一八八七年	明治二十年二月八日		漢文	一
	一、同救恤金ニ関スル照會書				漢文	一
第四號	明治二十七、八年戰役ニ関スル日清休戦條約			下関		
	一、調印書	一八九五年	明治二十八年三月三十日		和・漢・英文	各一
	二、休戰再展條約		明治二十八年四月十七日	下関	和・漢・英文	一
第五號	明治二十七、八年日清戰爭講和條約			下関		
	一、調印書	一八九五年	明治二十八年四月十七日		和・漢文	各一
	二、議定書				和・漢・英文	各一
	三、別約		明治二十八年四月十七日		和・漢・英文	一
	四、批准書		明治二十八年五月四日		和・漢文	一
	五、批准交換證書		明治二十八年五月八日	芝罘	和・漢文	一
	六、委任狀（伍廷芳　聯芳）				漢文	一
	七、照會書		明治二十八年五月四日		漢文	一
	八、復命書		明治二十八年五月十三日			一
	九、臺灣受渡公文		明治二十八年六月二日		和・漢文	各一
第六號	明治二十七、八年日清戰爭ニ於ケル清國軍費償金ニ関スル議定書	一八九五年	明治二十八年十月六日		和・漢文	一
第七號	遼東半島還付ニ関スル日清條約			北京		

	一、調印書	一八九五年	明治二十八年　十一月　八日		和文	一
	二、議定書				和文	一
	三、調印書並議定書				漢・英文	一
	四、批准書				和・漢・英文	一
	五、批准交換證書		明治二十八年　十一月二十九日		和・漢文	一
第八號	明治二十九年締結日清通商航海條約			北京		
	一、調印書	一八九六年	七月二十一日		和・漢・英文	各一
	二、批准書				和・漢・英文	一
	三、批准交換證書		明治二十九年　十　月二十　日	北京	和・漢文	一
第九號	清國新開市場ニ日本専管居留地設置其他ニ関スル議定書	一八九六年	明治二十九年　十　月　十九日	北京	和・漢文	各一
第拾號	杭州日本居留地取極書					
	一、取極書	一八九六年	明治二十九年　九月二十七日		和文	一
	二、取極書	一八九六年	明治二十九年　九月二十七日		漢文	一
	三、杭州通商場ノ圖					一
	四、追加取極書		明治三十　年　五月　十三日		和文	一
	五、追加取極書		明治三十　年　五月　十三日		漢文	一
	六、照會				漢文	一
	七、照會				漢文	一
	八、照會				漢文	一
	九、照會				漢文	一
	一〇、照會				漢文	一

	一一、伍桂生ヨリノ來翰				漢文	一
	一二、照會及照覆扣原書				漢文	一
	一三、杭州通商場及日本租界圖		明治三十一年	一月　十一日		一
第拾壹號	蘇州日本居留地取極書	一八九七年	明治三十　年	三月　五日	和・漢文	各一
第拾貳號	沙市日本居留地章程	一八九八年	明治三十一年	八月　十八日	和・漢文	各一
第拾参號	天津日本居留地取極書					
	一、取極書	一八九八年		八月二十九日	和文	一
	二、同續約				和・漢文	各一
第拾四號	難破船救助費用償還ニ関スル日清約定	一八九八年	明治三十一年	九月　四日	和・漢文	各一
第拾五號	福州日本専管居留地取極書					
	一、取極書	一八九九年		四月二十八日	和・漢文	各一
	二、別約				和・漢文	各一
第拾六號	厦門日本専管居留地取極書					
	一、取極書	一八九九年		十　月二十五日	和・漢文	各一
	二、別約				漢文	一
	三、追加取極書		明治三十三年	一月二十一日	和・漢文	各一
	四、條約書附属厦門専管居留地圖					一
第拾七號	清國義和団事變ニ関スル北京最終議定書	一九〇一年	明治三十四年	九月　七日	佛・漢文	一
第拾八號、一	重慶日本専管居留地取極書					
	一、取極書	一九〇一年		九月二十四日	和・漢文	各一
	二、同居留地圖					一
第拾八號、二	鼓波嶼共同租界取極書	一九〇二年	明治三十五年	一月　十　日	英文・漢文	一・二

一、1. Land Regulation's for the Settlement of Kulangsu, Amoy.
2. Bye Laws annexed to the Land Regulation for the Settlement of Kulangsu, Amoy. 英文 一
二、厦門鼓浪嶼公共地界章程 漢文 一
三、鼓浪嶼公共地界田地章程後附規例 漢文 一

第拾九號 清國輸入税率改定取極書
一、取極書 一九〇二年 八月二十九日 漢文 一
二、取極書 英文 一
三、輸入税則 英文 一

第貳拾號 天津日本居留地擴張取極書
一、調印書 一九〇三年 四月二十六日 和・漢文 各一
二、豫備租界圖 一
三、租界全圖 一

第貳拾壹號 日清郵便及小包郵便條約 北京
一、調印書 一九〇三年 明治三十六年 五月 十八日 英文 一
二、駐清帝國公使ヨリノ往翰 一九〇三年 明治三十六年 五月 六日 英文 一
三、「ロバート、ハート」ヨリノ來翰 一九〇三年 明治三十六年 五月 十八日 一
四、駐清帝國公使ヨリノ往翰 一九〇三年 明治三十六年 五月 十八日 一

第貳拾貳號 明治三十六年締結追加日清通商航海條約
一、調印書 一九〇三年 十月 八日 和・漢・英文 各一
二、批准書 一
三、批准交換證書 一

第貳拾參號	清國義和團事變最終議定書第十一條ニ依ル黄浦江水路改良ニ関スル約定	一九〇五年	明治三十八年	九月二十七日		佛・漢文	一
第貳拾四號	明治三十八年締結満州ニ関スル日清協約				北京		
	一、調印書	一九〇五年	明治三十八年	十二月二十二日		和・漢文	各一
	二、批准書	一九〇六年	明治三十九年	一月　九日			一
	三、批准交換證書	一九〇六年	明治三十九年	一月二十三日			一
	四、照會						一
	五、中俄原訂借地造路條約合同						一
	六、日清交渉會議録（自第一號至第二二號）						二二
第貳拾五號	營口行政還付ニ關スル日清取極	一九〇六年		十二月　五日	北京	和・漢文	各一
第貳拾六號	漢口日本居留地擴張取極書	一九〇七年	明治四十　年	二月　九日		和・漢文	各一
第貳拾七號	新奉及吉長鐵道ニ關スル日清協約				北京		
	一、調印書	一九〇七年		四月　十五日		和・漢文	各一
	二、同續約		明治四十一年	十一月　十二日		和・漢文	一
第貳拾八號	大連海関設置及内水汽船航行ニ関スル協定	一九〇七年	明治四十　年	五月三十　日	北京	英文	一
第貳拾九號	鴨緑江採木公司ニ關スル日清約定				奉天		
	一、日清合同材木會社章程	一九〇八年		五月　十四日		和・漢文	各一
	二、木材廠家屋賣却ニ関スル往復公文					和文（寫）・漢文	各一
	三、採木公司業務章程、同章程ニ關スル覺書、東邊出口本地木料税則					和・漢文	一
第參拾號	江西鐵路公司ト大成工商會社間借款契約（旧第三十八號）					漢文	二

※本契約書ハ明治四十二年一月二十六日興業銀行へ返却ス

第參拾壹號	明治四十一年締結日清電信條約					東京		
	一、調印書	一九〇八年	明治四十一年	十　月	十二日		英文	一
	二、附属公文						英文	一
	三、滿洲ノ電線ニ関スル取極書	一九〇八年	明治四十一年	十一月	七日		英文	一
	四、芝罘、廣東間海底線ニ關スル取極書						英文	一
	五、取極書附圖							一
	六、附屬表						英文	一
	七、外交文書						英文	三
第參拾貳號	安奉鐵道改築ニ關スル日清覺書	一九〇九年	明治四十二年	八月	十九日		和・漢文	各一
第參拾參號	一、間島方面清韓両國々境ニ關スル日清協約	一九〇九年	明治四十二年	九月	四日		和・漢文	一
	二、滿洲事項議定ニ關スル日清協約	一九〇九年	明治四十二年	九月	四日		和・漢文	一
第參拾四號	「プラタス」島引渡ニ関スル日清取極書	一九〇九年	明治四十二年	十月	十一日		和・漢文	各一
第參拾五號	日清郵便約定及小包約定					北京		
	一、郵便約定調印書	一九一〇年	明治四十三年	二月	九日		英文	一
	二、小包約定調印書	一九一〇年	明治四十三年	二月	九日		英文	一
第參拾六號	仁川、釜山、及元山清國居留地規定					京城		
	一、調印書	一九一〇年	明治四十三年	三月	九日		和・漢文	各一
	二、外交文書	一九一〇年	明治四十三年	三月	九日		和・漢文	一
第參拾七號	鴨緑江架橋ニ關スル日清覺書	一九一〇年	明治四十三年	四月	四日		和・漢文	各一
第參拾八號	撫順、煙臺両炭坑細則ニ關スル日清議定書							
	一、議定書	一九一一年	明治四十四年	五月	十二日		和・漢文	各一
	二、撫順炭礦地形圖							一

	三、煙臺炭坑礦區圖						一
第參拾九號	國境列車直通運轉ニ関スル日清協約						
	一、調印書	一九一一年		十一月　二日		和・漢文	各一
	二、第七條第八條削除ニ関スル調印書		明治四十四年	十　月三十一日		和・漢文	各一
第四拾號	在朝鮮支那共和國居留地廢止ニ関スル協定						
	一、調印書	一九一三年	大正　二年	十一月二十二日		和・漢文	各一
第四拾壹號	大正四年北京條約				東京	※公布六月九日	
	一、山東省ニ関スル條約調印書		大正　四年	五月二十五日	北京	和・漢文	各一
	二、南滿州及東部内蒙古ニ関スル條約調印書		大正　四年	五月二十五日	北京	和・漢文	各一
	三、批准書						一
	四、批准交換證		大正　四年	六月　八日		和・漢文	各一
	五、附属公文						三
第四拾貳號	青島税関再開ニ関スル取極書		大正　四年	六月　八日	北京	英文	一
	附、公文附属書寫					英文	一
第四拾參號	帝國ノ管理ニ属スル膠州灣租借地及山東鐵道ニ於ケル日支両國郵便、電信事務處理ニ関スル辨法		大正　六年	三月二十六日	北京	和・漢文	各一
第四拾四號	遼東ノ時局ニ對スル日、支間ノ軍事協同公文	中國七年	大正　七年	三月二十五日	東京	支那文	二　※於東京交換
第四拾五號	山東省諸問題及滿洲諸鐵道借款、山東省ノ鐵道借款ニ関スル外交文書	中華民國七年	大正　七年	九月二十四日		支那文	三
第四拾六號	山東問題解決ニ関スル條約	一九二二年	大正　十一年	二月　四日	華盛頓	英文	一
	二、山東交渉議事録記載了解條項					英文	二
	三、批准書						一

	四、批准交換證書		和・漢文	各一
第四拾七號	山東鐵道沿線撤兵細目協定調印書	大正十一年三月二十八日　北京	和・支文	各一
第四拾八號	山東懸案細目協定	大正十一年十二月一日　北京	和・支文	各一
	二、同上附属書		和・支文	各一
	三、同上了解事項		和・支文	各一
	四、同上ニ関スル外交文書			
	(一)、條約附屬了解事項第六請求ニ関スル交換公文		支文	二
	(二)、土地所有權ニ関スル交換公文			
第四拾九號	山東懸案鐵道細目協定	大正十一年十二月五日　北京	和・支文	各一
	一、同上了解事項			
	一、鐵道引継委員会協定	十二月二十九日　北京	和文	一
第五拾號	日支通信諸協定	大正十一年十二月八日　北京		
	一、郵便物交換ニ関スル約定		和・支・英文	各一
	二、小包郵便物交換ニ関スル約定		和・支・英文	各一
	三、價格表記書狀及箱物交換ニ関スル約定		和・支・英文	各一
	四、郵便爲替交換ニ関スル約定		和・支・英文	各一
	五、交換局ニ関スル協定		和・支・英文	各一
	六、附属地郵便聯絡ニ関スル協定		英文	一
第五拾壹號	對支文化事業ニ關スル大正十三年一月十三日出淵局長ト汪公使トノ非公式協定書		和・漢文	各一
第五拾貳號	濟南事件解決ニ関スル文書	昭和四年三月二十八日	和・漢文	各一
	一、日支両國共同聲明書			
	二、議定書			

	三、會議録				
	四、芳澤公使ヨリ王部長宛往翰				
	五、王部長ヨリ芳沢公使宛來翰				
第五拾參號	南京事件損害賠償ニ関スル了解事項	昭和 四年 五月 二日	南京	和・支文	各一
第五拾四號	漢口事件解決ニ関スル王正廷發芳澤公使宛公文	昭和 四年 五月 二日		支文	二
第五拾五號	日支関税協定	昭和 五年 五月 六日	南京	和・漢・英文	一
	一、了解事項			英文	一
	二、交換公文			英文	二
第五拾六號	日、支間青島特別市ニ関スル覺書	昭和一四年 民國二十八年 三月二十五日		和文	一
第五拾七號	上海共同租界工部局警察ノ租界北部地域復歸ニ関スル協定	一九四〇年 昭和 十五年 三月 一日		英文	一
	一、特別副統監ノ地位ニ関スルメモランダム	仝		英文	一
	一、希望條項「モイ、ト、メモアール」	仝		英文	一
第五拾八號	日本國、中華民國間基本関係ニ関スル條約				
	一、調印書	昭和十五年 民國二十九年 十一月三十 日		和・漢文	各一
	二、附属議定書	仝		和・漢文	各一
	三、附属議定書ニ関スル日華両國全權委員間了解事項	仝		和・漢文	各一
	四、日、滿、華共同宣言	仝		和・漢文	各一
	五、附属秘密協定	仝		和・漢文	各一
	六、附属秘密協約	仝		和・漢文	各一
	七、交換公文(甲)	仝		和・漢文	各一

八、交換公文(乙)	昭和十五年十一月三十日		和・漢文	各一
九、日華新関係調整條約締結交渉会議公認議事録(第一回ヨリ第十六回迄)	自昭和十五年七月五日 至仝 八月三十一日		和文	計一六冊
一〇、議事録抜萃	昭和十五年八月二十八日		和文	一冊
一一、議事録摘要	民國二十九年八月二十八日		漢文	一冊
一二、日、支新関係調整ニ関スル協議事項	昭和十五年十一月三十日		和文	一冊
一三、協議書類照会ニ関スル覺書	昭和十五年十一月三十日		和文	一冊
一四、日本文正本(案)			和文	一〇冊
一五、漢文正本(案)			漢文	一〇冊
一六、日、滿、華共同宣言(案)			和文一・漢文二	計三冊
一七、日、滿、華共同宣言調印式公認議事録	昭和十五年十一月三十日		和文	一冊
一八、日華新関係調整條約調印式公認議事録	昭和十五年十一月三十日		和文	一冊
一九、日華新関係調整條約締結交渉会議追加公認議事録	昭和十五年十月一日		和文	一冊
第五拾九號　租界還付及治外法権撤廃等ニ関スル日本國中華民國間協定	昭和十八年 民國三十二年 一月九日	南京	和・漢文	
一、調印書	仝		和・漢文	各一冊
二、戰爭完遂ニ付テノ協力ニ関スル日華共同宣言	仝	南京	和・漢文	各一冊
三、敵産處分ニ関スル交換公文	仝		和文(未往翰写)・漢文(照会)	二通・一通
四、政策確認往復書翰(不公表)	仝		和・漢文(照会)	二通・二通
第六拾號　中華民國ニ於ケル日本國臣民ニ対スル課税ニ関スル日本國中華民國間條約	昭和十八年七月卅一日		和・華両文	各一二綴
一、調印書		南京		

	二、仝交換公文	仝				漢文	一通
	三、仝條約締結交渉ニ於ケル内地開放問題ニ関スル議事録	仝				和・漢文	各一通二通
	四、内照會乙件	仝				漢文	一通一対
第六拾壹號	日本國中華民國間同盟條約			昭和十八年十月三〇日			
	一、調印書　附、附属議定書	仝				和・漢文	各一冊
	二、交換公文来翰	仝				漢文	一冊
第六拾貳號	上海共同租界回収實施ニ関スル了解事項			昭和十八年六月三〇日	南京	和・華文	各一
	仝取極	仝			南京	和・華文	各一
第六拾參號	厦門、鼓浪嶼共同租界回収實施ニ関スル取極及了解事項			昭和十八年三月二七日	南京	和・華文	各一・各一
第六拾四號拾	北京公使館区域回収實施ニ関スル取極及了解事項			昭和十八年三月二二日	南京	和・華文	各一・各一
第六拾五號	專管租界還付實施ニ関スル細目取極及了解事項			昭和十八年三月三〇日	南京	和・華文	各二

(3)韓國(三三)

第壹號	明治九年締結日韓修好條規					
	一、調印書(譯漢文)	一八七六年	二月二十六日		和・漢文	三
	二、批准書				和・漢文	各一
	三、批准書(日本ノ分)		明治九年三月二十二日		和文	一
第貳號	明治九年締結日韓修好條規附属條約			京城		
	一、調印書	一八七六年	明治九年八月二十四日		和・漢文	三
	二、貿易規則	一八七六年	明治九年八月二十四日		和・漢文	三
	三、通商貿易並漂民保護ニ関スル約定	一八七六年	明治九年八月二十四日		和・漢文	一
第參號	韓國ヨリノ來書	一八七六年	明治九年八月		漢文	一

第四號	釜山居留地借入約定				
	一、調印書	一八七七年	明治十年一月三十日	和・漢文	一
	二、居留地々圖				一
第五號	難破船修繕ニ関スル日韓約定	一八七七年	明治十年七月三日	和・漢文	一
第六號	貯炭場ニ關スル日韓約定	一八七七年	明治十年十二月二十日	和・漢文	一
第七號	元山津開港豫約				
	一、調印書		明治十二年八月三十日	漢文	一
	二、來翰		明治十二年七月十三日	漢文	一
	三、來翰		明治十二年七月十六日	漢文	一
第八號	明治十五年締結日韓修好條規續約				
	一、調印書	一八八二年	八月三十日	和・漢文	二
	二、批准書			漢文	一
	三、批准交換證書		明治十五年十月三十一日	和・漢文	一
	四、批准書雛形				一
第九號	明治十五年京城暴徒事變ニ関スル日韓善後約定				
	一、調印書		明治十五年八月三十日	漢文	一
	二、第三條遭難者ニ對スル要償取極			漢文	一
	三、第四條年賦支拂ニ関スル取極			漢文	一
	四、拾八年約定		明治十八年一月九日	和・漢文	各一
第拾號	海底電線設置ニ関スル日、韓條約				
	一、調印書	一八八三年	明治十六年三月三日	和・漢文	一
	二、調印書	一八八三年	明治十六年三月三日	漢文	一

	三、第五條存根紙ニ關スル往書		明治十六年　三月　一日	漢文	一
	四、第五條存根紙ニ關スル來書		明治十六年　三月　三日		一
	五、第一條電信室ニ関スル來書			漢文	一
	六、第一條電信室ニ関スル往書		明治十六年　四月三十　日	漢文	一
	七、同續約調印書		明治十六年　十二月二十一日	和・漢文	一
	八、同續約調印書			漢文	一
第拾壹號	間行里程ニ關スル日韓約定				
	一、調印書		明治十六年　七月二十五日	和・漢文	各一
	二、附屬約定		明治十七年　十一月二十九日	和・漢文	各一
第拾貳號	犯罪日本漁民取扱ニ関スル日韓約定	一八八三年	明治十六年　七月二十五日	和・漢文	各一
第拾參號	明治十六年締結日韓貿易規約並海関税目				
	一、貿易規則	一八八三年	明治十六年　七月二十五日	和・漢文	各一
	二、海関税目	一八八三年	明治十六年　七月二十五日	和・漢文	各一
	三、批准ニ關スル來柬			漢文	一
	四、批准ニ關スル往柬		明治十六年　九月二十七日	漢文	一
	五、貿易規則續約		明治十六年　七月二十五日	和・漢文	一
	六、二十二年締結續約		明治二十二年　十一月　十二日	和・漢文	各一
第拾四號	仁川居留地借入約定。	一八八三年	明治　十六年　九月三十　日	和・漢文	各一
第拾五號	絶影島地所借入約定。	一八八六年	明治　十六年　一月三十一日	和・漢文	各一
第拾六號	仁川濟物浦各國租界地圖(寫)		明治二十一年　十一月　九日		一
第拾七號	日韓兩國通漁規則		明治二十二年　十一月　十二日	和・漢文	各一
第拾八號	月尾島借入ニ関スル日、韓約定		明治二十四年　一月二十一日	※地所受取證一葉添	一

第拾九號	日韓兩國暫定合同條款	明治二十七年　八月二十一日	和・漢文	各一
第貳拾號	明治二十七年締結日韓盟約	明治二十七年　八月二十六日	和・漢文	各一
第貳拾壹號	馬山專管居留地ニ關スル日韓取極	明治三十五年　五月　十七日	和・漢文	各一
	一、居留地々圖			一
第貳拾貳號	明治三十七年二月締結日韓秘密協約議定書	明治三十七年　二月二十三日	和・韓文	各一
第貳拾參號	明治三十七年八月締結日韓條約	明治三十七年　八月二十二日	和文	一
第貳拾四號	通信機關委託ニ關スル日韓取極書	明治三十八年　四月　一日	和・韓文	各一
第貳拾五號	韓國沿岸貿易ニ關スル日韓約定	明治三十八年　八月　十三日	和・韓文	各一
第貳拾六號	韓國外交監理ニ關スル日韓協約	明治三十八年　十一月　十七日	和・韓文	各一
第貳拾七號	明治四十年七月締結日韓協約	明治四十　年　七月二十四日	和・韓文	各一
	一、附屬書			一
第貳拾八號	韓國司法及監獄事務改善其他ニ關スル日韓協約	明治四十二年　七月　十二日	和・韓文	各一
第貳拾九號	韓國中央銀行ニ關スル日韓覺書	明治四十二年　七月二十六日	和・韓文	各一
第參拾號	韓國警察事務委託ニ関スル日韓覺書	明治四十三年　六月二十四日	和・韓文	各一
第參拾壹號	韓國併合條約	明治四十三年　八月二十二日	和・韓文	各一
第參拾貳號	在朝鮮各國居留地廢止ニ關スル議定書	一九一三年　大正　二年　四月二十一日	英文	一

（4）滿洲國（十六）

第壹號	日、滿議定書（極秘）			一
第貳號	滿洲ニ於ケル日、滿合辦通信會社ノ設立ニ関スル協定	昭和　八年　大同　二年　三月二十六日　新京	和・漢文	一
	一、諒解事項		和・漢文	一
	二、批准書	昭和　八年　大同　二年　三月二十六日　新京	和・漢文	一

第參號	三、批准書交換證書	昭和八年 大同二年 五月十五日	新京	和・漢文	各一
	四、右協定ノ修正ニ関スル議定書	昭和十五年 七月十九日	新京		
第四號	滿洲國帝政實施ノ際ニ於ケル日、滿交換公文（正本）	昭和九年 康徳元年 三月一日	新京	漢文	二
	北滿鐵道（東支）讓渡協定	一九三五年 昭和十年 三月二十三日	東京	英文・漢文	八・一
				※外ニ假調印分英文七通アリ	
	一、三國議定書	〃		英文	一
	二、保障ニ関スル第一交換公文	〃		英文	一
	三、仝第二交換公文	〃		英文	一
	四、銀行團トノ契約ニ関スル往復文書	〃		英文	一
	五、司法省解釋ニ関スル往復文書	〃		〃	一
	六、輸出制限ニ對スル保障ニ関スル往復文書	〃		英文	一
	七、國外送金許可ニ関スル往復文書	〃		英文	一
	八、日本國、滿洲國間交換公文	〃		英・漢文	一
				※コーピー四枚	一
第五號	日、滿經済共同委員會設置ニ関スル協定正本	昭和十年 康徳二年 七月十五日	新京	和・漢文	一
				※決議内訳ハ原簿ニアリ	
第六號	圖們江國境ヲ通過スル列車直通運轉及税関手續簡捷ニ関スル協定	昭和十年 康徳二年 五月二十二日	新京	和・漢文	一
第七號	日滿郵便條約（調印書及議定書ヲ含ム）	康徳二年 昭和十年 十二月二十六日	新京	和・漢文	正別三
	一、議定書	仝右		和・漢文	仝
	二、交換公文	仝右		漢文	一
第八號	滿洲國ニ於ケル日本國臣民ノ居住及滿洲國ノ課税等ニ関スル日本國滿洲國間條約	康徳三年 昭和十一年 六月十日	新京	和・漢文	一
	二、交換公文	仝右	新京	漢文	一

第九號　日本國、滿洲國間工業所有權相互保護ニ関スル協定　昭和十一年　康德　三年　六月二十九日　新京　和・漢文　一
一、交換公文　仝右　漢文　一

第拾號　鴨緑江及圖們江架橋ニ関スル覺書　昭和十一年　康德　三年　十二月　十　日　新京　和・漢文　一冊
※仝上議事録ヲ含ム（調印本書）

第拾壹號　滿浦鐵道橋建設ニ関スル覺書　昭和　十二年　四月　五日　東京　和・漢文　一綴
康德　四年　三月二十九日　新京

第拾貳號　滿洲拓殖公社ノ設立ニ関スル協定及同交換公文（来翰）　康德　四年　昭和　十二年　八月　二日　新京　和・漢文　一綴

第拾參號　鴨緑江及図們江発電事業ニ関スル覺書　昭和　十二年　八月二十　日　京城外二ヶ所　和・漢文　一綴
二、仝覺書実施ニ関スル了解事項　〃　京城外二ヶ所　和・漢文　一綴

第拾四號　滿洲國ニ於ケル治外法權ノ撤廢及南滿洲國鐵道附屬地行政權ノ委讓ニ関スル日本國滿洲國間條約　昭和十二年　康德　四年　十一月　五日　新京　和・漢文　一冊
二、交換公文　漢文　一通

第拾五號　日本國、伊太利國及独逸國間防共協定議定書
一、滿洲國加入議定書
二、洪牙利國加入議定書
三、(A)西班牙國加入議定書
(B)附属書（西國側代表ノ全權委任狀　独伊側全權委任狀寫並矢野公使ヨリ西國側ヘ提出ノ文書寫）　一九三五年　昭和　十　年　三月二十三日　東京

第拾六號　「ノモンハン」紛争發生地域ノ滿蒙國境確定委員会ニ関スル覺書　昭和　十四年　一一月　十九日　モスコー　露・和文　各一
昭和　十五年　七月　十八日　モスコー　露・和文　各一

（5）比律賓［フィリピン］（一）

第壹號	日本國、比律賓國間同盟條約（調印書）		昭和 十八年 十 月 十四日	マニラ	佛文	一
	一、批准書		仝日 仝	マニラ	比文英訳文付	一
	二、仝交換調書		仝年 十 月二十八日	マニラ	佛文	一
	三、比國全權委任狀英訳写		仝 十 月二十 日	マニラ	英文	一

（6）英国［英吉利 イギリス］（三二）

第壹號	嘉永七年條約（「スチルリング」條約）	一八五四年 十 月 十四日			和・英文	一
			嘉永 七年 八月二十三日	長崎	※本條約現物ナシ著書ニヨリ記上ス	
第貳號	安政五年條約（江戸條約）	一八五八年 八月二十六日	安政 五年 七月 十八日	江戸	和・蘭・英文	一
	一、貿易章程					
	二、批准書					
	三、批准交換證書				※明治四十二年九月二十三日東京帝国大学ヘ貸与	
第參號	倫敦約定	一八六二年 六月 六日	文久 二年 五月 九日	倫敦	和・英文	一
					※明治四十二年九月二十三日東京帝国大学ヘ貸与	
第四號	改税約書、運上目録、規則	一八六六年 六月二十五日	慶應 二年 五月 十三日		※明治四十二年九月二十三日東京帝国大学ヘ貸与	一
第五號	生糸、茶改税約書	一八六九年	明治 二年 六月 一日		和・英文	一
第六號	鉄板税約定書	一八七四年	明治 七年 五月 十 日		英文	一
第七號	難破船救助費用償還約定	一八七九年	明治 十二年 三月二十六日		和・英文	一
第八號	在日本英国郵便局閉鎖ニ関スル約定	一八七九年	明治 十二年 十 月 十 日	東京	和・英文	一

第九號	郵便ニテ交換スル商品見本ノ大小及重量ヲ拡張スル日英約定書	一八八九年	明治二十 年	十 月二十一日		英文	一
第拾號	明治二十七年締結日英通商航海条約				倫敦		
	一、調印書	一八九四年		七月 十六日		英文	一
	二、附属議定書	一八九四年		七月 十六日		英文	一
	三、批准書					英文	一
	四、覚書	一八九四年		七月 十三日		英文	一
	五、植民地ノ條約加入ニ関スル来束	一八九四年		七月 十六日		英文	一
	六、植民地ノ條約加入ニ関スル往束	一八九四年		七月 十六日		英文	一
	七、説明書	一八九四年		七月 十六日		英文	一
	八、批准交換證書	一八九四年		八月二十五日		英文	一
第拾壹號	明治二十八年締結日英追加條約				東京		
	一、調印書	一八九五年		七月 十六日		英文	一
	二、批准書					英文	一
	三、批准交換證書		明治二十八年	十一月二十一日		英文	一
	四、参考（追加條約原稿）					英文	一
第拾貳號	日、英通商航海條約ヲ「クキンスランド」ニ適用ニ関スル議定書	一八九七年	明治三十 年	十 月二十 日		和・英文 和訳文	一 一
第拾參號	日、英間工業所有權保護裁判權ニ関スル議定書	一八九七年	明治三十 年	十 月二十 日	倫敦	英文（写共）	三
第拾四號	明治二十七年締結日英通商航海條約ニ依ル裁判管轄權ニ関スル議定書	一八九九年	明治三十二年	五月 三日	東京	英文	一
第拾五號	死亡者ノ財産保護ニ関スル日、英條約				東京		
	一、調印書	一九〇〇年		四月二十六日		英文	

	二、批准書					英文	
	三、批准交換証書		明治三十三年	十　月二十五日		英文	
第拾六號	明治三十五年締結日英協約（第一回）					英文	二
第拾七號	日本、印度間ノ通商ニ関スル日英條約	一九〇四年			東京		
	一、調印書			八月二十九日		和・英文	各一
	二、批准書		明治三十七年	八月二十九日		英文	一
	三、批准交換証書	一九〇五年		三月　十五日		英文	一
第拾八號	東亜及印度ニ関スル日、英協約	一九〇五年	明治三十八年	八月　十二日	倫敦	英文	一
第拾九號	日本帝国及英領加奈陀間修好通商航海條約				東京		
	一、調印書	一九〇六年	明治三十九年	一月三十一日		和・英文	各一
	二、批准書	一九〇六年	明治三十九年	一月三十一日		英文	一
	三、批准交換證書	一九〇六年	明治三十九年	七月　十二日	東京	英文	一
第貳拾號	明治四十四年締結日英通商航海條約	一九一一年	明治四十四年	四月　　三日	倫敦		
	一、調印書						
	二、批准書	一九一一年		四月　　四日		英文	一
	三、批准交換證書	一九一一年		五月　　五日	東京	英文	一
	四、批准交換委任ニ関スル全権委員「ランボルト」ノ書翰	一九一一年		五月　　五日		英文	一
	（附属ノ一）難破船費用償還約定廃止ニ関スル交換文書（来翰）	一九一一年		四月　　三日		英文	一
	（附属ノ二）本條約談判中ノ声明ニ関スル交換文書（来柬）	一九一一年		四月　　三日		英文	一
第貳拾壹號	明治四十四年締結日英協約	一九一一年	明治四十四年	七月　十三日	倫敦	英文	一

第貳拾貳號	船舶積量測度互認ニ関スル日、英協定	一九二二年	大正 十一年	七月三十 日	倫敦	英文	一
第貳拾参號	日英船舶満載吃水線證明書互認取極	一九二四年	大正 十三年	一月二十一日	倫敦		
第貳拾四號	日英通商航海條約追加條約	一九二五年		七月三十 日	倫敦		
	一、調印書及署名議事録					英文	一
	二、批准書	一九二七年		四月 六日	倫敦		
	三、批准交換書						
第貳拾五號	日、印條約効力延長ニ関スル取極	一九三三年			倫敦		
	一、十月七日付英国外務大臣發在英大使宛来翰	一九三三年				英文	一
	二、十月七日付在英大使發英國外務大臣宛往翰写	一九三三年				英文	一
	三、交換公文解釈ニ関スル「マウンゼイ」宛往翰写	一九三三年				英文	一
第貳拾六號	日印通商協定	一九三四年	昭和 九年	七月 十二日	倫敦	英文	一
	一、協定案	一九三四年	昭和 九年	四月 十九日	デーリー	英文	二
	二、細目實施ニ関スル往翰(写)	一九三四年	昭和 九年	四月 十九日		英文	一
	三、細目實施ニ関スル来翰(写)	仝				英文	一
	四、批准書	一九三四年	昭和 九年	七月 十二日	倫敦	英文	一
	五、批准書交換調書	一九三四年	昭和 九年	十 月二十二日	倫敦	英文	一通
第貳拾七號	永代借地権解消ニ関スル日本国英国間交渉公文	一九三七年	昭和 十二年	三月二十五日	東京	英文 和文(写)	各一
第貳拾八號	日緬通商條約及議定書	一九三七年	昭和 十二年	六月 七日	倫敦	英文	一
第貳拾九號	日印通商條約効力延長ニ関スル交換公文	一九三七年	昭和 十二年	十 月 十二日	倫敦	英文	二
	二、議定書交換公文署名方訓令	一九三七年	昭和 十二年	九月二十七日		英文	一
	三、日本綿布ノ印度ヘ輸入ニ関スル議定書	一九三七年	昭和 十二年	十 月 十二日	倫敦	英文	一通
第貳拾八號	日緬通商條約及議定書						

	二、批准書	一九三七年		八月 十二日	倫敦	英文	一冊
	三、仝交換公文	一九三七年		十二月 三日	倫敦	英文	五通
第貳拾九號	日印通商條約効力延長ニ関スル交換公文(調印書)		昭和 十二年	十 月 十二日	倫敦	英文	弐通
	二、議定書交換公文署名方訓令	仝年		九月二十七日	仝	英文	一通
	三、日本綿布ノ印度輸入ニ関スル議定書			十 月 十二日	仝	英文	一通
第参拾號	日英間天津英国租界問題ニ関スル協定（谷次官、「クレーギー」大使「イニシアル」原本		昭和 十五年	六月 十二日	東京		四通
	一、治安						
	二、現銀						
	三、通貨						
	四、議事録						
第参拾壹號	日英間天津租界協定		昭和 十五年	六月 十九日	東京	六通	
	一、我方公文(写)						
	二、覚及大臣口頭説明(写)						
	三、我方請書(写)(四、ニ対スルモノ)						
	四、英大使公文原本						
	五、英大使請書原本(一、ニ対スルモノ)						
	六、共同公表文(六月二十日発表)						

(7)佛國［仏蘭西　フランス］(二五)

第壹號	安政五年條約(江戸條約)	一八五八年		十 月 九日	江戸	和・仏・蘭文	
			安政 五年	九月 三日		※明治四十二年九月二十三日東京帝國大學へ貸與	
	一、貿易規則						
	二、批准條約書	一八五九年		三月三十 日			一
			安政 六年	九月二十二日			
	三、批准交換證書	一八五九年		三月三十 日			一
			安政 六年	九月二十二日			

第貳號　安政五年ノ條約書中第七條、第十九條ニ付第一及　一八五九年　十　月　十七日　江戸　和・仏文　一
第二説明書　安政　六年　九月二十二日　※明治四十二年九月二十三日東京帝國大學ヘ貸與

第參號　改税約書、運上目録、規則　一八六六年　六月二十五日　江戸　和・佛文　各一
慶應　二年　五月　十三日　※明治四十二年九月二十三日東京帝國大學ヘ貸與

第四號　生絲、茶改税約書　一八六九年　六月　一日　和・英・仏文　一
明治　二年　四月二十一日

第五號　在横濱佛國郵便局廢止ニ関スル來往書翰　一八八〇年　二月　十四日　和・佛文　二
明治　十三年　二月　十六日

第六號　日佛郵便爲替條約　巴里
一、調印書　一八八四年　明治　十七年　六月三十　日　佛文　一
二、批准書　一八八四年　明治　十七年　八月　十二日　佛文　一
三、批准交換證書　一八八四年　明治　十七年　十二月　九日　佛文　一
四、參考(細目規則)

第七號　明治二十九年締結日佛通商航海條約　巴里
一、調印書、議定書並税目　一八九六年　明治二十九年　八月　四日　佛文　一
二、批准書　佛文　一
三、批准交換證書　一八九八年　明治三十一年　三月　十九日　佛文　一

第八號　明治三十一年締結日佛追加條約　東京
一、調印書並附屬議定書　一八九八年　明治三十一年　十二月二十五日　和・佛文　一
二、批准書　佛文　一
三、批准交換證書　一八九九年　明治三十二年　六月　五日　東京　和・佛文　一

第九號　日佛小包郵便條約　東京

	一、調印書	一八九八年	明治三十一年	二月二十二日		和・佛文	各一
	二、批准書	一八九八年	明治三十一年	二月二十五日			
	三、批准交換證書	一八九八年	明治三十一年	六月　二日	巴里	佛文	一
	四、駐日佛公使ヨリノ書翰	一八九八年	明治三十一年	二月二十二日		佛文	一
第拾號	明治二十九年締結日佛通商航海條約ニ依ル裁判管轄權ニ関スル議定書	一八九九年	明治三十二年	六月　十九日		佛文	一
第拾壹號	臺灣島及澎湖島ニ於ケル佛國海陸兵士ノ墳墓保存並修復ニ関スル約定				東京		
	一、明治三十年約定						
	甲、調印書	一八九七年	明治三十　年	三月　九日		和文	一
	乙、調印書	一八九七年	明治三十　年	三月　九日		佛文	一
	二、明治三十五年修正約定						
	甲、調印書	一九〇二年	明治三十五年	三月　九日		和文	一
	乙、調印書	一九〇二年	明治三十五年	三月　九日		佛文	一
	三、明治四十一年修正約定						
	イ、調印書	一九〇八年	明治四十一年	十二月二十六日		和文	一
	ロ、調印書	一九〇八年	明治四十一年	十二月二十六日		佛文	一
	ハ、修理工事費見積書					和文	一
	ニ、修理工事費見積書					佛文	一
	ホ、基隆大沙灣佛國人墓地配置圖						二
	へ、基隆大沙灣佛國人軍墓碑圖						二
	ト、基隆大沙灣佛國軍人墓地記名碑圖						二
第拾貳號	明治四十年締結日佛協約並宣言書				巴里		

一、調印書　一九〇七年　明治四十　年　六月　十　日　佛文　一

二、佛領印度支那ニ関スル宣言書　一九〇七年　明治四十　年　六月　十　日　佛文　一

三、説明書　一九〇七年　明治四十　年　六月　十　日　佛文　一

第拾參號

清國ニ於ケル發明、意匠、商標、及著作權ノ保護ニ関スル日、佛條約

一、調印書　一九〇九年　明治四十二年　九月　十四日　和・佛文　各一

二、本條約第六條第一項ノ規定ハ韓國ニ適用ナキ趣旨ナルコトノ宣言　和・佛文　各一

三、批准書　佛文　一

四、批准交換證書　一九一一年　明治四十四年　五月　十八日　東京　佛文　一

五、参考（御委任狀ハ先方ニ送ラズシテ止ミシモノ）　佛文　二

第拾四號

明治四十四年締結日、佛通商航海條約　巴里

一、調印書　一九一一年　明治四十四年　八月　十九日　佛文　一

二、暫定取極　一九一一年　明治四十四年　八月　十九日　佛文　一

三、議定書ノ説明書　一九一一年　明治四十四年　八月　十九日　佛文　一

四、土地所有權ニ関スル往復書　一九一一年　明治四十四年　八月　十九日　佛文　各一

五、永代借地權ニ関スル往復書　一九一一年　明治四十四年　八月　十九日　佛文　各一

六、通商航海條約ヲ植民地ヘ適用ニ関スル往復文書　一九一一年　明治四十四年　八月　十九日　佛文　各一

七、佛領印度支那ニ関スル宣言書　一九一一年　明治四十四年　八月　十九日　佛文　一

八、関東州及廣州湾ニ関スル公文　一九一一年　明治四十四年　八月　十九日　佛文　一

九、暫定取極延期ニ関スル調印書　一九一一年　明治四十四年　十二月　十九日　佛文　一

一〇、批准書　一九一二年　明治四十五年　二月二十三日　佛文　一

一一、批准交換證書　一九一二年　明治四十五年　四月二十二日　佛文　一

第拾五號	摩洛哥國佛領地帯ニ於ケル領事裁判權撤廢ニ関スル日佛交換宣言書							佛文	一
第拾六號	日本印度支那間居住航海議定書							佛文	
	二、仝附属交換公文							佛文	二
第拾七號	日佛間ニ重課税相互免除ニ関スル交換公文（來、往）	一九三一年	昭和	六年	五月	五日	巴里	佛文	各一
第拾八號	日本印度支那間通商取極	一九三二年	昭和	七年	五月	十三日	巴里		
	一、A、B表及署名議定書							佛文	一
	二、交換公文								
	一、為替附加税ニ関スル先方來翰	一九三二年	昭和	七年	五月	十三日		佛文	一
	一、同我方往翰寫	一九三二年	昭和	七年	五月	十三日		佛文	一
	一、同先方第二來翰	一九三二年	昭和	七年	五月	十三日		佛文	一
	一、磁器ニ関スル先方來翰	一九三二年	昭和	七年	五月	十三日		佛文	一
	一、同我方往翰寫	一九三二年	昭和	七年	五月	十三日		佛文	一
	一、通商取極實施ニ関スル交換公文（來翰、往翰寫）	一九三二年	昭和	七年	八月	十三日		佛文	各一
第拾九號	永代借地制度解消ニ関スル日本國佛蘭西國間交換公文	一九三七年	昭和	十二年	四月	十五日	東京	和・佛文	各一
第貳拾號	保障及政治的了解ニ関スル日本國、「フランス」國間議定書	一九四一年	昭和	十六年	五月	九日	東京	和・佛文	各一
	一、批准交換調書	一九四一年	昭和	十六年	七月	五日		仏文	一
	二、仝右通報書	仝						仏文	一
	三、仝佛國側批准書	仝			五月	九日	東京	佛文	一
第貳壹號	佛國、泰國間調停會議								

一、調停條項　昭和十六年三月十一日　和・佛文　各一
二、議事録　仝　和・佛文　仝
三、松岡大臣「アンリー」大使間往復書翰　仝　和・佛文　仝
四、松岡大臣「ワラワン」全權間往復書翰　仝　和・タイ・佛文　各一
五、「ワラワン」全權発「アンリー」大使宛書翰仮訳　一九四一年五月九日　和・佛文　各五枚
六、「メコン」河関係　二冊

第貳拾貳號　「フランス」國「タイ」國間平和條約　昭和十六年五月九日　東京　和・佛・「タイ」文　各一冊

第貳拾参號　佛領印度支那ニ関スル居住航海條約並関税制度貿易及決済様式ニ関スル日、佛協定
一、日、佛居住航海條約調印書　昭和十六年五月六日　東京　和・佛文　各一冊
二、日本國印度支那間関税制度、貿易及其ノ決済ノ様式ニ関スル日、佛協定　仝　東京　和・佛文　各一冊
三、佛國側批准通報書　仝　東京　佛文　壱通
四、批准書交換調書　仝　東京　佛文　壱通
五、議事録　仝　東京　佛文　壱綴
六、米穀購入問題ニ関スル議事録　一九四一年一月二〇日　東京　佛文　一綴
七、議定書　仝年五月六日　東京　和・佛文　各一冊
八、協定第十五條ニ依リ作成セラレタル表　仝　東京　和・佛文　各一冊
九、松宮大使宛書翰(産品)　仝　東京　佛文　一通
一〇、仝交換公文(レーヨン)　仝　東京　佛文　一通
一一、仝交換公文(商社)　仝　東京　佛文　一通
一二、同協定批准書(佛國側)　仝　東京　佛文　一冊

第貳拾四號	日佛天津協定(原本)		昭和 十五年 六月 廿日			六通
第貳拾五號	昭和十六年五月六日ノ日仏協定第一五條ノ規定ニ基ク諸取極及交換公文					一封
	一、仝右諸表					一袋

(8)孛漏生[プロシア] 獨國[独逸 ドイツ](一九)

第壹號	萬延元年條約(江戸條約)	一八六一年 一月二十四日	萬延 元年 十二月 十四日	江戸	和・獨・蘭文	二綴
	一、貿易章程					
	二、批准條約書	一八六二年 六月 七日				一綴
	三、批准交換證書	一八六四年 一月 日				三通
第貳號	明治二年日獨條約			神奈川		
	一、調印書	一八六九年 二月二十 日	明治 二年 一月 十 日		和・獨文	二綴
	二、附屬貿易定則				和・獨文	二綴
	三、批准書	一八六九年 七月 一日				
	四、批准交換證書	一八六九年 十 月 十五日			和・獨文	各一
第參號	綿毛交織襦袢股引低税約定	一八六九年	明治 二年 二月二十 日			
	一、綿毛交織襦袢股引低税約定(写)				獨・英文對譯	一綴
	二、駐日獨國公使來柬		一月二十八日		和・獨文	一通
	三、駐日獨國公使來柬		二月二十 日		獨・和文	一通
第四號	生絲、茶改税約書	一八六九年	明治 二年 六月 一日		獨文	一通
第五號	鐵板税約定書	一八七四年	明治 七年 五月 十 日		英文	一通
第六號	明治二十二年改正日獨條約			伯林		

一、調印書及税目　一八八九年　明治二十二年　六月　十一日　英文　一通
二、最恵國ニ関スル來信　一八八九年　明治二十二年　六月　十一日　獨文　一
三、附屬會議録
四、附屬港灣規則　一八八九年　明治二十二年　十　月　七日　一
五、西園寺公使ト獨國外務大臣トノ往復書類　英・和文（和訳文）　一

第七號　明治二十九年締結日獨通商航海條約　伯林
一、調印書　一八九六年　明治二十九年　四月　四日　獨文　一
二、議定書並税目　一八九六年　明治二十九年　四月　四日　獨文　一
三、土地所有權ニ関スル外交文書（來）　一八九六年　明治二十九年　四月　四日　獨文　二
四、土地所有權ニ関スル外交文書（往）　一八九六年　明治二十九年　四月　四日　獨文　二
五、通商航海條約批准書　獨文　一
六、日獨領事職務條約調印書　一八九六年　明治二十九年　四月　四日　獨文　一
七、領事職務條約議定書　一八九六年　明治二十九年　四月　四日　獨文　一
八、同批准書　獨文　一
九、日獨通商航海條約並領事職務條約批准交換證書　一八九六年　明治二十九年　十一月　十八日　獨文　一

第八號　明治三十一年締結日獨追加條約　東京
一、調印書並附屬税目　一八九八年　明治三十一年　十二月二十六日　英文　一
二、議定書　一八九八年　明治三十一年　十二月二十六日　英文　一

第九號　明治四十四年締結日獨通商航海條約　伯林
一、調印書　一九一一年　明治四十四年　六月二十四日　佛文　一
二、特別相互関税條約　佛文　一
三、調印ニ関スル議定書　一九一一年　明治四十四年　六月二十四日　佛文　一

	四、批准書	一九一一年 明治四十四年 六月二十六日		獨文	一
	五、批准交換證書	一九一一年 明治四十四年 七月 十五日		佛文	一
	六、通商航海條約第二十條ニ関スル往復文書			佛文	二
	七、人造藍ニ関スル往復文書			佛文	二
	八、批准交換委任ニ関スル駐日代理大使ノ書翰	一九一一年 明治四十四年 七月 十四日		獨文	一
第拾號	日獨領事職務ニ関スル暫定協約	一九一一年 明治四十四年 七月 七日		獨文	一
第拾壹號	日獨染料輸入ニ関スル紳士協定		東京		
	一、協定書	一九二六年 大正 十五年 八月 六日		英文	一
	二、交換公文	一九二六年 大正 十五年 八月 七日		英文	各一
第拾貳號	日、獨通商航海條約		東京		
	一、調印書	一九二七年 昭和 二年 七月二十 日		和・獨・仏文	三
	二、交換公文	一九二七年 昭和 二年 七月二十 日		佛文	二
	三、獨逸全權委任ノ通知書翰				
	四、批准書			獨文	一
	五、批准交換證書	一九二七年 昭和 二年 四月 五日		佛文	三
	六、獨逸側批准文			佛譯	一
第拾参號	共産「インターナショナル」ニ對スル協定及同附属議定書	一九三六年 十一月 二五日	伯林	和・獨文	一
第拾四號	日本國、伊太利國及獨逸國間（防共協定）議定書	一九三七年 十一月 六日	伯林	（日獨間）	三
	※ 附属書（全權委任狀其他）		羅馬	（三國間）	
第拾四ノ一號	滿洲國加入議定書				
第拾四ノ二號	洪牙利國加入議定書	一九三九年 昭和 十四年 二月 二四日	ブタペスト	和・伊・獨・洪文	四

第拾四ノ三號	(A)西班牙國加入議定書 (B)附属書（西國側代表全權委任状、独、伊側全權委任状寫、並矢野公使ヨリ西國側へ提出ノ文書寫）					和・伊・獨・西文	五
第拾五號	文化的協力ニ関スル日本國独逸國間協定	一九三八年	昭和十三年	十一月二十五日	東京	和・獨文	一
第拾六號	日本國、獨逸國、伊太利國間條約						
	一、調印書	一九四〇年	昭和十五年	九月廿七日	ベルリン	日・獨・伊文	一
	二、調印書	仝				英文	一
	三、洪牙利國加入調印書	一九四〇年		十一月二十日		日・獨・伊・洪文	一
	四、羅馬尼國加入〃	一九四〇年		十一月二三日	ベルリン	日・獨・伊・羅文	一
	五、「スロヴァキア」國加入〃	一九四〇年		十一月二四日	ベルリン	日・獨・伊・スロバキヤ文	一
	六、「ブルガリア」國加入調印書	一九四一年	昭和十六年	三月一日	ベルリン ウィーン	和・ブルガリア文	一
	七、「ユーゴースラヴィア」國加入調印書	一九四一年	昭和十六年	三月廿五日	ウィーン	和・ブルガリア文	一
第拾七號	醫事ノ分野ニ於ケル協力ニ関スル日本國政府、獨逸國政府取極						
	一、調印書					和・獨文	各一
第拾八號	支払ニ関スル・貿易ニ関スル・技術協力ニ関スル日本國、獨逸國間取極					和・獨文	各一
第拾九號	日獨貿易協定等調印本書						計六通

(9)伊國［伊太利・イタリア］（一〇）

第壹號	慶應二年條約（江戸條約）	一八六六年	慶應二年	八月二十五日 七月十六日	江戸	和・佛・伊文	一
	一、貿易規則並追加税則						

	二、批准條約書	一八六七年		三月二十四日				一
	三、批准交換證書	一八六七年		十月　三日				一
						※明治四十二年九月二十三日東京帝國大學へ貸與		
第貳號	生絲、茶税約書	一八六九年	明治　二年	六月　一日		伊文		一
第參號	明治二十七年締結日伊通商航海條約				羅馬			
	一、調印書	一八九四年	明治二十七年	十二月　一日		和・伊・英文		三
	二、議定書	一八九四年	明治二十七年	十二月　一日		和・伊・英文		三
	三、批准書					和・伊・英文		一
	四、批准書譯					英文		一
	五、批准交換證書	一八九五年	明治二十八年	八月　四日		英文		一
	六、伊國全權委員委任狀					伊・英文		各一
	七、外交文書（來、往）							四
第四號	明治二十七年締結日、伊通商航海條約ニヨル裁判管轄權ニ関スル議定書	一八九九年	明治三十二年	六月二十六日	東京	佛文		一
第五號	大正元年締結日伊通商航海條約				羅馬			
	一、調印書	一九一二年		十一月二十五日		佛文		一
	二、批准書					佛文		一
	三、批准交換證書					佛文		一
第六號	永代借地權撤廢ニ関スル日本國伊太利國間交換公文	一九三七年	昭和　十二年	四月　三〇日	東京	佛・和文		
第七號	日本國、伊太利國及独逸國間（防共協定）議定書	一九三七年		一一月　六日	羅馬			三
	㈠　國滿洲國加入議定書							
	㈡　洪牙利國加入議定書							

	(三) (A) 西班牙國加入議定書						
	(B) 附属書（西國側代表ノ全權委任状独伊側全權委任状寫並矢野公使ヨリ西國側へ提出ノ文書寫）						
第八號	日、伊通商條約追加協定	一九三七年	昭和十二年	十二月三十日	羅馬	佛文	一
	一、調印書						
	二、同調書	〃			羅馬	〃	一
	三、批准書	一九三七年	昭和十二年	十二月三十日	羅馬	佛文	一
	四、批准書交換調書	一九三八年	昭和十三年	七月十五日	羅馬	佛文	一
第九號	伊太利國ヲ一方トシ日本國及滿洲國ヲ他方トスル貿易収支ニ関スル支払ヲ規律スル爲ノ伊太利國政府、日本國政府及滿洲國政府間協定						
	一、調印書	一九三八年	昭和十三年	七月五日	東京	佛文	一
	二、署名議定書					佛文	一
	三、議定書					佛文	一
	四、割當表					佛文	一
	五、附属交換公文					佛文	一
	六、對伊凍結債權決済ニ関スル交換公文伊側來翰					佛文	一
	七、批准書（日本、伊國、滿洲國）					和・伊・滿洲文	三
	八、寄託調書						
	九、附属改訂品目表	一九四〇年		六月廿一日		佛文	一
第拾號	文化的協力ニ関スル日本國伊太利國間協定	一九三九年	昭和十四年	三月二十三日	東京	和・伊文	一
	一、仝右伊國御委任狀	一九三九年		二月九日	羅馬	伊文	一

(10)蘭國[和蘭　阿蘭陀　オランダ]（一二）

第壹號	安政二年條約(長崎條約)	一八五六年　一月三十日	安政　二年　十二月二十三日	長崎	和・蘭文	
	一、批准條約書(附、和文)	一八五七年	安政　四年　五月二十　日		蘭文	一
	二、批准交換證書	一八五七年	安政　四年　十月　十六日		蘭文 ※明治四十二年九月二十三日東京帝國大學へ貸與	一
第貳號	安政四年條約(追加條約)	一八五七年　十月　十六日	安政　四年　八月二十九日	長崎	和・蘭文 ※明治四十二年九月二十三日東京帝國大學へ貸與	一
	一、批准條約書	一八五八年	安政　五年　三月　四日		蘭文	一
	二、批准交換證書	一八五八年	安政　五年　十　月三十　日		蘭文 ※明治四十二年九月二十三日東京帝國大學へ貸與	一
第參號	安政五年條約(江戸條約)	一八五八年　八月　十八日	安政　五年　七月　十　日	江戸	和・蘭文	
	一、貿易規則					
	二、批准條約書(附和文)					
	三、批准交換並條約中誤正證書				※明治四十二年九月二十三日東京帝國大學へ貸與	
第四號	改税約書、運上目録、規則	一八六六年　六月二十五日	慶應　二年　五月　十三日		和・蘭文 ※明治四十二年九月二十三日東京帝國大學へ貸與	一
第五號	生絲、茶税改正約書	一八六九年	明治　二年　四月二十一日		和文	一
第六號	明治二十九年締結日蘭通商航海條約			海牙		
	一、調印書及議定書	一八九六年	明治二十九年　九月　八日		英文	一
	二、批准書				英文	一

	三、批准交換證書	一八九七年	明治三十　年	八月二十　日		英文	一
	四、参考（調印書及議定書草案）					英文	一
第七號	日蘭工業所有權ニ関スル議定書	一八九八年	明治三十一年	一月　十九日		英文	一
第八號	和蘭國ノ海外領事及植民地ニ関スル日、蘭領事職務條約				海牙		
	一、調印書	一九〇八年	明治　　七年	四月　　七日		佛文	一
	二、批准書					佛文	一
	三、批准交換證書		明治四十一年	七月三十一日		佛文	一
	四、駐日蘭國臨時代理公使ヨリ提出文書			四月二十七日		佛文	一
第九號	明治四十五年締結日蘭通商航海條約				海牙		
	一、調印書	一九一二年		七月　　六日		佛文	一
	二、批准書	一九一三年		九月二十二日		佛文	一
	三、批准交換證書	一九一三年		十　月　　八日		佛文	一
	四、口上書						
第拾號	日、蘭仲裁々判條約				海牙		
	一、調印書	一九三三年		四月　十九日		佛文	一
	二、批准書	一九三五年		七月　　一日	海牙	佛文	一
	三、批准交換調書	一九三五年		八月　十二日	海牙	佛文	一
第拾壹號	永代借地權撤廢ニ関スル日本國和蘭國間交換公文	一九三七年	昭和　十二年	四月　　卅日	東京	英文	一
第拾貳號	日蘭通商調整覺書及附屬書				バタヴィア		
	一、調印書	一九三七年		四月　　九日		英文	二
	二、來翰（石沢総領事宛）	一九三七年		四月二十一日		英文	一

(11)白國[白耳義　ベルギー]（六）

第壹號	慶應二年條約（江戸條約）	一八六六年 八月 一日	慶應 二年 六月二十一日		和・蘭・仏文	一
	一、貿易定則					
	二、批准條約書	一八六七年 三月 十一日				一
	三、批准交換證書	一八六七年 九月 十 日				一
第貳號	改税約書取極書	一八六六年 十 月 四日	慶應 二年 八月二十六日		和・佛文 ※明治四十二年九月二十三日東京帝國大學へ貸與	一
第参號	明治二十九年締結日白通商航海條約			ブラッセル		
	一、調印書並議定書	一八九六年	明治二十九年 六月二十二日		英・佛文	一
	二、覺書	一八九六年	明治二十九年 六月二十二日		英・佛文	一
	三、批准書				英・佛文	一
	四、批准交換證書	一八九六年	明治二十九年 十二月 十八日		英文	一
第四號	明治二十九年締結日白領事職務條約			ブラッセル		
	一、調印書	一八九六年	明治二十九年 十二月二十二日		英・佛文	一
	二、批准書				英・佛文	一
	三、批准交換證書	一八九七年	明治三十 年 七月 十六日		英・佛文	一
第五號	明治二十九年締結日白通商航海條約ニヨル裁判管轄權ニ関スル議定書	一八九九年	明治三十二年 六月 十九日	東京	佛文	一
第六號	大正十三年締結日白通商條約			ブラッセル		
	一、調印書	一九二四年 七月二十七日			佛文	一
	二、交換公文	一九二四年 七月二十七日			佛文	一

	三、批准書					佛文	一
	四、批准交換證書					佛文	一

(13)西國[西班牙　スペイン](七)

第壹號	明治元年締結日西條約(神奈川條約)				神奈川		
	一、調印書(副規則、運上目録、貿易規則)	一八六八年	明治　元年	十一月　十二日 九月二十八日		和文・西・佛文	各一
	二、批准書並批准交換證書	一八六九年		十　月　十三日		西文	一
第貳號	西太平洋日西両國々境劃定ニ関スル宣言書	一八九五年	明治二十八年	八月　七日		佛文	一
第參號	明治三十年締結日西修好交通條約				マドリッド		
	一、調印書	一八九七年	明治三十　年	一月　二日		西・英文	一
	二、議定書					和・西・英文	一
	三、批准書	一八九七年	明治三十　年	六月　十六日		西文	一
	四、批准交換證書	一八九七年	明治三十　年	六月　九日		英文	一
	五、輸出入税目外交文書					西・英文	各二
第四號	明治三十三年締結日西特別通商條約				東京		
	一、調印書	一九〇〇年	明治三十三年	三月二十八日		和・西・英文	各三
	二、批准書	一九一一年	明治四十四年	八月二十九日		佛文	一
	三、批准交換證書	一九〇一年	明治三十四年	三月三十　日	東京	英文	一
第五號	明治四十四年締結日西修好交通條約				マドリッド		
	一、調印書	一九一一年	明治四十四年	五月　十五日			一
	二、議定書	一九一一年	明治四十四年	八月二十九日		仏文	一
	三、宣言書	一九一三年	大正　二年	五月　十二日		佛文	一

	四、批准書						一
	五、批准交換證	一九一五年	大正 四年	七月 十 日	東京		一
	六、批准交換委任狀						一
	七、暫定取極交換公文	一九二五年	大正 十四年	十一月 五日	マドリッド	佛・和文	各五一
第六號	日、西通商條約ノ効力復活取極交換公文	一九二九年	昭和 四年	八月 五日	マドリッド	來翰和・西文往翰 西文写・和文	各一・ 各一
第七號	日本國、伊太利國及獨逸國間防共協定議定書						三
	一、滿洲國加入議定書						
	二、洪牙利國加入議定書						
	三、(A) 西班牙國加入議定書 (B) 附屬書（西國側代表ノ全權委任狀、独、伊側全權委任狀写並矢野公使ヨリ西國側へ提出ノ文書寫）						

(14)葡國[葡萄牙　ポルトガル]（六）

第壹號	萬延元年條約	一八六〇年	萬延 元年	八月 三日 六月 十七日	江戸	和・葡・蘭文	一
	一、批准條約書	一八六一年	萬延 二年	四月 三日		葡文	一
	二、批准交換證書	一八六二年	萬延 三年	四月 八日		英・蘭文 ※明治四十二年九月二十三日東京帝國大學ヘ貸與	一
第貳號	改税約書、運上目録、規則	一八六六年		六月二十五日		和・葡・蘭文 ※明治四十二年九月二十三日東京帝國大學ヘ貸與	一
第參號	明治三十年締結日葡通商航海條約				リスボン		
	一、調印書及議定書	一八九七年	明治三十 年	一月二十六日		佛文	一
	二、批准書	一八九七年	明治三十 年	八月二十八日		葡文	一

	三、批准交換證書	一八九七年	明治三十　年	八月三十　日		佛文	一
第四號	日、葡通商取極調印書	一九三二年	昭和　七年	三月二十三日	リスボン	佛文	一
第五號	永代借地權撤廢ニ関スル日本國葡萄牙國間交換公文	一九三七年	昭和　十二年	四月　卅日	東京	英文	写共二
第六號	「パラオ」、「チモール」間航空聯絡ニ関スル日本國、葡萄牙國間協定	一九四一年	昭和　十六年	十　月　十三日	リスボン	佛文	一

(15)「エストニア」國(一)

第壹號	日本、「エストニア」間通商取極ニ関スル交換公文	一九三四年	昭和　九年	六月二十一日	ワルソー		
	一、來翰					英文	一
	二、往翰(寫)					英文	一
	三、附属宣言「ノート」					英文	一
	四、同回答(寫)					英文	一

(16)瑞西國[スイス](六)

第壹號	文久三年條約(江戸條約)	一八六四年	文久　三年	二月　六日 十二月二十九日	江戸	和・佛・蘭文	一
	一、貿易定則						
	二、批准條約書	一八六四年		六月　七日 七月二十七日		佛・蘭文	一
	三、批准交換證書	一八六五年		六月　七日		佛・蘭文	一
						※明治四十二年九月二十三日東京帝國大學へ貸與	
第貳號	改税約書取極證書	一八六七年	慶應　三年	四月二十六日 三月二十二日		和・佛・蘭文	一
						※明治四十二年九月二十三日東京帝國大學へ貸與	
第參號	明治二十九年締結日本瑞西修好居住通商條約				ベルヌ		
	一、調印書	一八九六年	明治二十九年	十一月　十　日		佛文	一

	二、會議録、議定書並宣言書	一八九六年	明治二十九年	十一月 十 日		佛文	一
	三、條約議定宣言批准書	一八九六年	明治二十九年	十一月 十 日		佛文	一
	四、瑞西全權委員委任狀	一八九六年	明治二十九年	七月二十一日		佛文	一
	五、全權委任狀	一八九六年	明治二十九年	七月 九日		佛文	一
	六、批准交換證書	一八九七年	明治三十 年	七月 九日		佛文	一
	七、時計ニ關スル外交文書	一八九七年	明治三十 年	七月 九日		佛文	一
第四號	明治四十四年締結日、瑞西間居住通商條約				ベルヌ		
	一、調印書	一九一一年	明治四十四年	六月二十一日		佛文	一
	二、調印始末書					佛文	一
	三、批准書					佛文	一
	四、交換證書					佛文	一
第五號	日、瑞西間司法的解決條約	一九二四年	大正 十三年	十二月二十六日	東京		
	一、調印書					佛文	一
	二、全權委任狀					和文	一
	三、同佛譯文					佛文	一
	四、批准書					佛文	一
	五、批准交換證書					佛文	一
	六、批准交換委任狀譯文						一
第六號	永代借地制度解消ニ関スル日本國瑞西國間交換公文	一九三七年	昭和 十二年	四月 十五日	東京	和・英文	一

(17)丁抹國「デンマーク」(六)

第壹號	慶應二年條約(江戸條約)	一八六七年		一月 十二日	江戸	和・蘭文	一
			慶應 二年	十二月 七日			

	一、副條約並貿易章程						
	二、批准條約書	一八六七年		五月　二日			一
	三、批准交換證書	一八六七年		十　月　一日		※明治四十二年九月二十三日東京帝國大學へ貸與	二
第貳號	傳信機條約書	一八七〇年	明治　三年	九月二十　日		和・佛文	各二
第參號	日本工部省大北電信會社改正海底電線陸上免許狀	一八八二年	明治　十五年	十二月二十八日		和・英文	各二
第四號	明治二十八年締結日丁通商航海條約				コッペンハーゲン		
	一、調印書	一八九五年	明治二十八年	十　月　十九日		英文	一
	二、議定書	一八九五年	明治二十八年	十　月　十九日		英文	一
	三、批准書（附、佛譯文）						
	四、批准交換證書	一八九六年	明治二十九年	五月　六日		佛文	一
	五、外交文書	一八九六年	明治二十九年	五月　六日		佛文	一
第五號	明治四十五年締結日丁通商航海條約				コッペンハーゲン		
	一、通商航海條約調印書	一九一二年	明治四十五年	二月　二十日		英文	一
	二、関税協約調印書	一九一二年	明治四十五年	二月　二十日		英文	一
	三、第八條ニ関スル往書	一九一二年	明治四十五年	二月　十二日		英文	一
	四、第八條ニ関スル來書	一九一二年	明治四十五年	二月　十二日		英文	一
	五、通商航海條約批准書					英文	一
	六、関税條約批准書					英文	一
	七、批准交換證書	一九一二年	明治四十五年	五月　六日		佛文	一
第六號	永代借地權撤廢ニ関スル日本國丁抹國間交換公文	一九三七年	昭和　十二年	四月　卅日	東京	英文	一

(18) 瑞典國　諾威國[スウェーデン、ノルウェー]（七）

第壹號　明治元年締結日、瑞諾條約（神奈川條約）	一八六八年	十一月　十一日 明治　元年　九月二十七日	神奈川	和・蘭文	二
一、調印書（貿易規則運上目録）					一
二、批准書					一
三、批准書（日本ノ分）	一八七一年	明治　三年　十一月　七日		和文	一
四、批准交換證書				蘭文	一
五、參考（條約草稿）				和文	一
第貳號　明治二十九年締結日、瑞諾通商航海條約			ストックホルム		
一、調印書、議定書並別約	一八九六年	明治二十九年　五月　二日		佛文	一
二、會議録				佛文	一
三、批准書	一八九七年	明治三十　年　四月　九日		佛文	一
四、批准交換證書	一八九七年	明治三十　年　五月　一日		佛文	一
五、追加議定書	一八九七年	明治三十　年　五月　一日		佛文	一
六、附托證書				佛文	一
第參號　明治四十四年締結日、瑞典間通商航海條約			ストックホルム		
一、調印書	一九一一年	明治四十四年　五月　十九日		佛文	一
二、特別相互關税條約調印書	一九一一年	明治四十四年　五月　十九日		佛文	一
三、通商航海條約並特別相互関税條約批准書	一九一一年	明治四十四年　五月二十六日		佛文	一
四、批准交換證書			東京	佛文	一
五、調印ニ関スル瑞典外務大臣全權委任狀					一

番號	條約・文書	西暦	和暦	月日	締結地	用語	通數
	六、調印始末書	一九一一年	明治四十四年	五月　十九日		佛文	一
	七、瑞典全權委員ノ提出セル批准交換ノ權限證明書					英文	一
	八、瑞典國批准書譯文						
第四號	明治四十四年締結日諾通商航海條約				クリスチアナ		
	一、調印書	一九一一年	明治四十四年	六月　十六日		佛文	一
	二、附属議定書	一九一一年	明治四十四年	六月　十六日		佛文	一
	三、批准書	一九一一年	明治四十四年	七月　十　日		佛文	一
	四、批准交換證書	一九一一年	明治四十四年	七月　十五日	東京	佛文	一
	五、批准交換證書	一九一一年	明治四十四年	七月　十五日	ストックホルム	佛文	一
	六、諸國全權委員調印委任狀					佛文	一
第五號	支那ニ於ケル工業所有權相互保護ニ関スル日、瑞典條約				東京		
	一、調印書		大正　五年	八月二十四日		佛文	一
	二、批准書		大正　六年	八月二十三日			一
	三、批准書佛譯文						一
	四、批准交換證書						一
第六號	精神病者ニ関スル日、瑞典間取極	一九二三年	大正　十二年	五月　一日	東京	佛文	一
第七號	精神病者ニ関スル日、諾間取極	一九二三年	大正　十二年	十　月二十三日		佛文	一

(19)希國[希臘、ギリシャ](一)

番號	條約・文書	西暦	和暦	月日	締結地	用語	通數
第壹號	明治三十二年締結日希修好通商航海條約				雅典		
	一、調印書	一八九九年	明治三十二年	六月　一日		和・英・希文	三

二、批准書	一八九九年　明治三十二年　八月　十六日			一
三、批准交換證書	一八九九年　明治三十二年　九月二十一日		和・英・希文	三

(20)「チェッコ・スロヴァキア」國(二)

第壹號　日本、「チェコスロヴァキア」國通商條約		プラーグ		
一、調印書	一九二五年　十　月三十　日		英文	一
二、同(寫)			英文	二
三、原文解釋ニ関スル「ベネシュ」來翰	一九二五年　十　月三十　日		英文	一
四、同(寫)			英文	二
五、同「ベネシュ」宛往翰寫	一九二五年　十　月三十　日		英文	二
六、致國側批准書	一九二五年　十　月三十　日		英文	一
七、同佛譯文				一
八、批准書交換ニ関スル「フロセヴェルバル」				一
九、同致國側全權委任狀				一
第貳號　日本國、独逸國、伊太利國間條約、「ユーゴースラヴィア」國加入調印書	一九四一年　昭和　十六年　三月　廿五日	ウィーン	和・独・伊・ユーゴースラヴィア文	一

(21)「エチオピア」國(一)

第壹號　昭和二年締結日、「エチオピア」間修好通商條約		アディス、アベバ		
一、調印書	一九二七年　昭和　二年　六月二十一日		和・佛・「アマリック」文	三
二、全權委任狀同佛譯文				各一
第貳號　日本、「エチオピア」國間修好通商條約				

一、調印書	一九三〇年　昭和　五年　十一月　十五日	アヂス、アベバ		一
二、交換公文（來）「アマリック」語及附属佛訳文 （往）佛文				各一
三、「エ」國全權委員委任狀及附属			「アマリック」文・佛文	各一
四、批准書			佛・「アマリック」文	一
五、批准交換證書			佛文	一
六、批准書交換「エ」國側委任狀			英文	一

(22)「アルバニア」國(一)

第壱號　日本、「アルバニア」國間修好通商條約　雅典

一、調印書	一九三〇年　昭和　五年　六月二十　日	佛文	一
二、日本國、「アルバニア」國間修好通商條約ノ「アルバニア」國批准書			一
三、右佛譯文			一
四、批准書交換覺書			一
五、川島公使ニ下付セラレタル批准書交換ノ御委任狀			一

(23)「ラトヴィア」國(一)

第壹號　大正十三年締結日、「ラトヴィア」通商航海條約　ベルリン

一、調印書	一九二五年　大正　十四年　七月　四日	英文	一
二、議定書	一九二七年　昭和　二年　四月　七日	英文	一
三、全權委任狀寫		佛文	一

四、批准書　佛文　一

五、批准交換證書　佛文　一

(24)波蘭國[ポーランド]（一）

第壹號　大正十一年締結日、波蘭通商條約　ワルソー

一、調印書　一九二二年　大正十一年十二月七日　英文　一

二、附属議定書　一九二二年　大正十一年十二月七日　英文　一

三、批准書　英文　一

四、批准交換證書　英文　一

五、「ダンチッヒ」自由市加入

一、交換公文　佛文　一

二、「ダンチッヒ」自由市ノ承認ヲ得タル公文　佛文　一

三、日本側ノ波蘭外相宛交換公文（寫）　佛文　一

(25)芬蘭國[フィンランド]（一）

第壹號　大正十三年締結日、芬通商航海條約　ヘルシングフォルス

一、調印書　一九二五年　大正十三年六月七日　英文　一

二、議定書　一九二五年　大正十三年六月七日　英文　一

三、交換公文　一九二五年　大正十三年六月七日　英文　一

四、批准書　英文　一

五、批准書交換公文　一九二六年　大正十四年十月二十二日　英文　一

(26)「リスアニア」國（一）

第壹號　日本、「リスアニア」國間通商航海條約　ベルリン

一、調印書	一九三〇　昭和　五年　五月　二日	英文	一
二、交換公文（来翰　往翰寫）		英文	各二

(27)「セルブ、クロアツ、スロヴェヌ」王國（一）

第壹號

日、「セルブ、クロアツ、スロヴェヌ」通商航海條約　ウインナ

一、調印書	一九二三年　大正　十二年　十一月　十六日	佛文	一
二、付属議定書	一九二三年　大正　十二年　十一月　十六日	佛文	一
三、批准書			一
四、批准交換證書		佛文	一
五、批准交換委任状		佛文	一

(28)墺、洪國「墺太利、洪牙利　オーストリア、ハンガリー」（三）

第壹號

明治二年締結日墺條約（江戸條約）　東京

一、調印書	一八六九年　十月　十八日　明治　二年　九月　十四日		一
二、批准交換證書	一八七二年　一月　十二日　明治　四年　十二月　三日	和・英・独文	一
三、参考（條約英譯文）			一
四、参考（條約草案）			一

第貳號

明治三十年締結日墺通商航海條約　維納

一、調印書	一八九七年　明治　三〇年　十二月　五日	佛文	一
二、議定書			一
三、宣言書		佛文	一
四、批准書		佛文	一
五、批准交換證書		佛文	一

六、外交文書　佛文　一
七、追加條約　佛文　一

第参號　大正元年締結日墺通商航海條約　維納
一、批准書　佛文　一
二、調印書　佛文　一
三、會議録　佛文　一
四、批准交換證書　佛文　一

（以下(イ)墺國　(ロ)洪國ニ分ツ）

(イ)　第壹號　昭和五年締結日、墺通商航海條約　一九三〇年　昭和　五年　八月　十六日　維納
一、調印書及最終議定書　英文　一
二、交換公文　来翰・往翰（寫）　英文　各一
三、墺國全權委任狀（寫）　一
四、批准書　英文　一
五、批准交換證書　佛文　一
六、帝國全權御委任狀（寫）　英文　一

(ロ)　第壹號　日本、洪牙利國間通商暫定取極ニ関スル交換公文　一九二九年　昭和　四年　一月二十三日　ブダペスト　佛文　各一

(ロ)　第貳號　友好及文化協力ニ関スル日本國、洪牙利國間條約　一九三八年　昭和十三年　十一月　十五日　ブダペスト　佛文　一
二、批准書　一九三九年　昭和十四年　九月　佛文　一
三、批准書交換公文　一九三九年　昭和十四年　十二月二十　日　佛文　一

(29) 暹羅國［シャム　泰國　タイ］（一二）

第壹號　修好條約締結方ニ関スル日暹宣言書　東京
一、宣言書　一八八七年　九月二十六日　英文　一

	二、批准書			暹文	一
	三、批准交換證書	明治三十一年　一月二十三日		英文	一
第貳號	明治三十一年締結日暹修好通商航海條約		盤谷		
	一、調印書	一八九八年　二月二十五日		和・英・暹文	各一
	二、批准書			和・暹文	一
	三、批准交換證書	明治三十一年　五月三十一日		和・英文	各一
	四、火酒ニ関スル往柬	明治三十一年　二月二十五日		和・英文	各一
	五、火酒ニ関スル来柬	明治三十一年　二月二十五日		和・英・暹文	各一
第参號	大正十三年締結日、暹通商航海條約		盤谷		
	一、調印書	大正十三年　三月　十　日		英文	一
	二、議定書	大正十三年　三月　十　日		英文	二
	三、交換公文(寫)	大正十三年　三月　十　日		英文	二
	四、批准書			英文	一
	五、批准交換證書	大正十三年十二月二十二日		英文	一
第四號	昭和十二年締結日本國暹羅國間友好通商航海條約	昭和十二年十二月　八日	盤谷	英文	一
	一、條約本書(付属議定書ヲ含ム)			英文	一
	二、交換公文(来翰)	昭和十二年十二月　八日		英文	五
	三、批准書	昭和十二年十二月　八日		英・暹文	一冊
	四、同交換公文	昭和十三年　三月　七日		英・暹文	一通
第五號	日本國、「タイ」國間定期航空業務ノ運營ニ関スル協定	暹歴二、四八二年　昭和十四年十一月三十日			
	一、調印書			英・暹文	一冊

	二、交換公文 来翰・往翰（寫）				英・暹文	一通・一通
第六號	友好関係ノ存續及相互領土尊重ニ関スル日本國、「タイ」國間條約	一九三九年	昭和十四年六月十二日		英文	一通
	一、批准書	一九四〇年	昭和一五年十二月二十三日	盤谷	英文	一通
	二、批准書交換調書					
第七號	佛領印度支那及泰國間ノ停戰ニ関スル協定（内議定書一通）		昭和十六年一月三十一日	西貢	和文	二
第八號	保障及政治的了解ニ関スル日本國、「タイ」國間議定書（調印書）	一九四一年	昭和十六年五月九日	東京	和文	一
	一、批准書	一九四一年	昭和十六年五月九日		和・泰文	各一冊
	二、全交換調書	一九四一年	昭和十六年五月九日		佛文	一
第九號	日泰進駐協定			盤谷		
	一、調印書	一九四一年	昭和十六年十二月八日		英文	一通
	二、同交換公文	一九四一年	昭和十六年十二月八日		英文	一通
第拾號	日泰同盟條約（正文）	一九四一年	昭和十六年十二月二十一日	盤谷	佛文	一冊
	二、同交換公文	一九四一年	昭和十六年十二月二十一日	盤谷	佛文	一枚
	三、同秘密了解事項（正文）	一九四一年	昭和十六年十二月二十一日	盤谷	佛文	一冊
第拾壹號	日本國、「タイ」國間文化協定					
	一、調印書		昭和十七年十月二十八日	東京	和・泰文	一冊
						一冊
	二、批准書及全權委任狀					各一通
第拾貳號	「マライ」及「シャン」地方ニ於ケル「タイ」國ノ領土ニ関スル日本國、タイ國間條約	一九四三年	昭和十八年八月二十日	盤谷	和・暹文	一通

第壹號	日、土通商航海條約				
	一、調印書	一九三〇年　昭和　五年　十　月　十一日	アンゴラ	佛文	一
	二、付属「プロトコール」			佛文	一
	三、交換公文　来翰・往翰(寫)			佛文	各一
	四、付属公文	一九三四年　昭和　九年　三月二十　日		佛文	一
	五、條約及付属公文交換調書	一九三四年　昭和　九年　三月二十　日		佛文	一
	六、批准交換御委任狀	一九三〇年　昭和　五年　九月　二日	那須	和文	一
		一九三一年　昭和　六年　十　月　十九日	東京	和文	一
		一九三三年　昭和　八年　十二月二十二日	東京	和文	一
第貳號	日土日本國、土耳古國間貿易協定	一九三七年　昭和　十二年　十　月二十七日	アンカラ	佛文	一
	一、貿易協定			佛文	一
	二、第三國向土國品輸出ニ関スル交換公文来翰及往翰(寫)			仏文	各一
	三、日土間貿易協定実施ニ関スル取極			仏文	一
	四、領域ニ関スル交換公文来翰及往翰寫			仏文	各一

(31)阿富汗國[亜富汗斯坦　アフガニスタン]　(二)

第壹號	昭和三年締結日、「アフガニスタン」間修好條約		倫敦		
	一、調印書	一九二八年　昭和　三年　四月　四日		和・英・波斯文	三
第貳號	日本、阿富汗間修好條約	一九三〇年　昭和　五年　十一月　十九日	倫敦		
	一、調印書及同(寫)			佛文	各一
	二、批准書			佛文	一
	三、批准調書、同(寫)			佛文	各一

四、批准交換御委任状、同佛譯文　各一

(32)波斯國[ペルシア](三)

第壹號　日、波斯通商條約暫定取極交換公文　テヘラン
一、来翰　一九二九年　昭和　四年　三月三十日　佛文　一
二、往翰　一九二九年　昭和　四年　三月三十日　佛文　一

第貳號　日本、波斯間修好通商條約　一九三二年　昭和　七年　テヘラン　佛文　一
一、調印議事録認證謄本　佛文　一
二、原産地證明ニ関スル来翰　佛文　一
三、移民制限ニ関スル来翰　佛文　一
四、條約署名全權委任状　波斯文　佛譯文　各一

第参號　日本國、「イラン」國間修好條約　一九三九年　昭和　十四年　十月　十八日　テヘラン　佛文
二、全權委任状　一九三九年　昭和　十四年　十月　十八日　波斯文
三、同佛訳文　一九三九年　昭和　十四年　十月　十八日　仏文
四、批准書及交換調書　一九三九年　昭和　十四年　十月　十八日　佛文・波文

(33)「リベリア」國(一)

第壹號　日本、「リベリア」國間通商取極ニ関スル交換公文　一九三六年　昭和　一一年　三月　九日　英文　一
一、来翰　英文　一
二、往翰(寫)　英文　一

(34)勃牙利國[ブルガリア](一)

第壹號　日本國、独逸國、伊太利國間條約
勃牙利國加入調印書　一九四一年　昭和　十六年　三月　一日　維納　和・独・伊・勃文　一

第貳號　日本國、勃牙利國間友好文化條約（調印書）　一九四三年　昭和　十八年　二月　十一日　東京　佛文　一

(35)羅馬尼國[羅馬尼亜　ルーマニア]（三）

第壹号　日、羅間居住通商航海條約　一九三四年　昭和　九年　十二月　十二日　ブカレスト　佛文　一冊

(36)緬甸國[ビルマ]（二）

第壹號　日本國、「ビルマ」國間同盟條約　一九四三年　昭和　十八年　八月　一日　和文　壱冊

一、調印書　和文　一通

第貳号　「ジャン」地方ニ於ケル「ビルマ」國ノ領土ニ関スル日本國、「ビルマ」國間條約

(37)露國[露西亜　ロシア、ソ連]（三七）

第壹號　安政元年條約（下田條約）　一八五五年　二月　七日　安政　元年　十二月二十一日　和・蘭・露文　一

一、批准書、批准交換證書　※明治四十二年九月二十三日東京帝國大學へ貸與

第貳號　安政四年條約（長崎追加條約）　一八五七年　十月二十四日　長崎　安政　四年　九月　七日　和・蘭・露文　一　※明治四十二年九月二十三日東京帝國大學へ貸與

第参號　安政五年條約（江戸條約）　一八五八年　八月　七日　江戸　安政　五年　七月　十一日　和・蘭・露文　一　※明治四十二年九月二十三日東京帝國大學へ貸與

第四號　樺太雑居規則　一八六七年　三月　十八日　慶應　三年　二月二十五日　一　※明治四十二年九月二十三日東京帝國大學へ貸與

第五號　改税約書及運上目録規則　一八六七年　十二月二十三日　江戸　慶應　三年　十一月二十八日　和・蘭・露文　一　※明治四十二年九月二十三日東京帝國大學へ貸與

第六號　千島樺太交換ニ関スル日露條約　一八七五年　明治　八年　五月　七日

一、調印書　和・佛文　一

	二、布告文	一八七五年　明治　八年　五月　七日	和・佛文	一
	三、批准書			一
	四、批准書佛譯文		和・佛文	一
	五、條約附録	一八七五年　明治　八年　八月二十二日	和・佛文	一
	六、批准交換證書	一八七五年　明治　八年　八月二十二日	和・佛文	一
第七號	日露官報電信料減額取極書	一八八二年　明治　十五年　十二月　四日	和・佛文	一
第八號	明治二十二年締結日露和親通商航海條約	一八八九年　昭和二十二年　八月　八日　東京		
	一、調印書		佛文	一
	二、輸入税目		佛文	一
	三、税目ニ関スル宣言		和・佛文	一
	四、裁判上最恵國待遇ニ関スル往翰		和・佛文	一
	五、同上ニ関スル露國公使ノ返翰		和・佛文	一
	六、日本海沿岸開港場ニ関スル往翰		和・佛文	一
	七、乾塩魚ニ関スル往翰		和・佛文	一
第九號	明治二十八年締結日露通商航海條約	ペテルブク		
	一、調印書	一八九五年　明治二十八年　六月　八日	和・佛文	各一
	二、			
	三、議定書		佛文	一
	四、千島、樺太交換ニ関スル宣言書		佛文	一
	五、約定税目ニ関スル往翰		佛文	一
	六、法典實施ニ関スル通知書		佛文	一
	七、石油ノ課税ニ関スル往翰		佛文	一

	八、約定税目ニ関スル来翰					佛文	一
	九、西公使ト露國外務省トノ往復文書(イ、ロ号)					露文	七
	十、露國全權委員委任狀					佛文	一
	十一、批准書						一
	十二、批准交換證書						一
	十三、條約議定書、別約印刷物						一
第拾號	明治二十九年二月韓國京城事變善後始末ニ関スル日露協定覺書	一八九六年	明治二十九年	五月　十四日		英文	一
第拾壹號	明治二十九年締結韓國問題ニ関スル日露協約	一八九六年	明治二十九年	六月　九日		佛文	一
第拾貳號	日露官報電信料低減ニ関スル公文	一八九七年	明治三十　年	六月二十五日		佛文	一
第拾参號	明治三十一年締結韓國問題ニ関スル日露協約	一八九八年	明治三十一年	四月二十五日			一
第拾四號	明治三十七、八年戰後ニ関スル日露講和條約				ポーツマス		
	一、調印書	一九〇五年	明治三十八年	九月　五日		佛・英文	各一
	二、追加條款	一九〇五年	明治三十八年	九月　五日		佛・英文	各一
	三、休戰議定書	一九〇五年	明治三十八年	九月　一日		佛文	一
	四、議事録					佛文	十三
	五、批准書						一
	六、批准交換證書	一九〇五年	明治三十八年	十一月二十五日		佛文	一
第拾五號	寛城子停車場問題實地調査委員會議事録						
	一、委員復命書						
第拾六號	満洲ニ於ケル鐵道接續ニ関スル日露假條約				聖彼得堡		
	一、調印書	一九〇七年	明治四十　年	六月　十三日		佛文	一

第拾七號			
二、議定書	一九〇七年　明治四十　年　六月　十三日	佛文	一
日露通商航海條約、別約、付屬議定書	一九〇七年　明治四十　年　七月二十八日　聖彼得堡		
一、調印書		佛文	一
二、批准書　附、批准文佛譯		佛・露文	一
三、日露領事館ニ関スル議定書		佛文	一
四、附属別約ニ関スル外交文書		佛文	一
五、談判會議録（第七回）寫		佛文	一
六、秘密覺書		佛文	一
七、談判會議録（自第一回至第七回）		佛文	一
第拾八號			
日、露漁業協定	一九〇七年　明治四十　年　七月二十八日　聖彼得堡		
一、調印書、付属議定書		佛文	一
二、批准書　附、批准文佛譯		露文	一
三、批准交換證書　附、在本邦露國公使ヨリ提出文書（佛文）		佛文	一
四、基礎承諾ヲ證スル議定書		佛文	一
五、談判會議録（第五回）寫		佛文	一
六、談判會議録（自第一回至第五回）		佛文	一
第拾九號			
第一回日露協約	一九〇七年　明治四十　年　七月三十　日　聖彼得堡		
機密ノ部			
一、調印書		佛文	一
二、日韓條約表送付ニ関スル外交文書（来、往翰寫）　附、別表（日、佛文）		佛文	各一

	三、外蒙古ニ関スル外交文書(来、往翰寫)					佛文	各一
	公表ノ部						
	一、調印書					佛文	一
	二、日、清條約表送付ニ関スル外交文書(来、往翰寫)					佛文	各二
	附、別表(日、佛文)						
	三、露、清條約表送付ニ関スル外交文書					佛文	各一
	附、別表(露、佛文)						
第貳拾號	樺太島日露境界劃定圖書	一九〇八年	明治四十一年	四月　十　日		和文	一
	(附属)樺太境界劃定書承認書					佛文	二
第貳拾壹號	第二回日露協約(原書及寫)	一九一〇年	明治四十三年	七月　四日	聖彼得堡	佛・露文	各五
第貳拾貳號	日露逃亡犯罪人ノ引渡條約						
	一、調印書	一九一一年	明治四十四年	六月　一日	東京	佛文	一
	二、批准書					佛文	一
	三、批准交換證書					佛文	一
	四、秘密宣言書					佛文	一
	五、追加宣言書					佛文	一
第貳拾參號	日露兩國間會社互認ニ関スル協定調印書	一九一一年	明治四十四年	六月二十三日	東京	佛文	一
第貳拾四號	日露工業所有權相互保護条約	一九一一年	明治四十四年	六月二十三日	東京		
	一、調印書					佛文	一
	二、批准書					佛文	一
	三、日露工業所有權相互保護條約及清國ニ於ケル日露工業所有權相互保護條約ノ批准交換證書					佛文	一

	四、同上兩條約ノ批准交換全權委任宣言書					佛文	一
第貳拾五號	清國ニ於ケル日露工業所有權相互保護條約	一九一一年	明治四十四年	六月二十三日	東京		
	一、調印書					佛文	一
	二、批准書					佛文	一
第貳拾六號	日露鐵道及汽船貨物直通輸送ニ関スル協約	一九一一年	明治四十四年	八月 十四日	聖彼得堡	佛文	一
第貳拾七號	第三回（明治四十五年）日露協約	一九一二年	明治四十五年	日	聖彼得堡	佛文	一
第貳拾八號	第四回（大正五年）日露協約	一九一六年	大正 五年	六月 十八日	聖彼得堡	佛文	二
第貳拾九號	東清鐵道讓渡及松花江航行權ニ関スル日露交換公文	一九一七年	大正 六年	十一月 九日		佛文	一
第參拾號	日本國及「ソヴィエト」社會主義共和國聯邦間ノ関係ヲ律スル基本的法則ニ関スル條約	一九二五年	大正 十四年	一月二十 日	北京		
	一、批准書						一
	二、批准交換證書					英文	一
	三、日露條約並附屬議定書A及B					英文	一
	四、調印議定書並本邦側油田並炭田經營ノ現狀ニ関スル覺書					英文	一
	五、同上寫					英文	一
	六、附屬公文（尼港事件ニ對スル露國側陳謝）					英文	一
	七、宣言（「ポーツマス」條約ノ効力ニ関スル露國側宣言					英文	一
	八、「ベッサラビア」條約ニ関スル露國側照會公文					英文	一
	九、同照會ニ對スル本邦側回答（寫）					英文	一
	一〇、北樺太ニ於ケル作業繼續ニ関スル露國側照會公文					英文	一

	一一、同照會ニ對スル本邦側回答（寫）			英文	一
	一二、全權委任狀			露文	一
	一三、全權委任狀英譯文			英文	一
	一四、「ベッサラビア」ニ関スル日露交換文書	（印刷物）		和・英文	各四二
第参拾壹號	露國貿易代表ニ関スル日露覺書	一九二六年　大正　十五年　八月二十三日	東京	英文	一
第参拾貳號	昭和三年締結日露漁業條約				
	一、調印書				
	附属議定書三通				
	最終議定書（附属共）一通	一九二八年　昭和　三年　一月二十三日	モスコー		
	二、秘密交換公文				二
	三、交換公文				八
	四、批准書				
	五、批准交換證書			英文	一
	六、第一回本會議録				
	七、第二回本會議録				
	八、第三回本會議録				
	九、第四回本會議録				
	一〇、第五回本會議録				
	一一、第六回本會議録				
	一二、第七回本會議録				
	一三、漁業問題ニ関スル取極書	一九三二年　昭和　七年　八月　十三日	モスコー	和・蘇文	各一
	一四、同右送狀	一九三二年　昭和　七年　八月　十三日		蘇文	一
	一五、漁業條約有効期間延長ニ関スル議定書	一九三六年　昭和　十一年　五月二十五日	モスコー	英文	一

一六、同右「サバーニン」法律部長ヨリ酒勾参事官ニ手交セル「ソ」側ニ保存ノ署名議定書(寫)	一九三六年　昭和　十一年　五月二十五日	モスコー	英文	一
一七、右議定書署名ニ際シ「ストモニヤコフ」外務人民委員代理ノ提出セル全權委任狀	一九三六年　昭和　十一年　五月二十五日	モスコー	露文	一
一八、漁業條約有効期間延長ニ関スル議定書	一九三六年　昭和　十一年　十二月二十八日	モスコー	英文	一
一九、同右	一九三七年　昭和　十二年　十二月二十九日	モスコー	英文	一
二〇、同右	一九三九年　昭和　十四年　四月　二日	モスコー	英文・蘇文	一・二
二一、同右Ａ議定書　原文	一九三九年　昭和　十四年　十二月三十一日	モスコー	英文	一
Ｂ同確認書	一九三九年　仝	モスコー	露文	一
Ｃ同交換公文	一九三九年　仝	モスコー	露文	一
二二、同右	一九四一年　昭和　十六年　一月二十　日	モスコー	露文・英文	一・一
附属交換公文 往翰寫			和文	一
二三、同右	昭和　十七年　三月二十　日	クイビンエフ		
一、議定書	仝		佛文	一
二、同交換公文	仝		露文	一
二四、第八回漁業暫定取極	昭和　十八年　三月二十五日	クイビンエフ		
一、議定書	仝		露文	一
二、同交換公文	仝		英文	一

第参拾参號

日露船舶積量測度證書互認ニ関スル協定	一九二九年　昭和　四年　八月　十七日	東京		
一、調印書			佛文	一

	二、協定實施期日ニ関スル来翰			佛文	一
第参拾四號	日本帝國及「ソヴィエト」社會主義共和國聯邦間小包郵便物交換ニ関スル約定書	一九三一年 昭和　六年 十一月二十三日	モスコー	佛文及寫	各一
	二、日本帝國及「ソヴィエト」社會主義共和國聯邦間小包郵便物交換ニ関スル約定ノ施行規則書			佛文及寫	各一
	三、露國全權委任狀			露文・佛寫文	各一
	四、批准書			露文・佛訳文	各一
	五、交換公文			佛文	一
	六、批准書交換露國全權委任狀			佛譯文	一
	七、批准書交換内田全權ニ對スル御委任狀			和・佛文	各一
第参拾五號	大日本帝國及「ソヴィエト」社會主義共和國聯邦間中立條約	昭和 十六年 四月 十三日	モスコー	和文 露文	各一
	一、調印書	昭和 十六年 四月 十三日	モスコー		一冊
	二、批准書	昭和 十六年 四月 十三日	モスコー		一冊
	三、批准交換調書	昭和 十六年 五月二十 日	モスコー	英文	一通
	四、「スメターニン」大使ニ對スル批准交換全權委任狀(寫)　モスコー	昭和 十六年 五月二十 日		露文	一通
	五、松岡大臣宛「モロトフ」外務人民委員書翰	昭和 十六年 四月 十三日	モスコー		
第参拾六號	「ノモンハン」紛争發生地域ノ満蒙國境確定委員會ニ関スル覺書(原文ハ満洲國分ニアリ)	昭和 十四年 十一月 十九日 昭和 十五年 七月 十八日	モスコー	和・露文	各一・各一 計弐通
第参拾七號	日本國、「ソヴィエト」社會主義共和國聯邦間漁業條約ノ五年間効力存續ニ関スル議定書(調印書)	昭和 十九年 三月三十 日	モスコー	和・露文	一冊
	北「サガレン」ニ於ケル日本國ノ石油及石炭利權ノ移譲ニ関スル議定書(調印書)		モスコー	和・露文	一冊
	二、交換公文		モスコー	和・露文	各四通

三、委任狀　和・露文　二袋

(38)南阿聯邦［南アフリカ連邦］（一）

第壹號　日本人ノ南阿入國及居住、營業其他ニ関スル南阿聯邦政府ト協定　ケープタウン

一、交換公文　来翰　一九三〇年　昭和　五年　十　月　十六日　英文　一

二、関係来翰　英文　一

(39) 公果國［コスタリカ］（一）

第壹號　明治三十三年締結日、公果國修好及居住ニ関スル宣言書　ブラッセル

一、調印書　一九〇〇年　明治三十三年　一月　十七日　佛文　一

二、批准書　一九〇〇年　明治三十三年　四月二十五日　佛文　一

三、批准交換證書　一九〇〇年　明治三十三年　七月　九日　佛文　一

(40)米國［亜米利加　アメリカ］（二七）

第壹號　嘉永七年條約（「ペルリ」條約）　一八五五年　三月　三日　安政　二年　正月　五日　和・英文　一

一、本書、交換證書、委任狀　※明治四十二年九月二十三日東京帝國大學ヘ貸與　二

第貳號　安政四年條約（下田條約）　一八五七年　六月　十七日　安政　四年　五月　十七日　下田　和・英文　※本書ハ現物ナシ著者ニヨル

第参號　安政五年條約（江戸條約）　一八五八年　七月二十九日　安政　五年　六月二十九日　江戸　和・蘭・英文　一

貿易章程

批准條約書　※明治四十二年九月二十三日東京帝國大學ヘ貸與

	批准交換證書	一八六〇年		五月二十二日	※明治四十二年九月二十三日東京帝國大學へ貸與	一
第四號	改税約書、輸出入税目、規則	一八六六年 慶應　二年		六月二十五日 五月　十三日	※明治四十二年九月二十三日東京帝國大學へ貸與	一
第五號	生絲、茶改税約書	一八六九年 明治　二年		六月　一日 四月二十一日	和・英文	一
第六號	日、米郵便交換條約					
	一、(イ)調印書	一八七三年	明治　六年	八月　六日　華盛頓	和・英文	
	(ロ)批准書	一八七四年	明治　七年	二月　七日	英文	一
	(ハ)批准交換證書(印刷物)	一八七四年	明治　七年	四月　十八日		
	二、細目規則	一八七四年	明治　七年	七月　十五日	英文	一
	三、第三條第四節、第五節改正條約	一八七五年	明治　八年	四月二十六日	英文	一
	四、追加條約	一八七六年	明治　九年	二月　八日	和・英文	一
第七號	明治拾壹年改正日、米條約					
	一、調印書	一八七八年	明治　十一年	七月二十五日	和・英文	一
	二、批准書	一八七九年	明治　十二年	四月　八日	和・英文	一
	三、批准書雛形(寫)				和・英文	一
	四、批准交換證書	一八七九年	明治　十二年	四月　八日	和・英文	一
	五、御委任狀	一八七九年	明治　十二年	二月　七日	和・英文	各一
第八號	難破船救助費用償還ニ関スル日、米協約					
	一、調印書	一八八〇年	明治　十三年	五月　十七日	和・英文	一
	二、批准書					一

三、批准交換證書	一八八一年 明治十四年 六月十六日		和・英文	一
四、参考(批准書(寫)日本ノ分)			和・英文	一
第九號 日、米犯罪人交付條約				
一、調印書	一八八六年 明治十九年 四月二十九日		英文	一
二、批准書、附交換證書	一八八六年 明治十九年 七月十三日		英文	一
三、参考(調印書(寫)日本ノ分)			英文	一
四、参考(批准交換證書(寫)日本ノ分)			英文	二
五、参考(批准書廢物日本ノ分)			英文	一
第拾號 明治二十二年締結改正日、米條約				
一、調印書	一八八九年 明治二十二年 二月二十日		英・和文	各一
二、貿易規則			英・和文	各一
三、倉庫規則			英・和文	各一
四、輸入税目			和・英文	一
五、宣言書並外交文書			英・和文	各三
第拾壹號 明治二十七年締結日、米通商航海條約		華盛頓		
一、調印書	一八九四年 明治二十七年 十一月二十二日		英文	一
二、議定書	一八九四年 明治二十七年 十二月二十二日		英文	一
三、批准書	一八九五年 明治二十八年 二月十五日		英文	一
四、批准交換證書	一八九五年 明治二十八年 三月二十一日		英文	一
第拾貳號 日、米工業所有権保護ニ関スル約定		華盛頓		
一、調印書	一八九七年 明治三十年 一月十三日		英文	一

	二、批准書	一八九七年　明治三十　年　二月　二日		英文	一
	三、批准交換證書	一八九七年　明治三十　年　三月　八日		英・和文	各一
第拾参號	日本帝國及亜米利加合衆國間小包郵便條約		華盛頓		
	一、調印書	一九〇四年　明治三十七年　六月三十　日		和文	一
	二、批准書	一九〇四年　明治三十七年　七月　一日		英文	一
第拾四號	著作權保護ニ関スル日、米協約		東京		
	一、調印書	一九〇五年　明治三十八年　十一月　十　日		和・英文	各一
	二、批准書			英文	一
	三、批准交換證書	一九〇六年　明治三十九年　五月　十　日		英文	一
	四、在本邦米國公使書翰			英文	一
第拾五號	日、米追加犯罪人引渡條約		東京		
	一、調印書	一九〇六年　明治三十九年　五月　十七日		和・英文	各一
	二、批准書			和・英文	一
	三、批准交換證書	一九〇六年　明治三十九年　九月二十五日		英文	一
	四、参考（調印書廢案）			和・英文	各一
第拾六號	日、米仲裁々判條約		華盛頓		
	一、調印書	一九〇八年　明治四十一年　五月　五日		和・英文	一
	二、批准書			和・英文	一
	三、批准交換證書	一九〇八年　明治四十一年　八月二十四日		英文	一
	四、参考（廢案）			和・英文	一
第拾七號	清國ニ於ケル發明、意匠、商標及著作權ノ相互保護ニ関スル日、米條約		華盛頓		

	一、調印書	一九〇八年 明治四十一年 五月 十九日		英文	一
	二、批准書			英文	一
	三、批准交換證書	一九〇八年 明治四十一年 八月 六日		英文	一
第拾八號	韓國ニ於ケル發明、意匠、商標及著作權保護ニ関スル日、米條約		華盛頓		
	一、調印書	一九〇八年 明治四十一年 五月 十九日		英文	一
	二、批准書			英文	一
	三、批准交換證書	一九〇八年 明治四十一年 八月 六日		英文	一
第拾九號	明治四十一年締結日、米協商外交文書	一九〇八年 明治四十一年 十一月三十日		英文	二
第貳拾號	明治四十四年改正日、米通商航海條約		華盛頓		
	一、調印書	一九一一年 明治四十四年 二月二十一日		英文	一
	二、議定書	一九一一年 明治四十四年 二月二十一日		英文	一
	三、條約及議定書ニ對スル修正	一九一一年 明治四十四年 三月 二日		英文	一
	四、批准書	一九一一年 明治四十四年 三月 二日		英文	一
	五、批准交換證書	一九一一年 明治四十四年 四月 八日		英文	一
	六、批准交換御委任狀			英文	一
第貳拾壹號	日、米仲裁裁判條約更新協約		華盛頓		
	一、調印書	一九一三年 大正 二年 六月二十八日		和・英文	一
	二、批准書	一九一四年 大正 三年 五月 十九日			一
	三、批准交換證書	一九一四年 大正 三年 五月二十三日		英文	一
第貳拾貳號	支那ニ関スル日、米間交換ノ外交文書	一九一七年 大正 六年 十一月 二日		英文	三
第貳拾參號	日、米仲裁々判條約(延長)		華盛頓		

番號	文書	西暦	和暦	月日	場所	文	数
	一、調印書	一九一八年	大正　七年	八月二十三日		英文	一
	二、批准書	一九一八年	大正　七年	十二月　十三日			
第貳拾四號	「ヤップ」其他赤道以北委任統治諸島ニ関スル日、米條約				華盛頓		
	一、調印書	一九二二年	大正　十一年	二月　十一日		英文	
	二、批准書	一九二二年	大正　十一年	六月　二日		英文	一
	三、批准交換證書	一九二二年	大正　十一年	七月　十三日		英文	一
第貳拾五號	日、米仲裁々判條約更新協約				華盛頓		
	一、調印書	一九二三年	大正　十二年	八月二十三日		英文	一
	二、交換公文（寫）	一九二三年	大正　十二年	八月二十三日		英文	二
	三、批准書	一九二四年	大正　十三年	四月二十六日		英文	一
	四、交換議定書	一九二四年	大正　十三年	四月二十六日		英文	一
	五、全權御委任狀譯文（寫）					英文	一
第貳拾六號	日、米禁酒條約	一九二八年	昭和　三年	五月三十一日	華盛頓	英文	一
	一、交換公文					英文	一
	二、批准書						
第貳拾七號	永代借地權撤廢ニ関スル日、米交換公文	一九三七年	昭和　十二年	五月二十五日	東京	英・和（寫）文	各一

(41)布哇國「ハワイ」（一）

番號	文書	西暦	和暦	月日	場所	文	数
第壹號	明治四年締結日布條約	一八七一年	明治　四年	八月　十八日 七月　四日		和・英文	一
第貳號	移民ニ関スル日布條約				東京		
	一、調印書	一八八六年	明治　十九年	一月二十八日		英文	一
	二、批准書					英文	一

三、批准交換證書 一八八六年 明治 十九年 三月 六日 和・英文 一
四、移民ニ関スル外務卿「ギフソン」書翰 英文 二

(42)伯國〔伯剌西爾 ブラジル〕(二)

第壹號 明治二十八年締結日、伯修好通商航海條約 巴里
一、調印書 一八九五年 明治二十八年 十一月 五日 和・佛・葡文 各一
二、批准書 一八九六年 明治二十九年 四月 七日 和・葡文 一
三、批准交換證書 一八九七年 明治三十 年 二月 十二日 佛文 一
四、参考(調印書寫) 和・佛文 各一

第貳號 文化的協力ニ関スル日本國、「ブラジル」國間條約 一九四〇年 昭和 一五年 九月二十三日 リオデジャネイロ
一、調印書 和・佛・葡文 各一
二、伯國側全權委任狀 葡文 一
三、批准書 和・佛・葡文 一
四、批准交換調書 一九四一年 昭和 一六年 十 月二十八日 葡文 一

(43)墨國〔墨西哥 メキシコ〕(三)

第壹號 明治二十一年締結日、墨通商航海條約 華盛頓
一、調印書 一八八八年 明治二十一年 十一月三十 日 和・英・西文 各一
二、機密特別條款 一八八八年 明治二十一年 十一月三十 日 和・英・西文 各一
三、會議録 英文 一
四、批准書 西文 一
五、批准交換證書 一八八九年 明治二十二年 六月 六日 和・英・西文 各一

第貳號 医術自由開業ニ関スル日、墨協定

第参號 大正十三年締結日、墨通商航海條約 メキシコ

一、調印書　一九二四年　大正十三年十月八日　佛文・西文　各一
二、墨國外務大臣全權委任狀(寫)　西文　一
三、自古谷公使至墨國外務大臣交換公文(寫)　佛文　一
四、自墨國外務大臣至古谷公使交換公文本書　西文　一
五、批准書　西文　一
六、批准交換證書　佛・西文　一
七、批准交換委任狀(寫)　西文　一

(44)祕露國[ペルー](三)

第壹號　明治六年締結日、祕和親貿易航海假條約　東京
一、調印書　一八七三年　明治六年八月二十一日　和・英・西文　一
二、批准書　英・西文　一
三、批准交換證書　一八七五年　明治八年五月七日　英文　一
四、往復書翰　和・英文　一
五、參考(調印書寫)　和・英文　一

第貳號　明治二十八年締結日、祕通商航海條約　華盛頓
一、調印書　一八九五年　明治二十八年三月二十日　英文　一
二、議定書　一八九五年　明治二十八年三月二十日　英文　一
三、批准書　一八九六年　明治二十九年十月三十日　英文　一
四、批准交換證書　一八九六年　明治二十九年十二月二十四日　英文　一
五、暫定取極　一九二四年　大正十三年　西文　一

第參號　大正十三年締結日、祕通商條約　里馬
一、調印書　一九二四年　大正十三年九月十三日　英・西文　一

二、祕露國外務大臣全權御委任狀　　西文　一
三、「プエフェション」ニ関スル交換公文ノ来翰正本並譯文
四、批准書　　西・英文　一
五、批准交換證書　一九三〇年　昭和　五年　二月　十九日　英文　一
六、批准交換全權委任狀譯文(寫)　英文　一
七、第九條解釋ニ関スル公文往翰(寫)譯文　各一
八、同来翰並譯文　各一

(45)智利國[チリ](一)

第壹號　明治三十年締結日、智修好通商航海條約　華盛頓
一、調印書　一八九七年　　和・英・西文　各一
二、追加條約　一八九九年　六月二十八日　東京　和・英・西文　各一
三、批准書(追加條約ヲ含ム)　一九〇六年　明治三十九年　六月二十八日　西文　一
四、英訳批准文認證謄本　一九〇六年　九月　十七日　英文　一
五、批准書ニ関スル共同宣言　一九〇六年　九月二十四日　英文　一
六、批准交換證書　一九〇六年　九月二十四日　英文　一
七、批准書交換ニ関スル全權委任狀　一九〇六年　七月　九日　西文　一
八、同右英譯認證謄本　一九〇六年　九月　十七日　英文　一

第貳號　日智間沃度協定ニ関スル機密覺書　東京
一、覚書　一九三七年　六月　一〇日　英文　一

(46)亞國[亜爾然丁　アルゼンチン](一)

第壹號　明治三十一年締結日、亜修好通商航海條約　華盛頓

一、調印書	一八九八年	明治三十一年	二月　三日		和・英・西文	各一
二、批准書	一九〇一年	明治三十四年	七月　十八日		英・西文	一
三、批准交換證書	一九〇一年	明治三十四年	九月　十八日		英文	一
四、亜國大統領ノ御委任狀					英文	一
五、批准英譯文					英文	一

(47)哥倫比亜國［コロンビア］（一）

第壹號　明治四十一年締結日、哥修好通商航海條約				華盛頓		
一、調印書	一九〇八年	明治四十一年	五月二十五日		和・英・西文	各一
二、批准書					和・西文	一
三、批准交換證書	一九〇八年	明治四十一年	十二月　十　日		英文	一

(48)墓利比亜國［ボリビア］（一）

第壹號　日、暮通商條約						
一、調印書	一九一四年	大正　三年	四月　十三日		英文	一
二、批准書					英文	一
三、批准交換證書、訂正證書、委任狀	一九一六年	大正　五年	三月　十五日			各一

(49)「エクアドル」國（一）

第壹號　日、「エクアドル」通商航海條約				華盛頓		
一、調印書	一九一八年	大正　七年	八月二十六日		英・佛文	各一
二、批准書	一九一九年	大正　八年	三月三十一日		佛・英文	一
三、批准交換證書					英文	一

(50)「ウルグァイ」國（一）

第壹號　日、「ウ」通商航海條約				モンテビデオ		

一、調印書　一九三四年　昭和　九年　五月　十　日　西文　一
二、委任狀　一九三四年　昭和　九年　五月　四日　西文　一
三、批准書(「ウ」國)　一九四〇年　昭和　十五年　二月　十六日　西文　一
四、批准書交換ニ関スル「ウ」國全權委任狀寫　西文　一
五、同交換調書　西文　一

(51)「パラグァイ」國（一）

第壹號　日、「パラグァイ」通商條約　アスンシオン
一、調印書　一九一九年　大正　八年　十一月　十七日　英文　一
二、委任狀(調印)　西文　一
三、批准書　英文　一
四、註釋證書(和訳文添附)　一九二一年　八月二十五日　西文　一
五、訂正證書(和訳文添附)　西文　一
六、批准交換證書　一九二一年　八月二十五日　西文　一
七、全權委任狀(批准)　一九二一年　六月　二日　西文　一

(52)「パナマ」國（一）

第壹號　日本、「パナマ」通商航海條約　パナマ
一、調印書　一九三〇年　昭和　五年　十二月　十一日　和・英・西文　各一
二、委任狀　一通

(53)玖瑪國[キューバ]（一）

第壹號　日、玖瑪通商暫定取極交換公文　華盛頓
一、来翰　一九二九年　十二月二十一日　英文　一

	二、往翰（寫）	一九二九年		十二月二十一日	英文	一
	三、同附属往翰（寫）	一九二九年		十二月二十一日	英文	一

（54）萬國聯合（二一〇〇）

第壹號	萬國郵便連合條約					
	一、創立ニ関スル條約	一八七四年	明治　七年	十　月　九日	和・英・仏文	一
	二、巴里再會條約	一八七八年		六月　一日	佛文	一
	三、「リスボン」府開催郵便追加條約	一八八五年		三月二十一日	佛文	一
	四、「リスボン」府開催為替約定追加條約	一八八五年		三月二十一日	佛文	一
	五、大會議開會議事録		明治　十八年	三月二十一日	佛文	一
	六、「リスボン」府開催ノ郵便及為替追加條約批准書	一八九六年		五月　五日	佛文	一
	七、同上批准交換證書	一八八六年		五月　五日	佛文	一
	八、葡萄牙國皇帝勅諭文					二
	九、参考（批准書佛譯文）					一
第貳號	千八百七十五年聖彼得保土ニ於テ決定セル萬國電信條約ヘ帝國政府加入ニ對シ承諾公報	一八七九年	明治　十二年	一月　十七日	和・佛文	一
第参號	萬國海底電線保護條約					
	一、帝國政府加入ニ関スル承諾状	一八八四年		四月二十二日	佛文	一
	二、議定書	一八八二年		十一月　二日	佛文	一
	三、宣言書	一八八六年		十二月　一日	佛文	一
	四、開會々議録	一八八七年		七月　七日	佛文	一
第四號	萬國赤十字條約					
	一、帝國政府加盟認諾書	一八八六年	明治　十九年	六月　十一日	佛文	一

	二、戦地軍隊ニ於ケル傷者及病者ノ状態改善ニ関スル條約	一九〇六年	明治三十九年　七月　六日		佛文	三
	三、最終議定書	一九〇六年	明治三十九年　七月　六日		佛文	三
第五號	萬國海上法要義確定宣言					
	一、帝國政府加盟承諾書	一八八六年	明治　十九年　十二月二十四日		佛文	一
	二、加入國々名書	一八八六年	明治　十九年　十二月二十四日		佛文	一
第六號	萬國郵便條約					
	一、明治二十四年維納條約	一八九一年	明治二十四年　七月　四日			
	(甲)郵便條約				佛文	一
	(乙)郵便為替條約				佛文	一
	二、明治三十年華盛頓條約					
	(甲)郵便條約	一八九七年	明治三十　年　六月　十五日		佛文	一
	(乙)郵便為替條約	一八九七年	明治三十　年　六月　十五日		佛文	一
第七號	膃肭獣保護ニ関スル日、露、英、米間條約			華盛頓		
	一、調印書(日、露、米)	一八九七年	明治三十　年　十一月　六日		英文	一
	二、議定書	一八九七年	明治三十　年　十一月　六日		英文	一
	三、英國政府加入通知書	一八九七年	明治三十　年　十一月		英文	一
	四、米國委員特約書					
	五、参考書(議定書写)				英文	一
	六、調印書(日、露、英、米)		明治四十四年　七月　七日		英文	一
	七、批准書(日、露、英、米)				英文	四
	八、認證謄本				英文	一

號外壹					
第壹回萬國平和會議諸條約認承謄本	一九〇五年	明治三十八年　十　月二十五日	ブラッセル	佛文	一
一、國際紛争平和的処理條約				佛文	一
二、陸戦ノ法規慣例ニ関スル條約				佛文	一
三、窒息セシムヘキ瓦斯又ハ有毒質ノ瓦斯ヲ散布スル唯一ノ目的トスル投射物ノ使用ヲ各自ニ禁止セル宣言				佛文	一
四、外包硬固ナル弾丸ニシテ其外包中心ノ全部ヲ蓋包セズ、若クハ其外包ニ截刻ヲ施シタルモノノ如キ人体内ニ入テ容易ニ展開シ又ハ扁平トナルヘキ弾丸ノ使用ヲ各自ニ禁止スル宣言				佛文	一
五、軽気球上ヨリ又ハ之ニ類似シタル新ナル他ノ方法ニ依リ投射物及爆裂物ヲ投下スルコトヲ五ヶ年間禁止スル宣言				佛文	一
六、最終議定書				佛文	一
七、萬國平和會議ニ於テ調印シタル條約宣言ニ對シ、蘭國政府ヘ寄託シタル各國ノ批准書認承謄本				佛文	一
號外貳					
第貳回海法會議々定書認證謄本	一九〇五年	明治三十八年　十　月二十五日	ブラッセル	佛文	一

第壹號					
萬國郵便條約					
一、創立ニ関スル條約	一八七四年	明治　七年　十　月　九日	ベルン	和・英文	一
二、巴里再會條約	一八七八年	明治　十一年　六月　一日	巴里	佛文	一
三、「リスボン」府開催郵便追加條約	一八八五年	明治　十八年　三月二十一日	リスボン	佛文	一
四、同為替約定追加條約	一八八五年	明治　十八年　三月二十一日	リスボン	佛文	一
五、大會議閉會議事録	一八八五年	明治　十八年　三月二十一日	リスボン	佛文	一

	六、「リスボン」府開催ノ郵便條約及為替條約追加條約批准書	一八八六年 明治十九年	五月五日	リスボン	佛文	一
	七、同右交換證書	一八八六年 明治十九年	五月二十六日	リスボン	佛文	一
	八、葡萄牙國皇帝勅諭文	一八八五年 明治十八年	二月九日		佛文	二
	九、参考（御批准書佛譯文）	一八八〇年 明治十三年	二月二十四日		佛文	一
	拾、萬國郵便條約	一八九一年 明治二十四年	七月四日		佛文	一
	拾壹、同為替條約	一八九一年 明治二十四年	七月四日		佛文	一
	拾貳、萬國郵便條約	一八九七年 明治三十年	六月十五日	華盛頓	佛文	一
	拾參、同為替條約	一八九七年 明治三十年	六月十五日	華盛頓	佛文	一
第貳號	千八百七十五年聖彼得堡ニ於テ決定セル萬國電信條約ヘ帝國政府加入ニ對シ承諾公報					
第參號	萬國海底電線保護條約					
	一、帝國政府加入ニ関スル承諾書					
	二、千八百八十二年條約議定書					
	三、千八百八十六年條約宣言書					
	四、千八百八十七年會議録					
第四號	萬國赤十字條約					
	一、帝國政府加盟認諾書					一
	二、戦地軍隊ニ於ケル傷者及病者ノ状態改善ニ関スル條約					
	三、同右最終議定書					
第五號	萬國海上法要義確定宣言	一八八六年 明治十九年	十二月二十四日			
	一、帝國政府加盟承諾書					一

二、加入國々名書

第六號　萬國工業所有権保護同盟條約

一、千九百年「マドリッド」追加條約　一九〇〇年　明治三十三年　十二月　十四日　マドリッド

二、千九百十一年華盛頓條約並約定書認證謄本　一九一一年　明治四十四年　六月　二日　華府

第七號　無線電信ニ関スル萬國會議ニ於ケル調印書謄本　一九〇六年　明治三十九年　十一月二十二日　佛文　一

第八號　膃肭獸保護ニ関スル日、露、米間條約

一、調印書　一

二、議定書　一

三、英國政府加入通知書　一

四、米國委員特約書　一

五、参考（議定書寫）　一

六、調印書（日、露、英、米）　一

七、認證謄本　一

八、批准書　四

第九號　第二回萬國平和會議諸條約確定謄本　二部（三十二通）

第拾號　病院船ニ関スル條約認證謄本　一

同最終決議書認證謄本　一

第拾壹號　萬國農事協會創設條約謄本　一

同最終決議書謄本　一

第拾貳號　海上衝突ニ関スル萬國條約認證謄本　一

二、海上救助ニ関スル萬國條約認證謄本　一

第拾参號	文学的及美術的著作物保護修正「ベルヌ」條約批准交換書		佛文	一
第拾四號	國際無線電信條約最終議定書及業務規則認證謄本			一
第拾五號	萬國博覧會ニ関スル萬國條約及議定書認證謄本			二
第拾六號	海上法ニ関スル萬國條約批准寄託書認證謄本			一
第拾七號	萬國工業所有権保護條約批准書認證謄本			一
	同批准書寄託覚書及宣言書認證謄本			
第拾八號	工業所有権保護條約、商標國際登録約定及産地詐称取締約定ニ對スル葡萄牙國批准書認證謄本			三
第拾九號	第二回萬國阿片會議最終議定書認證謄本			一
第貳拾號	為替、手形並約束手形法制統一ニ関スル海牙條約認證謄本			一
第貳拾壹號	植物病理学萬國會議最終議定書認證謄本			一
第貳拾貳號	萬國貿易統計協約認證謄本			一
	二、同上議定書認證謄本			一
	三、萬國貿易統計局組織規則認證謄本			一
第貳拾参號	文学的及美術的著作物保護ニ関スル「ベルヌ」條約改正條約認證謄本	一九一四年　月　日		一
第貳拾四號	萬國郵便條約	一九〇六年　明治三十九年　月　日　羅馬		四
	一、萬國郵便條約			
	二、小包郵便物交換條約			
	三、郵便為替業務約定			
	四、價格表記書状及箱物交換約定			

第貳拾五號	歐洲戰争講和ニ関スル英、佛、露宣言ニ帝國政府加入宣言書	一九一五年	大正四年十月三十日	倫敦		
第貳拾六號	戰争講和ニ関スル日、英、佛、露、伊宣言	一九一五年	大正四年十一月三十日	倫敦		
第貳拾七號	同盟及連合國ト獨逸國トノ平和條約並議定書、宣言書認證謄本　附、波蘭ニ関スル條約	一九一九年	大正八年六月二十八日	ヴェルサイユ	英・佛文	一
	二、波蘭國ニ関スル條約認證謄本					
	三、獨逸憲法第六十一條無効ニ関スル宣言承認謄本					
	四、帝國ノ對獨條約批准寄託調書					
	五、各國ノ對獨條約批准寄託調書認證謄本「ハイチ」、「リベリア」、希臘、葡國、「ホンヂュラス」、「ニカラグァ」、「パナマ」、「セルヴィア」、羅馬尼、玖瑪					
	六、對獨平和條約実施ノ為、特定事項ニ関スル同盟ノ協定認證謄本（巴里最高會議取極）					
	七、一千九百二十一年五月五日倫敦最高會議ニ於テ調印ノ決議認證謄本					
	八、「ツエペリン」飛行船破壊補償ニ関スル議定書認證謄本					
第貳拾八號	同盟及連合國ト墺太利國トノ平和條約並議定書宣言書認證謄本	一九一九年	大正八年九月十日	「サンジェルマン、アン・レーイ」	英・佛文	合冊
	二、「チェコ、スロヴァキア」國トノ少数民族保護條約認證謄本					二
	三、塞爾比亜少数民族保護條約認證謄本					二
	四、塞爾比亜ノ諸條約加入宣言認證謄本					二
	六、羅馬尼ノ少数民族保護條約認證謄本					二

五、羅馬尼ノ諸條約加入宣言認證謄本　二

七、伊太利國ノ賠償勘定ニ関スル同盟及連合國間ノ協定認證謄本　二

八、伊太利國ノ賠償勘定ニ関スル同盟及連合國間ノ協定修正宣言認證謄本　二

九、旧墺太利、洪牙利國諸地方ノ解放費醵出ニ関スル同盟及連合國間ノ協定修正宣言認證謄本　二

十、旧墺太利、洪牙利國諸地方ノ解放費醵出ニ関スル同盟及連合國間ノ協定修正宣言認證謄本　二

一一、各國ノ對墺條約批准寄託調書認證謄本
玖馬、羅馬尼、「ニカラガア」、帝國、葡國、白國、第一回支那、波蘭　一

一二、「チェコ、スロヴァキア」少数民族保護條約ニ関スル批准寄託調書認證謄本
英國、伊國、帝國

一三、塞爾比亜少数民族保護條約ニ関スル批准寄託調書認證謄本
英國、伊國、帝國

一四、羅馬尼少数民族保護條約ニ関スル批准寄託調書認證謄本
英國、伊國、帝國、羅馬尼

第貳拾九號

「シュレスウキッヒ」ニ関スル主タル同盟國及丁抹間ノ條約認證謄本

二、「ジュレスウキッヒ」ニ関スル條約批准寄託調書認證謄本　二
日、英、佛、伊、丁(壱通)
帝國(壱通)

第参拾號

戦時中失効セル工業所有権ノ保存又ハ回復ニ関スル取極認證謄本　一九二〇年　大正　九年　六月三十日　ベルン　佛文　一

二、取極批准交換書認證謄本　一九二〇年　大正　九年　九月三十　日　佛文　二

第参拾壹號　華府國際勞働會議採擇條約案及勸告認證謄本　一

第参拾貳號　「ゼノア」海員勞働會議採擇ノ條約案認證謄本　一

第参拾参號　國際航空條約認證謄本　一九一九年　一

一、各國加盟宣言書認證謄本

秘露、「ニカラグァ」、波斯、伯剌西爾

二、各國批准寄託調書認證謄本

第一回　帝國、英國、伊國、白國、加奈陀、

暹羅、印度、濠洲、南阿連邦「ニュージー　一九三七年　一月　八日

ランド」、秘露國、

第参拾四號　同盟及連合國ト洪牙利國トノ平和條約並議定書認證謄本　一

二、各國ノ對洪牙利國條約批准寄託調書認證謄本

希臘、帝國、玖瑪、葡國

三、洪牙利條約、同議定書、宣言書、批准寄託調書認證謄本　一

四、同上休戰不履行ニ関スル權利留保ノ議定書認證謄本　一

第参拾五號　同盟及連合國ト勃牙利國トノ平和條約並議定書認證謄本　一

二、各國ノ對勃牙利條約批准寄託調書認證謄本　一

塞爾比亜、希臘、羅馬尼、「チェコスロヴァキア」、帝國、葡國。

三、一千九百二十年八月九日巴里調印議定書

第参拾六號　阿弗利加ニ於ケル酒精販売取締協約認證謄本　二

二、同上附属議定書認證謄本　二

三、各國ノ批准寄託調書認證謄本
英、白、帝國、葡
四、各國ノ加入公文認證謄本埃及

第参拾七號　伯林及「ブラッセル」一般協定改正條約認證謄本　二
二、各國ノ批准寄託調書認證謄本
英、白、帝國、葡

第参拾八號　武器売買取締協約認證謄本　二
二、同上附属議定書認證謄本　二
三、各國加盟宣言認證謄本
勃國、芬蘭、「ヴェネズエラ」、伯、「グァテマラ」、「ペルー」、「ハイチ」
四、各國ノ批准寄託調書認證謄本
伯、智、支那(写)、暹、葡、羅馬尼

第参拾九號　「スピツベルグ」條約認證謄本　一
二、同條約ニ関スル批准寄託調書認證謄本
蘭、英、丁、伊、瑞典、諾、日、亜、「ドミニカン」、米、墺、「ヴェネズエラ」

第四拾號　同盟及連合國ト土耳古國トノ平和條約

第四拾壹號　少数民族保護ニ関スル主タル同盟連合國及希臘間ノ條約認證謄本　一

第四拾貮號　少数民族保護ニ関スル主タル同盟及「アルメニア」間ノ條約認證謄本　一

第四拾参號　「トラス」ニ関スル主タル同盟連合國及希臘間條約認證謄本　一

第四拾四號　波蘭、羅馬尼、「チェッコスロヴァキア」、塞爾比亜國境條約認證謄本　一

二、各國ノ國境條約ニ對スル批准寄託調書認證謄本
　英國、「チェッコスロヴァキア」、塞爾比
三、各國ノ加盟宣言
　「セルブ、クロアート、スロ　ヴェス」、
　羅馬尼

第四拾五號　「テッシェン」ニ関スル大使會議決定認證謄本　一九二〇年　大正　九年　七月二十八日

第四拾六號　主タル同盟國及羅馬尼國間ノ「ベッサラビヤ」ノ主權ニ関スル條約認證謄本
二、各國ノ批准寄託調書認證謄本
　英國、羅馬尼

第四拾七號　一千九百二十年十二月三十一日ノ國際冷蔵協約認證謄本　一
二、批准寄託認證謄本　一
　丁、葡、蘭、第一回　寄託、「チェコ」、暹、波蘭、「ルクセンブルグ」、瑞西、西、英、帝國

第四拾七號ノ貮　國際冷蔵協會設立條約
一、各國ノ批准書認證謄本
　和蘭、葡萄牙

第四拾八號　華府ニ於ケル四國條約認證謄本及同（写）　一九二一年　大正　十　年　十一月　十三日　華登頓　各三
二、四國協商附属協定
三、批准寄託認證謄本

第四拾九號　馬徳里萬國郵便條約並約定ノ批准書寄託調書認證謄本

第五拾號　海軍條約認證謄本　一九二二年　大正　十一年　一月　六日　華盛頓　二
二、批准寄託調書認證謄本

第五拾壹號	潜航艇、毒瓦斯條約認證謄本	一九二二年	大正十一年	二月 六日	華盛頓		
第五拾貳號	支那ニ関スル九ヶ國條約認證謄本	一九二二年	大正十一年	二月 六日	華盛頓		
	二、批准書寄託調書認證謄本	一九二五年	昭和 元年	八月 五日		英文	一
第五拾参號	支那関税條約認證謄本	一九二二年	大正十一年	二月 六日	華盛頓		
	二、批准書寄託調書認證謄本	一九二五年	大正十四年	八月 五日		英文	一
第五拾四號	萬國米突修正條約認證謄本						
	二、各國ノ批准寄託調書認證謄本 伊國、日本、墺國、西國						一
第五拾五號	第貳回國際連盟總會議決規約改正議定書認證謄本						
第五拾六號	第三回國際勞働總會ニ於テ可決セラレタル條約案及勸告ニ関スル認證謄本	一九二〇年	大正 九年	十二月 十三日	ゼネヴァ		一
第五拾七號	第四回國際勞働總會議決條約案認證謄本	一九二二年	大正十一年	十二月二十八日	ゼネヴァ		一
第五拾八號	戰時法規改正委員會報告書	一九二三年	大正十二年	二月 十九日	海牙	英、佛文	各一
第五拾九號	勞山ニ於ケル近東平和條約認證謄本						
	一、海峡協約認證謄本	一九二三年	大正十二年	七月二十四日	勞山	佛文	一
	二、平和條約	一九二三年	大正十二年	七月二十四日	勞山	佛文	二
	三、「トラース」國境ニ関スル協約	一九二三年	大正十二年	七月二十四日	勞山	佛文	二
	四、居住及司法管轄ニ関スル協約	一九二三年	大正十二年	七月二十四日	勞山	佛文	二
	五、通商協約	一九二三年	大正十二年	七月二十四日	勞山	佛文	二
	六、希、土住民交換協約	一九二三年	大正十二年	七月二十四日	勞山	佛文	二
	七、希、土俘虜及抑留民送還協約	一九二三年	大正十二年	七月二十四日	勞山	佛文	二
	八、大赦ニ関スル宣言	一九二三年	大正十二年	七月二十四日	勞山	佛文	二

九、希臘國回教徒不動産ニ関スル宣言	一九二三年　大正十二年　七月二十四日	勞山	佛文	二
一〇、衛生問題ニ関スル宣言	一九二三年　大正十二年　七月二十四日	勞山	佛文	二
一一、土國司法管轄ニ関スル宣言	一九二三年　大正十二年　七月二十四日	勞山	佛文	二
一二、利権ニ関スル議定書	一九二三年　大正十二年　七月二十四日	勞山	佛文	二
一三、白耳義、葡萄牙平和條約一部参加ニ関スル議定書	一九二三年　大正十二年　七月二十四日	勞山	佛文	二
右両國参加ニ関スル宣言	一九二三年　大正十二年　七月二十四日	勞山	佛文	二
一四、英、佛、伊三國軍隊撤退ニ関スル宣言	一九二三年　大正十二年　七月二十四日	勞山	佛文	二
一五、「カラガッチ」ニ関スル議定書	一九二三年　大正十二年　七月二十四日	勞山	佛文	二
一六、希臘少数民族議定書	一九二三年　大正十二年　七月二十四日	勞山	佛文	二
一七、「セルブ、クロアート、スロヴェーヌ」國ニ関スル議定書	一九二三年　大正十二年　七月二十四日	勞山	佛文	二
一八、最終議定書	一九二三年　大正十二年　七月二十四日	勞山	佛文	二
一九、勞山ニ於テ調印セル「セルビア」ノ参加ニ関スル議定書批准用謄本	一九二三年　大正十二年　七月二十四日		佛文	四
二〇、對土賠償協約認證謄本	一九二三年　大正十二年　十一月二十三日	巴里	佛文	一
二一、批准寄託調書認證謄本				
(イ) 日、英、伊			佛文	一
(ロ) 土			佛文	一
(ハ) 希			佛文	四
(ニ) 勃			佛文	二
(ホ) 希、土住民交換ニ関スル協約並付属書並大赦ニ関スル宣言及付属書希臘批准取消ニ関スル希國公文認證謄本			佛文	一

	(ヘ) 居住條約及通商條約適用他域ニ関スル英、佛、両國政府宣言書寄託調書認證謄本					佛文	一
	(ト) 佛					佛文	一
第六拾號	仲裁條項ニ関スル議定書認證謄本 二、「アルバニア」ノ批准寄託通知 三、英國ノ批准寄託通知	一九二三年	大正十二年	九月二十四日	ゼネヴァ	英・佛文	二
第六拾壹號	海上ニ使用セラルル児童及年少者ノ強制体格検査ニ関スル條約御批准書	一九二四年	大正十三年	四月十四日			
第六拾貳號	海上ニ使用シ得ル児童ノ最低年齢ヲ定ムル條約御批准書	一九二四年	大正十三年	四月十四日			
第六拾三號	一九二二年二月一日軍備制限會議第五回總會ニ於テ採用セラレタル支那國ノ又ハ支那國ニ関スル現存容諾ニ関スル決議ニ各國政府ノ加盟通告認證謄本 瑞西國、智利國、西班牙國						一
第六拾四號	第五回勞働總會ノ可決シタル勸告條項認證謄本	一九二三年	大正十二年	十二月三日	ゼネヴァ	英・佛文	一
第六拾五號	「アルバニア」國境ニ関スル大使會議決認證謄本	一九二一年	大正十年	十一月九日	巴里	佛文	一
第六拾六號	「アルバニア」ノ領土保全並獨立ニ関スル宣言書認證謄本	一九二一年	大正十年	十一月九日	巴里	佛文	一
第六拾七號	米國占領軍費用償還ニ関スル協定認證謄本	一九二三年	大正十二年	五月二十五日	巴里	英・佛文	一
第六拾八號	洪牙利國財政復興ニ関スル両議定書認證謄本					英・佛文	一
第六拾九回	委任統治條項認證謄本 一、A式委任統治條項認證謄本 二、B式委任統治條項認證謄本						一

	三、C式委任統治條項認證謄本						
第七拾號	第六回勞働總會採擇勸告認證謄本	一九二四年	大正十三年	十月十日	ゼネヴァ	英・佛文	一
第七拾壹號	交通條約認證謄本	一九二一年	大正十年	四月二十日	バルセロナ	英・佛文	一
	二、墺國ノ批准書寄託通知						
	三、「チェコ、スロヴァキア」國ノ批准書寄託通知						
	四、「アルバニア」國ノ批准書寄託通知						
第七拾貳號	獨逸、波蘭間國境劃定條約追加議定書認證謄本	一九二四年	大正十三年	十月十六日	巴里	佛文	一
	（調印國）獨逸、波蘭、英國、佛國、伊國						
第七拾參號	「メタル」ニ関スル條約	一九二四年	大正十三年	五月八日	巴里	英・佛文	二
	二、各國ノ批准寄託調書認證謄本 「リスアニア」國						
第七拾四號	倫敦賠償會議條約認證謄本						
	一、最終議定書	一九二四年	大正十三年	八月十六日	倫敦	英・佛文	五
	二、最終議定書付属書	一九二四年	大正十三年	八月三十日	倫敦	英・佛文	一
	三、「ヴェルサイユ」條約第八篇付属書改正ニ関スル議定書	一九二四年	大正十三年	八月三十日	倫敦	英・佛文	一
	四、「ドーズ」年金分配ニ関スル協定	一九二五年	大正十四年	一月十四日	巴里	英・佛文	一
第七拾五號	「ヴェルサイユ」條約第八編第二附属書第十三項改正議定書認證謄本	一九二四年	大正十三年	十一月二十三日	巴里	英・佛文	一
第七拾六號	航空條約第五條及第三十四條変更議定書認證謄本					英・佛・伊文	二
第七拾七號	第七回勞働總會採擇勸告條項認證謄本					英・佛文	一
第七拾八號	第八回郵便條約						
	一、各國ノ批准寄託調書認證謄本						一

第七拾九號	第五回連盟總會採擇決議認證謄本						
	一、國際紛争平和的処理ニ関スル決議認證謄本						一
	二、國際司法裁判所規定第三十六條第二項ニ関スル決議認證謄本						一
第八拾號	「ドーズ」第二年度ノ年次金上ノ優先負擔トナルベキ占領軍費用等ニ関スル協定	一九二五年	大正十四年	九月二十一日	巴里	英・佛文	一
第八拾壹號	海水汚濁防止豫備會議最終議定書認證謄本	一九二六年	大正十五年	六月十六日	華盛頓	英文	一
第八拾貳號	波蘭國境劃定大使會議決定認證謄本	一九二三年	大正十二年	三月十五日	巴里	佛文	一
第八拾参號	第八回勞働總會採擇勸告條項認證謄本					英・佛文	一
第八拾四號	第九回勞働總會採擇勸告條項認證謄本					英・佛文	一
第八拾五號	海法統一條約認證謄本						
	一、船主責任ニ関スル條約認證謄本	一九二四年	大正十三年	八月二十五日	ブラッセル	佛文	四
	二、船主責任及船荷證券両條約認證謄本	一九二四年	大正十三年	八月二十五日	ブラッセル	佛文	一
	三、海上先取特權及抵當權ニ関スル條約認證謄本	一九二六年	大正十五年	四月十日	ブラッセル	佛文	二
第八拾六號	萬國工業所有權保護同盟條約認證謄本及其他三協定ノ謄本					佛文	一
第八拾七號	「ダニューブ」河歐、羅巴委員會權限ニ関スル司法裁判所意見請求書認證謄本					佛文	一
第八拾八號	土耳古及「イラク」、米國間ノ條約認證謄本					佛文	一
第八拾九號	英國、土耳古國間條約認證謄本					佛文	一
第九拾號	第十回勞働總會ニ於テ採擇セラレタル條約案及勸告ノ認證謄本					英文	一
第九拾壹號	國際災害救助同盟設立條約規定及最終議定書認證謄本					佛文	一

第九拾貳號	占領軍費用「ライン」最高委員會、監督委員會経費ニ関スル協定認證謄本		佛文	一
第九拾参號	國際衛生條約認證謄本	一九二六年　大正　十五年　六月二十一日	佛文	二
	一、智恵古國ノ批准寄託書認證謄本			一
	二、羅馬尼國ノ批准寄託書認證謄本			一
	三、墺太利ノ批准寄託書認證謄本			一
第九拾四號	税関手続條約及議定書認證謄本		佛文	二
第九拾五號	武器取引國際會議ニ於テ調印セル認證謄本			
	一、武器取引取締ニ関スル條約		英・佛文	三
	二、「イフニ」ニ関スル宣言書		英・佛文	三
	三、毒瓦斯及「バクテリア」戦禁止ニ関スル議定書		英・佛文	三
	四、調印議定書		英・佛文	三
	五、最終議定書		英・佛文	三
第九拾六號	國際連盟規約第十六條改正議定書認證謄本		佛文	一
第九拾七號	上「サヴオリ」縣及「ジェックス」縣ノ自由地帯問題ニ関スル佛、瑞西間「コンプロミ」認證謄本	一九二四年　大正　十三年　十　月三十　日	佛・英文	一
第九拾八號	奴隷売買禁止條約認證謄本		佛文	一
第九拾九號	第二回交通總會認證謄本		佛文	二
	一、鉄道條約認證謄本		佛文	一
	二、海港條約認證謄本		佛文	一
	三、水力ニ関スル條約認證謄本		佛文	一
	四、電力ニ関スル條約認證謄本		佛文	一
第百號	猥褻刊行物禁止條約認證謄本		佛文	一

	二、猥褻刊行物禁止協定認證謄本	佛文	一
	三、猥褻刊行物禁止最終議定書認證謄本	佛文	一
第百壹號	阿片第一會議採擇協定認證謄本	佛文	一
第百貳號	阿片第二會議採擇條約及議定書認證謄本	佛文	二
第百參號	輸出入禁止、制限ニ関スル國際條約認證謄本	佛文	一
第百四號	佛國ニ於テ成立セル伯國公債ノ支払方法ニ関スル兩國間争議常設國際司法裁判所付託認證謄本	佛文	一
第百五號	千九百二十五年「ヘーグ」ニ於テ署名セラレタル工業所有権保護同盟條約批准寄託調書認證謄本	佛文	一
第百六號	（欠）		
第百七號	同盟國「ライン」地方高級委員會経費ニ関スル千九百二十八年六月十四日議定書認證謄本	佛文	一
第百八號	國際無線電信條約認證謄本（昭和二年）	佛文	四
第百九號	第九回連盟總會ノ採擇セル國際紛争平和処理ニ関スル一般議定書認證謄本	佛文	一
第百拾號	馬得里萬國郵便條約及最終議定書並同施行規則及最終議定書認證謄本　一九二〇年　大正　九年　十一月三十　日	佛文	一
	一、價格表記及箱物約定並同施行規則ノ認證謄本及同約定ノ最終議定書	佛文	一
	二、小包郵便物約定及最終議定書並同約定ノ施行規則認證謄本	佛文	一
	三、郵便為替約定及最終議定書並同約定ノ施行規則認證謄本	佛文	一
	四、郵便振替ニ関スル約定及最終議定書並同約定ノ施行規則認證謄本	佛文	二

號	件名	年月日	場所	文	數
第百拾壹號	「ストックホルム」郵便條約施行規則及同規則最終議定書認證謄本	一九二四年　大正　十三年　八月二十八日		佛文	一
	一、價格表記及箱物約定並同施行規則認證謄本			佛文	一
	二、小包郵便條約及最終議定書認證謄本			佛文	一
	三、郵便為替約定並同施行規則認證謄本			佛文	一
	四、郵便振替約定並同施行規則認證謄本			佛文	一
第百拾貳號	内水航行船積量測度ニ関スル條約認證謄本			佛文	一
第百拾参號	國際無線電信條約批准書寄託ノ「プロセ、ヴァベル」認證謄本			英文	一
	五、各國ノ批准寄託及加入ヲ證する認證謄本			佛文	一
第百拾四號	不戰條約認證謄本	一九二八年　昭和　三年　八月二十七日	巴里	佛文	二
	二、各國ノ批准寄託認證謄本				一五
	三、各國ノ條約加入認證謄本				一
	一、「ハイチ」				
	二、智利				
	三、「ルクセンブルク」				
	四、波斯				
	五、希臘				
	六、「ホンヂュラス」				
	七、「ダンチッヒ」自由市				
	八、「コスタリカ」				
	九、「ヴェネズエラ」				
	一〇、墨西哥				

一一、瑞西
一二、「パラグアイ」
一三、「アフガニスタン」
一四、「アルバニア」
一五、墺太利
一六、「ブルガリア」
一七、中華民國
一八、玖瑪
一九、丁抹
二〇、「ドミニカ」
二一、埃及
二二、「エストニア」
二三、「エチオピア」
二四、芬蘭
二五、「ゲァテマラ」
二六、「ハンガリー」
二七、「アイスランド」
二八、「セルヴ、クロアート、スロヴェーヌ」
二九、「ラトヴィア」
三〇、「リベリア」
三一、「リスアニア」
三二、和蘭

三三、「ニカラグァ」
三四、諾威
三五、巴奈馬
三六、秘露
三七、葡萄牙
三八、羅馬尼
三九、「ソヴィエト」連邦
四〇、暹羅
四一、瑞典
四二、西班牙
四三、土耳古
四四、「エクアドル」
四五、「ヘヂャス」及「ネヂェト」

第百拾五號　「エクアドル」國政府ノ奴隷條約加入ニ関スル認證謄本　英文　二

第百拾六號　(欽)

第百拾七號　一九二八年第十一回勞働總會ノ採擇ニ係ル諸條約案及勸告ノ認證謄本　佛文　二

第百拾八號　輸出入禁止、制限ノ撤廢ニ関スル條約補足協定ノ認證謄本　佛文　一

第百拾九號　獸骨及獸皮ノ輸出ニ関スル國際協定ノ認證謄本　一九二八年　昭和　三年　七月　十一日　ゼネヴァ
一、獸骨ノ輸出ニ関スル國際協定ノ認證謄本　英・佛文　一
二、獸皮ノ輸出ニ関スル國際協定ノ認證謄本　英・佛文　一

	三、獣骨ノ輸出ニ関スル國際協定実施議定書			英・佛文	一
	四、獣皮ノ輸出ニ関スル國際協定実施議定書			英・佛文	一
	五、獣骨及獣皮ノ輸出ニ関スル第三回國際會議最終議定書	一九二九年　昭和　四年　九月　十一日	ゼネヴァ	英・佛文	一
	六、獣骨及獣皮ノ輸出ニ関スル特別協定			佛文	一
第百貮拾號	（欽）				
第百貮拾壹號	「オーデル」河國際委員會ノ権限ニ関スル獨、丁、佛、英、瑞典、智ノ六國政府及波蘭政府間仲裁々判「コンプロミ」認證謄本			英・佛文	一
第百貮拾貮號	對土賠償「ルーマニア」加入問題ニ関スル議定書認證謄本	一九二八年　昭和　三年　八月　一日		佛文	一
第百貮拾参號	國際司法裁判所規則改定議定書認證謄本	一九二九年　昭和　四年　九月　十四日	ジュネーヴ	英・佛文	二
第百貮拾四號	國際司法裁判所規則ニ亜米利加合衆國加盟ニ関スル認證謄本	一九二九年　昭和　四年　九月　十四日	ジュネーヴ	英・佛文	二
第百貮拾五號	倫敦郵便條約認證謄本	一九二九年　昭和　四年　六月二十八日			
	一、郵便條約及最終議定書並同施行規則及最終議決書認證謄本			佛文	一
	二、小包郵便條約及最終議定書認證謄本			佛文	一
	三、價格表記及箱物約定並施行細則認證謄本			佛文	一
	四、郵便為替約定及同約定施行細則認證謄本			佛文	一
	五、郵便振替ニ関スル約定及同施行規則認證謄本			佛文	一
	六、新聞紙及定期刊行物ノ豫約ニ関スル約定謄本			佛文	一
	七、現金取立業務條約認證謄本			佛文	一
第百貮拾六號	第十二回勞働總會採決ニ係ル條約案及勸告ノ認證謄本	一九二九年　昭和　四年　六月二十一日		英・佛文	一

第百貳拾七號	経済統計ニ関スル國際條約認證謄本	一九二八年	昭和三年	十一月十四日	ジュネーヴ	英・佛文	一
第百貳拾八號	赤十字條約認證謄本	一九二九年	昭和四年	七月二十七日	ジュネーヴ		
	一、戦地軍隊ニ於ケル傷者及病者ノ状態改善ニ関スル條約					佛文	一
	一、批准寄託調書認證謄本　伊國、瑞西					佛文	
	二、俘虜ノ待遇ニ関スル條約					佛文	一
	一、批准寄託調書認證謄本　伊國、瑞西					佛文	
	三、最終議定書					佛文	一
第百貳拾九號	俘虜取扱之待遇認證謄本					佛文	
第百参拾號	國際法典編纂會議ノ採擇セル條約及議定書認證謄本	一九三〇年	昭和五年	四月二十日	海牙	英・佛文	五
第百参拾壹號	海牙賠償諸協定認證謄本	一九三〇年	昭和五年	一月二十日	海牙		
	一、海牙賠償協定認證謄本					佛・英文	一
	二、批准寄託調書認證謄本　加奈陀、「チェコスロヴァキア」、墺太利、「ルーマニア」、希臘、「ユーゴスラビア」、印度、濠洲、「ニュージーランド」						
	三、最終議定書					佛・英文	一
	四、勃牙利ノ協定ニ関スル債権國政府ト國際決済銀行トノ信託契約認證謄本	一九三〇年	昭和五年	一月二十日	巴里	佛文	一
	五、「チェコスロヴァキア」トノ協定ニ関スル債権國政府ト國際決済銀行トノ信託契約認證謄本	一九三〇年	昭和五年	一月二十日	巴里	佛文	一
	六、對洪協定債権國ト國際決済銀行トノ間ノ信託契約認證謄本	一九三〇年	昭和五年	四月二十八日	巴里	佛文	一
	七、「リベリア」國賠償請求ニ関スル議定書認證謄本	一九三〇年	昭和五年	四月三十日	巴里	英・佛文	一

	八、「ルーマニア」國ニ於テ差押ヘラレタル「ブルカリア」國民ノ財産ニ関スル「ルーマニア」國政府「ブルガリア」國政府間ノ協定認證謄本	一九三〇年 昭和五年 一月二十日	ヘーグ	佛文	一
第百参拾貮號	第十四回勞働總會採決ニ係ル條約案及勸告ノ認證謄本	一九三〇年 昭和五年 七月二十五日		英・佛文	一
第百参拾参號	輸出入禁止、制限撤廃條約実施ニ関スル議定書認證謄本	一九二九年 昭和四年 十二月二十一日		英・佛文	一
第百参拾四號	通貨偽造防止ニ関スル條約認證謄本	一九三〇年 昭和五年 四月二十日	ゼネヴァ	英・佛文	二
第百参拾五號	文学的、美術的著作物保護條約認證謄本	一九二八年 昭和三年 六月二日	羅馬	佛文	二
第百参拾六號	手形法統一ニ関スル國際條約認證謄本	一九三〇年 昭和五年 六月七日	ゼネヴァ		
	一、統一手形法制定條約			英・佛文	一
	二、手形上ノ法律抵触解決ニ関スル條約			英・佛文	一
	三、手形上ノ印紙税ニ関スル條約			英・佛文	一
第百参拾七號	國際連盟被侵略國財政援助條約認證謄本	一九三〇年 昭和五年 十月二日	ゼネヴァ	英・佛文	一
第百参拾八號	紅海灯台條約認證謄本	一九三〇年 昭和五年 十二月十六日	倫敦	英・佛文	一
	同写				三
第百参拾九號	「ダンチッヒ」自由市ノ法律的特殊地位ニ関スル、常設國際司法裁判所ノ勸告的意見請求書勸告認證謄本	一九三〇年 昭和五年 五月十七日		英・佛文	二
第百四拾號	（欽）				
第百四拾壹號	國際航空運輸ニ関スル規則ノ統一ノ為メノ條約認證謄本、同附属議定書認證謄本	一九二九年 昭和四年 十月十二日	ワルソウ	佛文	一
第百四拾貮號	第二航空私法會議最終議定書	一九二九年 昭和四年 十月十二日	ワルソウ	佛文	一
第百四拾参號	「リツアニア」、波蘭間鉄道輸送問題ニ関シ、常設國際司法裁判所ノ諮問意見請求ニ関スル認證謄本	一九三一年 昭和六年 一月二十四日	巴里	英・佛文	一

第百四拾四號	獨逸少数民族学校入学手続問題ニ関シ、常設國際司法裁判所ノ諮問意見請求ニ関スル認證謄本	一九三一年　昭和　六年　一月二十四日	巴里	英・佛文	一
第百四拾五號	「ジフテリア」血清條約認證謄本	一九三〇年　昭和　五年　八月　一日	巴里	佛文	一
第百四拾六號	第二回経済協調會議々定書認證謄本	一九三一年　昭和　六年　三月　十八日	ゼネヴァ	英・佛文	一
第百四拾七號	「トリアノン」條約ヨリ生スル義務ニ関スル「パリ」ニ於テ署名セラレタル諸協定認證謄本	一九三〇年　昭和　五年　四月二十八日	巴里	英・佛文	各一
	一、最終會議ノ議事録			英・佛文	各一
第百四拾八號	(欽)				
第百四拾九號	海牙國際私法諸條約ノ解釈権限ヲ常設國際司法裁判所ニ認ムル為ノ議定書認證謄本	一九三一年　昭和　六年　三月二十七日	海牙	佛文	一
第百五拾號	(欽)				
第百五拾壹號	手形法統一ニ関スル國際條約認證謄本	一九三一年　昭和　六年　三月　十九日	壽府		
	一、小切手法制定條約			英・佛文	一
	二、小切手法上抵触解決ニ関スル條約			英・佛文	一
	三、小切手上ノ印紙税ニ関スル條約			英・佛文	一
	四、最終議定書			英・佛文	一
第百五拾貳號	第百拾五回勞働總會採決ニ係ル條約案及勧告ノ認證謄本	一九三一年　昭和　六年　七月　十六日	ゼネヴァ	英・佛文	一
第百五拾參號	倫敦海軍條約認證謄本	一九三〇年　昭和　五年　四月二十三日	倫敦		
	一、各國ノ條約批准寄託調書認證謄本				
	二、潜水艦ニ関スル「プロセヴェルバル」認證謄本	一九三六年　十二月　六日	倫敦	英文	一冊
第百五拾四號	國際農業金融會社設置ニ関スル條約、保障約定及規程ニ對スル認證謄本	一九三一年　昭和　六年　五月二十一日	ゼネヴァ	英・佛文	二
第百五拾五號	戰争防止條約認證謄本	一九三一年　昭和　六年　九月二十六日	ゼネヴァ	佛・英文	二

第百五拾六號	一、「ブラジル」國ノ加入書認證謄本	一九三四年　昭和　九年　四月　十　日	巴里	西文	一
	捕鯨取締條約ニ對スル認證謄本	一九三一年　昭和　六年　九月二十四日	ゼネヴァ	佛・英文	一
第百五拾七號	歐洲道路交通會議ノ採擇セル條約及協定認證謄本	一九三一年　昭和　六年　三月三十　日	ゼネヴァ		
	一、道路信號ノ統一ニ関スル條約			英・佛文	一
	二、外國自動車ノ課税ニ関スル條約			英・佛文	一
	三、自動車通行券ニ関スル税関廳間協定			英・佛文	一
	四、最終議定書			英・佛文	一
第百五拾八號	盤谷阿片會議ノ採擇セル条約及議定書認證謄本	一九三一年　昭和　六年　十一月二十七日	盤谷	英・佛文	二
第百五拾九號	航空條約修正議定書認證謄本	一九二九年　昭和　四年　六月　十五日 十二月　十一日	巴里	佛文	二
第百六拾號	倫敦賠償諸協定認證謄本				
	一、賠償ニ関スル「ロンドン」大臣會議宣言書ノ認證謄本	一九三一年　昭和　六年　七月二十三日	倫敦	佛・英文	各一
	二、獨逸國ニ関スル議定書認證謄本	一九三一年　昭和　六年　八月　十一日	倫敦	佛・英文	一
	附　日、英、伊、白四國政府ノ宣言及佛國政府ノ宣言			英文	一
	右議定書ノ補足議定書	一九三二年　昭和　七年　六月　六日	伯林	英・佛文	一
	三、「チェコスロヴァキア」ニ関スル議定書認證謄本	一九三一年　昭和　六年　八月　十一日	倫敦	英・佛文	一
	右議定書ノ補足議定書	一九三二年　昭和　七年　六月二十九日	勞山	英・佛文	一
	四、「ハンガリー」國ニ関スル議定書認證謄本	一九三二年　昭和　七年　一月二十一日	倫敦	英・佛文	二
	右議定書ノ補足議定書	一九三二年　昭和　七年　一月二十一日	倫敦	英・佛文	各一
	五、「ブルガリア」國ニ関スル議定書認證謄本	一九三二年　昭和　七年　一月二十一日	倫敦	英・佛文	一
	右議定書ノ補足議定書	一九三二年　昭和　七年　一月二十一日	倫敦	英・佛文	各一

第百六拾壹號	第十六回勞働總會採擇ニ係ル條約案及勸告ノ認證謄本	一九三二年　昭和七年五月五日	ゼネヴァ	英・佛文	一
第百六拾貳號	麻薬製造制限條約及議定書認證謄本	一九三二年　昭和七年七月十三日	ゼネヴァ	英・佛文	一
第百六拾参號	「ローザンヌ」賠償協定認證謄本	一九三二年　昭和七年七月九日	勞山	英・佛文	一
第百六拾四號	関税引上休止ニ関スル諸協定認證謄本	一九三〇年　昭和五年三月二十四日	ゼネヴァ	英・佛文	一
第百六拾五號	小麥輸出入國々際會議最終議定書認證謄本	一九三三年　昭和八年八月二十五日	倫敦	英文	一
第百六拾六號	成年婦女賣買禁止條約認證謄本	一九三三年　昭和八年十月十一日	壽府	佛・英文	二
第百六拾七號	教育映畫ノ國際流通化ニ關スル條約認證謄本	一九三三年　昭和八年十月十一日	ゼネヴァ	佛・英文	二
	一、最終議定書			佛・英文	一
第百六拾八號	麻薬製造制限及取引取締ニ関スル壽府會議認證謄本				
	一、協約	一九三一年　昭和六年七月十三日	壽府	英・佛文	一
	二、署名議定書	一九三一年　昭和六年七月十三日	壽府	英・佛文	一
	三、最終議定書	一九三一年　昭和六年七月十三日	壽府	英・佛文	一
第百六拾九號	國際電気通信條約認證謄本	一九三三年　昭和八年二月二十八日	マドリッド	佛文	八
	一、國際電気通信條約			佛文	一
	二、同上附屬電信規則			佛文	一
	三、同上附屬電話規則			佛文	一
	四、同上附屬電信規則最終議定書			佛文	一
	五、同上附屬無線通信一般規則			佛文	一
	六、同上附屬通信一般規則最終議定書			佛文	一
	七、同上附屬無線通信追加規則			佛文	一
	八、歐洲地方諸政府ニ依リ署名セラレタル「マドリッド」國際無線電信會議文書追加議定書			佛文	一

第百七拾號	避難民ノ國際的地位ニ関スル條約認證謄本	一九三三年	昭和八年十月二十八日	ゼネヴァ	佛文	三
	一、最終議定書	一九三三年	昭和八年十月　日		佛文	一
第百七拾壹號	國際司法裁判所英、白仲裁事件ニ関スル條約認證謄本	一九三四年	昭和九年四月十三日	ブラッセル	英・佛文	一
第百七拾貳號	「カイロ」郵便條約認證謄本	一九三四年	昭和九年三月	カイロ		
	一、郵便條約	一九三四年	昭和九年三月二十日		佛文	一
	二、小包郵便約定	一九三四年	昭和九年三月二十日		佛文	一
	三、郵便為替約定	一九三四年	昭和九年三月二十日		佛文	一
	四、勘定取立ニ関スル約定	一九三四年	昭和九年三月二十日		佛文	一
	五、價格表記ノ書状及箱物ニ関スル約定	一九三四年	昭和九年三月二十日		佛文	一
	六、新聞紙及定期刊行物ノ豫約ニ関スル約定	一九三四年	昭和九年三月二十日		佛文	一
	七、郵便振替ニ関スル約定	一九三四年	昭和九年三月二十日		佛文	一
第百七拾参號	國際海上生命安全條約認證謄本	一九二九年	昭和四年五月卅一日	倫敦	佛文	一
第百七拾四號	第十八回國際勞働總會採擇ニ係ル條約案及勸告ノ認證謄本	一九三四年	昭和九年八月九日	壽府	佛・英文	一
第百七拾五號	國際滿載吃水線條約認證謄本	一九三〇年	昭和五年七月五日	倫敦	英・佛文	一
	二、第二附属書ニ関スル認證謄本（交機公文添付（英））	一九三八年	九月二日	倫敦	英・佛文	一
第百七拾六號	萬國工業所有權保護條約及三協定認證謄本	一九三四年	昭和九年六月二日	倫敦	佛文	四
第百七拾七號	獸疫問題ニ関スル三條約認證謄本					
	一、動物傳染病ノ撲滅運動ニ関スル國際条約	一九三五年	昭和十年二月二十日	壽府	佛・英文	一
	二、動物、肉類及他ノ動物産品ノ通過ニ関スル國際条約	一九三五年	昭和十年二月二十日	壽府	佛・英文	一

	三、動物産品（肉製剤、肉類、生動物産品、牛乳及乳産品ヲ除ク）ノ輸出及輸入ニ関スル國際条約	一九三五年	昭和 十 年	二月二十 日	壽府	佛・英文	一
第百七拾八號	第十七回國際勞働總會採擇條約案及勸告認證謄本	一九三五年	昭和 十 年	六月二十九日	壽府	佛・英文	一
第百七拾九號	第十九回國際勞働總會採擇條約案及勸告認證謄本	一九三五年	昭和 十 年	八月 十九日	壽府	佛・英文	一
第百八拾號	國際博覧會條約認證謄本	一九二八年	昭和 三年	十一月二十二日	巴里	佛文	二
	一、條約書					佛文	一
	二、署名議定書					佛文	一
	三、議定書					佛文	一
第百八拾壹號	海峡制度ニ関スル條約（「モントルー」條約）副本添付	一九三六年	昭和 十一年	七月二十 日	モントルー	佛文	一冊
第百八拾貳號	麻薬不正取引防止條約認證謄本	一九三六年	昭和 十一年	六月二十六日	壽府	英・佛文	三冊
	昭和十二年二月十六日御署名						
	一、署名議定書	一九四一年	昭和 十六年	九月 三〇日			
	二、最終議定書						
第百八拾参號	第二〇回國際勞働總會條約案及勸告案認證謄本	一九三六年	昭和 十一年	六月二十四日	壽府	佛・英文	一冊
第百八拾四號	第二一回國際勞働總會條約案及勸告案認證謄本	一九三六年	昭和 十一年	一〇月 二四日	壽府	佛・英文	一冊
第百八拾五號	第二二回國際勞働總會條約案認證謄本	一九三六年	昭和 十一年	一〇月 二四日	壽府	佛・英文	一冊
第百八拾六號	第四回國際航空私法會議ニ於テ作成サレタル條約認證謄本	一九三八年	昭和 十三年	日	ブラッセル	佛文	三冊
	一、海上ニ於ケル航空機ノ又ハ航空機ニ依ル救援救助ニ関スル或種規定ノ統一ノ為メノ條約認證謄本					佛文	一冊

	二、航空機カ地上ニ於テ第三者ニ対シ生ゼシメタル横害ニ付テノ或規則ノ統一ニ関スル國際條約追加議定書認證謄本					佛文	一冊
	三、第四回國際航空私法會議最終議定書認證謄本						
第百八拾七號	第二三回國際労働條約案及勸告認證謄本	一九三七年	昭和十二年	六月二三日	壽府	佛・英文	一冊
第百八拾八號	第二十四回國際労働條約案認證謄本	一九三八年	昭和十三年	六月二十二日	壽府	佛・英文	三冊
第百八拾九號	「ヴェノス・アイレス郵便條約及諸條約認證謄本	一九三九年	昭和十四年	五月二十三日	ヴェノスアイレス	佛文	七冊
	一、万國郵便約定						
	二、郵便表記ノ書状及函物ニ関スル約定						
	三、小包郵便物ニ関スル約定						
	四、郵便振替ニ関スル約定						
	五、郵便為替ニ関スル約定						
	六、現金取引ニ関スル約定						
	七、新聞紙及定期刊行物ノ予約ニ関スル約定						
第百九拾號	捕鯨條約認證謄本 議定書及最終議定書	一九三七年	昭和十二年	六月八日	ロンドン	英文	一部
第百九拾壹號	大東亜共同宣言議事録		昭和十八年	十一月六日	東京	和文	一冊

(55)琉球國（一）

第壹號	琉球國對米國、佛國、和蘭國條約書	一八五四年		七月十一日	那覇		三

(56)仲裁裁判議定書（一）

第壹號	日、獨、佛、英條約及其他協約中ノ趣旨並意義ニ関スル紛争ニ仲裁々判ニ附スルノ議定書	一九〇二年	明治三十五年	八月二十八日			三

	一、附属　仲裁々判所書記長ヨリ宮岡愼次郎宛書翰				佛文	一
	二、明治三十五年八月二十八日東京議定書執行ノタメ成立シタル仲裁々判判決書謄本				佛文	一

(57)約定書（一九）

號外壹	横浜居留地（競馬場、病院、埋葬地）取擴方約定覺並繪圖	一八六四年	元治　元年	十二月　十九日	英・和文	一
號外貳	神戸居留地々券（寫）松山炭鉱ニ付村山ト英人トノ約書					
第壹號	オリインタル銀舗會社ヨリ五拾萬元借入證書				和文	一
第貳號	神戸外國人居留地東傍ノ地所米人「ギール、フランク」ヘ貸渡約定（寫）	一八六九年	明治　二年	十二月　二日	英文	一
第参號	佛國船「アスビック」號ヘ高尾氏乗込約定	一八七〇年	明治　三年	一月　五日	佛文	一
第四號	布哇國ヨリ横濱迄日本人送方約定並内金請取書	一八七〇年	明治　三年	一月　十九日	英文	一
第五號	神戸英領事館地所約定	一八七〇年		七月　日	英文	一
第六號	「マリヤルーズ」船一件ニ付締盟國君主ヘ裁判依頼スベキ約定	一八七三年	明治　六年	六月　十九日	英・和文	一
	附　露國帝ヘ裁決ヲ依頼スベキ約定	一八七三年	明治　六年	六月二十五日	英・和文	一
第七號	高島炭坑一件落着取極書	一八七三年	明治　六年	十二月二十一日	英・和文	一
第八號	高島炭坑訴訟中裁判ニ任スル事件ニ付約定書	一八七四年	明治　七年	二月二十八日	英文	一
第九號	英人七件訴訟仲裁約定	一八七四年	明治　七年	三月　十三日	英文	一
第拾號	獨領事横濱辨天地内借用返済約定	一八七四年	明治　七年	六月二十八日	英文	一
第拾壹號	「マリヤルーズ」船一件ニ付露帝仲裁案（寫）	一八七五年	明治　八年	五月　十七日	佛文	一
第拾貳號	神戸外國人居留地内ニ公園地取設議定書	一八七五年	明治　八年	八月　十九日	英・和文	一
	附　總圖、追加批文	一八八三年	明治	一月　九日	英文	一

第拾参號	「ペーポー」船一件仲裁約定並證據書目	一八七六年 明治 九年 三月 三日	英文	二
	附属 仲裁人ノ連署セシ證據書類			
第拾四號	米國人「バチエルドル」及「ケース」商會ヨリ我政府ニ對シ償金請求結局一件		英・和文	一〇
	同件ニ付外務卿約諾原書	一八八〇年 明治 十三年 十 月 日		（二封袋入）
第拾四號ノ貳	芝公園地内海軍省所轄家屋葡國公使館用貸渡約定書	一八八四年 明治 十七年 十二月 十五日	和・英文	一
第拾五號	神戸山手宅地ニ関スル取極書	一八八八年 明治二十一年 二月二十五日		一五
第拾六號	米國公使館用トシテ地所家屋貸渡約定	一八九〇年 明治二十三年 五月 十九日	英文	一
	一、同継続約定書	一八九二年 明治二十五年 五月 十五日		一
	二、同継続約定書	一八九四年 明治二十七年 五月 十一日		一
第拾七號	墺、洪國公使館用増地貸渡契約書	一八九六年 明治二十九年 十一月三十 日	和・英文	一

(58)雇入約定（二四）

第壹號	露國人「ジュリーン、ウイットコースケ」氏雇入約定(草案)			一
	日本政府ノ金銀座ニ雇入ルル外國人ノ管轄権ヲ東洋銀行ニ委託スル約定	一八六九年 八月 二日	英文（写）	一
		明治 二年 六月	和文	一
第貳號	露國人「シイドルフヘヲドル、ロゼンウイチ」雇入仮約定	一八七一年 三月 十一日	露・和文	各二
		明治 四年 二月 二日		
	同氏雇入れ仮約定、附属	一八七一年 六月 八日	露・和文	各一
		明治 四年 五月 三日		
	同氏不品行ノ廉ヲ以テ放雇セントスル節差出セシ詫状		露文	一
第参號	米國人「ペートン、ジョードン」氏雇入約定	一八七一年 七月 十五日		
		明治 四年 五月 十八日	和文	一

	一、附　副條	一八七一年　明治　四年　八月　六日	和文	一
	二、附属　同人雇入状領承證書、雇入約定(寫)	一八七三年　明治　六年　七月　十八日 十二日	英・和 英文	各一
第四號	蘭人「シケーペル」氏鹿児島縣ニテ雇入約定	一八七七年　明治　十　年　二月二十　日	英文	一
第五號	米國人「エリー、テー、セパルド」氏雇入約定	一八七七年　明治　十　年　四月三十　日	英文	一
	一、同雇継	一八七八年　明治　十一年　三月　十五日	英文	一
	二、同雇継	一八七九年　明治　十二年　四月　十七日	英文	一
	附属　同氏雇入ノ儀往復書	一八七六年　明治　九年　十　月二十四日	英・和文	一
第六號	佛人「フランソワ、セラザシ」氏雇入約定	一八七八年　明治　十一年　四月　十三日	佛・和文	一
第七號	英國人「マッカルセー」氏雇入約定	一八七九年　明治　十二年　十一月　十九日	英文	一
	附属一、同氏辞職請求書	一八八〇年　明治　十三年　十一月二十八日	英文	一
	二、雇入約書取消並俸給受取書	一八八一年　明治　十四年　一月　十三日	英文	一
	三、同氏解雇ノ節付與セラレシ證状		英文	一
第八號	米人「デニソン」氏雇入約定	一八八〇年　明治　十三年　三月　一日	英文	一
第九號	米人「ビードン」氏雇継約定　並、案文、譯和文添	一八八一年　明治　十四年　七月　十六日	英文	一
第拾號	瑞西人「ブルゲルマイステル」氏雇入約定	一八八二年　明治　十五年　三月　二日	佛・和文	各一
第拾壹號	英人、「ビードン」氏雇継約定	一八八二年　明治　十五年　六月　五日	英文	一
第拾貮號	米人「デニソン」氏雇継約定　並、和文原稿、英文草案	一八八三年　明治　十六年　三月　九日	英文	各一
第拾参號	米人「スチーブンス」氏雇入約定	一八八五年　明治　十八年　十一月　九日	英文	一
第拾四號	獨逸公使館譯官「オースチン」氏雇入約定	一八八六年　明治　十九年　一月　一日	獨文	一
第拾五號	獨人「ランドリヒテル、オットー、ルードルフ」氏雇入約定			

第拾六號	獨人「ヤスモンド」氏外務省顧問トシテ雇入約定	一八八六年　明治　十九年　七月二十　日	獨文	
第拾七號	米人「デニソン」氏雇継約定（追加継約書）	一八八九年　明治二十二年　五月　一日	英文	一
第拾八號	米人「スチブンス」氏雇継約定	一八九〇年　明治二十三年　十一月　一日	英文	一
第拾九號	米人「デニソン」氏雇継約定	一八九五年　明治二十八年　四月　一日	英文	一
第貳拾號	米人「スチブンス」氏雇継約定	一八九五年　明治二十八年　二月　十九日	英・和文	二
第貳拾壹號	獨人「ドクトル、エル、エス、レーンホルム」氏雇入約定	一八九六年　明治二十九年　五月　九日	和文	二
第貳拾貳號	米人「スチブンス」氏雇入継続約定書	一九〇六年　明治三十九年　八月　十一日	英・和文	各一
第貳拾參號	佛人「レイ」氏雇入約定	一九一九年　大正　八年　十月　一日	佛文	一
	一、同雇継約定	一九二〇年　大正　九年　七月三十一日	佛文	一
	二、同雇継約定	一九二三年　大正　十二年　七月三十一日	佛文	一
追加壹号	兌銀舗約定書		和・欧文	各一

決議書（一）

第壹號	國際阿片會議決議書	一九〇九年　明治四十二年　二月二十六日　上海	英文	一
	一、同佛譯文			一
	二、條約書		佛文	一
	三、議定書		佛文	一

(60) 雑（一）

第壹號	「ウィンブルドン」號事件訴訟ニ関スル判決書			一
	日、墺混合仲裁々判手續準則			
	三井對「ギャートナー」事件			
	口頭辯論調書			二

判決原本　二
判決原本　二
調書　一

寫眞版リスト（四）

第壹号　日本國独逸國伊太利國間條約　調印本書
第貳号　共産「インターナショナル」ニ対スル協定及同附属議定書
第参号　張鼓峯事件ニ関スル在蘇米國大使発米國務長官宛公信
第四号　日韓併合條約

あとがき

「日本外交と条約締結のアーカイブズ学的研究」のプロジェクト設置に当たっては、次の三部構成の研究プランを立て、それらの相互的関連を意識しながら、日本外交史の総合的研究を試みようとした。

第一部　時期区分的視角（日本外交の時期的変容として、第一期一八五三―一九一九、第二期一九一九―一九四五、第三期一九四五―一九八五、第四期一九八五―現在、など四時期区分の仮説から分析する）

第二部　国際関係的視角（国家間の問題解決として、二国間・多数国間・国際連盟・国際連合・その他諸機構で取極められた政治・経済・通商・軍事・安全保障・文化・環境・海洋などの個別問題から分析する）

第三部　地政学的視角（地理的共通利害として、東アジア共存地域、資源エネレギー確保地域、交通地域、経済的自給自足圏、シーパワー、ランドパワーなどの観点からの分析する）

この壮大な研究の原点として、日本が締結した条約調印書、批准書の原文書をデータベース化することを目的として作成したのが、本書付録の「条約書目録」であり、その原文書の一部を写真資料として収集することができた。しかし、研究の規模に対して研究費の制約もあり、資料の収集は今後に残された。また、三部構成による研究プランがはたして適切か否かの問題を含みながらも、日本外交史の総合的研究をめざすために、第二期（二〇一二年度より三年間）に引き継がざるを得なかった。

その一方で、日本外交史研究に関わる諸問題について、ゲストスピーカーを招いての公開研究会を活発に開催できたことは、大きな収穫であったといえる。巻末ながらここに、その公開講演の一覧を掲げ、ご協力いただいた各氏に謝意を表したい。

二〇〇九年　七月一一日　楠　綾子「吉田茂の選択の国内政治的・国際政治的意味—米軍による沖縄の戦略的支配・日米安保条約・漸進的再軍備—」
同年　九月二八日　沓澤　宣賢「アレキサンダー・フォン．シーボルトの国際的活動」
同年　一二月一四日　庄司潤一郎「三国同盟と近衛文麿」
二〇一〇年　一一月二九日　シュラトフ・ヤコスラブ「日露戦争以降のロシア対日政策—各アクターの立場とソ連期との継続性について—」（討論者：麻田雅文）
同年　一二月二五日　竹内　桂「三木武夫関係資料について」
二〇一一年　一月二九日　平川　幸子「書評：井上正也著『日中国交正常化の政治史』」（討論者：井上正也）
同年　五月一四日　酒井　一臣「書評：伊藤信哉著『近代日本の外交論壇と外交史学—戦前期の「外交時報」と外交史教育—』」（討論者：伊藤信哉）
同年　一二月一九日　松村　正義「ポーツマス講和会議と市民外交—小村寿太郎没後一〇〇年に因んで—」
二〇一二年　三月一三日　小林　元裕「通州事件の語られ方—華北における日本居留民—」

二〇一三年一月一五日

佐藤元英

執筆者紹介（執筆順）

沓《くつ》澤《ざわ》宣《のぶ》賢《たか》　客員研究員・東海大学総合教育センター教授

友《とも》田《だ》昌《まさ》宏《ひろ》　客員研究員・町田市立自由民権資料館学芸員

服《はっ》部《とり》龍《りゅう》二《じ》　研究員・中央大学総合政策学部教授

佐《さ》藤《とう》元《もと》英《えい》　研究員・中央大学文学部教授

武《たけ》山《やま》眞《まさ》行《ゆき》　研究員・中央大学文学部教授

日本外交のアーカイブズ学的研究

中央大学政策文化総合研究所研究叢書 16

2013 年 3 月 30 日　初版第 1 刷発行

編著者　佐藤元英
　　　　武山眞行
　　　　服部龍二

発行者　中央大学出版部

代表者　遠山曉

〒192-0393　東京都八王子市東中野 742-1

発行所　中央大学出版部

http://www2.chuo-u.ac.jp/up/

電話 042(674)2351　FAX 042(674)2354

ニシキ印刷／三栄社

ISBN 978-4-8057-1415-7